通信领域
标准必要专利法律
问题研究

广东省高级人民法院知识产权审判庭◎著

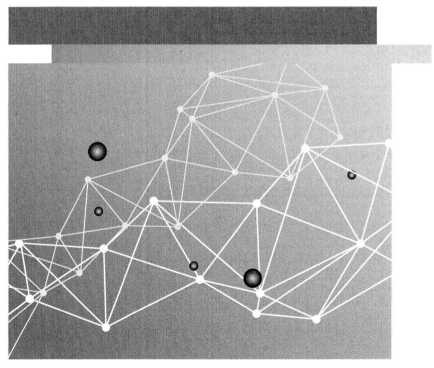

知识产权出版社
全国百佳图书出版单位
—北 京—

图书在版编目（CIP）数据

通信领域标准必要专利法律问题研究／广东省高级人民法院知识产权
审判庭著 . —北京：知识产权出版社，2020.7（2024.4重印）
ISBN 978-7-5130-6970-0

Ⅰ.①通…　Ⅱ.①广…　Ⅲ.①通信系统—标准体系—专利权法—研究
Ⅳ.①D913.404

中国版本图书馆 CIP 数据核字（2020）第 091598 号

责任编辑：刘　睿　刘　江　　　　　责任校对：王　岩
封面设计：博华创意·张冀　　　　　责任印制：刘译文

通信领域标准必要专利法律问题研究

广东省高级人民法院知识产权审判庭　著

出版发行：	知识产权出版社 有限责任公司	网　　址：	http：//www.ipph.cn
社　　址：	北京市海淀区气象路 50 号院	邮　　编：	100081
责编电话：	010-82000860 转 8344	责编邮箱：	liujiang@ cnipr.com
发行电话：	010-82000860 转 8101/8102	发行传真：	010-82000893/82005070/82000270
印　　刷：	北京九州迅驰传媒文化有限公司	经　　销：	各大网上书店、新华书店及相关专业书店
开　　本：	720mm×960mm　1/16	印　　张：	21
版　　次：	2020 年 7 月第 1 版	印　　次：	2024 年 4 月第 3 次印刷
字　　数：	309 千字	定　　价：	88.00 元
ISBN 978-7-5130-6970-0			

编委会

前　　言

改革开放以来，我国通信产业的兴盛之路，正是我国企业逐渐掌握标准必要专利的发展之路。从模拟通信技术（1G）问世到蜂窝移动通信技术（3G）普及，西方通信巨头凭借起步早、技术强的优势，掌握了绝大部分标准必要专利，而我国企业则处于"1G 缺席、2G 跟随、3G 寻求突破"的被动地位；而从 LTE 标准（4G）萌芽到第 5 代移动通信技术（5G）起步，我国企业积极参与、奋起直追，实现"4G 同步、5G 引领"的历史性跨越，涌现出一批如华为、腾讯、中兴等拥有标准必要专利的企业。从居于人后，到在世界舞台上崭露头角；从被动跟随，到引领全球 5G 技术发展，标准必要专利发挥了至关重要的作用。

标准必要专利的重要性日渐凸显的同时，与标准必要专利相关的知识产权诉讼也日益频发，标准必要专利问题已成为国内、国际共同面临并亟待解决的国际前沿疑难法律问题，重新审视、进一步明晰相关法律问题已成为当下各国的迫切期待。广东省作为改革开放的排头兵、先行地、实验区，审理了全国近半数标准必要专利纠纷案件，积累了宝贵的一手案例资源，凝结了有价值的裁判规则。

为进一步破解国际前沿疑难问题、维护通信领域竞争秩序，广东省高级人民法院高度重视标准必要专利法律问题的研究，自 2016 年开始组织本书的编撰工作，对该问题开展深入研究和探索，努力推动标准必要专利理论与实践的发展。

本书的编撰肇始于华为三星互诉案，从案例收集与分析，到调研成果初步成形，再到体系的成熟完善，前后历时三年，数易其稿而成，着力突出全面性、实践性和前瞻性。一是在内容上力求广泛全面，本书立足于我国法律规定、行业规定和司法实践，充分汲取全球成熟理论和司法判例，从标准必要专利的基本问题、禁令救济及其司法适用、许可使用费的计算、反垄断法的适用、涉外纠纷的管辖、典型案例评析等六个方面，全面收集相关资料进行深入研究。二是在方向上突出问题和实践导向，本书围绕标准必要专利许可实践中的主要法律问题，致力于为从业者解决相关纠纷和应对法律难题提供切实可行的思路与方案，积极引导标准必要专利权利人和实施者规范、善意从事相关标准必要专利许可实践活动。三是在视角上突出前瞻性，目前标准必要专利相关规则仍存在许多空白，本书通过理论和实践研究，回应前瞻性热点难点问题，提出标准必要专利审判的广东道路。

本书是我国法院首个就标准必要专利法律问题开展系统性研究的成果，集中了广东法院的司法智慧。尽管尽了最大的努力，但难免仍有不足之处，诚请广大读者批评指正。希冀本书的出版，有助于社会各界全面了解通信领域标准必要专利概况，同时能为推进通信领域知识产权司法保护进程、推动相关国际规则的形成和发展尽一份绵薄之力。

目　　录

第一章　绪论

　　近年来，标准必要专利纠纷在国际及国内不断增多。2012 年，深圳市中级人民法院一审、广东省高级人民法院二审的华为诉 IDC 案成为我国法院判结的涉标准必要专利纠纷许可费率和反垄断纠纷第一案。2017 年以来，深圳市中级人民法院、广州知识产权法院以及广东省高级人民法院相继受理了美国 GPNE 公司与苹果公司、中兴与 IDC、华为与三星、TCL 诉爱立信、广晟数码与海信公司等 40 余起标准必要专利案件。其中，美国 GPNE 公司与苹果公司案标的额为 9 亿元人民币，华为与三星案标的额高达 32 亿元人民币，TCL 诉爱立信不正当竞争案为全国首例标准必要专利实施者针对标准必要专利权人提起的不正当竞争之诉。除广东省以外，全国其他法院亦受理了不少标准必要专利纠纷。据统计，北京各级法院受理涉标准必要专利纠纷约 40 件，陕西、上海各级法院也有涉标准必要专利纠纷案件正在审理。其中，标准必要专利权人西安西电捷通公司将索尼中国公司诉至北京知识产权法院，索赔 3300 万元。高通公司起诉魅族公司拖欠专利使用费，标的额达 5.2 亿元，后来两公司达成和解。2017 年，美国非专利实施主体 NPE Longhorn 通过其子公司在北京知识产权法院起诉中国台湾手机厂商 HTC，苹果公司在北京知识产权法院起诉高通公司确认不侵害专利权纠纷，两案分别涉及两项和三项标准必要专利。这些案件在全国乃至全球通信领域均引起了高度关注。研究当前我国标准必要专利纠纷的现状及特点，总结裁判思路及审理原则具有迫切的现实意义。

第一节　通信领域标准的界定及其分类

一、标准含义及其分类

标准影响着人们生活的方方面面，市场上的绝大多数产品都是根据一项或多项自愿性或强制性标准所生产的。根据国际标准化组织（ISO）的界定，标准是包含一系列可被持续使用的作为原材料、产品、方法（工艺流程）和服务之要求、规划、指南或特性的文件化协议。❶ 我国《标准化法》第 2 条将"标准"定义为"农业、工业、服务业以及社会事业等领域需要统一的技术要求"。因此，标准通常是一系列对于产品、生产方法、服务、接入或材料所应符合之特征或质量的描述，其目的在于通过对上述事项作出统一性的规范要求，确保商品的质量、性能、安全、兼容性等达到特定的要求，从而促进社会效益最大化的实现。"技术标准"则为技术体系建立的规范和要求，具体包括工程标准、方法标准和生产工艺流程标准。在数字化社会，技术标准对于产品兼容性与互操作性的实现起着越来越重要的作用。❷

根据不同的分类依据，可对标准作不同的分类。按照标准的层级，可将其分为国际标准、区域标准、国家标准、地方标准、行业标准和企业标准；按照标准的约束性，可分为强制性标准和推荐性标准；按照标准的形成途径，可分为法定标准、合作性标准和事实标准；按照标准的功能和目的，可分为兼容性/接口标准、最低质量与安全标准、降低多样性的标准、关于信息与产品测度的标准。

1. 基于标准约束性的分类

根据标准的约束性，可以将标准分为强制性标准和推荐性标准。强制性标

---

❶ We're ISO: we develop and publish international standards [EB/OL]. [2018−07−10]. https://www.iso.org/standards.html.

❷ ITU. 2014. Understanding patents, competition & standardization in an interconnected world. At 15 [EB/OL]. [2018−07−10]. https://www.itu.int/en/ITU−T/Documents/Manual_Patents_Final_E.pdf.

准是指具有法律强制约束力的标准，一般由国家强制实施，相关各方必须遵守。推荐性标准则不具有法律强制约束力，国家仅鼓励实施，由各方自愿采用。我国《标准化法》第 2 条第 2 款规定："国家标准分为强制性标准、推荐性标准，行业标准、地方标准是推荐性标准。"强制性标准的内容通常与公众健康、公共安全和环境安全等社会公共利益密切相关，必须强制性执行。《标准化法》第 10 条对此作出规定："对保障人身健康和生命财产安全、国家安全、生态环境安全以及满足经济社会管理基本需要的技术要求，应当制定强制性国家标准。"

2. 基于标准形成途径的分类

按照标准的形成机制，可以将其分为法定标准、事实标准和合作性标准。❶

法定标准是由政府制定或确认，强制要求市场中所有相关的参与者都必须遵守的标准。事实标准则产生于市场的运作，当消费者倾向于某一企业的产品或协议而放弃该企业的所有竞争者的产品或协议时，就会形成事实标准。掌握事实标准的企业一般都是具有强大的市场优势地位的企业。如微软公司的 Windows 操作系统即是典型的事实标准，这一事实标准是消费者选择的结果。合作性标准是相关参与者在私立的标准设立组织（Standard-Setting Organizations，SSOs）❷ 的推动下，合作制定的标准。合作性标准是目前最常见的标准，这种标准一般是开放性的，即包括未参与标准制定过程的企业在内的所有企业，都可以使用该标准。

3. 基于标准的目的和功能的分类

斯旺（Swann）教授根据标准所要解决的经济问题将标准分为 4 类，这种分类方式并不意味着每一种标准都能巧妙地落入其中一个类别，因为实际上很多标准都包含多项功能和目标。斯旺教授对标准的分类以及作用的总结如表

---

❶ Mark A. Lemley. Intellectual Property Rights and Standard-Setting Organizations ［J］. California Law Review, 2002（90）: 1898-1901.

❷ SSOs 是指在各种重要领域建立共同标准的产业团体。Mark A. Lemley. Intellectual Property Rights and Standard-Setting Organizations ［J］. California Law Review, 2002（90）: 1892.

1-1所示。❶

表1-1　基于功能和目的的标准分类

标准类型	积极作用	消极作用
兼容性/接口标准	网络外部性	垄断/锁定
最低质量与安全标准	修正格雷欣法则，降低交易成本	管制俘获，提高竞争对手成本
降低多样性的标准	规模经济，建立集群，形成临界规模	减少选择
关于信息与产品测度的标准	促进贸易，降低交易成本	管制俘获

斯旺教授认为，导致兼容性/接口标准产生的原因有两个，一是生产者和消费者面临转换成本；❷ 二是生产者和消费者的选择受到网络外部性❸的影响。兼容性/接口标准有助于增加市场机会，因为其通过使消费者得以采用相同产品或兼容产品的方式增进网络外部性效应从而提高社会福利。

消费者在选择产品时往往会面临信息不对称的情况，并且很难知晓产品是否符合自己的需求。市场上卖方与消费者之间的信息不对称会引发格雷欣法则（Gresham's law）的"劣币驱逐良币"现象，而制定最低质量与安全标准则有助于消费者分辨产品质量，降低消费者的信息搜索成本，通过降低交易成本来提高社会福利。

降低多样性的标准的最重要功能，是降低生产者的风险，因为标准的适用通常能够确定技术在未来的发展趋势，这对于市场的发展是十分重要的。因为在新技术市场的形成阶段，标准能够将多种相互竞争的开创性技术固定下来，有助于新技术的使用者数量更快地增长到临界点，进而促进市场的发展。

---

❶ Swann G.M.P.The Economics of Standardization: Final Report for Standards and Technical Regulations Directorate Department of Trade and Industry.Manchester Business School: Manchester. At 4-8[EB/OL].[2018-07-10].https://assets.publishing.service.gov.uk/government/uploads/system/uploads/attachment_data/file/461417/The_Economics_of_Standardization_-_in_English.pdf.

❷ 转换成本是指生产者和消费者在没有习惯某一特定界面或标准前，可以相对自由地在不同的配置之间进行选择；但是，一旦他们在某一特定系统或标准上进行更多的投资后，转换到其他界面或标准的成本就会变得高昂。

❸ 网络外部性是指生产者和消费者更倾向于选择被更多人使用的系统。

关于信息与产品测度的标准在经济作用上则通常兼具上述三种类型标准的作用，如降低交易成本、增加确定性等。

二、通信领域的标准

通信领域技术标准经历了几代技术标准的发展演进，包括 2G、3G 和 4G，以及正在研发的 5G 标准。2G 标准包括 GSM 和 CDMA 标准，其中 GSM 标准由欧洲电信标准协会（ETSI）主持制定，并在欧洲推行使用。CDMA 标准由美国电信工业协会（TIA）主持制定，并在美国推行使用。在中国 2G 时代，中国移动、中国联通运营 GSM 网络，中国电信运营 CDMA 网络。3G 标准包括 WCDMA、CDMA2000、TD-SCDMA 标准。其中，WCDMA、TD-SCDMA 标准由 3GPP（The 3rd Generation Partnership Project，由欧洲电信标准协会创立）制定并发布。WCDMA 标准使用地区包括欧洲、中国。TD-SCDMA 标准使用地区主要为中国。CDMA2000 标准由 3GPP2（The 3rd Generation Partnership Project 2，由美国电信工业协会创立）制定并发布，使用地区包括美国、中国。中国通信标准化协会（CCSA）是 3GPP、3GPP2 的会员。中国联通、中国电信、中国移动分别使用 WCDMA、CDMA2000、TD-SCDMA 标准。4G 标准主要指 LTE 标准（包括 FDD-LTE、TDD-LTE），LTE 标准由 3GPP 制定并发布，在欧洲、美国、中国使用。4G 之后，5G 标准亦在研发之中。2015 年 6 月，国际电信联盟（ITU）公布了 5G 技术标准化的时间表，5G 技术正式名称为 IMT-2020，预计在 2020 年推出成熟的标准。

第二节 通信领域专利标准化及其影响

一、通信领域标准必要专利的含义

标准必要专利是指经技术标准体系认定为该技术标准体系所必不可少的一项技术，而该技术又作为一项专利技术被专利权人所独占。❶北京市高级人民

---

❶ 张平，马骁．标准化与知识产权战略［M］．北京：知识产权出版社，2005：133.

法院《专利侵权判定指南（2017）》第 149 条第 3 款规定："标准必要专利是指为实施技术标准而必须使用的专利。"因此，通信领域的标准必要专利即为在通信领域为了使产品符合某一技术标准而必须使用的有效专利技术。

标准必要专利最关键的特点在于其必要性。关于"必要"的含义，国际电信联盟（ITU）将其界定"必要专利"为"任何可能完全或部分覆盖标准草案的专利或专利申请"。欧洲电信标准协会（ETSI）则认为"必要"是指"基于技术上而非商业上的原因，鉴于通常的技术惯例和技术标准制定之时的现存的技术状况，在制造、销售、出租或者维修、使用或实施等处理方式时符合某一技术标准的设备或方法，一定会侵犯相关知识产权，并且不存在其他商业上或技术上的替代方案"。

与标准必要专利不同的是，实践中，有一些专利被纳入了标准，但该标准是可选择的，这种专利叫作非标准必要专利。例如，在我国高清影音虽然是标准专利，但它是可选的而非必要的标准。值得注意的是，标准必要专利的价值不一定比标准可选专利价值高，因为价值不仅和技术的创新相关，也和市场应用息息相关。比如苹果公司曾拥有滑动解锁的专利，这项专利技术是非标准必要专利，但因其应用范围广，具有很高的市场价值，在专利侵权损害赔偿中可能获得很高的赔偿额。

需要指出的是，通信领域的标准往往是规定标准所要达到的技术要求。专利作为一项方案，不同的专利可能同样可以满足标准的技术要求。企业在向标准制定组织作出 FRAND 承诺时，标准尚未正式确定，承诺人所承诺的放进标准的专利有可能仅仅是申请中的一个或多个专利。这些专利申请最终能否授权、授权保护范围是否符合标准的技术要求均未确定。因此，认定涉案专利是否属于 FRAND 所承诺的标准必要专利，是审理标准必要专利的前提。但是，搞清楚标准中涉及哪些必要专利，即便是对标准制定组织而言，也绝非易事。为此，我国《国家标准涉及专利的管理规定（暂行）》第 5 条规定："参与标准制修订的组织或者个人应当尽早向相关全国专业标准化技术委员会或者归口单位披露其拥有和知悉的必要专利。"第 6 条规定："鼓励没有参与国家标准制修订的组织或者个人在标准制修订的任何阶段披露其拥有和知悉的必要专利。"

二、通信领域专利标准化的原因

标准化体系的建立是基于闭合性的设想，即通过授予相关者同等的接触创新型解决方案的机会来创造平等的竞争市场。相反地，专利制度则是通过授予专利权人一定期限的垄断权，使专利权人能够排除他人实施受保护的技术以获取回报。标准的包容性与专利的排他性相交互时，必然会引起错综复杂的问题。❶ 然而，从当前标准制定的情况来看，通信领域专利技术进入标准已经成为普遍的现象，大多数通信领域的 SSOs 都制定了自己的专利政策，对专利技术进入标准的问题作出规定。ITU 指出，专利标准化愈发普遍的一个重要原因是，将专利技术纳入标准可以提高信息通信技术的性能、成本效益、连通性或互操作性。另一个重要的原因则是专利已经覆盖现有技术中的大部分技术。通信领域一个产品或者服务不可避免地会用到现有的诸多专利。即使不将专利标准化，通信领域利用大量现有专利也是不可避免的。在这种情形下，专利标准化可以形成规模经济、减少创新成本。此外，标准必要专利数量增加的原因还在于越来越多的市场参与者将专利标准化作为获取战略利益的工具，即通过积极寻求将专利纳入标准以获取可观的收益。❷ 换言之，专利权与标准的结合既有客观原因，也有主观原因。

标准化为技术系统建立了工程规范，这对捕捉和进一步推动创新至关重要，为以通用协议或通用"语言"为需的信息通信技术网络提供了活力源泉，从而实现技术的兼容性和互操作性。❸ 专利与标准在推动创新成果的应用和传

---

❶ ITU. Understanding patents, competition & standardization in an interconnected world. At 51〔EB/OL〕.〔2018-07-10〕. https：//www. itu. int/en/ITU-T/Documents/Manual_ Patents_ Final_ E. pdf.

❷ ITU. Understanding patents, competition & standardization in an interconnected world. At 51-52〔EB/OL〕.〔2018-07-10〕. https：//www. itu. int/en/ITU-T/Documents/Manual_ Patents_ Final_ E. pdf.

❸ ITU. Understanding patents, competition & standardization in an interconnected world. At 3〔EB/OL〕.〔2018-07-10〕. https：//www. itu. int/en/ITU-T/Documents/Manual_ Patents_ Final_ E. pdf.

播、促进技术创新的目的上具有一致性，❶ 但二者的结合可能会引发各种矛盾和冲突。标准化系统以共性假设为基础，通过授予利益相关者平等获取创新技术方案的机会，创造一个公平的竞争环境。相反，专利制度的基础在于授予知识产权权利人临时垄断权利，即有权排除他人实施受保护的技术。标准的包容性与知识产权的排他性相互对立，二者交融具有复杂性。❷ 将专利纳入标准在以往可能只是偶发事件，但专利标准化在当今时代已变得极为普遍，根据汇编了 13 个主要标准制定机构数据的公开披露的必要知识产权数据库（OEIDD）显示，现已有 4.5 万多项专利被披露为潜在必要专利。❸ 而在技术领域，与信息通信相关的标准必要专利占据了最大份额。❹ 通信领域专利标准化的主要原因如下。

（一）客观原因

在客观上，通信领域专利标准化是技术标准科学性要求的结果。❺ 通信技术发展速度快、更新周期短。制定能够指导技术研发、网络建设的技术标准以符合技术发展、市场需求和用户利益，并且还要在促进互联互通、便于运营维护操作、保证安全可靠等方面发挥作用的标准，则技术标准必须具有先进性、

❶ 姚洪军. 论标准与专利的关系［J］. 法治论丛，2010（2）：49.

❷ Understanding patents, competition & standardization in an interconnected world, at 51［EB/OL］.［2018 - 07 - 11］. https：//www. itu. int/en/ITU - T/Documents/Manual_ Patents_ Final_ E. pdf.

❸ Disclosed Standard Essential Patents（dSEP）Database［EB/OL］.［2018-07-11］. http：//ssopatents. org/. 原文：Based on the archives of thirteen major SSOs as of March 2011, the disclosure data is cleaned, harmonized, and all disclosed USPTO or EPO patents or patent applications are matched against patent identities in the PATSTAT database. Overall, the database contains 46 906 disclosed patents, patent applications or blankets, from 969 different firms, with 14 057 USPTO or EPO patents or patent applications identified in PATSTAT, belonging to 4814 different INPADOC patent families and 5337 different DOCDB patent families. 数据库汇编于 2011 年 3 月，数据库总体包含 46 906 项披露的专利。

❹ Understanding patents, competition & standardization in an interconnected world, at 52［EB/OL］.［2018 - 07 - 12］. https：//www. itu. int/en/ITU - T/Documents/Manual_ Patents_ Final_ E. pdf.

❺ 吴广海. 专利权行使的反垄断法规制［M］. 北京：知识产权出版社，2012：324.

可靠性和前瞻性。技术标准作为某个时期对特定技术事项的统一规定，其必须反映当时技术发展的水平以适应特定技术领域寻求统一的要求。在传统的标准化程序中，通常是由标准制定的参与者提议将他们认为某一时期最合适的技术或方法纳入标准。而如今，标准化的目的并不仅是在现有技术中寻求统一的要求，而是越来越多地通过标准的制定来奠定未来技术发展的统一平台，这种情况在 ICT 领域尤为明显。❶ 如此一来，技术标准就更加不可避免地需要吸收新的、最适用的技术。而在知识经济时代，专利权的私权属性和专利权保护力度的加强，刺激了创新技术的所有者寻求技术的专利化，使得许多行业在累积创新上形成专利的大量聚集。这样，标准在客观上就难以避免地纳入专利技术。

通常，技术标准需要实现大量不同的，甚至相互矛盾的功能要求。而在通信领域，移动互联网数据服务的标准可能旨在实现以下功能：（1）提供高数据速率；（2）覆盖大的连续区域；（3）允许用户移动速度高达 300 千米/小时；（4）低功率消耗以优化电池寿命；（5）至少需要一定数量的蜂窝基站或天线塔；（6）能够抗噪音和抗干扰；（7）基站与终端的成本支出须较低。显然，该领域标准的技术性要求极高，而鉴于许多高新技术领域的专利倾向很高，极有可能诸多有效的技术解决方案都受到专利保护。在某些情况下，甚至受专利保护的技术可能是实现相关标准要求的唯一可行方法。❷ 尤其值得注意的是，信息通信领域的发明者和创新者都具有非常强的专利保护意识，其顶尖、前沿的技术成果必然也会被专利覆盖。因此，标准化组织要维护通信领域标准的技术水准、使之反映该行业的技术水平，就必然需要与拥有高新技术专利的知识产权人进行谈判，采集专利纳入标准，第二代蜂窝移动通信标准（Global System for Mobile Communication，GSM）的建立即为其中一个典型例子。1982 年欧洲电信标准化大会（ETSI）主持起草的 GSM 标准，曾要求标准

---

❶ BSI. The Relationship between Standards，Standards Development and Intellectual Property. At 20［EB/OL］.［2018-07-11］. https：//www. bsigroup. com/LocalFiles/en-GB/standards/BSI-Standards-and-IP-2015-UK-EN. pdf.

❷ An empirical study on the determinants of essential patent claims in compatibility standards，at 4［EB/OL］.［2018-07-15］. https：//papers. ssrn. com/sol3/papers. cfm？ abstract_id=1898873.

核心技术的企业对其专利进行无偿许可，否则将不能在合同中就通信设备进行自由定价，该提案遭到专利权人的抵制，以致 GSM 标准迟迟无法出台。当时仅摩托罗拉公司便拥有 18 项核心专利，直接影响 GSM 标准的实现。❶ 可见，技术专利化的时代背景下，专利与标准的结合已成趋势。

（二）主观原因

在主观上，专利标准化是专利权人主动寻求利益最大化的结果，因为将专利技术纳入标准能够为专利权人创造更大的获利空间。

第一，通过专利许可获取巨额利益。专利权若被纳入技术标准，则不仅意味着与其竞争的技术会遭到排斥，而且实施技术标准的所有成员都必须获得专利权人的许可授权，而且通常要向专利权人支付许可使用费。专利权仅能为权利人提供一定时长的垄断权，权利的行使受空间和实践的限制。但若将专利纳入标准，尤其是国际标准，则能在更广的范围，以更高的强度推广专利许可，从而实现专利权人的利益最大化。根据韩国专利厅 2009 年的统计，LG 电子一个全球前十的标准必要专利，一年的许可收入便超过 1 亿美元。❷ 根据韩国 2017 年的估算，每个标准必要专利能够为企业带来 36 亿~40 亿韩元（约 2240 万元人民币）的收入。❸ 此外，美国高通公司在 CDMA 移动通信领域国际标准中拥有 1400 多项专利，专利许可收益十分庞大，占公司收入的 80%，将专利纳入国际标准使高通公司在国际移动通信市场处于巨无霸地位，至今仍如日中天。❹

第二，降低交叉许可成本，获取谈判优势。现在市场上任何一种通信商品涉及的必要专利越来越多，且分别由众多专利权人持有。为实现利益最大化，专利权人可能寻求交叉许可的方式授权，但是大范围交叉许可提升了协议成本，为

---

❶ 张平. 冲突与共赢：技术标准中的私权保护 [M]. 北京：北京大学出版社，2010：4.

❷ KIPO Sets Up and Runs Standard Patent Assistance Center [EB/OL].[2018-07-15]. http：//www. kipo. go. kr/kpo/user. tdf? a = user. english. board. BoardApp&c = 1003&seq = 1328&supp_ cd=001&board_ id=kiponews&cp=1&pg=1&npp=10&catmenu.

❸ 标准必要专利的国际比较及其许可收入分析 [EB/OL]. (2017-08-14) [2018-07-11]. http：//www. nipso. cn/onews. asp? id=37430.

❹ 江涌. 标准化：争夺话语权的利器 [J]. 中国质量万里行，2010 (2)：51.

此专利池应运而生，而借助标准的力量联合专利技术进入专利池，则更能稳固这种联合关系，有效降低交叉许可协议成本。❶ 此外，标准必要专利还能为权利人提供交叉许可的谈判筹码，标准必要专利权人可通过其持有的标准必要专利在交叉许可谈判中获得较强势的谈判地位。❷ 交叉许可的话语权源自双方所拥有的专利筹码，即拥有的专利组合、专利储备或者必要专利数量。❸ 由于标准的实施会引导市场发展的方向，为标准贡献专利技术的专利权人就能从中获益，因为标准的广泛适用可能会将市场的发展方向引向专利权人所擅长和专业的领域，或使市场的发展有利于专利权人现有的产品、平台和用户。专利权人通过标准便能获得竞争的优势，因为与他们的竞争对手相比，专利权人不需要对现有的产品供应作出太多的调整。❹

第三，占据更大的市场份额。专利权与标准的结合能够在一定程度上突破专利权的时间性限制。随着技术更新的周期越来越短，一项专利很可能在保护期满之前就被更新的技术所替代，但如果专利权人将其专利技术纳入技术标准中，就可以借助标准的稳定性和广泛适用性阻碍新技术在市场上的推广，延长专利技术的生命周期。因此，基于自身利益最大化的追求，专利权人会积极寻求将其专利纳入标准。贝克尔斯（Bekkers）、杜伊斯特尔斯（Duysters）和符斯巴根（Verspagen）在信息通信 3G 时代做过一项研究发现，企业拥有的 3G GSM 标准中的专利数目与企业在欧洲通信设备的市场份额存在一定的正相关关系。❺ 诸多研究表明，至少就 GSM 标准而言，专利有助于企业在标准化产

❶　李松晟．通信技术标准必要专利权限制研究［D］．重庆：重庆大学，2017：7.

❷　The Relationship between Standards, Standards Development and Intellectual Property, at 22［EB/OL］.［2018 - 07 - 15］. https：//www. bsigroup. com/LocalFiles/en - GB/standards/BSI-Standards-and-IP-2015-UK-EN. pdf.

❸　刘慧．浅析企业专利交叉许可谈判要素及策略［EB/OL］.［2018-07-15］. https：//www. douban. com/note/649525426/.

❹　ITU. Understanding patents, competition & standardization in an interconnected world. At 52［EB/OL］.［2018-07-10］. https：//www. itu. int/en/ITU-T/Documents/Manual_ Patents_ Final_ E. pdf.

❺　Intellectual property rights, strategic technology agreements and market structure, at 1154［EB/OL］.［2018 - 07 - 15］. home. tm. tue. nl/rbekkers/Bekkers% 20Duysters% 20Verspagen% 20 (2002)%20Research%20Policy%20（def）. pdf.

品市场上取得商业成功。❶

值得注意的是，并非所有 ICT 企业均会选择将专利标准化作为其发展战略。布林德（Blind）教授的研究指出，大企业较之于小型企业更倾向于参与标准的制定。其发现，标准制定的参与度与企业之技术研发与技术出口的活跃程度之间呈"倒 U 形"的关系，即对技术研发与技术出口具有中等活跃程度的企业最有可能参与到标准的制定中。布林德教授解释称，参与标准的制定要求企业具有一定的技术优势和技术研发能力，但对于技术高度密集的企业而言，参与标准制定的收益则会因技术流向组织中的其他成员而有所下降。由于知识产权并不能为一些重要的技术提供充分的保护，因此一些掌握领域内尖端技术的企业会倾向于寻求商业秘密的保护。最后，布林德教授得出结论：一些掌握先进技术但并非掌握领域内最尖端技术的企业会更倾向于将专利技术标准化作为其知识产权战略。❷

三、通信领域专利标准化的影响

如上文所述，在某种程度上专利权的性质与标准的性质是相冲突的。专利制度与标准化体系的交互作用会影响社会整体竞争和创新体系的效率。总体而言，专利标准化对竞争和创新表现出正反双重作用。

（一）积极影响

通信领域专利技术与标准的结合能够对技术创新产生积极影响从而促进经济增长。在专利标准化的过程中，"创新—专利—标准化—许可—创新"的循环揭示了标准、专利和创新之间的协同增效作用，当这一循环能够顺畅运作时，社会整体都会受益于技术的发展——技术创新者通过许可他人实施标准必要专利并依合理无歧视原则收取许可费用来获取回报；标准必要专利实施者能

---

❶ Patents Technical Standards and Standards-Setting Organizations: A survey of the Empirical, legal and economics literature, at 9[EB/OL] .[2018-07-15] .https://papers.ssrn.com/sol3/papers.cfm?abstract_ id=2641569.

❷ Knut Blind. Explanatory factors for participation in formal standardisation processes：Empirical evidence at firm level ［J］. Economics of Innovation and New Technology, 2006（15）：157-170.

够使用标准必要专利进入相关市场并以此技术为基础进行进一步的创新；消费者则受益于市场充分竞争所带来的更多、更低价以及质量更高的产品。❶ 当我们着眼于科学、技术、创新和经济增长系统（STIG system）时，可以发现标准可以对该系统中的诸多要素都起到促进的作用。一方面，专利作为一种技术解决方案能够提供技术规范，有利于增强信息通信技术的性能和成本效率，并增强技术的结合性和互操作性；❷ 另一方面，标准化则有助于实现信息通信技术领域不同企业的技术创新同步化，使各自分离、层次不一的技术能够在系统中共同作用，❸ 也能为未来的技术发展提供一个统一的技术基础。❹ 此外，就企业自身发展角度来讲，在专利标准化带来的巨大获益下，也会反过来促进企业的创新投资、加强技术融合，进而推动创新传播。❺ 总之，当标准与专利权体系相作用时，标准的制定能够更有效地改善企业以及经济整体的状况，因为专利权制度能够激励创新，而标准化则有助于新技术的传播。

此外，国家标准与国际标准的制定能够促进国际贸易的扩张，从而推动经济的增长。而对于小企业而言，参与标准的制定可以减少生产经营的不确定性，因为专利池中包含特定领域的所有相关的现有专利，而且标准

❶ ITU.Understanding patents, competition & standardization in an interconnected world, at 9-10[EB/OL].[2018-07-10].https://www.itu.int/en/ITU-T/Documents/Manual_ Patents_ Final_ E.pdf.

❷ Understanding patents, competition and standardization in an interconnected world, at 51 [EB/OL].[2018-07-15]. https://www.itu.int/en/ITU-T/Documents/Manual_ Patents_ Final_ E.pdf.

❸ 潘海波，金雪军. 技术标准与技术创新系统发展关系研究 [J]. 中国软科学，2003（10）.

❹ Knut Blind Interrelation, Nikolaus Thumm. Interrelation between patenting and standardization strategies：empirical evidence and policy implications [J]. Research Policy, 2004（33）：1584.

❺ Knut Blind Interrelation, Nikolaus Thumm. Interrelation between patenting and standardization strategies：empirical evidence and policy implications [J]. Research Policy, 2004（33）：1584.

的制定也可以扩大产品的总体市场。❶ 专利标准化能够促进创新的一个主要原因，是专利标准化能够有效地实现某一时期特定领域先进技术的转化。这得益于所有参与者在一般情况下都能以较低的、非歧视性的成本实施专利技术，从而使技术在更大范围内实现转化。

（二）消极影响

通信领域专利标准化在促进技术创新、充分发挥创新技术的社会价值的同时，也有可能会对创新和竞争造成消极的影响。首先，允许部分企业合作制定标准可能会使得标准只对部分企业有利。一般来说，合作制定标准的企业通常是行业内实力强大的企业，其制定的标准通常会倾向于大型企业或大型买家（如政府）的利益诉求，这会减少消费者的选择，限制竞争性企业参与竞争的能力。其次，当专利技术进入标准后，会广泛地为整个行业所采用，其他替代性技术就会遭到排挤。标准必要专利权人也会因此而获得超越专利权之合法垄断的市场力量。当标准必要专利权人获得索取高额许可费的能力时，就有可能发生"专利劫持"现象。❷

BSI 指出，从政策立场来看，标准必要专利所带来的挑战是可能会打破以下三者之间的平衡：（1）专利权人（许可人）享有专利权的完整利益的权利；（2）第三方（被许可人）制造和销售符合特定标准产品的权利；（3）避免将用户锁定于特定技术平台的公共利益。❸ 上述平衡的打破，会影响技术创新体系的运行，使得技术创新者、技术实施者和消费者的情况都会变得更差。ITU

---

❶ BSI. The Relationship between Standards, Standards Development and Intellectual Property, At 7 ［EB/OL］.［2018－07－11］. https：//www. bsigroup. com/LocalFiles/en－GB/standards/BSI-Standards-and-IP-2015-UK-EN. pdf.

❷ 关于专利权人劫持行为的成因与危害，可参见：吴广海. 专利权行使的反垄断法规制［M］. 北京：知识产权出版社，2012：326－330.

❸ BSI. The Relationship between Standards, Standards Development and Intellectual Property, at 20 ［EB/OL］.［2018－07－11］. https：//www. bsigroup. com/LocalFiles/en－GB/standards/BSI-Standards-and-IP-2015-UK-EN. pdf.

总结了标准化潜在的利与弊❶（见表 1-2），专利与标准的结合将会使下列情况变得更为复杂。

表 1-2　通信领域专利标准化利弊

标准化的潜在好处	标准化的潜在弊端
1. 促进创新与竞争 （1）更多的产品提供者；降低形成单一提供商垄断市场的风险； （2）在产品生命周期结束后有更多的竞争； （3）更低的产品定价； （4）增加用户的网络价值；以更低的价格获取更好的互补性产品； （5）更低的转换成本； （6）降低"绑定"风险； （7）更容易对产品进行定价； （8）参与者之间的沟通更便利	1. 标准化程序中参与者的控制力量不平衡 （1）技术方法的多样性减少，特别是在产品周期的前期； （2）标准倾向于大型卖家的利益； （3）标准倾向于大型买家的利益； （4）与门槛相关的高成本
2. 促进互操作性 （1）产品或服务间的结合更便利； （2）降低选择未来失败产品的风险； （3）产品或服务的相互转换更为便利； （4）使认证变得便利	2. 通过阻碍产品进入市场的途径来保护市场
3. 提高花费效率 （1）结合技术研究与发展的资源； （2）更少的欺骗	3. 通过拒绝采用新的或改进的标准从而阻碍竞争 （1）限制性能； （2）限制功能
4. 促进国家的发展 （1）提高市场自由度； （2）开放进入国际市场的通道	4. 丧失多样性

在通信技术领域，由于专利标准化更为彻底，"专利劫持"现象更为激烈。❷ 第三方若想生产符合标准的产品则不得不与任何一个标准必要专利权利人进行协商。专利法授予权利人禁止他人实施专利技术的垄断权，而专利与标

❶ ITU. Understanding patents, competition & standardization in an interconnected world, at 25［EB/OL］.［2018-07-20］. https：//www.itu.int/en/ITU-T/Documents/Manual_ Patents_ Final_ E. pdf.
❷ 李松晟. 通信技术标准必要专利权限制研究［D］. 重庆：重庆大学，2017：14.

准结合后则会进一步加剧这种垄断状态，极有可能造成专利滥用、限制竞争的结果。❶ 典型的标准必要专利滥用的行为有以下三种。

（1）不合理定价。就标准必要专利许可费定价方面，标准制定组织要求专利权人遵守 FRAND 原则，即专利权人要提供保证或承诺，一旦专利被纳入标准，专利权所有人将以公平、合理和无歧视条款向标准的使用者进行许可。但对于何为"公平、合理和无歧视"，几乎所有标准制定组织都没有详细的规定，如何确立 FRAND 的具体内容一般留给标准使用者和专利权人自己协商，既不在标准制定活动中讨论具体的"公平、合理和无歧视"条款，也不对当事人的具体许可条款是否合乎 FRAND 原则作出认定。❷ 而这种原则性规定，在实施过程中则极有可能造成许可费的不合理定价。如华为与美国数字交互集团（IDC 公司）标准必要专利使用费之争，IDC 公司对外进行专利许可采取了多重标准，许可给华为公司的费率是许可给三星公司的近 10 倍，是苹果公司的近百倍，要求华为 2009~2016 年按照销售量确定支付许可费率为 2%，而这个费率意味着仅缴纳 IDC 公司一家的专利费就几乎掏空华为的全部利润，❸ 极不利于华为作为标准实施者在通信技术领域的发展，限制了竞争。

（2）故意不披露或不完全披露专利信息。标准化组织一般会设立知识产权政策规制"专利劫持"行为，要求标准制定组织成员披露与标准有关的专利。在披露时间方面一般强调相关信息应尽早披露，对于什么是"尽早"却很少有明确的要求。❹ 在标准制定时期，标准化进程参与者可能故意不披露标准中的必要专利信息，或是私下针对新设标准所含有的创新技术申请专利（专利伏击，Patent Ambush，通常被认为是反竞争的行为）。如果含有"隐形专利"的标准被通过，则绕过 FRAND 承诺的标准必要专利人则可以利用未声

---

❶ ITU. Understanding patents, competition & standardization in an interconnected world, at 46 [EB/OL].[2018-07-10]. https：//www.itu.int/en/ITU-T/Documents/Manual_ Patents_ Final_ E. pdf.

❷ 林欧. 技术标准的反垄断法规制 [M]. 上海：上海社会科学院出版社，2015：56-57.

❸ 王春晖. 应高度重视信息通信领域"标准必要专利"话语权 [J]. 通信世界，2016（22）：12.

❹ 吴广海. 专利权行使的反垄断法规制 [M]. 北京：知识产权出版社，2012：330，335-336.

明标准必要专利从标准实施者方攫取额外的许可费用，甚至阻碍特定的第三方实施标准。这类行为破坏了标准的开放性和可接触性，为他人进入市场制造成巨大的障碍，限制竞争。❶ 如美国的 In re Dell Computer Corp.案❷（以下简称"戴尔案"），戴尔公司作为视频电子标准协会（Video Electronics Standards Association，VESA）的会员，具有披露标准中知识产权的义务，但 VESA 在制定 VL-bus 标准时，并未对其享有的标准中计算机总线布局技术专利进行披露，而是在 VL-bus 标准确定后，向实施标准的其他协会会员索要该技术专利的高额许可费。据此，美国联邦贸易委员会指控戴尔公司不合理地限制竞争。

（3）滥用禁令救济。标准必要专利权利人除了可能涉及以上这些比较典型的行为外，还可能滥用因其专利赋予其的市场支配地位、构成不正当竞争行为，其中不正当地寻求禁令救济就是典型代表。知识产权作为民事权利之一，当其遭受侵犯时，权利人可以向侵权人提出停止侵害、赔偿损失的请求。因此，当标准必要专利受到侵犯时，权利人享有禁令请求权。拥有市场支配地位的标准必要专利权人利用禁令救济迫使潜在的被许可人接受其提出的不公平许可条件，从而限制市场竞争。例如，以快速发展的手机市场为例，即便禁令救济只是暂时延迟新型手机进入相关市场，标准实施者也可能因为错失最佳商业时机而遭受巨大经济损失，消费者也因此不能及时享受最新产品。❸ 因此，标准必要专利禁令救济的不当行使较一般专利而言更有可能危害市场竞争机制、增加标准的使用成本、延缓后续创新和损害消费者福利。

第三节　通信领域标准化组织及其知识产权政策

当前，通信领域的主要标准化组织有国际电信联盟（ITU）、欧洲电信标准协会（ETSI）和美国电气及电子工程师学会（IEEE）三个。大多数 SSOs 都

---

❶ Understanding patents, competition and standardization in an interconnected world, at 47 [EB/OL].［2018－07－15］. https：//www.itu.int/en/ITU－T/Documents/Manual_ Patents_ Final_ E. pdf.

❷ In re Dell Computer Corp., 121 FTC 616, 1996 WL 350997（1996）.

❸ 李剑. 论反垄断法对标准必要专利垄断的规制［J］. 法商研究，2018（1）：73.

会制定知识产权政策来管理专利的标准化，以实现标准必要专利权人与标准实施人之间的利益平衡。这些知识产权政策通常会要求专利权人在标准制定的程序中披露标准必要专利的信息，承诺以 FRAND（Fair Reasonable and non-discriminatory）条件将标准必要专利授权许可给所有的标准实施人使用。

根据确保公平、合理、非歧视地许可标准必要专利的方式不同，可将知识产权政策分为以承诺为基础的知识产权政策和以参与为基础的知识产权政策。❶ 而以承诺为基础的知识产权政策，已成为应对专利标准化挑战最广泛采用的方法，也是信息通信领域标准化进程中平衡各方利益、规制"专利劫持"行为的核心机制。❷ 以承诺为基础的知识产权政策在主要标准制定组织中占主导地位，该类政策主要含两个模块：专利披露规则和许可规则。下面将对通信领域主要标准化组织的知识产权政策进行介绍。

一、国际电信联盟（ITU）及其知识产权政策

（一）ITU 基本情况介绍

ITU 成立于 1865 年，是世界各国政府的电信主管部门之间协调电信事务方面的国际组织，是联合国的一个专门机构，有 191 个成员国和 700 多个部门成员及部门准成员。ITU 负责分配和管理全球无线电频谱与卫星轨道资源，制定全球电信标准，向发展中国家提供电信援助，促进全球电信事业发展。ITU 的组织结构主要分为电信标准化部门（ITU-T）、无线电通信部门（ITU-R）和电信发展部门（ITU-D）。目前，电信标准化部门主要活动的有 10 个研究组，分别是：SG2（业务提供和电信管理的运营问题）；SG3（包括相关电信

---

❶ ITU. Understanding patents, competition & standardization in an interconnected world, at 55, 57 [EB/OL].[2018-07-10]. https://www.itu.int/en/ITU-T/Documents/Manual_Patents_Final_E.pdf. 以参与为基础的知识产权政策要求，作为成为组织会员资格的条件，加入标准组织的企业，须承诺按照特定条款或根据 RAND 或 RF 条款对其所有的任何标准必要专利进行许可。换句话说，组织成员一旦加入标准制定组织，即"自动"承诺根据 RAND 或 RF 条款许可其标准必要专利。

❷ ITU. Understanding patents, competition & standardization in an interconnected world, at 55 [EB/OL].[2018-07-10]. https://www.itu.int/en/ITU-T/Documents/Manual_Patents_Final_E.pdf.

经济和政策问题在内的资费及结算原则）；SG5（环境和气候变化）；SG9（电视和声音传输及综合宽带有线网络）；SG11（信令要求、协议和测试规范）；SG12（性能、服务质量和体验质量）；SG13（包括移动和下一代网络在内的未来网络）；SG15（光传输网络及接入网基础设施）；SG16（多媒体编码、系统和应用）；SG17（安全）。ITU 因标准制定工作而享有盛名，标准制定是其最早开始从事的工作。来自世界各地的行业、公共部门和研发实体的专家定期会面，共同制定错综复杂的技术规范，以确保各类通信系统可与构成当今繁复的ICT 网络与业务的多种网元实现无缝的互操作。

（二）ITU 的主要知识产权政策

ITU［主要指其电信标准化部门（ITU－T）和无线电通信部门（ITU－R）］、国际标准化组织（International Organization for Standardization，ISO）和国际电工委员会（International Electrotechnical Commission，IEC）三大标准化组织共同制定了专利政策，包括 ITU－T/ITU－R/ISO/IEC 一般专利政策、ITU－T/ITU－R/ISO/IEC 一般专利政策实施指南以及专利声明和许可声明表格。尽管一般专利政策自 2007 年实施以来没有作出任何修订，但实施指南和许可声明表格已经经过多次修订，实施指南最新的修订版本为 2015 年 6 月发布的版本。

1. 专利披露政策

ITU－T/ITU－R/ISO/IEC 共同制定的专利政策规定，任何参与 ITU，ISO 或IEC 工作的主体应从一开始就提请 ITU－TSB 主任、ITU－BR 主任或 ISO 或 IEC首席执行官办公室注意，将任何已知专利或任何已知的未决专利申请告知上述机构，无论这些专利或专利申请是他们自己的还是其他组织的。❶ 这意味着，参与主体不但应披露本人的标准必要专利和专利申请，而且对于其知晓的与标准设立有关的、别人的必要专利和专利申请也要进行披露。ITU－T/ITU－R/ISO/IEC《一般专利专利政策实施指南》第 3 条进一步解释，"从一开始"意味着参与主体应当在标准建议书制定的过程中尽可能早地披露专利信息；第一

---

❶ Common Patent Policy for ITU－T/ITU－R/ISO/IEC［EB/OL］.［2018－07－13］. https：//www.itu.int/en/ITU-T/ipr/Pages/policy.aspx.

个文本草案也许不可能做到，因为此时的文本也许仍太含糊或其后仍需进行重大修改。但是，由于鼓励参与主体在标准化制定中（在标准文本成熟之前）尽早披露，这很可能导致披露的专利并非标准文本中的必要专利。这种尽早披露政策的另一个风险是，最终的标准版本会与初始的标准版本呈现实质性的差异，因此最终的标准会包含一些最初并未被视为与标准相关的专利。上述风险是专利政策进行权衡的结果：如果参与主体选择在标准制定程序的后期披露信息，可能会导致更高"质量"的披露，因为披露的专利事实上有更大的可能性成为标准必要专利；然而，在这一阶段，若发现专利技术并不符合 FRAND 或 RF 条款，则会导致不利的后果。

此外，信息的披露应当遵循诚信原则和最大努力原则（best-effort basis）。但是，这并不要求参与的专利权人为了进行更权威的信息披露而进行专利检索。而且，没有参与技术组的一方也可以提请 ITU 注意其拥有的或第三方拥有的任何已知的专利。成员应以书面形式提请有关组织注意任何第三方的专利。如果可行，有关标准组织的负责人或执行官会要求专利持有人提交声明表。

2. 专利陈述和许可声明表

为了在 ITU/ISO 和 IEC 的专利信息数据库中提供清楚的信息，专利持有人必须使用声明表。这个表格在 ITU，ISO 和 IEC 的网站可以找到，声明表必须提请 ITU/ISO 和/或 IEC 注意。有关于 ITU 的，应当提请 TSB 或 BR 的负责人注意；有关于 ISO 或 IEC 的，应提请首席执行官注意。声明表的目的是确保专利持有人以标准化的格式向相应的标准化组织提交声明。

声明表为专利持有人就实施特定建议书/可交付件所要求的专利提供了进行许可声明的方式。具体而言，专利持有人通过提交表格声明其愿意或不愿意许可其所持有的专利。

若专利持有人选择了声明愿意许可其专利，则依据相关的 ITU 建议书，专利持有人须按照 ITU 的要求提供允许专利确认的附加信息。在这种情况下，就相关 ISO 或 IEC 可交付件而言，ISO 和 IEC 非常鼓励（但不要求）专利持有人提供允许专利确认的附加信息。若专利持有人希望指明几个专利并按照同一建议书/可交付件所附声明表中的不同选项对声明进行分类，或专利持有人希望将某一复杂专利的不同权利要求，通过在声明表中勾选不同选项进行分类，专利持有人可以使用多份声明表。如果有明显错误，可以修改声明表中的信息，比如标准文件或专利号中的印刷错误。声明表中的许可声明不得变更，除非其被另一包含对被许可人而言更加优惠条件的声明表所替代。

3. 起草过程中的专利披露行为

提前披露专利有利于提高起草建议书/可交付件的效率。因此，在起草建议书/可交付件（建议）期间，每个技术组都会要求披露任何已知的对提议中的建议书/可交付件而言是必要的专利。每次会议中，技术组的主席都会在适当的时间以适当方式询问是否有人知道实施提议中的建议书/可交付件可能需要使用的专利。该问题的询问情况及任何肯定的回应都应该记录在会议报告中。只要有关的标准化组织确认没有收到专利持有人选择专利政策第2.3条的声明，就可以遵循本组织的相应规则批准通过该建议书/可交付件。ITU建议技术组在讨论时考虑建议书/可交付件中的专利事宜，不过技术组可以不对任何专利的必要性、范围、有效性或具体的许可条件表态。

4. 专利信息数据库

为了促进标准制定过程中建议书/可交付件的应用，ITU、ISO和IEC都向公众提供一个专利信息数据库，数据库的内容由通过声明表向标准化组织传达的信息构成。专利信息数据库可以包含特定专利的信息，也可以不包含此类信息但须有特定建议书/可交付件符合专利政策的陈述。专利信息数据库不保证信息的准确性和完备性，而仅仅是公开已经传递给组织的信息。因此，专利信息数据库可以看作树起一面旗帜，提醒用户与那些已经向ITU、ISO和/或IEC提交声明表的实体联系，以便确定为使用或实施某个具体建议书/可交付件是否必须获得专利许可。

5. 专利权的转让

专利陈述和许可声明表中含有专利权转让条款。根据这些条款，专利持有人在转让专利后，免除了关于许可承诺的所有义务和责任。这些条款并不会为专利持有人创设义务，要求其在专利转让后迫使受让人遵循许可承诺。当加入组织的专利持有人转让其专利所有权或控制权，且其已经就这些专利向ITU/ISO/IEC作出许可声明的，专利持有人应尽量告知该受让人此专利许可声明。此外，若专利持有人特意向ITU/ISO/IEC确认了专利，专利持有人应确保该受让人受到与其许可声明同样的约束。若专利持有人没有特意向 ITU/ISO/IEC 确认专利，专利持有人应尽合理努力确保受让人受到与其许可承诺同样的约束。依照上述条款，专利持有人转让其专利所有权或控制权后，不再受到许可声明中责任与义务的约束。

6. ITU-T/ITU-R/ISO/IEC 的共同专利政策

下面是有关不同程度覆盖 ITU-T 建议书、ITU-R 建议书、ISO 可交付件和 IEC 可交付件的专利事由的"行为法则"（以下将 ITU-T 建议书和 ITU-R 建议书统称为"建议书"，将 ISO 可交付件和 IEC 可交付件统称为"可交付件"）。"行为法则"遵循简单明了的原则。建议书/可交付件是由技术专家而不是专利专家提出的，他们可能不一定熟悉诸如专利之类知识产权的复杂的国际法状况。建议书/可交付件不是约束性的，它们的目的是确保在世界范围内技术和系统的兼容性。为了达到所有参与者共同利益所在的目的，必须确保建议书/可交付件、它们的应用、利用等是人人都容易获取的。因此，随之而来的是，被纳入建议书/可交付件的某专利的全部或部分必须是人人都可在没有不适当限制的情况下容易获取的。满足这个普遍性要求是行为法则的唯一目的。有关专利的细节事宜（专利许可、专利使用费等）留待有关当事人去协商，因为这些协商可能因个案而异。

"行为法则"可以被归纳如下：（1）ITU 电信标准化局（ITU-TSB）、ITU 无线电通信部门（ITU-BR）以及 ISO 和 IEC 首席执行官办公室不负责针对专利或类似权利的证据、有效性或范围给出权威的或全面的信息，而是希望披露最充分的可用信息。因此，任何参与 ITU、ISO 或 IEC 工作的当事人都应该从一开始就分别提请 ITU-TSB 局长、ITU-BR 局长或 ISO 和 IEC 首席执行官注意其（当事人）所知晓的自己组织或是其他组织的任何专利或任何正在审查的专利申请，尽管 ITU、ISO 或 IEC 不能够确认任何这类信息。（2）如果某建议书/可交付件已制定，并且前述的信息已经披露，那么可能出现三种不同状况：第一，专利持有人愿意与其他当事人在无歧视基础上以合理的条款和条件就免费许可专利进行谈判。这类谈判留待有关当事人在 ITU-T/ITU-R/ISO/IEC 外进行。第二，专利持有人愿意与其他当事人在无歧视基础上以合理的条款和条件就许可专利进行谈判。这类谈判留待有关当事人在 ITU-T/ITU-R/ISO/IEC 外进行。第三，如果专利持有人不愿意遵循上述两种情况的规定，那么建议书/可交付件不应该包含有赖于该专利的条款。（3）无论上述三种情况的哪一种，专利持有人都必须使用相应的专利陈述和许可声明表分别向 ITU-TSB、ITU-BR 或 ISO 或 IEC 的首席执行官办公室提供书面陈述，以便归档。这种陈述除了针对表格中所选方框对应的情况提供信息之外，不能再包含附加的规定、条件或任何其他排他性条款。

二、欧洲电信标准协会（ETSI）及其知识产权政策

（一）ETSI 基本情况介绍

欧洲电信标准协会（ETSI），成立于 1988 年，是欧洲地区性标准化组织。ETSI 的目标是根据最符合欧洲电信业技术目标，创建标准和技术规范。如果不能获得标准或技术规范的必要知识产权许可，将资金投入标准的准备、采纳和应用中就会存在浪费的风险。ETSI 知识产权政策着眼于降低成员等在应用 ETSI 标准和技术规范时出现的上述风险。为实现这一目标，ETSI 知识产权政策力求在电信领域因公共使用目的而进行的技术标准化和保护知识产权所有者的权利之间保持平衡。

ETSI 与 ITU 相比，具有许多特点。首先，ETSI 具有很大的公众性和开放性，不论主管部门、用户、运营者、研究单位都可以平等地发表意见。其次，针对性和时效性强，也是 ETSI 与 ITU 的不同之处。ITU 为了协调各国，在制定标准时，常常留有许多任选项，以便不同国家和地区进行选择。但这也给设备的统一和互通造成麻烦，而 ETSI 则针对欧洲市场和世界市场的情况，将一些指标深入细化。ETSI 的标准制定工作是开放式的。标准的立题是由 ETSI 成员通过技术委员会提出的，经技术大会批准后列入 ETSI 的工作计划，由各技术委员会承担标准的研究工作。技术委员会提出的标准草案，经秘书处汇总发往成员国的标准化组织征询意见，返回意见后，再修改汇总，在成员国单位进行投票。赞成票超过 70% 的可以成为正式 ETSI 标准，否则可成为临时标准或其他技术文件。

（二）ETSI 主要知识产权政策

1. 标准化的政策目标

《ETSI 知识产权政策》（以下简称《ETSI IPR 政策》）的目标在于协助

ETSI 内部的标准制定流程。在遵守《ETSI IPR 政策》的前提下，技术部门不得参与到知识产权事务的法律讨论中。《ETSI IPR 政策》的主要特点可简述为以下几点：（1）会员完全有权持有任何其拥有的知识产权并从中获益，包括拒绝授予许可的权利。（2）ETSI 的目标是基于最能满足 ETSI 技术目标的解决方案来制定《标准和技术规范》。（3）为实现这一目标，《ETSI IPR 政策》致力于实施标准化以供电信领域公开使用的需求和拥有者的权利之间找到平衡。（4）《ETSI IPR 政策》力图降低因某标准或技术规范的必要知识产权不可使用，而可能导致准备、采用和应用标准的投资被浪费掉的风险。因此，需在标准制定过程中尽可能早地了解到必要知识产权的存在，特别是该许可无法在公平、合理、非歧视（FRAND）条款和条件下使用的情况。《ETSI IPR 政策》定义了 ETSI 作为一个协会面向其会员和秘书处的权利和义务。该政策旨在确保在足够时间内识别出知识产权，以避免把精力浪费在最终因必要知识产权而不能使用的可交付文件的起草工作上。

2. 《ETSI IPR 政策》规定的权利和义务

《ETSI IPR 政策》定义了 ETSI 作为一个协会面向其会员和秘书处的权利和义务。非 ETSI 会员根据该政策也享有某些权利，但没有法律义务。《ETSI IPR 政策》规定的协会、会员、秘书处的最重要的权利和义务以及第三方的权利如下。

（1）协会的义务：

①告知标准用户已宣布的必要知识产权并确保这一信息广为知晓（第7条）；

②应 EC 和/或 EFTA 的要求，在开销合理的情况下执行知识产权检索（第6.2条）；

③在公平、合理、非歧视条款和条件下将 ETSI 拥有的知识产权（非版权）授权给第三方，无须向 ETSI 会员支付费用（第9.3条）；

④尊重技术部门内部的保密信息，直至到相关可交付文件公开为止；

⑤将信息纳入标准内（第10条）。

（2）会员的义务：

①向 ETSI 告知其自身以及其他人的必要知识产权（第4.1条）；

②必要知识产权拥有者须在公平、合理、非歧视条款和条件下进行授权许可（第6.1条）；

③在没有其他替代选择的情况下拒绝授权的必要知识产权拥有者需重新考虑其地位并向理事长提供正当理由（第8.1条）；

④放弃代表会员本身及其员工对标准文档（标准本身的文本、图片等）主张版权的权利（第9.1条）。

（3）会员的权利：

①没有进行知识产权检索的义务（第4.2条）；

②拒绝将自己的知识产权纳入标准中（第8.1条和第8.2条）；

③在公平、合理、非歧视条款和条件下对标准进行授权（第6.1条）；

④免费复制标准文档（第11条）；

⑤免费使用ETSI拥有的知识产权（第9.3条）；

⑥保密信息在技术部门内部得到尊重，直至相关可交付文件公开为止（第10条）。

（4）秘书处的义务：

①理事长代表ETSI负责联系已经拒绝进行授权的必要知识产权拥有者（第8.1条和第8.2条）；

②理事长要求必要知识产权拥有者在3个月之内给出其准备授权的书面承诺（第6.1条）。

（5）第三方的义务：

①《ETSI IPR政策》仅对ETSI会员有约束力，第三方在该《政策》下没有任何法律义务；

②当ETSI得知某项属于非会员的知识产权可能是某标准的必要专利时，该非会员也需要承诺在公平、合理、非歧视的条款和条件下授权许可（第6.1条）。

（6）第三方的权利：

①只有必要知识产权的拥有者或ETSI标准或文档的用户这两类第三方，才能享有《ETSI IPR政策》下的某些权利；

②拒绝将其拥有的必要知识产权纳入ETSI可交付文件中（第8.1条和第

8.2条）；

③在公平、合理、非歧视条款和条件下获得某一标准至少在制造、销售、租赁、维修、使用和运行方面的授权（第6.1条）；

④在公平、合理、非歧视条款和条件下获得ETSI拥有的知识产权（除标准文档中的版权以外）的授权（第9.3条）；

⑤保密信息在技术部门内部得到尊重，直至相关可交付文件公开为止（第10条）。

3. "必要"知识产权的界定

《ETSI IPR政策》第15.6条对必要性作出如下定义：必要知识产权是指在技术（而非商业）范畴，考虑到标准化之时普遍可用的正常技术实践和发展水平，如不侵犯知识产权便无法制造、销售、租赁或处置、维修、使用或运行符合某项标准的设备或方法。为避免疑问，需对以下特殊情况进行说明，如果某项标准只能通过技术解决方案加以实施，而所有技术解决方案均侵犯知识产权，则所有这些知识产权都应视为必要知识产权。简而言之，"必要"知识产权就是已被纳入某项标准，且不利用该知识产权就无法实施该标准的知识产权。因此，避免在实施标准时违反知识产权的唯一方法就是从拥有者手中获得许可。

4. 知识产权的披露

《ETSI IPR政策》第4条对会员的知识产权披露做出了规定：

4.1 依据如下第4.2条规定，各会员应尽其合理努力，特别是在其参与的标准或技术规范制定过程中，及时向ETSI通知其披露必要知识产权。会员针对标准或技术规范而提交技术方案时，倘若该提案被采纳，ETSI应注意该会员的知识产权可能属于必要知识产权。

4.2 然而，上述4.1条款规定的义务并不意味着各会员有义务进行知识产权检索。

4.3 如果有会员已经及时通知ETSI同族专利情况后，则可视为已就该同族专利的全部现有和将来产生的全部专利均已履行上述第4.1条规定的义务。如果有关于该同族专利其他专利的信息，可自愿提供。

5. 及时披露必要知识产权的重要性

ETSI 作为一家标准机构，可能由"延迟披露"引发的主要问题包括：（1）专利许可披露延迟且根本无法使用；或（2）专利许可披露延迟且可以使用，但不是在公平、合理、非歧视（FRAND）条款下披露的，即公司不愿意做出"FRAND"承诺/授权声明。如果以上问题无法得到满意解决，则 ETSI 将不得不更改标准，在某种极端情况下甚至还需要重新开发该标准。需要指出的是，"及时性"或"及时"的定义无法被统一，因为此类定义将构成"对《ETSI IPR 政策》的修改"。但是，如果能证明 ETSI 会员已故意阻止知识产权的披露，使其被披露时限远远超出对"及时性"的正常理解，便已构成"故意延迟"。"故意延迟"的描述应以符合现行《ETSI IPR 政策》的方式进行解读。为符合《ETSI IPR 政策》第 4.1 条对及时性的规定，会员在得知其知识产权是或有可能是必要知识产权时尽可能早地进行披露。"故意延迟"一旦得到证实，应视作违反《ETSI IPR 政策》第 14 条的规定，接受全体大会的制裁。

6. 许可政策

《ETSI IPR 政策》明确规定了权利人应向组织提交 FRAND 许可声明，同意以 FRAND 条件进行许可的承诺是专利被纳入标准的前提条件。具体的法律条文是《ETSI IPR 政策》第 6 条的规定，即：

6.1　当 ETSI 注意到涉及特殊标准或技术规范的必要知识产权时，ETSI 的理事长应立即要求该知识产权人在 3 个月内提交书面的、不可撤销的承诺，表明其准备对知识产权给予在公平、合理和无歧视（"FRAND"）条款和条件下的、不可撤销的许可，内容至少应涵盖以下范围：（1）生产，包括被许可人为生产而开发的自有设计制造和委托制造定制部件与子系统的权利；（2）销售、租赁或以其他方式处分制造的设备；（3）维修、使用或操作设备；以及（4）对方法加以使用。

知识产权人可以在作出许可承诺时要求寻求许可的企业同意互惠条件。

6.1　bis　必要知识产权的转让。根据第 6 条做出 FRAND 许可承诺，应当解释为对全部权益继承人（successors-in-interest）具有约束力的债权，但此解释可能不适用于所有法律管辖区。转让必要知识产权所有权的申报人应根据规定提交 FRAND 承诺，确保该承诺对受让方具有约束力；而受让方也应做出相应承诺，说明在将来发生转让时，对后续的权益承受人具有约束力。无论在相关的转让文件中是否包含此规定，承诺均应解读为对权益承受人具有约束力。

6.2　除非在做出承诺时以书面形式明确排除某特定的专利，通常依据第 6.1 条作出的承诺如果涉及同族专利，应认为适用于该同族专利的全部现有和未来的必要知识产权。此类排除的范围应限于那些明确指定的知识产权。

6.3　只要没有获得知识产权权利人的承诺，委员会主席应在适当的时间咨询 ETSl 秘书处，共同决定委员会是否应中止标准或技术规范部分的工作，直至问题得到解决和/或提请批准相关的标准或技术规范。

6.4　在欧盟委员会和/或欧洲自由贸易联盟要求时，如果是针对特定的标准或技术规范或同一类型的标准/技术规范，ETSI 可以尽职且及时地安排相关调查事宜，包括知识产权分析，以查明是否存在或可能存在成为对提出的标准或技术规范而言必要的知识产权，以及关于该知识产权的、可能的许可条款和条件。在开始调查之前，由欧盟委员会和/或欧洲自由贸易联盟拟定详细的安排。根据前述安排，由欧盟委员会和/或欧洲自由贸易联盟承担进行调查发生的全部合理费用。

6bis　知识产权许可声明表的用途。各会员应使用本 ETSI 知识产权政策附录随附的 ETSI 知识产权许可声明表，制定其知识产权许可声明。

三、美国电气及电子工程师协会（IEEE）及其知识产权政策

（一）IEEE 基本情况介绍

美国电气及电子工程师协会（IEEE），成立于 1963 年，是一个国际性的电子技术与信息科学工程师协会，拥有 175 个国家和地区的 36 万名会员。IEEE 专门设有 IEEE 标准协会（IEEE-SA, IEEE Standard Association），负责标准化工作。IEEE-SA 下设标准局，标准局下又设置两个分委员会，即新标准制定委员会（New Standards Committees）和标准审查委员会（Standards Review Committees）。IEEE 的标准制定内容包括电气与电子设备、试验方法、元器件、符号、定义以及测试方法等多个领域。

（二）IEEE 主要知识产权政策

1. 专利披露政策

《IEEE 董事会章程》第 6.2 条第 20 段规定，为了保证 IEEE 专利政策有效运转，参与标准制定过程的个人：（a）应该通知 IEEE（或让他人告知 IEEE），他们知道的、还未被已接受的保证函所覆盖的那些必要专利权利要求是由哪些参与标准制定的个人或企业所拥有或控制，这些个人又是来自或受雇于谁，或以其他方式代表谁；（b）应该通知 IEEE（或让他人告知 IEEE）其他拥有任何还没有为已被接受的保证函所覆盖的潜在必要专利权利要求的持有人。

换言之，参与标准制定的主体应当告知 IEEE 自己所知晓的任何潜在标准专利主张之权利人信息，包括尚未在已被接受的保证信中披露的专利信息。

2. 许可政策

根据《IEEE 董事会章程》第 6.2 条的相关规定，如果 IEEE 收到 IEEE 标准提案需要使用潜在必要专利权利要求的通知，IEEE 将会要求提供许可保证，并由 IEEE-SA 标准协会批准专利权人或申请人的保证函。IEEE 不胁迫提供该保证函。许可保证应当包括以下内容。

（1）一般免责声明，即提交人在现在和将来都无条件地承诺不会利用其必要专利权利要求对抗为符合 IEEE 标准而使用必要专利制造、指示他人制造、使用、销售、许诺销售或进口任何被控侵权产品的任何个人或公司；

（2）提交人将给予在全球范围内不限制数量的申请人，不要求补偿金的或者收取合理许可费的、其他条款和条件合理且不存在不公平歧视的许可，使其得以为遵循 IEEE 标准而使用必要专利制造、指示他人制造、使用、销售、许诺销售，或为了遵循 IEEE 标准而进口使用了必要专利的部件。

包含意味着合理条款和条件的声明，包括免费或合理许可费的条款的已被接受的保证函，意味着已经就使用这些标准必要专利权利要求给予了充分的补偿，因此在本政策中排除了就使用这些标准必要专利而申请，或申请执行禁令救济，本政策另有规定的除外。

此外，《IEEE 董事会章程》第 6.1 条还对"合理的费率"作出了说明。"合理的费率"是指，专利权人在其必要专利要求得以实施时所获得的合理补偿，且这种补偿不应当包含该技术因被纳入 IEEE 标准而产生的额外价值。就使用标准必要专利权利要求而给予专利持有人的合理补偿，该补充应该排除，如果有的话，因为该技术被采纳为 IEEE 标准必要专利权利要求而产生的价值。另外，认定该合理费率应当考虑包括但不限于以下因素：

（1）标准必要专利权利要求中对实施标准的产品相关最小可销售单元的功能实现具有技术贡献的、发明权利要求功能性部分或发明特征部分的价值。

（2）依据在实施标准的产品中同一 IEEE 标准下的所有标准必要专利权利要求的价值贡献所计算出的、实施该必要专利权利要求对实施标准产品的最小可销售单元所贡献的价值。

（3）覆盖使用相关必要专利权利要求的已有许可协议，该许可协议不是在明确的或者含蓄的禁令威胁之下达成的，且达成该协议的情况与影响因素对当下的许可情况而言具有充分的可比较性。

四、主要标准化组织知识产权政策比较

（一）标准化组织专利披露政策比较

专利披露规则是指 SSOs 在制定标准过程中，要求组织成员或标准制定过程的参与者依照一定的规则，披露 SSOs 认为对于标准的实施而言是必要的专利，以及最终标准文本通过时有可能成为必要专利的专利。专利披露规则的重要作用主要有三个：一是作为标准必要专利权人进行许可承诺的"启动"条件；二是保障起草标准的专家组能够在知晓进入标准的技术的专利情况，以便在对个案进行充分衡量的基础上，作出知情的决定；三是为潜在的标准实施者提供相关信息，让潜在的标准实施者知道哪些企业可能拥有标准必要专利（因为有部分企业的一贯做法是根据 FRAND 进行授权许可，而另一部分企业则通常仅将标准必要专利用作防御工具），这种信息对于潜在的标准实施者在与标准必要专利人进行谈判时评估"合理的"许可费用具有重要的价值。❶ 不

---

❶ ITU. Understanding patents, competition & standardization in an interconnected world, at 58-59［EB/OL］.［2018-07-10］. https：//www. itu. int/en/ITU-T/Documents/Manual_ Patents_ Final_ E. pdf.

同 SSOs 所制定的专利披露规则有较大的区别，主要涉及触发披露义务的情况、披露的具体内容、披露的时间、披露的对象等（见表 1-3）。

表 1-3 三大标准化组织的专利披露政策对比

	ITU	ETSI	IEEE
披露主体	参与者、其他任何主体也可以	ETSI 成员	标准制定参与者
披露内容	任何已知必要专利权利要求或专利申请	自己或他人的专利（包括专利申请）	任何潜在的必要专利权利要求（包括专利申请）
披露范围	本人的标准必要专利和专利申请，以及与标准设立有关的、别人的必要专利和专利申请	成员的那些可能成为必要专利权利要求的知识产权	专利、专利权人或专利申请人
披露时间	标准制定过程中尽早披露	一旦知晓，及时披露。尤其是在标准或技术规范制定过程中，特别是当其向ETSI提交技术建议时	标准制定过程中
是否强制披露	否	否	否
不披露的后果	未规定	未规定	未规定
成员是否有检索义务	否	否	否

（二）标准化组织专利许可政策比较

鉴于标准必要专利的滥用会严重威胁 SSOs 通过标准化促进技术创新之目标的实现，构建有力的审查机制与标准必要专利权行使的限制机制是 SSOs 知识产权政策的核心所在。目前，各 SSOs 的知识产权政策通常要求标准必要专利权人承诺以以下条件许可潜在的标准实施人使用专利技术：（1）以 FRAND 条件授权许可，且允许标准必要专利权人收取许可费用；或（2）以 RF（royalty-free）条件授权许可（免费许可），即除了不得收取许可费用，还不得附加任何有违 FRAND 要求的其他许可条件。此外，还有一种为较少数 SSOs 所采用的知识产权政策，是要求标准必要专利权人作出不主张权利（non-assertion）的承诺，即标准必要专利权人不得对任何使用其专利技术以实施标准的企业主张任何权利。尽管大多数的 SSOs 都将 FRAND 原则作为专利政策的指导性原则，但是大多数的 SSOs 都没有对"合理的"条件内容作出明确规定，换言之，在实践中"合理的"条件要求并不能起到太大的指导作用。❶ 例如，IEEE 就在其知识产权政策中明确指出其不负责判断保证中许可条款是否符合"合理非歧视"原则。❷

ITU 在要求披露标准必要专利信息的专利权人在披露信息的同时即作出以 RAND 条件或 RF 条件进行许可授权的承诺。但同时，披露标准必要专利信息的权利人也有权声明其不愿意以 FRAND 条件或 RF 条件许可其专利。这种声明将会对标准的制定产生重要的影响，即必须移除标准中要求使用特定专利技术的标准特征，有时甚至需要撤销整个标准制定工作。要求标准必要专利信息的披露人尽早作出许可承诺的最主要原因，就是为了让 ITU 尽早知晓潜在的标准必要专利的权利人的许可意向以及时采取合适的措施予以应对。不过，根据 ITU 的统计，作出拒绝以 FRAND 或 RF 条件进行许可的情况是十分罕见的。❸ 值得注意的是，尽管根据 RF 许可承诺，标准必要专利人不得收取许可费用，但是其仍然可以以"其他合理的条件"作出许可授权。"免费"并不意味着标准必要专利权人放弃其所有权利，其仍然有权要求标准实施者签订包含其他合理条款的许可协议，例如承诺遵守一定的管理规则、使用领域、互惠条件等。《ETSI IPR 政策》则明确规定权利人应向组织提交 FRAND 许可声明，同意以 FRAND 条件进行许可的承诺是专利被纳入标准的前提条件。有学者认为，标准必要专利权人在 FRAND 许可声明中被赋予的义务不能简单地定性为要约邀请，而应该是效力更为严格的要约。具体而言，专利权人在作出 FRAND 许可声明后，只要专利技术对于标准而言仍属必要，专利权人就应履行向所有有意使用技术者根据《ETSI IPR 政策》第 6.1 条确定的最低标准授予许可的

---

❶ Mark A. Lemley. Intellectual Property Rights and Standard-Setting Organizations [J]. California Law Review, 2002 (90)：1906.

❷ IEEE-SA STANDARDS BOARD BYLAWS. Section 6.2 [EB/OL].[2018-07-13]. http：//standards. ieee. org/develop/policies/bylaws/sect6-7. html.

❸ ITU. Understanding patents, competition & standardization in an interconnected world, at 88 [EB/OL].[2018-07-10]. https：//www. itu. int/en/ITU-T/Documents/Manual_ Patents_ Final_ E. pdf.

义务。❶

目前，各 SSOs 的知识产权政策所关注的重点问题是 RAND 条件的含义，具体体现为如何确定符合 FRAND 原则的许可费用以及许可条件，以及 FRAND 原则如何限制专利权人在标准必要专利受侵犯时可寻求的救济。尽管大多数的 SSOs 都将 FRAND 原则作为知识产权政策的指导原则，但是，仅有很少数的 SSOs 对 FRAND 原则的含义作出了明确的解释。由于大多数 SSOs 的知识产权政策都没有明确地规定 FRAND 许可协议的具体要求，所以与 FRAND 含义相关的争议就会出现在许可谈判、诉讼和知识产权政策的制定中。其中，最常见的六个问题是：（1）"合理"的含义；（2）"无歧视"的含义；（3）标准必要专利禁令救济的可获得性；（4）标准必要专利的转让；（5）标准必要专利的互惠与/或交叉许可；（6）标准必要专利与主张专利权的主体。上述问题很多都是由于"专利劫持"（hold-up）所引起的。因此，防止"专利劫持"的出现是 FRAND 原则的最重要目的，也是在解释 FRAND 原则时所应着重考虑的因素。❷ 此外，SSOs 一般都不会对具体的许可费进行干预，而只会对合理的许可费作出原则性的规定。例如，欧洲标准委员会（European Committee for Standardization，CEN）明确指出其不支持一些标准制定组织为 FRAND 价格、费率设定方法提供指南或作出强制性的统一规定；CEN 提倡 FRAND 价格和费率应当由标准必要专利权人和标准实施者在标准制定机构之外通过双边谈判来确定。❸

---

❶ 徐颖颖. 标准必要专利权人 FRAND 许可声明的法律关系研究——以欧洲通信标准协会的规定为例 [J]. 电子知识产权，2017（11）：28.

❷ ITU. Understanding patents，competition & standardization in an interconnected world，at 64-71 ［EB/OL］.［2018-07-10］. https：//www. itu. int/en/ITU-T/Documents/Manual_ Patents_ Final_ E. pdf.

❸ CEN-CENELEC. CEN and CENELEC position on：Standard Essential Patents and Fair，Reasonable and Non-Discriminatory（FRAND）Commitments，at 17 ［EB/OL］.［2018-07-14］. https：//www. cencenelec. eu/News/Policy_ Opinions/PolicyOpinions/EssentialPatents. pdf.

第四节　公平、合理、无歧视（FRAND）的法律性质及其影响

不管专利技术被纳入事实标准还是法定标准，由于标准实施者在技术上有可能不存在其他替代性技术方案可以选择，并且可能面临被禁令排挤出相关产品市场的命运，标准必要专利权人讨价还价的能力可能因此像海浪一样上升，标准实施者因此可能成为标准必要专利权人餐盘中的小菜。❶ 在禁令威胁下，标准实施者为了避免陷入侵权诉讼而付出更大代价，最终有可能不得不和标准必要专利权人签订不合理的许可使用协议，从而发生专利标准化过程中经常被谈论的"专利劫持"现象。而且，复杂技术产品往往包含成百上千个标准，每个标准又可能包含成千上万个专利，任何单个的标准必要专利权人都有可能凭借手中的必要专利引发市场的断裂，并造成专利使用费堆叠现象。❷

"专利劫持"阻碍标准被采纳和推广以及专利技术的应用，增加消费者在不同制造商产品之间的转换成本，损害消费者福利。为了消除"专利劫持"现象，许多建议在世界范围内被广泛提出来。其中最引人注目的建言有两个方面：一是以各种理由全部或者部分否定标准必要专利权人获得禁令救济的权利；二是一些标准化组织在其 IP 政策中要求标准必要专利权人作出不可撤回地以公平、合理、无歧视（Fair，Reasonable and Non-Discriminatory，FRAND）许可条件授权现实或者潜在的所有标准实施者实施其专利发明的承诺。

具有抑制标准必要专利权人"专利劫持"作用而被通信领域内一些标准化组织作为政策规定的 FRAND 承诺，究竟具备何种法律性质，产生何种法律

---

❶ Apple, Inc. v. Motorola, Inc. , No. 1：11-cv-08540（N. D. Ill. ），Opinion and Order of June 22, 2012, slip op. p18 ［EB/OL］. ［2018-07-15］. https：//www. eff. org/files/posner_ apple_ v_ motorola_ 0. pdf；林秀芹，刘禹. 标准必要专利的反垄断法规制——兼与欧美实践经验对话 ［J］. 知识产权，2015（12）.

❷ 专利使用费堆叠（Royalty stacking）是指单个产品的生产可能侵犯许多专利，因而该产品生产者可能背负无数个使用费负担。Mark A. Lemley, Carl Shapiro. Patent Holdup and Royalty Stacking ［J］. Texas L. Rev. , 2007, 85（7）：1991.

效果，引发了理论界和实务界的较大争议，也使得本就非常复杂不易解决的标准必要专利问题变得更加困难。

一、公平、合理、无歧视的含义及其法律性质

（一）FRAND 原则的含义

FRAND 原则是标准必要专利许可实践的重要原则，❶ 被认为是能够被标准化中的专利权人和标准实施者所接受，可以平衡相关当事人之间的利益，进行作为规范技术标准中专利许可行为的基本原则，因而被标准化组织广泛采用。据统计，在通信与计算机网络领域的 43 家标准化组织中，有 36 家有书面的知识产权政策，而其中 29 家要求其成员按照 FRAND 原则许可他们在标准中所拥有的专利权。❷ 从前文的论述可以看到，目前通信领域的主要标准化组织如 ETSI、ITU、IEEE 等均规定了 FRAND 原则。

虽然 FRAND 原则被标准化组织广泛采纳，但几乎没有标准化组织对 FRAND 的许可条件的含义予以明确。1998 年，有成员向标准化组织 TSB（Telecommunications Standardization Board，电信标准化委员会）提议对专利政策中的 FRAND 原则进行进一步明确的定义，但是该提议最终未被采纳。一般认为，"公平"是指许可双方当事人之间处于平等的谈判地位，双方利益均衡，权利义务和风险均等。❸ "合理"主要指许可费用的合理，对于许可费合理与否的判断，侧重于实质结果而非程序。"非歧视"，是指不论请求被许可的一方是否为标准化组织的成员或者是否参与标准的制定，都能通过许可的方式实施标准所需要的专利技术，专利权人不得在缺乏客观理由的情形下挑选被许可人，或以所要求的许可费或其他事项对被许可人从事歧视行为，扭曲许可

---

❶ 欧洲一般称为 FAND 原则，美国为 RAND 原则，含义相同。

❷ Mark A. Lemley. Intellectual Property Rights and Standard – Setting Organizations ［J］. California Law Review，2002，90（12）：1907.

❸ 马海生. 专利许可的原则——公平、合理、无歧视许可研究 ［D］. 重庆：西南政法大学，2009：16.

人与被许可人之间的市场竞争关系。❶同时，要注意的是，"非歧视"并不要求每一位被许可人享有完全相同的许可条件或内容。依据 FRAND 原则，标准必要专利权人负有如下义务：（1）向所有对该专利感兴趣的标准实施者进行许可；（2）对所有的被许可人一视同仁，不歧视对待；（3）以公平、合理的条件许可该专利。❷

欧盟委员会 2017 年 11 月 29 日发布的《标准必要专利的欧盟方案》（Setting out the EU approach to Standard Essential Patents）指出，当前对 FRAND 含义解释的不明晰及分歧，已对许可造成阻碍，特别是在标准必要专利价值评估原则方面的争论尤为激烈。因此，欧盟委员会经过公共咨询、分析最佳商业惯例、学术研究成果以及成员国家的判例，认为应考虑以下的知识产权价值评估原则：（1）许可条款必须明确体现专利技术的经济价值；（2）确定符合 FRAND 原则的专利价值时，应当考虑该专利技术带来的附加价值；（3）符合 FRAND 原则的价值评估，应当确保标准必要专利权利人愿意持续将其最好的技术纳入标准之中；（4）为了避免出现许可费堆积现象，在界定符合 FRAND 原则的专利价值时，不能只孤立地考虑单个标准必要专利的价值，各方当事人需要考虑合理的总费率，评估技术的整体附加值。同时，欧盟委员会认为，根据"非歧视"原则，权利人不应区别对待处于类似情形的实施者，但公平合理的考量会因不同行业和不同时期而有所不同，而且根据商业惯例，考虑到效率原则，对于全球流通的产品可以在全球范围内授予许可，这也是符合 FRAND 原则的。

（二）FRAND 承诺的法律性质

标准必要专利权人向标准化组织作出的 FRAND 承诺的法律性质，是 FRAND 原则适用的基础性问题。与标准化组织对 FRAND 原则本身缺乏明确的定义类似，标准化组织对 FRAND 承诺的法律性质亦没有予以明确。FRAND 原

---

❶ Jonathan Radciffe, Gillian Sproul. F/RAND and the smartphone wars [J]. Intellectual Property magazine, December 2011/January 2012：46.

❷ Case No COMP/M. 6381-GOOGLE/MOTOROLA MOBILITY, European Commission decision of 12 February, 2012, paragraph 55.

则更多体现的是标准必要专利许可谈判所需要遵循的基本理念，指引谈判双方能够以诚信的态度尽快推进谈判，达成许可协议。但 FRAND 原则过于抽象和笼统，在标准必要专利侵权案件审理过程中，如何看待 FRAND 承诺的性质及其对标准必要专利权行使的影响，将在很大程度上影响案件的审理结果。从国内外的司法判例来看，对如何看待 FRAND 承诺的法律性质存在较大分歧。FRAND 承诺主要涉及的主体包括标准化组织、标准必要专利权人和标准实施者，即现实的或者潜在的标准必要专利的使用者。在上述三方都是 FRAND 承诺涉及的法律主体的前提下，对三个主体之间相互关系的解读不同，就会对FRAND 承诺产生不同的法律性质认识。❶ 对于 FRAND 承诺的法律性质，目前主要存在为第三人利益的合同说、单方法律行为说、强制缔约说、要约说、要约邀请说等几种观点。

第一，为第三人利益的合同说。为第三人利益合同说认为，当专利权人向标准化组织作出 FRAND 承诺，二者之间就成立了第三受益人为标准实施者的第三人利益合同，标准实施者有权按照 FRAND 承诺的条件与专利权人签订专利实施许可合同。美国法院的判例中，就认为 FRAND 承诺是基于专利权人与标准化组织自愿达成的为第三人利益的合同。在加拿大移动研究公司（RIM）起诉摩托罗拉公司违约和违反反垄断法案❷中，法院认为摩托罗拉公司对IEEE 和 ETSI 的 FRAND 承诺构成合同，摩托罗拉公司须按照 FRAND 条款许可标准专利。在苹果公司诉摩托罗拉公司（W. D. Wisc. 2012）案❸中，法院认为，标准化组织的政策规章和摩托罗拉公司的会员身份以及公平、合理和无歧视的条件许可必要专利的保证共同构成契约协议。ETSI 和 IEEE 的知识产权政策以标准技术研发的能力为交换条件向摩托罗拉公司提供会员资格，构成要约。要约提出了契约的必要条款，即成员必须遵守知识产权政策，摩托罗拉公司加入 ETSI 和 IEEE 时，就接受了要约和政策约束。关于苹果公司是否有权作为第三方受益主体实施该合同的问题，依据当地法律，第三方受益是指契约当

---

❶　夏子涵. FRAND 承诺的性质之争［J］. 知识经济，2018（23）.

❷　Research In Motion Ltd. v. Motorola, Inc., 644 F. Supp. 2d 788（N. D. Tex. 2008）.

❸　Apple v. Motorola Mobility, 886 F. Supp. 2d 1061（W. D. Wisc. 2012）.

事人想要"首要"和"直接"使之受益的一方，必须有直接关联，苹果公司是需要在产品中体现标准的公司，是最关心能否获得许可的一方。作为标准的潜在使用者和获得必要许可的一方，苹果公司是摩托罗拉公司和 ETSI、摩托罗拉公司和 IEEE 之间协议的第三方受益者。在无线星球诉华为案中，英国法院也持有类似的看法。❶

但为第三人利益合同说在我国法院审理的华为诉 IDC 案、西电捷通诉索尼案中均未被采用，理由主要是 FRAND 承诺太过于抽象，仅依赖 FRAND 承诺所确定的内涵认定专利权人和标准化组织达成第三人利益合同不可行，不具备合同成立的要件。也有意见认为，为第三人利益的合同不要求第三人承担义务，只需要行使权利，而 FRAND 承诺约束标准实施者向专利权人付费；同时，第三人在利益第三人合同关系中没有诉讼权利，而现实中纠纷往往多发于标准实施者与专利权人之间，因此 FRAND 承诺明显与普通的第三人利益合同有较大的差别。

第二，单方法律行为说。单方法律行为说认为，标准必要专利权人作出 FRAND 承诺，尽管是标准组织知识产权政策的要求，但其成立并不依赖标准化组织或者潜在实施者的意思表示，标准必要专利权人一方作出 FRAND 承诺的意思表示即可成立，因此和设立遗嘱、被代理人对无权代理行为的追认、代理人辞去委托、受遗赠人放弃受遗赠等一样，属于单方法律行为。❷ 在西电捷通诉索尼侵害标准必要专利权纠纷案中，一审法院认为，FRAND 承诺是专利权人单方作出的承诺，是一种单方民事法律行为。承诺不等于已经作出许可，因此仅有 FRAND 承诺不能认为专利权人和标准实施者达成了专利许可合同。而 FRAND 承诺的作用在于使第三人产生专利权人在未来会以 FRAND 条件进行专利许可的信赖，一旦违背了 FRAND 承诺，第三人基于信赖就会受到损失。❸

有观点认为，单方法律行为说存在法理上的问题。现代民法保护信赖利益

---

❶ Unwired Planet International Ltd v. Huawei Technologies Co. Ltd，［2017］EWHC 1304（Pat）.

❷ 李扬 . FRAND 承诺的法律性质及其法律效果［J］. 知识产权，2018（11）.

❸ 北京知识产权法院（2015）京知民初字第 1194 号民事判决书 .

的逻辑路径是，一方当事人相信另一方当事人的许诺，为了缔约支付了费用或者错过了订立其他合同的机会，而许诺最终没有实现，一方当事人的利益因而遭受了损害。但是，在标准必要专利的实施许可中，标准实施者并非因为专利权人的 FRAND 承诺而实施含有该专利的标准，而往往是因为国家强制规定或者市场所需而使用某个标准，即使专利权人没有作出 FRAND 承诺，标准实施者也可能实施该项标准，所以不能认为 FRAND 承诺使标准实施者产生了信赖利益。另外，基于私法自治原则，非依本人意思不能对相对人发生权利变动，仅依一方意思而产生法律效果，只是法律所认可的例外，单方法律行为的法律效果是法定的，我国民法规定了悬赏广告、授权行为等单方法律行为，FRAND 承诺作为非法定的"单方法律效果"，不一定能对相对人发生法律效力；而且 FRAND 承诺并非仅仅约束专利权人，也约束被许可人按照 FRAND 条件支付专利使用费，并非单方有益于他人。❶

第三，强制缔约说。强制缔约是指依据法律规定，民事主体负有与他人缔结契约的法定义务，非有正当理由，不得拒绝缔结契约。强制缔约说认为，标准必要专利持有者加入标准组织并作出的 FRAND 承诺，应理解为其对标准实施者负有以该条件进行许可的义务。❷ 标准必要专利权人基于其专利被技术标准所采纳而具有了垄断市场的能力，这与强制缔约的义务主体有相同之处。作出华为公司诉美国交互数字公司标准必要专利使用费纠纷案一审判决的法官就认为，标准必要专利权人对标准实施者以及潜在的实施者负有以符合 FRAND 条件许可的义务，该义务与供水、供电、供气等垄断企业所担负的强制缔约义务相似。❸

但是也有学者认为，标准必要专利虽然由于标准的公益性而具有一定公益性，但标准必要专利权人是否拥有市场支配地位，即使拥有市场支配地位，标准必要专利权人是否必然滥用该地位而存在反竞争的效果也是有争议。同时，

---

❶ 夏子涵 . FRAND 承诺的性质之争 [J]. 知识经济，2018（23）.

❷ 张广良 . 标准必要专利 FRAND 规则在我国的适用研究 [J]. 中国人民大学学报，2019（1）.

❸ 叶若思，祝建军，陈文全 . 标准必要专利使用费纠纷中 FRAND 规则的司法适用——评华为公司诉美国 IDC 公司标准必要专利使用费纠纷案 [J]. 电子知识产权，2013（4）.

标准必要专利权人和标准实施者最终达成的合同并非格式合同，收费标准也由双方当事人充分协商确定，而非国家直接规定。FRAND 承诺源于标准化组织的政策，并未源于标准必要专利权人的强制缔约义务，FRAND 承诺并不存在为标准必要专利权人设定强制缔约义务的前提和基础，因此也不产生标准必要专利权人负有与标准实施者强制缔约义务的结果。❶

第四，要约说。要约说认为，标准必要专利权人作出的 FRAND 承诺，构成合同法上的要约。主要理由为 FRAND 承诺内容明确，任何人按照标准生产产品时，均可实施标准必要专利，故此种承诺为授权要约，且在专利有效期内不能撤销。他人基于授权要约实施标准必要专利的行为，构成双方形成合同关系的承诺。❷ FRAND 原则表明标准必要专利权人已授权标准实施者实施其专利，双方已形成事实上的专利实施许可合同关系。至于许可费等细节问题，则是合同履行过程中协商确定的问题，不能达成补充协议的，应按照合同有关条款或者交易习惯确定。❸

但是，要约是希望和他人订立合同的意思表示，该意思表示须满足两个要件：一是内容具体确定；二是表明经受要约人承诺，要约人即受该意思表示约束。FRAND 承诺虽属标准必要专利权人愿意向标准实施者以 FRAND 条件许可其专利的意思表示，但该承诺并未对 FRAND 条件予以明确，也不包含许可期限、许可费率等内容，故不属于要约。❹ 如果仅凭 FRAND 承诺不确定的内容就成立合同，对于标准必要专利权人是不公平的。因此，认定 FRAND 承诺的性质为标准必要专利权人向标准实施者发出的要约不符合法律规定，也不利于保护双方的合法权益。韩国首尔中央地方法院在三星公司诉苹果公司纠纷案❺中认为，FRAND 承诺不属于合同要约，根据 ETSI 的知

❶ 李扬. FRAND 承诺的法律性质及其法律效果 [J]. 知识产权，2018（11）.

❷ 邵伟，迟少杰. 从"华为诉 IDG 技术公司等案"看标准必要专利许可 [J]. 中国专利与商标，2014（1）.

❸ 史少华. 标准必要专利诉讼引发的思考 [J]. 电子知识产权，2014（1）.

❹ 张广良. 标准必要专利 FRAND 规则在我国的适用研究 [J]. 中国人民大学学报，2019（1）.

❺ （2011）39552 号三星公司诉苹果公司禁止发明专利侵权等纠纷.

识产权政策及三星公司提供的 FRAND 宣告书，对 FRAND 承诺应适用法国法律，而依照法国民法规定，要约的意思表示是具体的确定的意思表示，一旦对此承诺就达成合同，并且依照法国知识产权法，许可费协议的生效采用书面主义。双方当事人对许可费没有具体规定，因此，不能仅以作出 FRAND 承诺为由认定有要约的意思表示。同时，苹果公司的行为也不属于承诺。因为许可合同是双边合同，应由苹果公司向专利权人发出承诺的意思表示，但苹果公司没有与三星公司进行许可协议的协商，亦没有基于《ETSI 知识产权政策》规定的许可费寄存。因此，不能仅以实施标准必要专利为由认定有承诺的意思表示。

第五，要约邀请说。要约邀请说认为，标准必要专利权人作出的 FRAND 承诺，不能被视为针对不特定第三人作出的、仅需要第三人接受即具有约束力的要约，亦不成为权利人与潜在被许可人之间的许可合同或第三方受益的合同。FRAND 承诺仅为标准必要专利权人向不特定第三人发出的、以 FRAND 条件许可其专利的要约邀请。FRAND 承诺作为标准必要专利权人以 FRAND 条件许可其专利的意思表示，类似于拍卖公告、招标公告，虽未给出具体的交易价格，但已经表明了交易的意愿，故应属于要约邀请。❶ 要约邀请说是欧洲大陆法系国家的主流观点。德国法院在 MPEG-2 标准第 23 案❷中认为，FRAND 声明既不会得出对专利权"物权放弃"的效力，也不会得出利益第三人合同的效力，而仅具有"要约邀请"的效力。在微软就 ITU 标准必要专利诉摩托罗拉公司案中，德国曼海姆地区法院认为 FRAND 承诺并未创设合同，而是标准必要专利权人的要约邀请，标准实施者有权根据邀请，向标准必要专利权人提出要约请求，FRAND 承诺构成要约请求权的基础。

有观点认为，根据我国《合同法》第15条对要约邀请的定义，要约邀请是希望他人向自己发出要约的意思表示，是订立合同的预备行为，不会产生订

❶ 张广良. 标准必要专利 FRAND 规则在我国的适用研究［J］. 中国人民大学学报，2019（1）.

❷ LG Dusseldorf, Urteil vom 4.8.2011, Az：4b 54/10.

立合同的法律效果，要约邀请可以被撤回而不承担法律责任。由于相当一部分标准化组织不允许 FRAND 承诺的撤销，FRAND 承诺与要约邀请说存在不能吻合之处。❶

从上述对 FRAND 承诺法律性质的不同认识来看，在标准必要专利纠纷案件中，FRAND 承诺的法律性质不能一概而论。日本东京知识产权高等法院在三星公司诉苹果公司案二审判决中就指出，讨论 FRAND 承诺法律性质的前提是确定适用的法律以及标准化组织的知识产权政策。目前，世界主流标准化组织都确立了 FRAND 原则，要求作出 FRAND 承诺的成员遵循公平、合理和无歧视的原则对有关标准必要专利给予许可。但是各标准化组织要求其成员提交的 FRAND 许可声明的具体内容不尽相同，相应地，其成员所承担的 FRAND 许可义务也有所差异。因此，在具体案件中，有必要查明标准必要专利权人是否作出过 FRAND 承诺及其具体内容。在考虑标准化组织知识产权政策及 FRAND 承诺内容的基础上，对于 FRAND 承诺法律性质的界定，仍要回归到所适用的法律。对于我国法院而言，适用本国法审理标准必要专利案件时，对其性质的认定应当符合相关法律适用的通常逻辑。

FRAND 承诺对标准必要专利权人及其专利受让人实施专利许可行为均具有约束力。在无线星球诉华为案❷中，爱立信和华为在 2009 年签订的专利许可协议于 2012 年到期，2013 年 1 月，爱立信将其拥有的 2185 项专利通过一家实体企业转让给无线星球，转让的专利包括爱立信此前许可给华为使用的标准必要专利。后无线星球因未能与华为就许可费达成一致意见，将华为诉至法院。英国高等法院认为，专利权人作出的 FRAND 承诺是合法的可执行的义务，实施者可以以此对抗专利权。同时，英国法院还认为，虽然无线星球没有直接作出 FRAND 承诺，但是该专利的原专利权人爱立信已经向标准化组织 ETSI 作出过承诺，而且根据 ETSI 的政策规定，权利人转让其专利，该专利上所附带的 FRAND 许可义务也应转给受让人。因此，无线星球与华为应以符合

❶ 夏子涵. FRAND 承诺的性质之争 [J]. 知识经济, 2018 (23).

❷ Unwired Planet International Ltd. v. Huawei Technologies Co. Ltd & Huawei Technologies (UK) Co. Ltd. [2017] HP-2014-000005.

FRAND 原则的方式展开谈判。

二、公平、合理、无歧视法律性质对标准必要专利禁令救济、许可费计算、反垄断的影响

在国际国内的司法实践中，FRAND 原则适用于涉标准必要专利的几种不同类型的纠纷，包括合同纠纷、侵权纠纷和反垄断纠纷等。如美国微软公司诉摩托罗拉公司案，❶ 美国法院认为 FRAND 承诺具有合同效力，该合同效力及于不特定的第三人，第三人为直接受益人。因此，微软公司以合同违约为由起诉摩托罗拉公司，要求 FRAND 许可的请求得到法院支持，同时，法院还依照 FRAND 原则裁定了许可费率。荷兰法院审理的三星公司诉苹果公司案❷则为侵权之诉，三星公司认为苹果公司侵犯其 UMTS 标准必要专利，请求法院禁止苹果公司在荷兰市场上销售涉及 UMTS 标准的侵权产品。在华为公司诉美国交互数字公司滥用市场支配地位纠纷案中，我国法院运用 FRAND 原则探讨了如何认定标准必要专利技术许可市场中的相关市场，相关市场主体是否具有垄断地位、如何认定过高定价及不合理搭售等问题，最终认定 IDC 实施了垄断行为。

我国的司法实践中，华为公司诉美国交互数字公司案为国内首个适用 FRAND 原则作为判案依据的案件。广东高院在华为公司诉美国交互数字公司案中认为，标准必要专利权人作出的 FRAND 承诺，既不属于第三人受益合同，也不构成默示许可。因此，在标准必要专利权人和专利实施者无法按照 FRAND 原则达成授权许可协议的情况下，标准必要专利权人有权向法院寻求禁令救济，请求法院向违反 FRAND 原则的专利实施者颁发禁令；双方也均有权请求法院按照 FRAND 原则依法裁定标准必要专利许可费率。2016 年 1 月 25 日最高人民法院通过《最高人民法院关于审理侵犯专利权纠纷案件应用法律若干问题的解释（二）》，其中第 24 条规定："推荐性国家、行业或者地方标准明示所涉必要专利的信息，被诉侵权人以实施该标准无需专利权人许可为由

---

❶ Microsoft Corp. v. Motorola Inc，2013 WL 4053225（W. D. Wash. 2013）.

❷ Samsung Electronics Co. Ltd. v. Apple Inc. , District Court of the Hague, 14 October 2011.

抗辩不侵犯该专利权的，人民法院一般不予支持。推荐性国家、行业或者地方标准明示所涉必要专利的信息，专利权人、被诉侵权人协商该专利的实施许可条件时，专利权人故意违反其在标准制定中承诺的公平、合理、无歧视的许可义务，导致无法达成专利实施许可合同，且被诉侵权人在协商中无明显过错的，对于权利人请求停止标准实施行为的主张，人民法院一般不予支持。本条第二款所称实施许可条件，应当由专利权人、被诉侵权人协商确定。经充分协商，仍无法达成一致的，可以请求人民法院确定。人民法院在确定上述实施许可条件时，应当根据公平、合理、无歧视的原则，综合考虑专利的创新程度及其在标准中的作用、标准所属的技术领域、标准的性质、标准实施的范围和相关的许可条件等因素。法律、行政法规对实施标准中的专利另有规定的，从其规定。"由此，FRAND 原则首次以司法解释的形式被确立，明确其可以作为审理标准必要专利权纠纷的司法依据。

关于 FRAND 承诺的法律效果，理论界和实务界还存在其他各种观点，这些观点都值得商榷。

第一种观点认为，标准必要专利权人的 FRAND 承诺在标准化组织和标准必要专利权人之间创设了一个为第三人利益的合同，该合同中的标准实施者为第三人，其拥有请求标准必要专利权人以 FRAND 承诺条件给予其实施标准必要专利许可的独立请求权。❶ 此种观点在法国和德国存在制定法上的依据，❷ 在美国存在判例法以及学理上的依据。❸ 更为重要的是，由于标准必要专利以

---

❶ 胡伟华 . FRAND 原则下许可使用费的司法确定［J］. 人民司法，2015（15）.

❷ 《法国民法典》第 1121 条规定："人们为自己与他人订立契约或者对他人赠予财产时，亦得为第三人利益订立条款，作为该契约或者赠予的条件。如第三人声明愿意享受此条款的利益时，为第三人利益订立契约的人不得予以撤销。"《德国民法典》第 328~335 条对为第三人利益合同作出了更为详尽的规定。

❸ 美国早在 1859 年的 Lawrence v. Fox 一案中就承认合同对第三人的效应，并成为近代法上第一个承认第三人享有诉权的判例。美国法学会编写的《合同法重述》对第三人利益合同作了详细的规定。1981 年发表的《第二次合同法重述》进一步明确规定"受益人即使不确定也并不影响合同的效力，只要受益人可得确定即可"。同时该法还强调："如受益人基于对合同的信赖而实质性地改变了自己的地位，或者已就这一合同提起了诉讼，或者已向当事人表示接受该利益，则合同当事人不再享有变更撤销合同的权利。"

及标准必要专利权人作出 FRAND 承诺带来的问题，主要存在于通信技术领域，并且是总部位于法国南部尼斯的欧洲电信标准化协会（ETSI）在其知识产权政策中率先提出来的，因此关于标准必要专利权人和标准组织之间的纠纷问题应当适用法国法，进而根据法国合同法，将标准必要专利权人作出的 FRAND 承诺解释为在 ETSI 和标准必要专利权人之间创设了为第三人（标准实施者）利益的合同，作为第三人的标准实施者据此享有获得标准专利权人 FRAND 承诺条件许可的权利也顺理成章。

问题在于，司法实务中围绕通信领域标准必要专利发生的纠纷，并不在 ETSI 和标准必要专利权人之间，而在标准必要专利权人和标准实施者之间，而且主要围绕标准必要专利费率和禁令进行，更重要的是，裁判纠纷的法院所在地往往不在法国，❶ 这种情况下，直接适用法国法，将 FRAND 承诺解释成为第三人利益的合同，并据此解决标准必要专利权人和标准实施者之间的费率和禁令纠纷，可能存在法律适用时的司法主权问题，法理上似乎难以成立，实务上也难以操作。

在我国，至少现阶段认为 FRAND 承诺在标准组织和标准必要专利权人之间创设了为第三人利益（标准实施者）的合同，制定法上不存在解释依据。我国《合同法》第 64 条规定，当事人约定由债务人向第三人履行债务的，债务人未向第三人履行债务或者履行债务不符合约定，应当向债权人承担违约责任。《最高人民法院关于合同法司法解释（二）》第 16 条明确规定，第三人无独立请求权。据此，尽管理论界存在争论，但司法实务中一般认为我国现行合同法对为第三人利益合同并未作出规定。认为 FRAND 承诺在标准组织和标准必要专利权人之间创设了为第三人利益合同的观点，在我国现阶段，除了立法论上的意义外，并无解释论上的价值，对司法并无实际指导作用。

---

❶ 例如：Microsoft Corp. v. Motorola lnc. 案，Apple Inc. v. Motorola, Inc 案，Apple Inc. v. Samsung Electronics Co. Ltd 案，Ericsson Inc. v. D - LINK Systems Inc 案的审判法院为美国法院；Unwired Planet International Ltd. v. Huawei Technologies Co. Ltd 案的审判法院为英国法院；Huawei Technologies Co. Ltd v. ZTE Corp 案的审判法院为欧洲法院，华为诉 IDC 案、华为诉三星案、西电捷通诉索尼案的审判法院为中国法院；苹果日本公司诉三星案的审判法院为日本法院。

第二种观点认为，标准必要专利权人就像供水、供电、供气、供热等公用事业单位一样，处于垄断地位，因此 FRAND 承诺给标准必要专利权人创设了强制缔约义务。❶ 首先，对于标准必要专利权人是否拥有市场支配地位、标准必要专利权人是否必然滥用该地位而存在反竞争的效果，理论界和实务界都存在很大争议。同时，标准必要专利权人和标准实施者最终达成的合同是经双方充分谈判后订立的合同，这与国家直接规定的格式合同存在着很大的差别。而且，FRAND 承诺系源于标准化组织的政策，并来源于法定的强制缔约义务，故也不产生强制缔约的结果。

第三种观点认为，FRAND 承诺意味着标准必要专利权人默示许可所有标准实施者实施其标准必要专利。❷ 我国《专利法修订草案（送审稿）》明确采用此种观点。❸ 正如上文所述，此种观点亦受到了学界的质疑。在标准参与者不披露标准必要专利的情况下将 FRAND 承诺规定为默示许可，不仅在实践中不具有太大的意义，还可能会造成严重的反向劫持问题，且存在对自由谈判市场的过度干涉之嫌。

第四种观点认为，FRAND 承诺给标准必要专利权人创设了一种先合同义务。❹ 此种观点更不能成立。先合同义务，是指在要约生效后、合同生效前，缔约双方基于诚信原则而应当负担的告知、协力、保护、保密等合同附随义务。违反先合同义务给对方造成损失的，应当承担缔约过失责任，赔偿对方信赖利益的损失。我国《合同法》第 42 条、第 43 条对先合同义务及其法律后果作出了明确规定。先合同义务的最重要特征之一是，始于要约生效，终于合同生效。要约生效前，双方仅仅是一般人之间的关系，相互间的期待和义务很

---

❶ 田丽丽.论标准必要专利许可中 FRAND 原则的适用 [J].研究生法学，2015（2）.

❷ 易继明.专利法的转型：从二元结构到三元结构——评《专利法修订草案（送审稿）》第 8 章及修改条文建议 [J].法学杂志，2017（7）.

❸ 《专利法修订草案（送审稿）》第 85 条规定："参与国家标准制定的专利权人在标准制定过程中不披露其拥有的标准必要专利的，视为其许可该标准的实施者使用其专利技术。许可使用费由双方协商；双方不能达成协议的，可以请求国务院专利行政部门裁决。当事人对裁决不服的，可以自收到通知之日起十五日内向人民法院起诉。"

❹ 胡洪.司法视野下的 FRAND 原则——兼评华为诉 IDC 案 [J].科技与法律，2014（5）.

弱，尚未进入特殊信赖关系范围。随着双方接触的逐步深入，特别是要约生效后，双方进入特定信赖关系，要约对要约人和受要约人开始产生约束力。只有在这种情况下，才可能基于信赖对方而作出缔约的必要准备工作，对违反先合同义务的行为进行制裁才有实际意义。标准必要专利权人作出 FRAND 承诺时，一般和潜在实施者尚未进行任何接触，未针对特定实施者发出任何具有实质内容的具体要约，更不存在和实施者进行缔约谈判的任何行为，标准必要专利权人作出的 FRAND 承诺，不可能给其创设一种所谓的先合同义务。

第五种观点认为，一旦标准必要专利权人作出 FRAND 承诺，即意味着金钱救济足以满足其保护标准必要专利权的要求，也就意味着其放弃了请求禁令救济的权利，如其寻求禁令救济，则构成滥用标准必要专利权的行为。❶ 此种观点某种程度上和上述默示许可论本质相同，即都认为标准必要专利权人作出 FRAND 承诺后，无权再寻求禁令救济。这种观点根本上抹杀了标准必要专利作为专利权的本质，根本上剥夺了标准必要专利权人获得法定救济的权利，必将使标准必要专利权人陷入被标准实施者"反向劫持"而束手无策的不利境地，将严重减杀对标准必要专利权人创新的激励。而且从我国法院审理标准必要专利纠纷案件的实际情况以及广东省高级人民法院和北京市高级人民法院的相关指引看，法院也并未一刀切地采用此种造成标准必要专利权人和标准实施者之间利益天平过度失衡的观点，而是根据案件实际情况，在具体认定双方过错的基础上，决定是否支持标准必要专利权人的禁令救济主张。

第五节 通信领域标准必要专利发展趋势及司法审判面临主要问题

一、通信领域标准必要专利的发展趋势

从调研看，当前通信领域的标准必要专利呈现以下趋势。

---

❶ 丁亚琦. 论我国标准必要专利禁令救济反垄断的法律规制 [J]. 政治与法律，2017（2）.

（1）全球标准逐渐趋于统一。人们对通信领域标准化活动的重要性的认识已经形成共识，全球标准不断趋于统一。如前所述，在 2G、3G 时代，全球存在多个标准，在同一国家内可能使用不同的标准。到了 4G 时代，全球通信标准逐渐趋于统一，而 5G 时代将有望形成全球统一标准，其技术不仅局限于满足互联互通的需求，还将实现更高的可靠性、更低的时延以满足物联网时代的新需求。

（2）权利人的数量及实力发生重大变化。伴随着全球市场开放机制的迅速发展，越来越多的企业参与到标准必要专利的制定过程中，权利人之间的实力此消彼长，标准化活动中的各方利益的竞争更为激烈。在 2G、3G 时代的标准必要专利技术由高通、诺基亚和爱立信等老牌通信企业掌控。近年来，越来越多的企业特别是中国企业参与到标准的制定中，中国企业在标准组织中具有越来越高的话语权，积累了相当数量的标准必要专利。根据 ETSI 2010 年公布的数据，截至 2010 年 11 月 30 日，34 家公司发布了 LTE 标准必要专利清单，其中高通 498 件，占 14%，位列第一，诺基亚、三星、华为、爱立信、中兴、LG 等 6 家设备厂商分别位列第二至第七。2011 年全球知名分析机构 ABI 发布的最新 LTE 标准专利报告显示，爱立信和华为分别以 16 917件、16 705件的提案数和 6995 件、6596 件的被通过提案数位列第一和第二，诺基亚、高通、阿尔卡特–朗讯、中兴位于第二梯队。

（3）非专利实施主体（NPE）趋于活跃。近年来，随着通信领域标准必要专利许可实践的发展，NPE 趋于活跃。NPE 指本身不从事实业，单纯依靠专利许可和诉讼获得收入的机构。NPE 早年活跃于美国，历史上超半数的专利诉讼由 NPE 发起。近年来，NPE 逐渐开始向欧洲、中国等知识产权保护趋势加强的地区转移。如爱立信曾于 2013 年向 NPE 无线星球公司（Unwired Planet）转让了 2185 件与 2G、3G、LTE 相关的专利，后无线星球公司在英国和德国对三星、华为、谷歌等发起专利侵权诉讼。诺基亚曾将部分专利转给 Acacia、Conversant、Vringo、Wireless Future、Cellular Communications 等公司。这些公司频繁向智能手机制造商发起全球诉讼，如 Vringo 在美国、德国、英国、澳大利亚等国突然向中兴通讯公司提起多宗专利侵权诉讼。2017 年 4 月 27 日，美国一家名为 Interface Linx，LLC 的 NPE 在美国加州中区联邦法院起诉了十多家企业，其中包括中国的海尔、海信和 TCL。当今中国已成为仅次于美国的全球第二大专利布局目标市场，同时，中国还是全球最大的制造业基地和销售地，而我国知识产权保护环境不断改善，专利诉讼的周期较短、赔偿数额不断提高，吸引了一些 NPE 在中国提起专利诉讼。2016 年，Wireless Future 在南京中院起诉索尼移动，请求索尼赔偿 800 万元人民币并停止销售构成侵权的两款手机。2017 年，大疆公司、零度智控等先后被一家 NPE 以专利侵权为由诉至法院。据 2017 年 3 月知识产权案例数据库 Darts-ip 发布的报告显示，2011～2016 年，NPE 在中国发起的专利侵权诉讼案件为 6 件，主要集中在高科技领域，计算机软件、信息通信领域尤为突出。❶

二、通信领域标准必要专利司法审判面临的主要问题

由于通信产业具有互联互通的基本属性，标准的制定对通信领域的发展至关重要。然而，通信领域技术高度密集，越来越多的技术采用专利进行保护。随着终端产品集合的功能越来越多，集成的技术也越来越多，相应的标准必要专利的数量相对于其他领域更为庞大。标准必要专利数量的日益增多，导致权利人众多，使得标准必要专利许可谈判难度加大。而通信产业技术更新快、周期短，不同代际标准的标准必要专利往往存在叠加，许可谈判和市场拓展需求之间的矛盾日益突出。

近年来，国内国际通信领域标准必要专利纠纷的研究和司法实践不断深入。2012 年华为与 IDC 标准必要专利案是国内首例涉标准必要专利诉讼，突破性地适用了 FRADN 原则，并首次将反垄断法适用于标准必要专利案件。2013 年，国家发改委对高通滥用市场支配地位的行为进行了查处。2017 年 3 月，北京知识产权法院在西电捷通公司诉索尼中国侵犯标准必要专利一审案中，判令索尼中国停止侵权行为，首次在我国司法实践中适用禁令。

在国际上，2009 年 5 月德国联邦最高法院作出"橙皮书判决"（KIR 39/06）认为若专利权人寻求禁令，要求提出许可要约的被诉侵权人停止专利侵权

---

❶ 陈捷. 一直在美国市场活跃的 NPE，近来为何频将触角伸向中国市场 [N]. 中国知识产权报，2017-11-02.

行为，该行为只在特定情况下才属于滥用市场支配地位，该案正式承认了标准必要专利的使用人可以向权利人的停止侵害请求权主张反垄断抗辩，同时，该案还明确提出了反垄断抗辩成立的两个条件。2015 年 7 月，欧盟法院对华为诉中兴案作出先行裁决，❶ 明确了标准必要专利权利人在对侵权人寻求禁令前须遵守相应的步骤，才不会被认为违反《欧盟运行条约》第 102 条的规定从而构成滥用市场支配地位。2017 年 4 月，英国高等法院作出无线星球诉华为案的判决，对标准必要专利的许可费率的计算作了详细的分析论述，采取从"整体到部分"的方法确定华为应向无线星球支付的全球费率。

由此可见，近年来全球的司法实践对涉标准必要专利案件中 FRAND 原则的性质和适用有了更深的理解，对禁令的适用条件、反垄断抗辩的成立条件及许可费率的计算等根据标准必要专利许可实践的情况进行了细化，使 FRAND 原则的理解和把握更具操作性。

从调研来看，当前我国法院审理通信领域标准必要专利纠纷中所面临的主要问题有以下四种。

1. 关于标准必要专利许可使用费纠纷的相关问题

（1）关于标准必要专利许可使用费纠纷性质的问题，即标准必要专利许可使用费纠纷中的专利权人和实施者的法律关系是合同之诉、侵权之诉还是垄断之诉的问题，实践中看法不一。如前所述，实践中对 FRAND 承诺的性质理解不一，有的法院认可 FRAND 承诺为要约，因此支持当事人基于要约提出的合同之诉的请求。但是，也有的观点认为，在标准权利人和实施者尚未签订正式许可合同之前，双方并不存在关于许可费率的合同，因此，双方不存在合同关系。实践中，如果标准实施者无意支付专利使用费，则标准权利人有权提起侵权损害赔偿之诉。但是如果标准权利人向侵权人提起诉讼，而该侵权人又愿意通过谈判付费时，那么，标准权利人继续提起侵权之诉是否属于滥用专利权？在何种情况下应支持标准权利人的侵权诉讼请求？

（2）从标准必要专利谈判实践来看，诉讼是迫使当事人回归谈判桌的一种手段，不论是标准必要专利权人提出的侵权之诉还是标准必要专利实施者提

---

❶ Judgment in Huawei v ZTE, CASE C-170/13, EU：C：2015：477.

出的反垄断之诉，双方的目的都在于通过法院达成一个双方均可接受的许可费率。因此，标准必要专利的诉讼程序能否更灵活，更贴近许可实践，亦成为业内关注的问题。比如，法院能否在裁判之前专门设置一个当事人协商程序；再如，原告起诉单个标准必要专利的许可费率时，诉讼过程中双方当事人都同意法院一揽子确定专利包的许可费率时，法院能否确定专利包的许可费率，在双方当事人的同意下，法院是否有权判决双方当事人之间的全球许可费等。

（3）关于标准必要专利许可费纠纷举证的相关问题。法院在确定许可费时，参考可比较协议是一个较为普遍的路径。但标准必要专利的许可费合同均属于各公司的商业秘密，而我国对诉讼过程中的商业秘密的保护机制尚不够完善，可比较协议如何提交、如何质证、查阅权限、泄密的表现及后果等，均未有明确的规定，导致当事人对提交许可合同心存顾虑。

（4）关于如何确定许可费率的问题。一是专利的价值如何评估。如前所述，通信领域的标准必要专利密集度高，往往存在叠加，而每一个单个的标准必要专利都是不可或缺的，如何评价单个标准必要专利或某些标准必要专利组合的价值，是实践中的难点。二是以整机售价为许可费率的计价基础还是以最小可销售单元为计价基础的问题。对于这个问题，欧洲和美国有不同的做法，实践中认识不一。三是实践中有没有许可费叠加的问题，是否要考虑许可费堆积的问题。四是如何更科学地确定许可费率的问题。许可费率的确定是一个综合判断，需要法官对行业具有更深入的理解和判断。

2. 关于标准必要专利纠纷中禁令的相关问题

禁令是标准必要专利法律问题中的一个核心问题。当双方无法在许可谈判中就 FRAND 许可条件达成合意时，标准必要专利权人很有可能会寻求禁令救济或者以禁令救济威胁潜在被许可人。这一问题已引起了学界和业界的高度关注与激烈争论，并由此引发了标准必要专利权人是否有权申请禁令救济、是否应当受到必要限制、禁令颁发的标准如何掌握等一系列问题的讨论。在较早时期的讨论中，学者曾对标准必要专利权人是否可以不受任何限制地申请禁令展开过针锋相对的争论，争论焦点集中于禁令是否会打破专利权人与被许可人之间商业平等的格局从而引发"专利劫持"和"反向劫持"的问题，创新动力的维持、标准的推进、消费者福祉等均是需要考量的因素。关于永久禁令与专利劫持现象的关系，有学者认为，永久禁令极大提高了专利权人的谈判能力，从而导致专利许可费超过了正常的基准范围，如果法院延续永久禁令的效力，给予被告企业时间重新设计它们的非侵权产品，那么因永久性禁令而引起的劫持问题就会减轻。❶ 拥有相关必要专利的权利人有能力索取明显高于该技术不被纳入标准时或者纳入标准之前的专利许可费，而且因此会排除竞争。❷ 但是也有学者对上述观点进行了反驳，认为上述学者关于专利劫持问题的阐述缺少实证支撑，而学者达瑞安·格瑞丁（Damien Geradin）、安娜·莱恩法拉（Anne LayneFarrar）和乔治·帕拉迪（Jorge Padilla）对 60 家公司有关第三代蜂窝电话技术标准（3G）的专利许可行为进行了实证分析并没有发现许可费叠加和专利劫持问题。❸

对此，达瑞安·格瑞丁认为：当"专利劫持"问题被夸大的时候，创新者在标准化领域所面临的创新风险就有可能被忽略，从而带来专利"反向劫持"（reverse holdup）问题，即标准必要专利权人不仅不会被过度补偿，相反会被迫接受低于其技术对标准贡献价值的许可费，而获得不足的补偿。❹ 随着讨论的推进和深入，持完全支持或一概反对的观点逐渐减少，主流的观点则认为标准必要专利权人有权寻求禁令救济但应当受到适当规制，后期的讨论主要是在主流观点的基础上，将讨论的问题集中在如何适当限制、禁令颁发的具体条件和标准是什么等方面。随着标准必要专利禁令司法实践的增多，近期又出现一些新的争议。例如，标准必要专利全球平行诉讼、对抗诉讼的情况相对于普通专利而言尤为突出，在各国知识产权政策不同、颁发禁令的标准宽严不一的情况下，很多专利权人特别是 NPE 会聚集到容易获得禁令的国家提起诉讼，甚至要求一国法院裁决全球费率。一国法院能否以颁发禁令为条件裁决全球费

---

❶ Mark A. Lemley & Carl Shapiro. Patent Holdup and Royalty Stacking［J］. Tex, L. R., 1991，85：1991-1993.

❷ Philippe Chappatte. FRAND Commitemnts-The Case for Antitrust Intervention［J］. European Competition Journal，2009（2）：319.

❸ 赵启杉. 竞争法与专利法的交错：德国涉及标准必要专利侵权案件禁令救济规则演变研究［J］. 竞争政策研究，2015（9）：84.

❹ 赵启杉. 竞争法与专利法的交错：德国涉及标准必要专利侵权案件禁令救济规则演变研究［J］. 竞争政策研究，2015（9）：84-85.

率，如何有效避免全球因对抗诉讼增多而容易产生国际司法层面上冲突等问题，都值得深入研究。

3. 关于标准必要专利纠纷的反垄断规制问题

首先，在是否适用反垄断法的问题上，有观点认为，在标准必要专利许可实践中，双方均为民事主体，标准必要专利权人不一定处于优势地位，一些实施者存在故意拖延谈判或不支付许可费等"反向劫持"情况，因此，可通过不正当竞争法对双方行为进行规制，减少甚至排除公权力的介入。有观点则认为以上理由均非排除适用反垄断法的充分理由。反垄断法是否以及何时介入标准必要专利商业谈判，存在争议。其次，关于相关市场应如何界定和市场支配地位的认定问题，包括一个标准必要专利能否构成一个相关市场；标准必要专利许可谈判中大多采取全球一揽子许可方式，有没有必要划分地域市场；标准必要专利权人是否必然具有市场支配地位的问题等。最后，关于滥用市场支配地位的相关表现及其司法审查判断标准的问题，包括专利权人滥用诉权、违反FRAND承诺提起禁令是否违反反垄断法、如何判断权利人提供的许可费率是否属于不公平超高定价的问题、将标准必要专利和非标准必要专利捆绑销售或者将不同代际的标准必要专利捆绑销售是否构成滥用市场支配地位的问题等。

4. 关于标准必要专利纠纷的管辖问题

第一，挑选法院成为当事人普遍采用的策略。由于通信领域具有互联互通的特点，侵权地的选择范围广，当事人往往可以选择对其有利的诉讼地点，这就导致择地起诉成为实践中当事人普遍采用的策略。当事人往往通过比较各国或地区对标准必要专利的保护理念、禁令颁布的难易程度来挑选起诉地。第二，管辖权呈扩张趋势，全球许可费裁判引发争议。当前，知识产权已成为决定国际秩序的关键因素，对知识产权的保护已经上升到国家战略层面。因此，专利等竞争领域的管辖权斗争非常激烈。从全球看，法院的管辖权范围呈扩张趋势，如英国的"实际控制"管辖原则、美国的"长臂管辖"原则。特别是在通信领域的标准必要专利案件中，有的专利权人请求法院就专利权人的整个专利组合来确定损害赔偿数额或者许可费，而整个专利组合涉及案外专利和他国专利。2017年，英国高等法院在无线星球诉华为案中作出全球许可费判决，引起国际关注和热议。随后，康文森无线许可有限公司（Conversant）、美国交互数字公司也在英国高等法院起诉华为等公司，要求判决全球许可费。第三，平行诉讼和对抗诉讼增多，禁诉令和禁执令问题值得关注。一方面，标准必要专利权利人为获得整体专利组合的全球损害赔偿或更多的许可费率，可能会提起尽可能多的专利诉讼，并且在不同的国家或地区分别提起诉讼，从而导致大量的平行诉讼。如作为 NPE 的无线星球公司在英国和德国对三星、华为、谷歌等发起专利侵权诉讼。维睿格基础设施公司（Vringo）在美国、德国、英国、澳大利亚等国向中兴通讯公司提起多宗专利侵权诉讼。另一方面，标准必要专利纠纷案件中，标准必要专利的权利人和实施者往往均拥有大量标准必要专利，原告在一个国家起诉后，被告可能在另一国家的法院提起对抗诉讼。由于平行诉讼和对抗诉讼的增多，有的法院特别是英美法系的法院频频发出禁诉令或者禁执令，禁止一方当事人在他国提起诉讼或执行他国作出的裁判。禁诉令和禁执令体现了各国对管辖权的激烈争夺，此类问题如果不能妥善解决，不仅影响诉讼双方当事人的权益，甚至会影响国际民事正常交往和国家关系。

第二章　标准必要专利禁令救济
及其司法适用

第一节　专利权保护与禁令救济的关系

一、禁令的基本含义与范畴

"禁令"一词最初来源于英美法系，大陆法系虽未采用"禁令"一词，但亦有强制内容和执行目标与之接近的措施。本节拟从法理上介绍和厘清两大法系禁令或类似措施的性质、含义，在此基础上，从有利于在大致相同的范畴下进行比较研究的角度出发，以结果为导向，求同存异，统一采用"禁令"一词开启后续的分析讨论。正如 TRIPS 协议选取的方法一样：TRIPS 协议第 44 条在规定禁令制度时，采用"injunction"（禁令）表示司法机关有权责令当事人停止侵权（to order a party to desist from an infringement），但在对该条的解释中予以指出，该条禁令规定仅定义了措施的目的，并未界定措施的性质，❶ 这正是考虑到了不同法系国家的国内法关于执法措施的规则差异较大，TRIPS 协议谈判无法就此达成一致，故只制定一套结果导向的规则（result-oriented rules），实现制止侵权的目的。

宽泛而言，禁令是指以限制为指令内容的一种强制措施。以颁发主体为划

---

❶ 联合国贸发会议和贸易与可持续发展国际中心（ICTSD & UNCTAD）. Resource Book on TRIPS and Development：An authoritative and practical guide to the TRIPS Agreement［M/OL］. Cambridge University Press，2005：590. http：//www. iprsonline. org/unctadictsd/ResourceBookIndex. htm.

分标准，可以分为执法机构颁发的禁令和司法部门颁发的禁令；以颁发时间阶段为划分标准，可以分为诉前禁令、诉中禁令和终局禁令；以禁令时效为划分标准，可以分为临时禁令、初步禁令和永久禁令；以禁令对象为划分标准，可以分为单方禁令和双方禁令；以指令限制的具体内容为划分标准，可以有多种形式的禁令，如禁诉令、禁用令等要求作为或不作为的限制令。

在知识产权领域，按照美国的法律制度，当事人可以向法院寻求临时限制令（temporary restraining order）、初步禁令（preliminary injunction）和永久禁令（permanent injunction）。临时限制令是在诉讼前颁发的短期限制令，旨在防止给权利人造成无法弥补的损失；初步禁令颁发于诉讼程序启动后至判决前；临时限制令和初步禁令属于中间禁令，持续有效时间有限，不是终局性的；而永久禁令则给予专利权人实体法上的终局救济，即对已经确定的侵权行为予以制止，不仅适用于颁发禁令前已经发生并持续的行为，也适用于颁发禁令后同样的行为，禁令颁发后侵权人若再次实施侵权，理论上权利人只需在原诉中追加起诉，无须提起新的诉讼或请求颁发新的禁令。从法理基础上讲，永久禁令是随着衡平法发展而来的。英国 14 世纪以前的普通法制度下，违反契约或侵权只能得到损害赔偿，不能强制履行契约或颁发禁令，直到 1474 年英国枢密院负责司法事务的大法官第一次以自己的名义作出判决，纠正普通法法庭的"不公正"，于是衡平法逐渐发展起来，禁令成为衡平法庭独特的救济方式。值得注意的是，英美法系中，颁发禁令是法官基于案件全部事实审理的自由裁量权，并没有颁发或不颁发禁令的绝对规则，即"可以"颁发而非"应当"颁发。在普通法和衡平法并行运作的体系下，虽然权利受到侵犯，法官一般会"理所当然"（as of course）颁发禁令，但考虑到原告权利受到侵犯轻微、被告代价高昂或基于公共利益的考虑，可用金钱赔偿替代颁发禁令。即便如此，永久禁令是从衡平法中发展而来的最主要的一种权利救济方式，"在普通法束手无策的制止侵权行为方面尤其有用"，❶ 当专利权人无法通过普通法上的损害赔偿获得充分救济时，可以获得衡平法上的永久禁令救济，从而成为专利权人最重要的救济途径。

---

❶ 张茂. 美国国际民事诉讼法 [M]. 北京：中国政法大学出版社，1999：3.

在以德国为代表的大陆法系中，当事人基于停止侵害请求权（unterlassungsanspruch），可以向法院寻求临时停止侵害（einstweilige Verfügung）和判令停止侵害（cessation of infringement）。德国民事诉讼法中，临时措施（einstweilige Maßnahmen）系临时停止侵害的上位概念，是包括临时停止侵害、扣押在内的措施。诉前有关停止侵权的裁决（einstweilige Verfügung auf Unterlassung，或简称为 Unterlassungsverfügungen）即"临时停止侵权"，也称"假处分"，具体内容由法院自由裁量决定，包括但不限于要求当事人作为或禁止作为，原则上不因反担保而撤销，效果上则相当于英美法中的临时限制令。判令停止侵害属于法院的命令（Gerichtliche Anordnungen），❶ 从效果和目的上讲与英美法系中的永久禁令相对应，也是一种实体终局措施。从法理基础上讲，德国为代表的大陆法系没有英美法中的衡平法，而是强调请求权的概念。当权利遭受不法侵害或侵害之虞时，发生救济性请求权，实体法中实体意义上的请求权得不到实现时，可以诉诸法院获得保护，从而产生程序法意义上的请求权即诉权。因此，在请求权基础理论下，当专利权受到侵害时，相对于衡平法中的永久禁令而言，法院判决停止侵害更多是基于"应当"的规则作出的。正因为法理基础不同，判令停止侵害和永久禁令二者虽然在制止侵权的目的和执行效果上差不多，但实际规则有所区别。例如，德国专利法下只要认定专利侵权行为成立，一般情况下法院都会要求侵权行为人停止侵害，侵权行为人需寻求特定的抗辩规则（例如强制许可抗辩），才能阻却停止侵害责任的负担。再如，在请求权理论体系下，实体和程序密切关联也相互独立，停止侵权的实体判决作出后，还必须经过生效诉讼程序才发生效力并具有执行力；而永久禁令一旦颁发即生效，可以直接执行，若针对永久禁令上诉，也有可能中止执行。

我国现行民事法律体系中，所谓禁令主要分为两种：一种是属民事行为保

---

❶ 张伟君，武卓敏. 知识产权侵权纠纷案中判令停止侵权与颁发永久禁令的区别[J]. 电子知识产权，2019（1）：79. 文中指出："《欧盟知识产权执法指令（DIRECTIVE 2004/48/EC）》……第11条的官方英文版标题是 injunction（指永久禁令），其官方德文版对应使用的标题是 Gerichtliche Anordnungen，……在该指令的德文版中并没有出现停止侵害（Unterlassung）这个法律概念。"

全范畴的诉前禁令和诉中禁令，其中诉前禁令（法律条文用语是"诉前行为保全"）是目前知识产权领域特有的行为保全制度；❶ 另一种是属民事侵权责任承担方式之一的停止侵害。

有权利必有救济。禁令是标准必要专利权这一实体权利的核心救济方式。两大法系禁令制度的法理基础有别，内涵、具体规则亦有差异，但从制止侵权的目的和执行效果来看具有一致性，本着求同存异态度，本章采用"禁令"的表述，如无特定说明，所称禁令限指由司法部门颁发的永久禁令/停止侵害判决。

二、标准必要专利与禁令救济

专利权作为法定权利，赋予专利权人在一段时期内有条件地合法独享技术方案及其利益。没有救济的权利不是真正的权利。专利权系法定权利，必然有相应的救济途径保证权利得以实现。禁令就是专利权人合法独享收益的一种保障。标准必要专利禁令救济的特殊性在于被纳入标准后的专利，独享的权利范围和利益被搭载的标准大规模放大；而锁定专利技术的标准，不同于技术的发明创造行为，而是由市场、行业或其他外力形成的，因此专利权人原本被赋予合法独享的制度基石发生了变化。正如硬币都有两面，有权利必有救济，同时没有不受限制的权利。下面将从标准入手，在理论上讨论专利权禁令救济受到限制的原因、条件以及程度。

标准是人类社会在技术立场的共同语言。标准化的技术推动产业广泛协同发展，在产业和市场经济发展中发挥着重要作用。然而当专利技术控制产业标准时，事情往往变得复杂和微妙起来——标准会推动产业发展，专利会增进技术创新的活力。标准必要专利法律制度如果部署得当，则双向正回馈；如果部署不当，则可能滋生滥用和垄断利益。如何恰到好处地进行部署，禁令制度是其中非常关键的平衡"调节器"。

按照标准形成方式和实施效力的不同，可以划分为市场标准、行业标准、

---

❶ 《最高人民法院关于审查知识产权纠纷行为保全案件适用法律若干问题的规定》，2018 年 12 月发布。

强制标准三类。锁入不同类型标准的专利，禁令救济的理论依据也会存在一定差异。

（一）市场标准与禁令

市场标准，又称事实标准，是市场运行过程中自发产生、事实上形成的标准，既没有特定的行业组织或政府指导制定，也没有强制适用的效力，而是由市场自身发展选择的结果。没有外界强制力的介入或干扰情况下，市场按照自身有效性原则，在成本、收益的反复考验下，最终在可以相互替代的技术间作出了选择。因此，随着时间的推演，市场不断在不同的技术间进行自我修正。可以说，经历市场充分竞争建立和演化而成的市场标准，就是市场有效性和理性最大化的体现。

市场孕育而生的标准，依照自身力量自发选择了一个有效专利作为其技术解决的最佳方案，那么专利权本身的私权性、垄断性、专利实施对价（许可费）等问题，在接受选择之初已被纳入考虑，并且在接受选择后又经受住了市场的检验，尤其是市场消费者的需求和性价比偏好的检验。因此，无论标准的形成之初还是标准的实施过程中，被锁入市场标准的专利更多的是体现理性选择的结果。这种理性选择应当得到充分尊重，因此专利权人有非常充分的理由自由行使其权利，包括独享技术方案及其利益的权利。一般情形下，市场标准中所包含的专利的权利行使，除非存在特殊情形，否则不应受到外力的干预。作为权利行使的保障，禁令救济渠道理应相当畅通。也就是说，专利权人寻求禁令救济，通常而言当然具有正当性和合理性，该救济途径亦在市场整体意愿所能接受的范围内，应予支持。

在什么情况下才需要采取必要、合理的行动，干预专利权人行使权利，阻却其禁令救济呢？笔者认为，只有在构成垄断以及严重的权利滥用时，才有法律干预的必要性基础，而且干预程度应与反垄断和防止严重的专利权滥用的规制程度相当。也就是说，即使出现明显的"专利挟持"可能或实际危害时，法律也不宜径行干预。因为专利权利内容本身已给予占有和独享利益的预期，最能反映消费者偏好的市场标准依然选择了该专利，说明它在竞争中胜出，据此专利权人获得专利议价能力。这种专利议价能力甚至包括超额回报，而越是能获得超额回报，越是能激励技术创新，并且在市场标准认可中变现该份回报。专利权人拒绝许可（禁令）行为本身，即便产生挟持可能或实际效果，也不能直接被认定为构成垄断或权利滥用。

对前述市场标准下专利禁令救济理论，最具挑战的可能是：市场标准体现市场理性，通常是有效率的，竞争充分程度和市场自我修正程度越高，有效性就越强，然而现实中，无效性也是存在的。在已有标准形成技术壁垒时，技术变革可能受制于标准，"现存标准的沉没成本将减缓或阻碍向更新、更好选择的过渡"。❶ 文森特·F. 基亚佩塔先生撰文阐明"沉没成本与网络效应可以降低市场标准的效率"观点时，列举了汽车发动机和微软公司 Windows 操作系统的事实标准的例子：在汽车发动机产业领域，高度相关的制造、销售、支持以及学习曲线/熟悉性投资使市场变得非常抵触改变。一个成功的替代品不仅必须在纯粹竞争意义上更具有投资价值，而且必须事实上足够弥补生产者、销售者和消费者在目前体制中的巨大既有投资。在互联网领域，用户之间以及用户和设备之间的互操作性尤其重要，用户量和设备量越多，价值增长越快，当某个操作系统产品达到一定的市场渗透度时，互操作性所带来的价值可以驱使它成为产业标准，而不论该产品本身性价比高低。❷ 尽管沉没成本和网络效应可能降低市场标准的有效性，但笔者认为这仍不足以构成应当干预专利禁令救济的直接理由。首先，现存的市场标准会通过模式创新等方式被取代，这正是市场自我修正固有的含义。无论是市场自我修正还是充分的竞争，都需要给予市场一定的时间和空间。不能将某些特定时刻市场无效性归咎于专利对标准的控制，进而否定专利权人获得禁令救济的权利。其次，从价值导向来看，在诸多竞争的可替代选项条件下，市场标准选择的专利权一般不应该受到法律挑战。法律的干预需要更多地针对损害消费者利益、剥夺竞争的垄断和严重的权利滥用行为，否则会撼动专利制度鼓励创新的核心价值基石。

对待市场标准专利的禁令救济立场，实践中亦有印证。比如曾引起社会广泛关注的 DVD 专利收费的事件：1999 年，国际上掌握 DVD 核心技术的 6 个公

---

❶ ［日］竹中俊子. 专利法律与理论——当代研究指南 ［M］. 彭哲，等译. 北京：知识产权出版社，2013：691.

❷ ［日］竹中俊子. 专利法律与理论——当代研究指南 ［M］. 彭哲，等译. 北京：知识产权出版社，2013：690.

司（日立、松下、三菱、时代华纳、东芝、JVC，代称"6C"）组成联盟，发布专利联合许可声明，声明所有从事 DVD 生产的厂商必须支付专利许可费，随后向中国 DVD 生产商宣布要价高昂的"DVD 专利许可激励计划"，其中许可费部分要求整机生产商须支付净售价的 4% 或每台 4 美元的专利许可费，为每台 DVD 解码器支付净售价的 4% 或每台 4 美元的专利许可费。❶ 谈判无果后 6C 向中国百余家 DVD 生产商发出最后通牒，亦采取了海关扣押、专利诉讼等措施。2002 年媒体披露中国电子音像协会与 6C 就专利许可费达成协议，DVD 生产商为此支付了数额相当可观的许可费。对此事件的法律评价，不能简单地以市场标准中专利权人提出高额报价并寻求禁令救济，而认为其具有专利挟持不当行为，除非存在严重的权利滥用或事实上获取足够的力量而触动反垄断法，专利权人的禁令救济权利应予保障。

（二）行业标准与禁令

行业标准，是产业竞争者通过与标准化组织合作，联合起来事先讨论制定的标准，对产业竞争者具有很强的指导适用意义，但没有强制执行的效力。在一些行业尤其是高科技发展领域，出于标准化工作或标准许可的目的，行业标准得到了快速发展。信息通信领域 3G、4G、5G 等技术标准就是典型的行业标准。前述的 ETSI、IEEE、ITU、IEC 等国际标准化组织，为行业标准的制定作出了卓有成效的积极贡献。《中华人民共和国标准化法》规定，"标准包括国家标准、行业标准、地方标准和团体标准、企业标准。国家标准分为强制性标准、推荐性标准，行业标准、地方标准是推荐性标准"。"对满足基础通用、与强制性国家标准配套、对各有关行业起引领作用等需要的技术要求，可以制定推荐性国家标准。推荐性国家标准由国务院标准化行政主管部门制定"。"对没有推荐性国家标准、需要在全国某个行业范围内统一的技术要求，可以制定行业标准"。行业标准归类为推荐性标准，在执行效力上不具有强制性。需要指出的是，由于我国标准化法所称行业标准限于国内范围，且制定主体限于国务院有关行政主管部门，因此所称行业标准与本章理论上讨论的行业标准内涵和外延尚有差别。

---

❶ 崔少华 . DVD 收美元的来了［N］. 北京青年报，2000-11-17.

与市场标准相比，行业标准最大的区别特点在于，它的形成是一种事先行动的结果。产业竞争者与标准化组织聚集在一起讨论制定行业标准，该标准既非纯粹的经过市场检验后作出的抉择，也并非纯粹基于消费者的偏好产生的。因此，行业标准更多是产业驱动和人为的决定，而非市场的选择。伴随着高科技的迅速发展和高技术产业的蓬勃发展，标准化方面也呈现出新的动向。过去往往先有产品后有标准，现在却是产品尚在研发，甚至谈不上商业化，而标准已经在先制定出来。这种产业驱动下事先行动制定的标准，优势在于形成过程比市场标准更高效，但随之也带来了以下主要问题：（1）行业标准特别注重按照预期需求的标准迅速广泛实施，这很可能无视市场最终对其他选择的偏好或消费者的需求，从而导致标准锁住的技术的沉没成本更高，也很可能阻碍标准本身的变化。（2）产业竞争者与标准化组织联合决策的过程，以及行业标准迅速付诸实施的情况，导致其他相关产业竞争者和广大消费者同时被快速地锁入标准中，由此增加了专利挟持的风险。尽管标准化组织经过大量实践已经演化出一套行之有效的标准制定决策程序和知识产权政策，从中立的地位推动标准锁入最佳的技术方案，并尽可能确保参与标准制定者不会利用标准化决策过程获取不当竞争优势。但事实上，专利埋伏行为、虚假或误导性的兼容声明、标准必要专利的过度声明等情况仍然时常可见。

相比市场标准，法律在行业标准制定中起到非常重要的作用。因此，对待行业标准必要专利的禁令救济需要更多考虑法律所要平衡的各方当事人的利益。法律在行业标准的制定中至少要扮演以下三方面的角色：（1）防范限制标准化决策中的机会主义。在联合制定标准的过程中，产业竞争者各方出于自身利益最大化目的参与决策，纷纷提供方案和文件，对其进行独立审查和分析无疑是一项浩大和困难的工程。标准化组织尽管提出了披露义务等程序要求，但仍然难以很好地解决这个问题。因此仍然存在非善意或至少是不诚信的参与者将不合适的专利埋设于标准中。在专利被锁入标准的情形下，应允许通过法律手段进行事后审查评价，减少机会主义。（2）降低专利挟持风险。联合参与行业标准制定的产业竞争者往往是有限的，更何况某些产业的链条很长，处于不同链条位置的产业竞争者众多。行业标准只是部分集体决策的结果，标准制定者没有义务也往往不会考虑非标准参与者是否也受益。但法律既需要照顾各个产业竞争者的合法权益，无论其是否参与标准制定，也需要考虑包括专利权人、被许可人、潜在被许可人等相关主体的合法利益。不少标准化组织为了解决部分集体决策的问题，采取了 FRAND 许可声明的政策。但是，该声明内容本身较为抽象、宽泛和模糊，极容易出现"许可条款僵局"，因此仍然需要法律作出解读和评价，才能良好运行和实施落地。（3）为消费者和公共利益的保护预设相应的空间。与市场标准不同，行业标准的形成方式决定了它并非以回应消费者的需求和偏好为根本出发点，人为选择将专利锁入标准的情况下，产业竞争者追求的利益有时候可能与消费者或公共利益不同步或难以协调，必要时需要法律适当介入衡平。

需要注意的是，法律对行业标准的标准必要专利禁令救济的干预，应当非常谨慎，干预程度须有限度。首先，专利权作为私权应受到尊重，专利制度作为激励人类社会创新发展的制度设置应受到保护，并不因为专利权被标准采纳而有所区别。其次，行业标准的价值毋庸置疑，《联合报告》（*Joint Report*）对其评价为"（它）被广泛地认为是当今经济发展的引擎。标准使得产品成本更低廉，也使得他们对消费者更有价值。他们可以促进创新，提高效率并增加消费者的选择空间；还能提升公共健康与安全水平；并且扮演了'国际贸易基石'的角色"。❶ 只有标准必要专利的权利行使受到充分保障，加入标准化组织参与标准制定的专利权人才会越来越多，才会有更加优质的技术被标准推广，而让整个社会的福利增加。最后，参与行业标准制定的产业竞争者越多、标准化组织规程越完善，越能降低事先人为选择可能带来的错误概率和成本。因此，在制度导向上应充分肯定行业专家集体决策的积极效果。司法应有限度地干预专利权人寻求禁令救济，关注重点应当放在专利权人参与标准制定和在标准化组织提供的框架下运行实施（例如作出 FRAND 承诺）时是否诚信方面，以及是否有必要兼顾竞争秩序、消费者或公共利益方面。

（三）强制标准与禁令

强制标准，又称政府标准，是指出于保障人身健康和生命财产安全、国家

---

❶ ［日］竹中俊子. 专利法律与理论——当代研究指南［M］. 彭哲，等译. 北京：知识产权出版社，2013：700.

安全、生态环境安全以及满足社会经济管理基本要求等目的，由政府建立、管理并保障强制实施的标准。需要在全国范围内统一的技术和管理要求，可以制定国家标准，但国家标准并不一定均为强制性标准，不具有强制执行效力的属于推荐性国家标准。《中华人民共和国标准化法》规定"强制性国家标准由国务院批准发布或者授权批准发布""不符合强制性标准的产品、服务，不得生产、销售、进口或者提供"。

强制标准的突出特点在于：第一，强制标准建立的出发点与市场标准、行业标准存在本质区别，主要是基于保障公共健康和安全的目的，通常不是为了提高市场效益，而是为了设定一些政策底线。标准决策既重大也慎重。第二，它规定了整个产业的标准要求，不符合该要求即为非法，予以禁止，而无论是否存在可选择或可替代的技术。无论是否有其他需求，锁入标准后的专利技术借强制执行力直接排除其他技术，获得市场支配地位。

基于强制标准的特点，在政府主导立项、技术审查和管理下，相关披露义务和许可模式与行业标准存在较大差别。例如，负责美国国家技术标准制度的机构美国国家标准学会（ANSI），在批准一项国家标准提案之前，将确认专利人作出 ANSI 认可的形式中任意一种保证，包括承诺放弃专利、承诺无偿提供许可、没有任何歧视的不公平条款和条件提供许可；如果专利权人拒绝作出以上选择，ANSI 将采取替代技术，如果标准已经被批准，ANSI 可能撤销该国家标准。我国国家标准化管理委员会 2009 年修订的《涉及专利的国家标准制修订管理规定（暂行）》，对 2004 年《国家标准涉及专利的管理规定（暂行）》作出较大修改，将原来的"强制性国家标准不应含有专利，推荐性国家标准原则上不反对标准中含有专利"修改为"强制性国家标准原则上不涉及专利。强制性国家标准如确有必要涉及专利，应由专利权人免费许可或者由国家标准化行政主管部门提请相关部门和专利权人共同协商专利处置"，还规定"参与标准起草的专利权人及其关联公司未按上述要求披露视为免费许可"，对专利权人的披露要求相对严格。2014 年实施的由国家标准委、国家知识产权局发布的《国家标准涉及专利的管理规定（暂行）》为国家标准的标准必要专利权人提供了两种许可模式，即免费许可和 FRAND 许可。除强制性国家标准外，未获得专利权人两种之一的许可声明的，国家标准不得包括该专利，同时规定，虽然强制性国家标准一般不涉及专利，但确有必要涉及专利，且专利权人拒绝作出免费许可或 FRAND 许可声明的，规定也提出解决方案，即由国家标准化管理委员会、国家知识产权局及相关部门和专利权人或者专利申请人协商专利处置。

为了避免或减少私权与强制性标准拟达到的公共目标之间的冲突，强制性标准一般应避免与专利权捆绑在一起。但有时候出于对重要领域重大利益维护的需要，为了将更好的技术纳入标准，确有必要经过严格程序后锁入某些专利。专利锁入强制性标准的同时，专利权被附加了一定义务，该义务来源于政府提供的有限选择的许诺声明，或者直接来源于法律对私权与重大公共利益之间的权衡和抉择。专利权人禁令救济是否被支持，应视专利被纳入标准时是否被发现、专利权人是否同意、选择何种许诺声明、标准是否可修改、未作声明时许可方式或费用可否协商以及该标准关涉的公共利益是什么等而定。总体而言，强制性标准的必要专利权利受到的限制相对于行业标准要多，专利权人获得禁令的条件要求较高，强制标准实施中的法定许可或强制许可情形较多。

综上所述，专利标准化导致了私权属性与公共属性的交织与碰撞。专利权私权的行使以及作为权利保障的禁令救济，相应地受到一定限制，受到限制的程度视标准不同而有所区别。市场标准、行业标准、强制标准是三种形成机理、实施效力均存在较大差异的标准。市场标准中的必要专利获得禁令救济最容易，限制或干预程度最小，强制标准中的必要专利禁令救济则相反；而行业标准中专利禁令救济问题最复杂，兼顾和考虑的因素较多，需要小心翼翼地加以权衡。现实经济活动中，行业标准越来越重要，影响力越来越大，而围绕禁令救济的纠纷和争议也很多。本章后续将重点针对行业标准的禁令问题进行研究分析。

第二节　标准必要专利禁令救济国内外司法适用现状及评述

一、美国

美国法院从衡平法体系出发，认为只有当普通法的救济存在不足时，即当金钱赔偿不能提供完整的救济时，才会考虑禁令救济。基于未来可能造成的伤害申请禁令救济的专利权人，也应当对未来可能受到的损失进行证明，该损失包括量化损害赔偿的常规项目，关于无法用金钱补偿的方式量化消费者好感或市场份额损失的主张，法院认为并不成立。在衡平法体系下，法院除了比较和权衡当事人之间的权益，还会考虑是否符合公共利益。本节还将对美国执法机构启动准司法性质的禁令案件进行梳理，通过对比可以看出执法机构与法院对待标准必要专利权人禁令救济的态度有一定差异，审查的标准和宽严程度也有一些区别。

1. eBay v. MercExchange LLC 案❶

2006 年，美国联邦最高法院对 eBay v. MercExchange 案（以下称 eBay 案）的判决代表了美国专利法上关于禁令救济的一个显著变化。美国与大多数国家一样，专利权被侵害的司法救济由两部分组成，一种是给予专利权人过去遭受损害的金钱赔偿，另一种是从判决开始获得的永久禁令。《美国专利法》第283 条规定：根据［专利法］有审判权的几个法院可以以法院认为合理的方式授予禁令以遵照公平原则防止受专利保护的任何权利的侵犯。在 eBay 案之前，美国联邦巡回上诉法院和对专利上诉有专属管辖权的上诉法院，一贯判定如果有效专利被判定侵权，则根据第 283 条理所当然地发出永久禁令。❷ 其理念在于认可专利的独占权是财产概念的本质。而 eBay 案之所以重要，在于提出什么样的事实情况下禁令将不会被发出，以及法院将颁发何种救济措施以替代该禁令。尽管该案专利并非标准必要专利，但裁判结果仍然对后续的标准必要专利案件具有深远影响。

在 eBay 案中，eBay 公司拥有并经营一个供买家和卖家搜索商品，并参加现场拍卖或固定价格购买商品的网站。MercExchange 持有一系列专利，曾试图将专利许可给 eBay 公司及其全资控股子公司，但双方未能达成协议，MercExchange 遂在美国弗吉尼亚州东区联邦地区法院提起专利侵权诉讼。在陪审团审讯后，MercExchange 因 eBay 公司直接侵犯其专利之一而获得 1050 万美元赔

---

❶ eBay Inc. v. MercExchange, L. L. C. 547 U. S. 388（2006）.

❷ E. g. , Richardson V. Suzuki Motor Co. , 868 F. 2d 1226, 1246-7（Fed. Cir. 1989）.

偿，但地区法院拒绝了 MercExchange 请求永久禁令的动议。地区法院认为，因 MercExchange 许可专利的意愿、其商业活动中实施专利的不足，及其对媒体所作关于维护专利的声明，而不会遭受得到禁令所需的不可弥补的损害要件。联邦巡回上诉法院撤销了该地区法院的判决，采用"一般性规则"，即在没有特殊情况时法院将颁发永久禁令，阻止专利侵权行为。然而联邦最高法院以全体一致的形式否决了联邦巡回上诉法院的判决，驳回了联邦巡回上诉法院的"一般性规则"，并确立法院必须采用完善的"四要素测试"来决定是否发出禁令。

美国联邦最高法院在 eBay 案中提出"四要素测试"具体为：为了发出禁令，专利权人必须证明：（1）专利权人遭受了不可弥补的损害；（2）法律上的救济比如损害赔偿，不足以弥补上诉损害；（3）考虑到专利权人和被诉侵权人具体处境的平衡，公平的救济措施是必要的；（4）颁发禁令不会损害公共利益。值得注意的是，联邦最高法院还驳回了地区法院的分析，明确拒绝其反对禁令的分类规则，认为地区法院虽然提到了传统的四要素测试法，但"看上去采取某些扩大的原则暗示禁令救济在很多情况下不能被发出"。❶

在美国联邦最高法院的法官附带意见中，还能看出法官对禁令的态度。首席法官罗伯茨（Roberts）认为，用金钱赔偿救济来保护一种排他权有困难，该困难往往牵涉传统的四要素测试法中的前两个要素。历史实践并没有赋予专利权人当然地获得禁令的权利，也没有为支持此类禁令的一般性规则提供基础。肯尼迪（Kennedy）法官的赞同意见侧重于那些支持拒绝禁令的事实，如专利主要用来获得许可费，又如专利是一个多组件设备中的小部分并且禁令的威胁是作为用于谈判的不当筹码，支持拒绝发出禁令。

曾有人评估了 eBay 案在一定时期的实际影响：eBay 案判决后，大多数法院仍发出永久禁令，其比率为每三件发出永久禁令，则有一件拒绝发出禁令。对于这些少数拒绝发出禁令的案例，最常被法院用来根据 eBay 案拒绝禁令的

---

❶　eBay Inc. v. MercExchange，L. L. C. 547 U. S. 388 （2006）. Cite as 126 S. Ct. 1840.

一个因素是专利权人未能将专利发明进行商业应用。❶

2. APPLE，INC. and NeXT Software，Inc. v. MOTOROLA，INC. and Motorola Mobility，Inc. 案

本案将 eBay 案确立的适用禁令救济的四要素测试规则适用于受 FRAND 承诺限制的标准必要专利领域，具有里程碑意义。在 APPLE，INC. and NeXT Software，Inc. v. MOTOROLA，INC. and Motorola Mobility，Inc. 案（以下简称苹果 v. 摩托罗拉案）中，2010 年苹果、NeXT 公司以 Motorola、Motorola Mobility 公司侵犯其多项专利为由向美国威斯康星西区地区法院提起诉讼，Motorola 反诉 Apple 侵犯其 6 项专利，其中 1 项专利为标准必要专利。双方均向法院提出了不侵权、专利无效的确认请求，并寻求禁令。

该案移交到美国伊利诺伊北区联邦地区法院后，法官认为鉴于摩托罗拉公司作出了 FRAND 承诺，除非苹果公司拒绝按照 FRAND 许可的要求支付许可费，否则没有正当理由授予禁令。双方上诉至联邦巡回上诉法院后，上诉法院于 2014 年 4 月 25 日作出判决，指出联邦地区法院适用本身违法规则（per se rule）对标准必要专利不给予禁令救济是错误的。同时指出：在解决受 FRAND 承诺限制的专利和行业标准所带来的问题时，应基于 eBay 案所确立的框架进行考量；由于摩托罗拉公司作出 FRAND 承诺，有力地表明金钱损害赔偿能够充分地赔偿其损失，而且考虑到包括竞争者在内的大量行业参与者已经使用了该标准必要专利，摩托罗拉公司未能证明其遭受不可恢复的损害且金钱不能弥补该损害，因此维持联邦地区法院不予禁令的判决。

值得注意的是，在标准必要专利权人作出过 FRAND 承诺的情形下，eBay 案确立的四要素中第一、第二条件想要被证明，显得比较困难，联邦巡回上诉法院亦注意到了这个问题。联邦巡回上诉法院否定了地区法院根据本身违法规则的判定，即禁令不适用于作出 FRAND 承诺的标准必要专利的观点，而认为 FRAND 承诺只是对禁令要求的判断标准之一，没有任何理由去创造单独的准则或者分析框架来解决受 FRAND 承诺的专利禁令问题，进而继续援引了 eBay

---

❶ ［日］竹中俊子. 专利法律与理论——当代研究指南［M］. 彭哲，等译. 北京：知识产权出版社，2013：545.

案。联邦巡回上诉法院认为，受 FRAND 承诺限制的专利权人可能在证明不可弥补的损害时存在困难，但当侵权人单方拒绝 FRAND 许可费，或者不合理地推迟谈判以至达到与直接拒绝相同的效果时，标准必要专利权人可以获得禁令救济。联邦巡回上诉法院同时也强调，这并不意味着被诉侵权人拒绝接受任何许可邀约必然表明有理由发出禁令，例如许可要约不符合 FRAND 要求。针对本案摩托罗拉公司辩称 Apple 公司已经拒绝接受其初始许可要约并致使协商瘫痪的问题，联邦巡回上诉法院认为本案现有证据显示协商仍然在进行之中，没有证据表明 Apple 已经单方拒绝同意一项交易，最终拒绝颁发禁令。

3. Realtek Semiconductor Corp. v. LSI Corp. 案

美国 LSI 公司于 2012 年 3 月 7 日联系中国台湾地区一家集成电路设计供应商 Realtek 公司，称其侵犯两项关于 IEEE 无线网络连接标准（802.11 标准）的专利，这次信函中没有提出许可要约，而是直接要求其停止侵权。随后 LSI 公司向美国国际贸易委员会（ITC）申请发起对 Realtek 公司的"337 调查"，LSI 公司请求的救济包括有限排除令❶和禁止令❷。ITC 于 2012 年 4 月 11 日启动调查，案号 337-TA-837。此后的 2012 年 6 月 20 日，LSI 公司才向 Realtek 公司作出 FRAND 许可的提议。

2012 年 6 月 29 日，Realtek 公司向法院提起诉讼，认为 LSI 公司在没有事先进行磋商 FRAND 许可的情况下，发起"337 调查"申请，违反 FRAND 许可义务。案件审理的核心在于没有事先磋商的情况下，申请启动"337 调查"的行为本身是否违反 FRAND 许可义务。❸

罗纳德·M. 怀特（Ronald M. Whyte）法官认为，LSI 公司与 IEEE 之间存在关于标准必要专利的 FRAND 许可的合同关系，而 Realtek 公司是该合同的第三方受益人。相较于 Microsoft Corp. v. Motorola. Inc. 案中摩托罗拉公司向微软公司发出许可要约后，方在联邦地区法院起诉寻求禁令救济，本案 LSI 公司未

---

❶　排除令，包括普遍排除令和有限排除令。普遍排除令禁止所有侵权产品进入美国；有限排除令禁止申诉方申诉书中指定的具体的外国公司或集团公司生产的产品进入美国。

❷　禁止令，禁止在美国实体的任何侵权活动。

❸　顾萍，杨晨. 域外技术标准化中的标准必要专利权人承诺研究［M］. 北京：知识产权出版社，2016：71-72.

发出许可要约，即发起 ITC 调查寻求禁止令，LSI 公司的行为更严重地违反了 FRAND 许可义务。在面临可能的排除令和禁止令的威胁情况下，Realtek 公司在进行许可谈判中已处于不利地位。在被诉侵权人拒绝接受 FRAND 许可的情况下，标准必要专利权人可以被授予禁令，而 Realtek 公司并非不愿意接受。LSI 公司在未尝试提出 FRAND 许可要约的情况下，径行向 ITC 寻求禁令，有在之后的许可谈判中获取不正当优势地位的明显意图。

本案的意义在于，虽然这一案件并非标准必要专利权人直接向法院请求禁令，而是由专利实施人提起的诉讼，但法院对标准必要专利权人寻求禁令救济的正当性进行了评判，尤其是指出不能以寻求禁令而获取不正当的优势谈判地位，该行为违反 FRAND 合同义务。

4. 执法机构有关禁令裁决的案例

在美国可能启动禁令的执法机构主要有两个：一个是根据《联邦贸易委员会法》授权建立的作为负责执行各项反托拉斯法律的美国联邦贸易委员会（Federal Trade Commission，FTC）；另一个是美国国际贸易委员会（International Trade Commission，ITC），其前身为美国关税委员会，主要负责执行美国国际贸易委员会的《1930 年关税法案》。FTC 并不能直接发出禁令，若其认为企业或个人违反《美国联邦贸易委员会法》，将指派律师到联邦地区法院提起诉讼，要求法院颁发禁令。与 FTC 不同，ITC 是独立的、具有准司法性质的联邦机构，有权签发排除令和禁止令。❶ 虽然这两个执法机构启动的禁令与美国法院直接作出的永久禁令存在区别，但对当事人亦具有实质重大影响，其对待禁令救济的立场、分析思路和判断标准，对讨论标准必要专利禁令救济问题有研究意义。

2013 年 7 月 23 日，FTC 就 In the Matter of Motorola Mobility LLC and Google Inc. 案❷公布最终决定，FTC 在这一典型案例中，清晰地表述了其立场：禁止 Motorola/Google 基于 FRAND 专利侵权寻求禁令救济；对于已经提起的主张或

---

❶ 参见关于排除令和禁止令的注解。

❷ In the Matter of Motorola Mobility LLC and Google Inc，Docket No. C-4410［EB/OL］.［2018-07-10］. http：//ww. ftc. gov/sites/default/files/documents/cases/2013/07/130724goog-lemtorolado. pdf.

诉求，Motorola/Google 应首先向潜在被许可人发出合理要约。然而，Motorola/Google 可以向以下潜在被许可人寻求禁令救济：（1）该潜在被许可人在美国联邦地区法院管辖权之外（如果潜在被许可人本身或其母公司或对其有控制权的公司位于美国联邦地区法院管辖权之内，应视为该潜在被许可人位于美国联邦地区法院管辖权之内）；（2）该潜在被许可人以书面形式或宣誓声明其不会以 FRAND 条款接受专利许可；但是，质疑专利有效性、价值、侵权或标准必要性等行为不构成此等声明；（3）该潜在被许可人拒绝就经法院最终判定或具有约束效力的仲裁最终裁定的条款与标准必要专利权人达成合同；（4）该潜在被许可人在收到 FRAND 条款通知函后 30 天内，未按要求提供书面确认。但前提是，标准专利权人不得在任何法院主张该等书面确认即视为对许可合同特定条款的同意。❶

　　作为启动"337 调查"的内容之一，ITC 亦会对当事人请求的救济进行审查，作出是否签发禁止令的决议。ITC 启动"337 调查"并涉及标准必要专利禁止令的案例并不少，例如案号 337-TA-745 Investigation（Complainant：Motorola；Respondent：Apple）、案号 337-TA-752 Investigation（Complainant：Motorola；Respondent：Microsoft）、案号 337-TA-794 Investigation（Complainant：Samsung；Respondent：Apple），以及在前面 Realtek Semiconductor Corp. v. LSI Corp. 案中提到的案号 337-TA-837 Investigation（Complainant：LSI；Respondent：Realtek）。其中 ITC 在 337-TA-794 案中颁发了有限排除令和禁止令，值得重点关注。

　　ITC 于 2013 年 6 月 4 日作出终裁，认定三星公司投诉苹果公司违反关税法案的部分请求成立，颁布了有限排除令和禁止令。ITC 在 2013 年 6 月 4 日的终裁通知书和 2013 年 7 月 5 日的终裁意见书❷中，表达了以下观点：（1）第 337（d）（1）条和第 337（f）（1）条列举的公共利益要素不妨碍发布有限排除令和禁止令。三星公司的 FRAND 声明不妨碍上述救济。（2）如果裁定存在违反

---

　　❶ 顾萍，杨晨．域外技术标准化中的标准必要专利权人承诺研究 [M]．北京：知识产权出版社，2016：74.

　　❷ 通知书和意见书的翻译内容，参见：马一德．FRAND 案例精选（第一卷）[M]．北京：科学出版社，2018：335，355-360.

第 337 条的情况，在考虑公共利益要素后，如果未发现法定公共利益要素阻碍实施救济，则可以发出排除令和禁止令。（3）四个公共利益要素包括公共健康和福利、美国经济的竞争条件、美国竞争性产品的生产状况、美国消费者。随后 ITC 就本次调查中四个公共利益要素是否会阻碍禁令救济，逐一进行了分析。其中，就苹果公司提出"向违反了 FRAND 义务的专利持有人提供救济，将造成'专利劫持'，有损标准制定组织，进而对美国经济的竞争条件和美国消费者造成损害"，ITC 基于 FRAND 条款的基本要素不明确、无法判断具体的合同义务的观点，认为"苹果公司并没有证明三星公司违反了 FRAND 义务，而三星公司已经广泛许可他人使用专利。我们不必在此决定未来显示'专利劫持'或对标准制定组织造成损害的证据的调查是否需要进行不同的分析"。

由此可见，首先，ITC 判断是否颁发排除令和禁止令，并不受 eBay 案确立规则的约束。其次，裁定违反"337"成立，ITC 的立场是只有存在损害公共利益的情况，才不颁发禁令。最后，ITC 认为其调查职责在于考虑禁令救济将会对公共利益产生的"影响"，排除禁令仅限于对公共利益的考量。

然而，ITC 在 337-TA-794 案中的终裁被美国贸易代表办公室（United States Trade Representative，USTR）于 2013 年 8 月 3 日的《美国贸易代表办公室函》否决了。这是自 1987 年以来第一次由美国总统启动，由 USTR 否决 ITC 排除令的案件。USTR 援引了美国司法部和美国专利商标局于 2013 年 1 月 8 日发布的《关于自愿 FRAND 承诺下的标准必要专利的救济的政策声明》的内容，表达了对标准必要专利情形下，专利权人可能滥用其市场权利进行"专利劫持"以达到限制竞争、排除竞争，或者就其专利获得更高对价等行为的忧虑，进一步表示授予禁令救济应当十分慎重，并给予公共利益更多的考虑。

业界期待 USTR 的否决举动可以推动 ITC 在今后涉及 FRAND 义务的案件中，主动收集证据调查涉案专利是否为标准必要专利，是否存在"专利劫持"或"反向劫持"状况，并以此作为考察公共利益和决定是否颁发排除令的重要依据。不过到目前为止，ITC 仍未对此给予更为明确的指引。

二、欧盟

不同于美国法律体系，以德国为代表的大陆法系只有专利法上的禁令救济规则。一般情况下，只要认定专利侵权行为成立，专利权人请求停止侵害都会被支持，被诉侵权人想要阻止停止侵权的判决，需以抗辩的形式提出并证明专利权人存在违反竞争法或滥用知识产权的情形，即强制许可抗辩。《德国专利法》（German Patent Act）第 139 条（1）规定，"任何人违反第 9~13 条的规定使用专利发明，如果有再次侵权的危险，则受害方可以请求禁令救济"。《欧盟运行条约》（Treaty on the Functioning of the European Union，TFEU）第 102 条是关于滥用市场支配地位的规定。目前司法部门欧盟法院和执法机构欧盟委员会处理的关于授予标准必要专利权人禁令救济的条件的重要案件，均与此条规定有关。

欧盟法院审理的 Huawei Technologies Co.Ltd v.ZTE Corp., ZTE Deutschland GmbH 案（以下称华为中兴案）具有里程碑意义。欧盟相关国家对待标准必要专利禁令救济的立场经历了几段时期的发展，围绕什么情况下专利权人寻求禁令的行为构成滥用市场支配地位进行讨论，不断探索专利法定权利正当行使和滥用的边界。总的来看，欧盟法院裁决华为中兴案之前，德国法院授予禁令的条件对专利权人更为有利，但欧盟委员会执法标准对于专利实施人更为有利。欧盟法院通过华为中兴案在权利人和实施人之间作出适当平衡。正如欧盟法院在判决中所称"法院必须在保持自由竞争和保护所有者的知识产权及其有效司法保护权的要求之间达成平衡"。❶

欧盟法院的该案裁判全面详细回应了成员国围绕标准必要专利禁令问题发生的一系列争议，对德国法院和欧盟委员会有关决定的偏颇之处作出修正，确立了作出 FRAND 承诺的标准必要专利权人寻求禁令救济时，构成滥用市场支配地位的司法认定的规则，并细化了专利权人和实施人在许可谈判过程中的义务。裁判结果在欧盟范围内对其各成员国相关司法认定产生约束力，影响重大。

华为公司拥有一件纳入长期演进技术（Long Term Evolution，LTE）标准的欧洲专利。华为公司曾向 ETS1 作出 FRAND 承诺。中兴公司在德国市场销

---

❶　Huawei Technologies Co. Ltd v. ZTE Corp.，ZTE Deutschland GmbH 欧盟法院第五法庭判决书，No. 42.

售安装的基站产品使用了该标准必要专利。双方进行许可谈判但未能达成许可协议。2011 年 4 月 28 日，华为公司向德国杜塞尔多夫法院提起专利侵权诉讼，提出了停止侵权的禁令请求，中兴公司则认为申请禁令等救济方式构成滥用市场支配地位。

针对华为对标准必要专利请求禁令等救济方式是否构成滥用市场支配地位，杜塞尔多夫法院认为其中存在一些难点问题，疑问主要源于标准的冲突：此前德国司法案例中呈现的标准是只有在特定情形下专利权人的禁令申请才会被限制，侵权人必须提供无条件、有约束力且可接受的许可要约；而另一方面欧盟委员会曾针对三星公司作出反垄断调查，观点是在专利权人作出 FRAND 承诺，而侵权人有意愿（哪怕仅表明有意愿）协商许可的情况下，寻求禁令的行为违反 TFEU 第 102 条构成滥用。

因此，杜塞尔多夫法院决定暂停审理，请求解释《欧盟运行条约》(TFEU) 第 102 条。具体将以下问题提交欧盟法院进行初步裁决：（1）标准必要专利权人曾向标准化组织承诺将基于 FRAND 条款授予任何第三方专利许可，却对未经许可的专利使用者采取了请求发布禁令等措施，即使该侵权人已经表示其愿意就许可事宜进行协商，在此情形下是否构成滥用市场支配地位？是否只有在以下情形才能被认定为滥用市场支配地位？即侵权人已经向标准必要专利权人提出可接受、无条件的订立许可协议的要约，因此只要不存在不公平妨碍侵权人的行为或违反禁止歧视原则，专利权人就不得拒绝该要约；同时侵权人也已经满足为订立现已实际使用的专利许可协议而需履行的缔约义务。（2）如果侵权人愿意谈判而推定专利权人寻求禁令救济的行为构成滥用市场支配地位，那么《欧盟运行条约》第 102 条是否规定了关于缔约意愿特定的质量和时间要求？尤其是当侵权人只是口头表示一个概括意愿，即已做好缔约准备，会被认定为具有缔约意愿吗？或者需要侵权人必须已经进入缔约阶段，比如提供了订立许可协议的具体条件等情形？（3）如果侵权人提出可接受、无条件签订许可协议的要约是认定构成滥用市场支配地位的前提，那么《欧盟运行条约》第 102 条是否规定了关于该要约的特定的质量或时间要求？该要约是否必须包含诉争技术领域专利许可协议所通常包含的全部条款？特别是在标准必要专利已被实际使用而且处于有效保护期的情形，是否需要发出缔约要约？（4）如果侵权人履行拟订立的许可协议的相关义务是构成滥用市场支配地位的前提，那么《欧盟运行条约》第 102 条是否规定了履行上述义务的具体要求？是否特别要求侵权人为过去使用行为提供销售数据或支付专利使用费？是否在必要情况下通过担保置换的方式免除支付许可使用费的义务？（5）滥用市场支配地位的认定条件是否可适用于基于其他诉讼请求的专利侵权之诉（提供销售数据、召回产品、赔偿损失）？

应杜塞尔多夫地区法院的请求，欧盟法院受理本案的佐审官瓦莱特（Wathelet）于 2014 年 11 月 20 日提供意见，欧盟法院于 2015 年 7 月 16 日作出先行裁决。欧盟法院在先行裁决中就提请的问题，针对 TFEU 第 102 条解释为："已经向标准化组织不可撤销地承诺按照 FRAND 条款向第三方授予许可的标准必要专利权人，并不会因其寻求禁令或寻求召回使用该专利制造的产品的诉讼而构成 TFEU 第 102 条所指的滥用其支配地位，只要：首先，专利权人在提起诉讼之前通过指明涉案的专利并说明其受到的侵权的方式，向涉嫌侵权者提出侵权投诉；其次，在涉嫌侵权者表示其愿意按照 FRAND 条款缔结许可协议之后，向该侵权者提供符合 FRAND 条款的明确书面许可要约，尤其是要详细说明许可费及其计算方式；在涉嫌侵权者继续使用有关专利的情况下，涉嫌侵权者没有按照业界认可的商业惯例和善意原则，勤勉地对该要约作出回应，这一认定必须结合客观因素判断，具体来说应认为不存在拖延手段。""不禁止处于支配地位，并持有标准必要专利、已经向标准化组织承诺按照 FRAND 条款就该标准必要专利授权许可的企业，针对其标准必要专利的涉嫌侵权者提起侵权诉讼，并寻求获得与该标准必要专利过去使用行为有关的账目报送或与使用行为有关的损害赔偿。"❶

三、德国

在 2015 年 7 月欧盟法院就华为中兴案作出裁决之前，德国法院在审理涉及标准必要专利侵权的案件中，并未对专利权人是否作出过 FRAND 承诺加以

---

❶　Huawei Technologies Co. Ltd v. ZTE Corp.，ZTE Deutschland GmbH 欧盟法院第五法庭判决书，第 71 段和 76 段。

区分，而是基本遵循了 2009 年德国联邦最高法院在审理"橙皮书标准案"（Orange-Book-Standard 案）❶ 中所确立的特殊停止侵权抗辩规则。该抗辩规则对被诉侵权人提出了非常高的要求，被诉侵权人只有在满足以下条件时，其提出的强制许可抗辩方可成立：被诉侵权人已经向专利权人提出了无条件的、真实的、合理的和易于接受的要约；被诉侵权人须预期履行相关合同义务，包括向专利权人提供财物账单以便查证使用专利及获益情况，事先审慎而合理判断并在合理期限内准备足额的专利使用费。后续在 2011 年摩托罗拉公司诉苹果公司专利侵权案中，德国法院将上述规则中被诉侵权人向权利人提出"无条件"的要约解释为不得质疑被许可专利的有效性；在 2012 年摩托罗拉诉微软公司标准必要专利侵权案中，德国法院将"合理的"和"易于被接受的"要约解释为被诉侵权人应提出"明显过多"的许可费报价以证明专利权人拒绝许可的行为构成滥用。❷

德国法院在"橙皮书标准案"中确立的抗辩规则受到竞争法的执法机构欧盟委员会的质疑。2014 年 4 月 29 日，欧盟委员会裁定，摩托罗拉公司就 FRAND 许可声明所覆盖的标准必要专利向德国法院寻求禁令的行为构成了欧盟竞争法下所禁止的滥用支配地位行为，并认为德国法院关于"潜在的被许可人本质上无权挑战标准必要专利的必要性和有效性"的观点有违反自由竞争之嫌。2014 年 4 月 29 日，欧盟委员会接受了三星公司自愿就标准必要专利限制禁令救济申请的保证书，在其裁判中再次对德国法院的规则提出了质疑。❸ 正因为如此，才有了后来华为中兴案中杜塞尔多夫法院中止审理，就此问题提请初裁的进展。

在 2015 年 7 月欧盟法院裁决华为中兴案之后，德国法院又对几件有

---

❶ Royal Dutch Philips Electronics Ltd v. Defendants, Az. KZR 39/06. German Federal Supreme Court, 6 May 2009, KZR 39/06- "Orange-Book-Standard".

❷ 赵启杉. 论标准必要专利侵权案件停止侵权抗辩规则的构建 [J]. 中国专利与商标，2017（2）.

❸ 赵启杉. 论标准必要专利侵权案件停止侵权抗辩规则的构建 [J]. 中国专利与商标，2017（2）. 欧盟委员会决议的两个案件分别为：Case AT. 39985-Motorola-Enforcement of GPRS standard essential patents；Case AT. 39939-Samsung-Enforcement of UMTS standard essential patents。

FRAND 承诺的标准必要专利侵权纠纷作出裁判。有的起诉时间在华为中兴案裁决之前，未直接适用欧盟法院确立的规则，有的起诉时间在后，严格适用欧盟法院的规则。例如：（1）意大利专利管理公司 Sisvel 诉海尔德国公司、海尔欧洲贸易公司案。❶ Sisvel 曾向海尔母公司发出专利许可要约，但海尔欧洲贸易子公司拒绝该要约，且没有提出反要约。2014 年 9 月 8 日，Sisvel 向德国杜塞尔多夫地方法院提起侵权诉讼。2015 年 8~9 月海尔公司两次以书面方式发出反要约，均被拒绝。一审法院颁发了禁令，认为本案起诉在欧盟法院裁决之前，不适用华为中兴案的规则。Sisvel 履行了诚信义务，而海尔公司没有及时发出反要约，已构成拖延，即便是海尔的母公司收到的要约，海尔的子公司仍能获知侵权事实和要约内容。但该禁令被二审法院撤销了，二审认为有必要对专利权人是否向被诉侵权人发出符合 FRAND 要求的要约进行判断，即需要对报价是否合理作出判断，未作该分析不得颁发禁令。（2）专利许可公司圣劳伦斯公司（Saint Lawrence Communication GmbH）诉德国电信（Deutsche Telekom）案。❷ 圣劳伦斯公司收购获得 ETSI 标准下原专利权人作出过 FRAND 承诺的标准必要专利，2014 年 8 月向德国曼海姆地方法院起诉德国电信销售侵权产品，HTC 等手机厂商参与诉讼。圣劳伦斯公司起诉前未发侵权函和许可要约，起诉后向 HTC 发出许可要约，HTC 提出不包含具体报价的反要约，提议由平行诉讼的英国威尔斯高等法院裁判许可费率，反要约被拒绝。诉讼中 HTC 未提供任何担保和相关文件。法院判决侵权成立，并颁发禁令，认为本案起诉时间在欧盟法院华为中兴案裁决之前，因此不要求圣劳伦斯公司须在起诉前发侵权警告函；HTC 得知侵权后 3 个月都未表示许可意愿，之后的反要约不包含具体许可条款，仅提议第三方裁判费率，还拒绝提供任何担保和相关文件，其行为不诚信。（3）专利许可公司圣劳伦斯公司诉沃达丰公司案。❸ 圣劳伦斯公司于 2014 年 7 月向德国杜塞尔多夫地方法院起诉沃达丰公司专利侵权，诉前未发侵权通知，诉讼过程中双方进行了磋商，沃达丰公司拒绝了报价。这

---

❶ LG Düsseldorf, Urteil v. 03. 11. 2015, 4a 0 93/14.

❷ LG Mannheim, Urteilvom 27. 11. 2015, 2 0 106/14.

❸ LG Düsseldorf, Az. 31. 03. 2016-4a 073/14.

个案件在 Sisvel 诉海尔公司案之后，因此一审法院遵照 Sisvel 案中二审法院的意见，对要约报价是否合理作出了详细分析，在此基础上颁发了禁令，二审予以维持。（4）ETSI 成员 NTT 公司诉 HTC 案。❶ NTT 公司拥有众多移动通信技术领域的标准必要专利，2014 年曾多次向 HTC 母公司发出许可要约，并就许可条件和许可费计算方式作出解释，2014 年 4 月向德国曼海姆地方法院提起侵权之诉。2015 年 10 月 30 日，HTC 提出反要约，被拒绝后 HTC 未提供担保和证明文件。法院判决侵权成立，并颁发禁令，认为 NTT 就 6 个标准必要专利提供对照表，符合行业惯例，要约中包含一个计算方法的解释，已经足够详细，而 HTC 的行为不诚信。（5）DVD 专利池标准必要专利侵权案❷（该案判决书里面隐去了当事人名字）。原告在加入 DVD 专利池时曾作出过 FRAND 许可声明，2013 年原告欲向被告母公司提供 DVD 软件许可，2014 年 10 月被告表示仅愿意接受德国专利许可包且由法院或仲裁确定许可费，11 月原告拒绝并提议对专利池内全部专利在专利覆盖的所有国家范围内进行许可。2015 年 3~4 月原告发出全球许可协议草案并提供费率计算依据说明、部分专利对照表。被告母公司要求提供全部专利对照表和进一步说明许可费计算依据。2015 年 7 月原告补充 5 个专利对照表，但双方仍未能进入技术谈判。2015 年 11 月 20 日原告向德国曼海姆地区法院提起侵权诉讼。按照华为中兴案的规则，原告也已经履行了发放侵权警告函、提供专利对照表和发出要约等义务，但被告并没有提供反要约，因此一审法院颁发禁令，但二审法院仍然认为应首先对原告的要约特别是报价是否符合 FRAND 要求进行分析，故撤销禁令。

可以看出，在华为中兴案前后，德国法院关于有 FRAND 承诺的标准必要专利禁令颁发标准发生了较大转变，从对被诉侵权人强制许可抗辩苛以严格条件，转而除了审查被诉侵权人一方的行为外，还对专利权人的行为是否诚信作出详细审查。就具体规则而言，总结前文列举的五个案例，法院会关注专利权人在起诉前是否发出侵权警告，审查专利权人要约的报价方式、时间、计算依据、商业惯例等，以及被诉侵权人的意愿、反要约方式、时间、计算依据、商

---

❶ LG Mannheim, Urteilvom 29. Januar 2016, 7066/15.

❷ OLG Karisruhe, BeschlussVom 31. 05. 2016-6U55/16.

业惯例等。落脚到每一项具体规则的标准和尺度进行分析，德国法院审理的个案之间仍有差异，有的或许还有待商榷，但已经为标准必要专利禁令救济规则的发展提供了很好的司法经验。

四、荷兰

在 2015 年 7 月欧盟法院就华为中兴案作出裁决之前，荷兰法院就两件典型的标准必要专利权人是否有权获得禁令救济案件进行了裁判。一件是 Konin-klijke Philips Electronics N. V. v. SK Kassetten GmbH&Co. 案❶（以下简称飞利浦诉 SK 案），该案中荷兰法院的观点与德国联邦最高法院"橙皮书标准"案的观点形成对立。另一件是 Samsung Electronics Co. Ltd. v. Apple Inc. 案❷（以下简称三星诉苹果荷兰案），法院经过分析后认定三星公司寻求禁令救济的行为构成权利滥用。

在飞利浦诉 SK 案中，飞利浦公司拥有 CD-R、DVD+R 标准下与光盘有关的两项欧洲专利，于 2010 年 3 月 17 日向荷兰海牙地区法院起诉 SK 侵权，请求获得禁令。SK 公司主张依照德国联邦最高法院"橙皮书标准案"判决有权获得 FRAND 许可，并阻止飞利浦寻求禁令。海牙地区法院认为"橙皮书标准案"判决不可适用，理由是：第一，SK 侵犯专利权，原则上禁令救济将获支持；第二，FRAND 原则带来法律上的不确定性，只要该 FRAND 声明没有转变成为最终的许可协议，对于双方就存在不确定性，更何况具体什么是符合 FRAND 的许可，尤其是许可费率的高低，都有很大争议；第三，SK 公司没有必须保护的法律利益，不论是飞利浦公司的 FRAND 声明，还是法院的判决均不能使该声明直接转化为实际的专利许可。在进行抗辩之前 SK 公司并没有展示其希望达成 FRAND 的许可协议，也没有提起反诉。因此，必须质疑 SK 公司是否真的希望与飞利浦公司达成许可协议。飞利浦公司在 SK 公司没有获得许可的情况下行使其专利权，并不能表明其将会对 SK

---

❶　NL-Philips v. SK Kassetten，316533/ HA ZA08-2522 and 316535/ HA ZA 08-2524.

❷　Samsung Electronics Co. Ltd. v. Apple Inc.，District Court of the Hague，14 October 2011.

公司的经营产生限制。最终法院认为飞利浦不构成反托拉斯法上的滥用市场支配地位，有权获得禁令救济。

在三星诉苹果荷兰案中，三星公司试图援引前述飞利浦诉 SK 案而获得禁令支持，但荷兰法院指出，飞利浦诉 SK 案并非表示在任何情形下专利权人均有权寻求针对被诉侵权人的禁令救济。在诉讼之前 SK 并没有请求许可，飞利浦公司也没有就许可设定不合理的要求，因此飞利浦诉 SK 案不适用于本案。同时，荷兰法院认为三星公司寻求禁令救济的行为构成权利滥用，理由是三星公司向苹果公司要求过高的许可费，严重偏离了 FRAND 义务。苹果公司已经提供了考虑许可费以及标准在产品中的价值的要约，但三星公司并没有作出任何实质反应，而是强迫苹果公司接受整个专利组合和超出荷兰范围的许可。禁令对于苹果公司造成的后果将会非常严重，而三星公司长期以来一直默认苹果公司的侵权，这影响了法院在利益衡量中的选择。

五、英国

普通法系的发源国英国，司法实践中涉及标准必要专利的案件鲜少，但近年英国法院就无线星球国际公司诉华为公司❶（Unwired Planet International Ltd v. Huawei Technologies Co. Ltd&Huawei Technologies（UK）Co. Ltd，以下简称 UP 诉华为案）通信标准必要专利侵权案件作出判决，受到国际社会广泛关注。法院确立的一些规则尤其是英国法院在被许可人不同意的情况下径行裁决全球费率许可的做法，亦引发较大争议。判决运用大量篇幅分析论证了如何确定符合 FRAND 原则的标准必要专利许可费率问题，本章仅对该案的禁令部分进行研究。

美国公司无线星球系专门从事知识产权许可的企业，在全球拥有众多国际专利组合，其中大部分系从爱立信公司购买获得。无线星球与华为公司就许可未能达成合意。2014 年 3 月 10 日，无线星球在英国和德国起诉华为公司、三星公司和谷歌公司侵犯其专利组合中的 6 项英国专利，声称其中 5 项为标准必

---

❶ Unwired Planet International Ltd v. Huawei Technologies Co. Ltd&Huawei Technologies（UK）Co. Ltd［2017］HP-2014-000005.

要专利。2015 年、2016 年谷歌公司和三星公司先后与无线星球公司达成和解，仅剩本案诉讼。英国高等法院于 2017 年 4 月 5 日作出主判决，于 2017 年 6 月 7 日在主判决基础上作出一份补充判决，于 2017 年 11 月 30 日公布主判决最终公开版。2018 年 10 月 23 日，英国上诉法院宣布维持英国高等法院的裁决。

华为公司为阻却无线星球公司提出的禁令申请，分别依据《欧盟运行条约》（TFEU）第 102 条、英国 1998 年《竞争法》第 18 条，以及欧盟法院对华为中兴案作出的判决，主张无线星球的行为构成滥用市场支配地位，无权主张禁令救济。英国高等法院法官基于以下分析，认为无线星球公司没有违反竞争法：第一，华为中兴案确立的关于标准必要专利权人寻求禁令前提条件的规则是狭隘的。启动包括禁令申请在内的法律诉讼程序并不必然等同于拒绝许可，华为中兴案中提及的被许可人表示愿意就 FRAND 条款达成许可协议，应当指无条件的意愿。而华为公司从未作出获取 FRAND 许可的无条件承诺，华为公司的立场一直是他们愿意获取其所认为的 FRAND 许可，因此无线星球公司发起诉讼的行为不构成滥用。第二，只有远高于 FRAND、会导致谈判破裂或损害竞争的报价才会违反 TFEU 第 102（a）条，低于或高于 FRAND 基准数倍的报价并不会破坏谈判，且华为公司没有提供充分的证据证明竞争遭受了扭曲。第三，受 FRAND 承诺限制的专利权人不能坚持把标准必要专利和非标准必要专利捆绑在一起授予许可，但包含两者的许可并不违反 FRAND 原则，且无证据显示无线星球公司将从标准必要专利获得的市场支配力量延伸用于保护非标准必要专利。最后法官总结：无线星球公司过早地提起禁令之诉，并在诉讼中坚持提出禁令请求，坚持寻求授予全球许可，试图施加不公平的价格或捆绑标准必要专利和非标准必要专利，这些行为都不构成滥用其市场支配地位。

在此基础上，英国高等法院法官判定了其认可的 FRAND 许可条款，同时指出，如果华为公司拒绝根据此 FRAND 条款获得许可，则应当（should）颁发禁令。主判决指出应当颁发禁令，但没有当庭执行，表示将基于华为公司接下来的表现在随后的审理中作出最终裁决。事实上，华为公司并未接受裁定的许可，因此，2017 年 6 月 7 日补充判决针对禁令救济、损害赔偿、确认赔偿请求、诉讼费承担、是否同意上诉等五个方面问题作出了最终裁定：（1）法院将（will）颁发"FRAND 禁令"；（2）损害赔偿参照裁定许可中的标准认定；（3）裁定许可（Settled License）是一份 FRAND 的许可；（4）华为需向无线星球支付 290 万英镑的诉讼费；（5）同意华为的全部上诉理由以及无线星球的部分上诉理由。

华为公司上诉，主要提出三方面的理由，第一个理由是围绕裁判全球许可费率的法律基础问题；第二个理由是如何理解 FRAND 原则尤其是"无歧视"的要求以及对无线星球公司是否符合 FRAND 的评价；第三个理由则直接与阻却禁令救济有关，即无线星球公司是否构成滥用市场支配地位，欧盟法院在华为中兴案中给出的善意谈判程序是否应当遵守。针对上诉理由，英国上诉法院同意 2014 年欧盟委员会在摩托罗拉与苹果案（Case AT39958）中的裁决，对华为公司有利，即摩托罗拉要求全球许可，拒绝苹果给出的德国专利包许可费率并寻求禁令，欧盟委员会认为苹果的要约合理而拒绝了摩托罗拉的禁令请求。但英国上诉法院认为 2017 年欧盟委员会的看法有所改变，在《标准必要专利的欧盟方案》（COM〔2017〕712）文件中强调交易效率也很重要，还认为欧盟法院华为中兴案的规则，没有强制要求标准必要专利权人需要满足判决中的步骤和内容才能寻求禁令救济，而更像是为专利权人提供了"安全港"，不符合"安全港"的步骤和内容，并不必然构成滥用市场支配地位。最终，英国上诉法院未支持华为的上诉。

有意思的是，英国高等法院法官将颁发的禁令取名为"FRAND 禁令"。法官指出在标准必要专利侵权纠纷中，如果法院已确定被告的侵权行为成立，但双方无法通过 FRAND 路径达成许可合意，法院公平裁定了 FRAND 许可，而被许可人拒绝接受 FRAND 许可时，法院应常态化颁发禁令即"FRAND 禁令"，这一禁令附带两项中止条件：（1）如果被诉侵权人在法院颁发禁令后表示愿意接受裁定的 FRAND 许可；（2）上诉期间中止。此外，FRAND 禁令的持续时间仅限于在法院裁定的 FRAND 许可的有效期限内，无线星球诉华为案中裁定许可的有效期限为 2013～2020 年，即 FRAND 禁令将于 2020 年失效。

英国法院在无线星球诉华为案中颁发的禁令，与美国、德国法院等通常颁发的禁令有一定区别，具有以下几个特点：一是主判决的禁令是作为履行裁定许可的保障；二是主判决的禁令视情况决定是否生效、何时生效；三是补充判决最终确定禁令生效；四是禁令本身附带期限，与裁定许可的时间一致；五是禁令的地域范围与裁定许可的地域范围并不一致，禁令生效的范围只能限于司法效力所及的范围，即英国法域范围，而判决对全球范围的许可进行了裁定。业界有观点认为，该禁令事实上产生了以一国市场绑定全球许可的效果，故质疑其合理性。无论争议如何，无线星球诉华为案中法院禁令的形式和内容，丰富了标准必要专利禁令救济的司法实践。

六、日本

在日本法律体系和司法实践中，标准必要专利权人在专利侵权之诉中请求法院颁发禁令，被诉侵权人可以提出专利权滥用抗辩，专利权滥用的法律后果是禁令请求将得不到法院的支持。例如，在 Samsung Electronics Co.Ltd.v.Apple Japan Godo Kaisha.案（以下简称三星苹果日本案）❶ 中，日本东京知识产权高等法院和东京地区法院在一审、二审中均认为三星日本公司针对受 FRAND 承诺限制的标准必要专利寻禁令的行为，违反了《日本民法典》第 1 条第 3 款关于禁止权利滥用的规定，无权获得禁令。

三星日本公司曾向 ETSI 作出不可撤销的 FRAND 许可声明。2011 年，三星日本公司起诉苹果日本公司进口及销售的产品侵犯其被 3GPP 采纳为替代性 E-bit 标准内容的 4642898 号日本发明专利，并请求禁止被诉侵权产品的生产、销售、进口，并申请由执行官暂行保管。法院认定被诉侵权产品落入专利权保护范围。

关于禁令救济问题。三星日本公司于 1998 年 12 月 14 日按照《ETSIIPR 政策》第 6.1 项 ETSI 声明对于通用移动通信系统（UMTS）标准，承诺在 FRAND 条件下进行许可。又于 2007 年 8 月 7 日向 ETSI 提交文件，告知本件申请优先权主张基础的韩国申请、本件申请的国际申请等涉及的知识产权是与 UMTS 标准有关的必要知识产权。一审法院以三星日本公司违反诚信义务为由，认定其滥用权利，具体理由是：苹果美国公司再三请求三星日本公司适当地透露信息，包括三星日本公司是否与其他公司签订有必要专利的许可合同、

---

❶ 东京地裁 2011 年（ヨ）第 22098 号，2013 年（ラ）第 10008 号.

专利使用费率等信息，三星日本公司都未提供用于判断许可使用提议是否符合 FRAND 原则所需的信息。

日本东京知识产权高等法院从结论上维持了拒绝禁令的一审判决，并表达了对待负有 FRAND 承诺限制的专利人寻求禁令救济的立场。即从两方面来看待：允许负有 FRAND 义务的标准必要专利权人随意行使禁令救济权，不仅有损适用该标准的当事人的信赖利益，而且对发明专利过度保护，不利于发明专利所涉及的技术在社会中被广泛利用，有可能阻碍专利法"产业发展"的目的，这是不合理的。但是，当制造、销售适用标准产品的一方没有意愿接受 FRAND 许可时，应当理解为允许权利人要求实施者停止使用专利。如果没有意愿接受 FRAND 许可的一方不符合 FRAND 原则，也不会按照该原则执行，限制对这些经营者适用禁令，则对专利权人的保护不够。随后法院从苹果公司是否有意愿接受 FRAND 条件的许可的角度，对当事人之间进行磋商的过程、要约和反要约提出的时间和内容进行梳理，最终认为苹果美国公司以及苹果日本公司有意愿接受 FRAND 许可。

值得注意的是：（1）对当事人磋商过程中报价一直存在较大分歧，如何判断是否诚信，是否有接受 FRAND 许可的意愿问题。日本东京知识产权高等法院指出，许可人和被许可人本来就是站在利害关系相互对立的立场上，两家公司就关于什么是 FRAND 许可，并不存在一个一致的标准，对于各专利在标准中的必要性和重要性等可以进行评估，评估结果会影响许可费报价或反报价。法院并不仅因为许可人和被许可人之间一直存在比较大的分歧，而简单地认为某一方的行为不符合 FRAND 要求。（2）当事人谈判的对象（跨国公司及其子公司）对其行为是否符合 FRAND 的影响问题。三星日本公司提出不确定苹果美国公司是否是 FRAND 许可的对象，并认为自己报价符合 FRAND 许可，苹果日本公司故意妨碍许可合同的达成，所以认为苹果美国公司没有意愿接受许可。日本东京知识产权高等法院指出，按照制定标准的目的以及意义来看，认定为没有意愿接受许可合同这一判断必须是非常严谨的。苹果美国公司和三星日本公司双方对许可进行交涉的过程，如判决前文所述，最终被法院认为苹果日本公司有意愿接受 FRAND 许可。

七、中国

我国司法实践中标准必要专利纠纷相对于其他知识产权纠纷而言数量少，经过梳理，早期的一些案件主是涉及国家标准或强制性标准的纠纷，2013 年华为公司与美国 IDC 公司许可费率、反垄断纠纷以后，涉及行业标准尤其是国际标准化组织制定的标准、推荐性国家标准或行业标准，以及有 FRAND 承诺的案件陆续呈现，数量明显增加。近几年全国法院受理此类案件近百件，以通信领域的标准必要专利为主。与此同时，随着 5G 标准的确立与物联网经济发展，新的产业关系正在建立，除通信领域外，数字传媒领域、汽车领域等相关领域也将出现大量标准必要专利实施问题，相关诉讼已经出现，规模诉讼极可能发生。

2001 年 8 月 21 日，云南省昆明市中级人民法院审理了一件标准制定组织无意间将一项专利技术纳入国家强制性标准的专利侵权纠纷——陈某某诉昆明岩土工程有限公司案。❶ 原告关于"固结山体滑动面，提高抗滑力的施工方法"于 1999 年 5 月 12 日被授予专利权。被告从 2000 年 5 月开始先后在云南高速公路两个地段施工中采用了该技术方法。原告起诉被告要求停止侵害和赔偿经济损失 10 万元。而被告对指控侵权颇感意外，认为其作为国家水利水电二级施工企业，严格按照国家强制性技术规范施工，涉案专利技术实际上是国家水利水电管理部门颁布实施的一系列施工强制规范技术要求，对建设项目的勘查、设计、施工、验收均具有法律约束力。该案最后以原被告达成和解，原告撤诉而告终。

2007 年，广西壮族自治区高级人民法院判决了一件纳入国家药品标准的专利侵权纠纷——广西南宁邕江药业有限公司诉河南天工药业有限公司案。❷ 原告于 2000 年 3 月获得一项名为"一种治疗颅脑外伤及综合症的药物组合物"发明专利。原告参与了"复方赖氨酸颗粒"质量标准的制定，在标准制定过程中原告声明标准所采用的配方为其发明专利说明书公开的五个实施例之一，

---

❶　丁道勤 . 专利标准化的法律规制研究［M］. 北京：中国法制出版社，2017：6.

❷　广西壮族自治区高级人民法院（2007）桂民三终字第 46 号判决。

2001 年 3 月国家药品管理局颁发了相关质量标准。原告起诉被告侵权后，被告以执行国家标准，以及原告自愿主动将专利纳入国家标准视为允许他人使用为由，主张不侵权。一审、二审法院均不支持被告的抗辩，在认定侵权成立的情况下，判决被告停止侵权。

2008 年，最高人民法院就辽宁省高级人民法院审理的一件涉行业标准必要专利案件中法律适用问题的请示作出答复，在《关于朝阳兴诺公司按照建设部颁发的行业标准〈复合载体夯扩桩设计规程〉设计、施工而实施标准中专利的行为是否构成侵犯专利权问题的函》❶ 中指出，"鉴于目前我国标准制定机关尚未建立有关标准中专利信息的公开披露及使用制度的实际情况，专利权人参与了标准的制定或者经其同意，将专利纳入国家、行业或者地方标准的，视为专利权人许可他人在实施标准的同时实施该专利，他人的有关实施行为不属于《专利法》第 11 条所规定的侵犯专利权的行为。专利权人可以要求实施人支付一定的使用费，但支付的数额应明显低于正常的许可使用费；专利权人承诺放弃专利使用费的，依其承诺处理"。值得注意的是，该案专利涉及的标准的是行业标准，最高人民法院的批复中对国家、行业或地方标准所覆盖的专利侵权问题，未加以区分对待，亦未对强制性标准或推荐性标准加以区分。该批复出台的背景，是在我国尚未建立标准有关的信息披露机制、使用机制的情况下作出的，答复中关于视为专利权人许可他人实施和专利使用费应明显低于正常许可使用的观点，需以尊重历史客观情况和发展的眼光来看待。正如最高人民法院法官后来思考评论的❷：（2008）民三他字第 4 号复函是对个案的答复，不应作为裁判案件的直接依据予以援引，此类案件不宜"一刀切"，应考虑各个行业的特点继续研究。专利权人参与了标准制定，不宜直接理解为默示许可，应综合考虑许可合同、反垄断等多方面问题。

2012 年，最高人民法院提审一件涉地方标准必要专利的侵权案件。❸ 施工公司委托设计公司设计建筑工程结构，设计公司将一项地方标准专利纳入设

---

❶ （2008）民三他字第 4 号。

❷ 罗霞. 标准必要专利纠纷处理的司法探索（发言内容及课件）［EB/OL］.（2016-03-09）［2019-06-06］. 工信部电子知识产权中心的微信公众号.

❸ 最高人民法院（2012）民提字第 125 号.

计，施工公司在完成工程中使用了该专利，专利权人据此起诉侵权，请求赔偿损失和停止侵害。最高人民法院裁判认为，非强制性国家、行业或地方标准明示所涉专利的信息，侵权人以实施标准为由主张不构成侵权的，理由不成立；地方标准明确披露专利识别信息，不存在专利权人隐瞒专利的情形，标准实施者未经许可实施专利并拒付许可费，专利侵权救济不应当受到限制，专利权人要求停止侵权应予支持。

2017 年，在北京四环制药有限公司诉齐鲁制药有限公司侵犯两件纳入药品领域国家标准的发明专利侵权案❶中，法院认定侵权成立，并判令被告停止侵权。法院依照产品执行国家标准，直接认定被诉产品落入专利权保护范围。关于能否获得禁令救济的问题，被告主张涉案专利属于标准必要专利，依照《最高人民法院关于审理侵犯知识产权纠纷案件应用法律若干问题的解释（二）》第 24 条的规定，原告未尽到披露义务，亦未尽到公平合理无歧视的许可义务，不能获得禁令。法院认为本案所涉标准并非推荐性国家、行业或者地方标准，不适用于该司法解释第 24 条，并进一步认为药品标准专利权人不具有 FRAND 许可义务，最终支持禁令。

2017 年 3 月 22 日，北京知识产权法院在西安西电捷通无线网络通信股份有限公司诉索尼移动通信产品（中国）有限公司案❷（以下简称西电捷通诉索尼案）中颁发禁令，2018 年 3 月 28 日，北京市高级人民法院二审维持一审判决，禁令生效。西电捷通公司拥有的专利技术于 2003 年被纳入我国国家标准（WAPI），2004 年国家质检总局、国家认证认可监督管理委员会公告延期涉案两项强制性国家标准的强制实施以及相关产品强制认证，此后于 2009 年左右事实上强制实施。在参与标准起草过程中，西电捷通公司曾向全国信息技术标准化技术委员会作出声明，"愿意与任何将使用该标准专利权的申请者，在合理的无歧视的期限和条件下协商专利授权许可"。2015 年 7 月 2 日，西电捷通公司起诉索尼公司生产销售的 35 款手机产品侵权，请求判令停止侵害和赔偿

---

❶ 内蒙古自治区呼和浩特市中级人民法院（2015）呼民知初字第 00130 号判决，内蒙古自治区高级人民法院（2017）内民终 125 号．

❷ 北京知识产权法院（2015）京知民初字第 1194 号民事判决，北京市高级人民法院（2017）京民终 454 号．

经济损失。关于禁令问题，索尼公司以专利已纳入国家强制标准、西电捷通公司作出 FRAND 声明为抗辩，主张不侵权。北京知识产权法院首先认定涉案标准为强制性国家标准，并认为实施标准必要专利同样存在专利侵权问题，作出 FRAND 声明不构成不侵权抗辩。至于是否颁发禁令，"在我国现行法律框架中，专利侵权案件中适用停止侵害的侵权责任承担方式是一般规则，不适用是例外。但是本案有特殊之处，即涉案专利为标准必要专利"。"基于对原告承诺的合理的无歧视的期限和条件进行专利授权许可的信赖，而实施涉案专利有其合理性基础"。"在双方协商未果的情形下，被告实施涉案专利能否绝对排除原告寻求停止侵害救济的权利，仍需要考虑双方在专利许可协商过程中的过错。具体来讲，在双方均无过错，或者专利权人有过错，实施人无过错的情况下，对于专利权人有关停止侵权的诉讼请求不应支持，否则可能造成专利权人滥用其标准必要专利权，不利于标准必要专利的推广实施；在专利权人无过错，实施人有过错的情况下，对于专利权人有关停止侵权的诉讼请求应予支持，否则可能造成实施人对专利权人的'反向劫持'，不利于标准必要专利权的保护；在双方均有过错的情况下，则应基于专利权人和实施人的过错大小平衡双方的利益，决定是否支持专利权人有关停止侵权的诉讼请求"。二审判决中，北京市高级人民法院纠正了一审关于涉案标准为国家强制性标准的认定，鉴于标准延期实施，"从效力来看，上述技术标准应当被视为推荐性国家标准"，进而适用司法解释，并认为"标准必要专利侵权民事责任的承担，应当考虑双方谈判的过程和实质条件，判断由哪一方为谈判破裂承担责任。当专利权人故意违反其在标准制定中承诺的公平、合理、无歧视许可义务，导致无法达成专利实施许可合同，且被诉侵权人在协商中无明显过错的，对于专利权人请求停止标准实施行为的主张，一般不予支持。反之，当专利权人无明显过错，而被诉侵权人在协商中存在明显过错的，对于专利权人请求停止标准实施行为的主张，一般应予支持"。随后，法院对双方谈判的时间、过程和内容进行了分析，认定索尼公司具有明显过错，西电捷通公司没有过错，据此维持颁发禁令。

2018 年 1 月 4 日，深圳市中级人民法院在华为技术有限公司诉三星（中国) 投资有限公司等两案❶一审判决中颁发禁令 (一审判决未生效,以下简称华为三星禁令案)。该案是典型的涉及 FRAND 承诺和国际标准化组织行业标准的标准必要专利侵权纠纷。华为公司拥有的专利技术被标准制定组织 3GPP 采纳为标准 (LTE),华为公司主张三星中国公司未经许可实施专利构成侵权,请求判令停止侵害。深圳市中级人民法院认为,标准必要专利权人和实施人均负有按照 FRAND 原则进行许可谈判的义务,华为公司和三星公司之间的专利交叉许可谈判,对自己和各自的关联公司都具有同样的法律效力,也都需要遵循 FRAND 义务。在此基础上,法院从双方标准必要专利交叉许可谈判的程序、实体上进行了分析,包括双方确定谈判前提条件 (交叉许可谈判的地域范围和专利组合范围)、答复的时间、技术谈判过程中提交权利要求对照表、报价与反报价、寻求第三方仲裁、法院组织调解等内容,最终认定三星中国公司在程序、实体上均有过错,华为公司在程序上没有过错,在实体上有轻微过错,故支持了华为公司的禁令请求。该案上诉至广东省高级人民法院,二审审理期间,华为公司和三星公司继续保持许可谈判,法院亦积极促成各方友好协商,最终达成许可协议,二审调解结案。

华为公司和三星公司在移动通信领域的市场地位比较类似,均既有大量研发和知识产权布局,也都有相当规模的产品制造和销售行为,互为专利权人和实施人。华为公司和三星公司 (含韩国的三星母公司及相关各国子公司) 在美国、欧洲、中国等全球重要国家或地区同时期相互提起一系列标准必要专利诉讼,其中绝大多数是就单一专利寻求禁令或申请无效的案件,双方诉讼中唯独有一件是关于许可使用费的案件,即 2017 年华为公司向中国广东省高级人民法院提起的诉讼标的额超过人民币 42 亿元的标准必要专利许可使用费之诉,❷ 该案涉及双方上千族标准必要专利组合的整体许可使用费问题。华为公司和三星公司在诉讼过程中达成许可协议,核心问题得以有效解决后,双方一揽子调解撤销了全球诉讼。由此也可以看出,对于标准必要专利权人而言,禁令本身往往不是追求的最终目的,而许可使用费 (含许可费率问题) 争议才

---

❶ 广东省深圳市中级人民法院 (2016) 粤 03 民初 816、840 号.

❷ 广东省高级人民法院 (2017) 粤民初 23 号.

是专利权人和实施人分歧的关键所在，也是当事人的核心关切，禁令诉讼的根本目的还在于保障获得合理的许可费。无独有偶，高通公司在中国法院提起一系列针对苹果公司的标准必要专利禁令诉讼，❶ 双方也终因谈判达成许可协议而撤销系列诉讼。

第三节　标准必要专利禁令救济立场的新动向及评述

如前所述，各国对待标准必要专利的禁令救济的立场和观点，与所处的法律体系、经济市场环境、政策体系、技术成熟度等因素有关，差异较大，而且不断地在进行发展和作出新的调整。然而，平衡好标准必要专利各方利益，推动标准化进程吸收先进专利技术，尽量降低标准必要专利许可谈判成本，尽可能减少侵权诉讼和发生禁令的风险，是各国司法共同致力的目标。

一、美国

美国关于标准必要专利禁令问题比较复杂，主要是因为美国法院与 ITC 的立场不一致（详见本章对美国案例的评述）。此外，美国司法部（DOJ）和美国商务部下属专利商标局（USPTO）曾于 2013 年 1 月 8 日发布《关于自愿FRAND 承诺下的标准必要专利的救济的政策声明》，表明判断是否授予禁令救济，应当十分慎重并给予公共利益更多考虑的态度。该声明表达了对专利权人可能滥用其市场地位从事"专利劫持"行为，以达到限制竞争、排除竞争或者就其专利获得更高对价的行为的担忧。该《政策声明》称标准尤其是标准制定组织设定的自愿性共识标准，对消费者依赖的众多产品的互操作性具有重要作用，在判断禁令救济类似案件（包括司法程序的禁令和"337 调查"的排除令或禁止令）时，应充分考虑标准必要专利权人在作出 FRAND 承诺的同

---

❶ 广东省高级人民法院（2018）粤民初 87、88、89 号，除此以外高通公司还向广州知识产权法院、北京知识产权法院等提起针对苹果公司的专利诉讼，苹果公司也向北京知识产权法院提起过确认不侵权之诉等案件。

时，是否认可了经济赔偿足以作为针对专利侵权行为的合理救济方式。在前述337-TA-794案中，《美国贸易代表办公室函》正是引述了该声明文件否决了ITC的终裁，即否决了ITC依照三星公司申请对苹果公司颁发的有限排除令。

　　然而最新动向是，美国司法部于2018年12月撤回了2013年的声明，包括标准必要专利背景下对禁令的限制。尽管美国司法部尚未颁布新的声明，但据报道称，其正在讨论制定涉及标准必要专利和FRAND承诺，特别是关于禁令的新指南。修订后的观点，强调注重平衡实施者和专利权人的利益，在标准必要专利背景下会更多地提供禁令。❶ 有观察者认为，美国司法部的新表述似乎与其日益增加的防止未经授权使用美国知识产权的努力相一致，❷更多可用的禁令可能会授予给标准必要专利权人，迫使不愿意接受FRAND许可的实施人在被排除美国市场和获得许可之间作出选择。但是，美国司法部的新动向还不足以认定其对禁令救济立场发生了方向性的巨大转变，所谓"更多"须置于对比中才能够准确理解其程度。一方面，从美国司法情况来看，司法判例对专利权人获得禁令的限制较多。美国司法部就曾表达过标准化组织对专利权人获得禁令救济能力施加额外限制的政策，"但看起来它在实践中并不会比当前美国判例法的限制苛刻得多"❸ 的观点。另一方面，有的标准化组织调整知识产权政策，增加了禁令限制。民间性质的标准化组织虽然对禁令颁发不具有决定权，但作为推进标准化进程的中立第三方，也致力于优化其知识产权政策，促进更多的专利权人参与标准的制定，推动标准得到更好的实施。IEEE在新的知识产权政策修正案中作出调整，就禁令获取条件增加了一定限制：作出过IEEE RAND承诺的公司"不得寻求禁令，也不得寻求执行禁止令……除非实施者不参与一个或多个法庭的裁判，或不遵守其裁判结果（包括作出维持性裁决的第一级上诉审）……而该法庭有权决定合理使用费及其他合理条款和条件，裁决专利的有效性、可执行性、必要性和侵权，判决金钱赔偿以及解决

---

❶❷ Doris Johnson Hines, Partner, and Ming-Tao yang, Partner, Finnegan. Washington DC, USA: Worldwide activities on licensing issues relating to srandard essential patents [J]. WIPO MAGAZINE, 2019 (3).

❸ 《美国司法部就IEEE专利政策的审查函》（2015），译文参见SEPs菁英交流汇微信公众号文章，2016年11月22日发布。

任何抗辩和反诉"。❶

　　美国司法部于 2015 年审查 IEEE 最新政策修正案时，认为"推进的有利于竞争的目标，将便利许可谈判，限制专利侵权诉讼，使双方能达成对专利技术进行适当定价的互利交易。而且因为该规定符合美国判例法的发展方向，并且专利持有人可不提交保证函，从而避免该规定的要求"。❷美国司法部从竞争损害可能的角度进行审查，最终认可了 IEEE 的新政策。在审查函中，美国司法部还分析称：排挤出市场的威胁是一项强大的武器，使专利持有人能够"劫持"标准实施者。限制这种威胁，可降低专利持有人利用专利被纳入标准实施"专利劫持"的可能性，并给开发产品的实施者一些定心丸。在 IEEE 现行专利政策下，乃至在各标准制定组织的一般实践中，作出 RAND 承诺的专利持有人同意基于合理使用费和其他合理条款和条件对其必要专利进行许可。RAND 承诺意味专利权人保证将向那些因实施标准需要使用其必要专利的各方授予许可。换言之，专利权人不得排除这些实施者无法使用标准，除非他们拒绝接受 RAND 许可。过去几年中，美国的专利法庭已承认这项原则，使那些受到 RAND 承诺约束的专利持有人在专利侵权诉讼中不太可能（在金钱赔偿之外还）获得禁令，即使该 RAND 承诺并未明确禁令救济的可获得性问题。IEEE 修正案对获得排他性救济的明确限制，约束了作出 IEEE RAND 承诺的专利持有人寻求禁令以打压那些愿意取得许可的人生产使用或者销售合标产品的能力，从而减少 IEEE 标准实施者面临的未解决禁令救济的不确定性。这项规定也许对专利持有人从美国法院取得禁令救济的能力施加了额外限制，但看起来它在实践中并不会比当前美国判例法的限制苛刻得多，反而它增加的明确性有助于各方更快达成协议。尽管这一规定比美国政府近来就这个问题发布的指引更具限制性，但美国政府并不对民间标准制定组织的专利政策抉择发号施令。如果 IEEE 认为对排他性救济施加这些限制对其标准制定活动有好处，自可决定实施包含这些限制的政策，只要这些限制不违反反垄断法并且在其他方面也是合法的。而且重要的一点是，这项规定并未影响作出了 IEEE RAND 承

---

　　❶❷　《美国司法部就 IEEE 专利政策的审查函》（2015），译文参见 SEPs 菁英交流汇微信公众号文章，2016 年 11 月 22 日发布。

诺的专利持有人在双方无法通过谈判达成许可时，就专利侵权请求专利损害赔偿（RAND 补偿）的权利。❶ 由此可见，美国司法部仍然对"专利劫持"风险保持警惕，而对民间标准化组织附加禁令限制的做法持宽容的态度。

二、欧洲

欧盟委员会 2017 年 11 月 29 日发布的《标准必要专利的欧盟方案》（COM〔2017〕712，以下简称《欧盟方案》），认识到特定的标准组织中利益相关者之间存在利益冲突。在法律和知识产权政策问题非常复杂的情况下，《欧盟方案》希望通过确立若干原则达到两方面的目标：一方面为贡献者提供公平、合理的回报，激励标准中顶尖技术的研发；另一方面保证标准技术在公平的基础上顺畅、广泛地推广。

关于禁令问题，欧盟委员会注意到禁令是由实施欧盟知识产权执法指令（IPRED）的每个成员国管辖的，因此《欧盟方案》没有给出任何具体的特定事例。但为给标准必要专利创造一个可预期的实施环境，就标准必要专利领域争论集中的禁令救济可获得性问题给出了意见：禁令救济的目的是在侵权者不愿意在 FRAND 条款下获得许可时保护专利持有者。与此同时，也需要建立相应措施以防止善意的技术实施者受到禁令的威胁，接受不符合 FRAND 许可的条款，或在专利挟持下无法销售他们的产品。禁令救济应该是有效的、相称的（比例原则）、具有劝阻性的。《欧盟方案》引用了华为中兴案，认为欧盟法院在裁决中确立的分析因素，为利益相关者提供了有用的指导。包括：为了评估报价是否 FRAND 并给出反要约，有必要对这些内容作出明确的解释，即专利对于标准的必要性、实施者涉嫌侵权的产品、报价计算方式、非歧视的因素；关于反要约，华为中兴案的规则认为应该是具体、明确、及时的，及时的时间以要约最初提供的信息和细节质量为判断基础。

与此同时《欧盟方案》也指出，华为中兴案的分析框架并非标准必要专利禁令问题的专属框架，强调需要逐案进行具体的评价分析，尤其是比例原

---

❶ 《美国司法部就 IEEE 专利政策的审查函》（2015），译文参见 SEPs 菁英交流汇微信公众号文章，2016 年 11 月 22 日发布。

则。鉴于禁令可能对企业、消费者和公共利益产生广泛影响，相称性需要在个案基础上仔细判断。华为中兴案作为具有里程碑意义的案件，欧盟法院在裁决中确立的具体行为分析框架为标准必要专利领域的专利权人和实施人、许可人与潜在被许可人的行为提供了一份详细而明确的准则。《欧盟方案》对此进行了一定扩展，但具体如何在个案中仔细判定，并未再作论述。

《欧盟方案》对司法实践已经带来实际影响。欧盟委员会亦注意到在降低专利挟持风险和保护专利权人之间进行权衡，在专节中引述华为中兴案确立的规则，认为其对可预测性提供了有用的指导，但因为《欧盟方案》提出"究竟何为 FRAND，没有一个普遍适用的单一解决方案""比例原则需要在个案基础上仔细判断"的观点，而被英国上诉法院在审理无线星球诉华为案中择取和参考。英国上诉法院认为 2017 年欧盟委员会的看法有所改变，还认为欧盟法院华为中兴案的规则没有强制要求标准必要专利权人需要满足判决中的步骤和内容才能寻求禁令救济，不符合时并不必然构成滥用市场支配地位。

另一件值得关注的法律事件是，专利池管理者 MPEG LA 的成员 Tagivan、Fraunhofer 于 2017 年向德国杜塞尔多夫地区法院分别起诉华为公司、中兴公司侵犯其标准必要专利❶（以下统一简称 Tagivan/Fraunhofer 诉华为/中兴案），在 2018 年 11 月 9 日一审法院颁发禁令后不久，2019 年 2 月、3 月各方最终和解。虽然相关诉讼因华为公司、中兴公司分别成为 MPEG LA 旗下 AVC 专利池的被许可人而终结，但不得不说一审判决颁发的禁令对各方迅速达成许可协议具有重要影响，因此，德国杜塞尔多夫地区法院的授予禁令的理由和条件，值得认真研究。

在 Tagivan/Fraunhofer 诉华为/中兴案中，德国杜塞尔多夫地区法院判决要求对已经流入渠道和仍处于侵权人控制中的产品进行召回和销毁，并且禁令立即执行。华为公司、中兴公司的德国子公司针对禁令上诉请求停止执行，原告提交一定担保金后禁令随即开始执行，上诉法院于 2018 年 12 月 23 日驳回禁令上诉请求。从给予禁令救济的判决理由来看，德国杜塞尔多夫地区法院在该

---

❶　4a O 15/17、4a O 16/17、4a O 63/17、4a O 17/17.

案中的规则呈现出超出欧盟法院在华为中兴案中确立的 FRAND 许可谈判框架的趋向。尽管一审法院在判决中强调华为中兴案确立的原则同样适用于本案，但具体到规则本身的时候，未见得较好地得到遵循。比如，关于 MPEG LA 提出要约的费率是否 FRAND，报价是否需要说明费率、如何计算等当事人争论的问题，法官根据 MPEG LA 与数量众多的被许可人签署许可协议，就推定作出有利于许可人的结论，似乎免除了专利权人在 FRAND 许可谈判中的一些义务。尤其是专利权人拒绝公开报价中许可费率计算方式时是否构成不 FRAND？专利权人仅表示基于其已有数量超过 1400 名被许可人的事实，没有必要对费率计算方式进行解释，并认为专利池管理者 MPEG LA 的许可费率根据不同销售数量所在的区间值制定不同的费率等级属于公开信息。由此可见 MPEG LA 的报价仅仅是费率计算结果，并非计算方式。而一审法院认为这种程度的披露形式对费率报价解释已经足够清楚，无须就具体计算方式进行解释，并认为考虑到被许可人的数量如此多，也足以说明专利许可费率符合 FRAND 原则。

欧盟法院在华为中兴案中，就什么样的谈判是符合 FRAND 原则的谈判作出详细评述，细化了专利权人和实施人在许可谈判过程中的义务。华为中兴案由于是在经历了一段时期的产业发展和司法执法实践的基础上作出的，因此更加注重在利益各方之间进行平衡协调。该案确立的规则，大大增强了标准必要专利权人和潜在被许可人对禁令救济的预期，也对各自的行为准则有了更加清晰的认知，增强了可操作性。然而，从上述欧洲的新动向来看，在个案中该规则仍面临挑战。由于 FRAND 原则的抽象性，市场环境下商业活动的复杂性，如何解读 FRAND 原则并对照具体行为予以评价，不可避免就存在争议。该原则在具体案件中的分析适用更是增加了 FRAND 判断的复杂性和困难程度。规则的合理性固然重要，规则的可预期性也非常重要。在笔者看来，在确立一个公平合理的框架后，增强规则的稳定性、延续性和可预期，就显得尤为重要了。否则，处理解决纠纷的同时又会不断产生新的问题。

三、许可指引

随着越来越多的设备、基础设施通过互联网连接起来，越来越多的行业领域相互融合、依存。例如医疗健康、汽车家电制造等传统行业与半导体、基础通信、软件等现代行业融合的趋势愈加明显，随之而来的与互联互通有关的标准必要专利纠纷也越来越多，而且在行业中呈现扩散趋势。有的行业领域，企业本身并不直接研究开发和持有与实现通信连接有关的技术标准必要专利，但却需要使用到相关技术和标准，因此也可能卷入到相关许可纠纷中，同时这些企业因自身不持有标准必要专利，无法采取交叉许可谈判的模式有效达成许可协议，面临禁令的风险较大。

有的标准化组织、政府机构已经注意到这些问题，并试图从解决许可问题入手，促进专利权人和专利实施者之间的许可谈判，阻止或快速解决标准必要专利纠纷，减少禁令的实际颁发。例如，日本专利局于 2018 年 6 月发布了《涉及标准必要专利许可的指南》，对许可谈判程序和许可费计算方法两个部分作出指引，并列出每个步骤中避免哪些做法可以更可能被认定为善意，而减少禁令风险，以及促成许和谈判顺利进行的 7 个关键因素（告知时间安排、供应链中的谈判各方、保护机密信息、目标专利选择许可的地域范围、专利池许可、提高标准必要专利透明度）。❶ 又如，欧洲标准委员会与欧洲电工标准化委员会于 2017 年、2018 年先后成立两个工作组，致力于搭建 5G 和物联网领域内标准必要专利许可的规则。考虑到起草许可规则涉及的问题争议很大，难度高，标准化组织成立了由诺基亚、爱立信等权利人牵头的第一个工作组后，又成立了另一个由公平标准联盟（FairStandards Alliance，FSA）和 ACT｜应用程序协会（ACT｜The AppAssociation）牵头、吸纳更多行业领域和更多上下游公司以及研究机构的工作组。2019 年前后，两个工作组分别发布了各自草拟的许可规则文本。尽管两份文本在何为善意许可人、善意被许可人，如何计算许可费，禁令救济考量因素等重要问题上存在不小分歧，但为制定清晰明确的许可规则政策提供了帮助。

无疑，高效地促成专利权人和实施人之间达成许可是减少禁令风险和禁令诉讼的最好的办法。各方致力于建立良好有效的许可行为指引、标准化政策文件，促成顺利进行许可谈判，确为事半功倍之举。毕竟禁止标准必要专利实

---

❶ 赵丽彤. 日本专利局《涉及标准必要专利许可的指南》及启示 [EB/OL]. (2018-10-08) [2019-10-12]. IPRdaily 微信公众号.

施，也就制止了标准技术的运用，这既不是权利人的最终目标，也不是标准化组织乐于见到的。禁令是保障，达成许可才是根本目的，方可实现真正的多赢。

第四节　构建我国标准必要专利禁令制度的探析

如果说诉讼是标准必要专利相关市场主体之间利益之争的战场，那么禁令就是这个战场上威力最大的武器。禁令申请的条件、禁令颁发的条件、司法掌握的标准和尺度等构建起标准必要专利禁令制度，既对当事人及利益相关方影响重大，也对整个商业模式、商业规则产生影响。前文已经讨论过，禁令制度须与标准的本质属性相匹配，对待市场标准、行业标准和强制性标准等不同类型的标准，在禁令颁发的原则和具体规则上有较大差别。本节主要以通信领域为代表，重点讨论我国涉及 FRAND 承诺的标准必要专利禁令制度的建构。

一、我国标准必要专利禁令制度面临的问题和挑战

1. 现行法律规定不足

我国现行法律鲜有标准必要专利禁令的专门规定，目前仅 2016 年 4 月 1 日实施的《最高人民法院关于审理侵犯专利权纠纷案件应用法律若干问题的解释（二）》第 24 条规定，"推荐性国家、行业或者地方标准明示所涉必要专利的信息，被诉侵权人以实施该标准无需专利权人许可为由抗辩不侵犯该专利权的，人民法院一般不予支持。推荐性国家、行业或者地方标准明示所涉必要专利的信息，专利权人、被诉侵权人协商该专利的实施许可条件时，专利权人故意违反其在标准制定中承诺的公平、合理、无歧视的许可义务，导致无法达成专利实施许可合同，且被诉侵权人在协商中无明显过错的，对于权利人请求停止标准实施行为的主张，人民法院一般不予支持……"该司法解释明确了标准必要专利侵权诉讼的相关规则，同时也遗留了不少问题，有待进一步探析。

第一，司法解释明确了实施标准原则上不能作为不侵权抗辩的事由。这一规定对以前司法实践中尚存的一些争议，尤其是批复（［2008］民三他字第 4

号）中对个案审理意见引发的争议作出明确的表态。第二，"标准明示所涉必要专利的信息"中"明示"一词隐含了标准化建设中的专利信息"披露"制度。专利权人是否负有披露义务以及是否履行披露义务，对推进标准化以及标准必要专利禁令救济问题均有影响。笔者认为"明示"一词表明司法机关提倡标准制定过程中对必要专利的采标应公开、透明。专利权人如果在标准制定过程中对专利进行埋伏，则可能面临司法机关的否定性评价。第三，禁令救济问题是在确认侵权成立的前提下进行讨论的，本条实质上设立的是停止侵权抗辩规则。"停止标准实施行为"作为专利权人侵权之诉中的一项诉讼请求，属于侵权民事责任承担方式的一种，因此禁令问题属于免于承担该项民事责任的一种抗辩事由。第四，是否授予禁令，以过错判断为依据。具体标准是：对于专利权人而言是其"承诺的公平、合理、无歧视的许可义务"；对于实施人而言，评价其"在协商中无明显过错"，考察的重点是实施人的行为是否体现其具有希望取得许可的善意。第五，评价过错的事实基础是"专利权人、被诉侵权人协商该专利的实施许可条件时"，暗含司法引导专利权人和实施人在诉讼前需先行许可谈判之意。第六，"专利权人故意违反其在标准制定中承诺的公平、合理、无歧视的许可义务，导致无法达成专利实施许可合同，且被诉侵权人在协商中无明显过错的，对于权利人请求停止标准实施行为的主张"一般不予支持。需要指出的是，实践中对这一规定存在不不同的理解。有观点称其表达了一般不授予禁令的态度。笔者认为，条文仅对专利权人主观故意（故意的过错），实施人无明显过错的情况作出规定。由于过错标准涉及对各方主观状态、过错大小的判断，显然过错情形不只此一种。因此，这一条款不宜认为是禁令颁发的原则性规定，准确来讲它只列举了一种情况下的处理意见。所谓"一般不予支持"也只是该情形下以不颁发为原则、颁发为例外的意思。同时，根据"举重以明轻"的逻辑分析，某些情形是否颁发禁令可以径行得出结论，比如专利权人故意违反 FRAND 义务而实施人无过错的情况下，禁令不应予以支持。然而"举重以明轻"无法解决所有情形的问题，有的过错情形是否颁发禁令，上述司法解释规定仍留白。第七，关于 FRAND 义务，专利权人负有 FRAND 义务是否依照其有没有作出过 FRAND 承诺而定，如果没有作出过承诺是否还负有 FRAND 义务？FRAND 义务是否双向的，如果专利权人负有该义务作出该承诺，实施人是否也相应地负有 FRAND 义务？产生义务的法律基础是什么？这些疑问在本条中似乎并未给出清晰的指引，可以进一步探讨。

2. FRAND 判断难度大

禁令救济条件基本上以 FRAND 为评判准则，然而 FRAND 声明太过原则笼统，留下较大解读空间，容易导致专利权人和实施人的分歧，也给司法判定带来难度。现实中，一方完全 FRAND 而另一方明显不 FRAND 的极端情况较少，由于许可谈判内容本身的复杂程度以及谈判有往有来的过程较长，司法中遇到的纠纷更常见的情况是谈判双方都可能存在一定问题。因此，既要对一些具体行为进行认定，也要总体评价；既要对一方的行为作出判断，也要比较双方的情况。FRAND 无法直接、具体适用，如何转换、细化为具体的禁令条件才使得 FRAND 真正具有生命力，是司法面临的难题之一。

3. 禁令标准宽严尺度难把握

对于以通信领域为代表的行业标准，标准必要专利禁令颁发的司法标准过宽或者过严，均存在重大弊端。禁令颁发标准掌握太过宽松，专利权人极容易获得禁令，在许可谈判中专利权人获得显著优势地位，发生"专利劫持"的风险大大增加，被许可人可能被迫接受过高的许可费或许可条件，导致技术实施成本大幅增长，在此情形下，专利权人超额获得了专利锁定标准进行推广的对价，有失公允，更为严重的是专利许可费大幅叠加将致使技术实施的成本不堪重负，架空标准推行。若标准掌握太过严格，缺乏救济保障的权利形同虚设，专利权人很有可能被恶意拖延谈判，甚至遭遇被许可人以谈判之名行拒绝之实，产生"反向劫持"后专利权人难以获得研发对价，损害的不仅是专利权人的利益，更是激励创新的机制以及不断吸纳科技发展的标准制度。

4. 面临国际层面的挑战

从国际范畴来看，我国对待禁令的宽严标准还需要考虑国际影响和效应。由于互联互通的需求，通信领域的标准是国际性的，标准必要专利权人通常会进行全球化的专利布局，专利实施人制造、销售、使用等行为也往往跨越国界。然而司法主权决定了司法具有地域性，没有也不可能有全球统一的禁令标准。在面对国际化的标准必要专利时，一方面，如果我国颁发禁令的标准过严，专利权人极易到更容易获得禁令的国家提起诉讼，在国际上对待标准必要专利相关前沿法律问题的司法规则还比较缺乏或不清晰的情况下，可能降低我国的司法话语权，不利于参与国际规则的共建。另一方面，由于我国经济活力强，既是创新大国，也是制造大国、消费大国，如果我国颁发禁令的标准过宽，可能会有接踵而至的禁令要求，标准实施者面临巨大压力，不利于制造业等实体经济的发展。

二、禁令制度的目标

"没有规矩不成方圆。"专利的标准化是复杂的系统工程，构筑良好的禁令制度就是确立好权利行使及其行为后果的规矩，确保专利标准化顺畅运行的"方圆"。什么样的禁令制度可以称为良好呢？笔者认为至少应该符合以下三方面的要求。

（1）透明、清晰、可预期。一项禁令不仅对专利权人和实施人具有直接、重大的影响，而且对相关产业者、标准化组织、相关公众往往也会产生深远影响。如果禁令规则含糊不清，禁令决议形成的条件、标准、过程缺乏透明性，则公众将无所适从。专利权人寻求禁令救济就如同"掷骰子"，而实施人则时刻头悬"达摩克利斯之剑"。如果禁令的条件和标准、寻求禁令的途径、禁令决议形成过程等有清晰的具体规则，并且通过一定形式如司法实践、指导性案例、司法解释或立法等使规则公开透明，则禁令结果将可预期。虽然禁令决议结果与个案中当事人的利益休戚相关，但从规范意义上讲，个案结果并非最重要的，而明白如何得出结论的意义远大于结论本身。

（2）对许可谈判具有引导推动作用。对普通专利技术而言，专利权人是否实施专利、独自实施或许可他人实施、许可给谁实施等，都属于其私权意思自治的范畴。而标准作为人类技术立场上共同的语言，需要通过推广实施才能实现产业技术协同的目的，才能体现标准的价值。专利在纳入标准的时候为了实现二者之间的调和，专利权作为一种私权必然会受到一定限制。专利权人愿意负担这些限制，是因为专利权人可以借助标准的推广，从专利实施许可中获取相应对价。可见，专利与标准结合过程中，许可是真正实现融合的关键所在，甚至可以说是整个标准必要专利制度安排的核心目的。良好的禁令制度，并非体现为实际上颁发了更多的禁令，恰恰相反，应体现为促进达成更多的许可，避免或减少实际的禁令执行。因此，建立科学合理的禁令制度，就要把禁令审查规则的重点与许可谈判紧密结合起来，禁令审查要对事先许可谈判行为作出评价，审查内容要包括专利权人和实施人各方在许可磋商过程中的主观状态及其行为。无论是想极力争取禁令保障的专利权人，还是想尽量规避禁令风险的实施人，都需要本着达成专利实施许可协议的真实初衷，更加审慎、合理、合规地遵守许可谈判规则和模式进行协商。总之，良好的禁令制度中，禁令并非挥舞的权杖，而是明灯和告诫，引导诚信谈判，推动达成许可。

（3）兼顾各方利益并达到最佳平衡。标准化进程中利益相关者众多本身就意味着容易发生摩擦，再叠加复杂的全球市场环境、不断融合和更新的产业发展状况等因素，利益冲突问题就更加复杂和突出。事实上，无论是被许可人或潜在被许可人对"专利劫持"的担忧，还是专利权人对"反向劫持"的担忧，都有其道理并值得警惕。构建禁令制度尤其要注意兼顾各方利益，精心设置具体规则，在实践中反复验证并作出调试，尽量做到平衡协调，避免过宽或过严的不合理的禁令颁发条件和标准导致滑向"专利劫持/反向劫持"任何一端。此外，标准必要专利的利益相关方并非简单的专利权人和实施人两方，还有处于整体竞争秩序中的全部产业者、与标准有关的其他产业者（例如与通信领域融合的传统产业）、普通消费者、社会公众等。虽然禁令争议发生在专利权人和实施人之间，但结果影响可能是深远和广泛的，因此研究禁令制度不可局限于一案一纠纷，不能只着眼于纠纷中对抗的双方，还必须注意结合相关产业的实际情况、发展特点、市场竞争状态，在增加社会整体福祉和维护公共利益的更大的格局下思考。

三、禁令制度的体系化

从我国法院目前受理的标准必要专利纠纷案件来看，以专利侵权纠纷为主，其次为反垄断纠纷、许可费（率）纠纷，以及反不正当竞争纠纷、权属纠纷。以广东全省法院受理情况为例，截至 2019 年 7 月共受理标准必要专利案件 46 件，其中专利侵权纠纷 31 件，反垄断纠纷 4 件，许可费（率）纠纷 5

件，反不正当竞争1件，权属纠纷6件。● 当事人起诉请求确定许可费（率）时，可能会并行提起一个反垄断诉讼，而在专利侵权纠纷案件中，少数案件仅请求承担赔偿责任，大多数案件的诉讼请求包含停止侵权，与此同时，当事人之间通常还会另外发起一个垄断诉讼或其他专利权侵权诉讼。例如，华为公司起诉IDC公司请求确定许可费率时亦起诉IDC公司构成垄断，主张IDC公司在谈判过程中提起禁令救济的行为构成滥用市场支配地位，华为公司起诉三星公司支付许可费时，双方当事人还互诉多件专利侵权并请求停止侵权，此外还有中兴公司起诉维睿格公司滥用市场支配地位、中兴公司起诉IDC滥用市场支配地位等案件。除了反垄断纠纷外，近期还新出现了一类案件，即反不正当竞争纠纷，2018年广州知产法院受理TCL诉爱立信反不正当竞争纠纷案，❷ 爱立信公司2012年起在全球七个司法区域对TCL发起十余起标准必要专利诉讼，均请求法院颁发禁令，对TCL生产经营造成巨大影响，TCL据此针对爱立信公司提起诉讼，认为爱立信公司的许可费违反FRAND原则，其全球寻求禁令的行为构成滥用诉权和禁令请求权，构成不正当竞争行为。从案件反映的情况来看，当事人以及当事人相互之间提起不同诉讼，法律关系虽有区别但实则往往具有密切关系，亦是在现行法律体系下当事人诉讼策略上的一种安排——通常其他一系列标准必要专利诉讼最终围猎的目标就是许可费（率）纠纷，而在当事人提起专利侵权诉讼寻求禁令的情况下，可能并行发起反垄断纠纷、反不正当竞争纠纷之诉，作为对禁令请求或潜在禁令风险的对抗。

而从英美法系国家、欧洲各国及欧盟、日本等的禁令案件来看，当事人起诉请求法院颁发禁令时，即使不另行提起违反竞争法的诉讼，审理过程中法院亦会直接就是否构成滥用市场支配地位、垄断等违反竞争法行为或滥用知识产权的问题作出审查。当然，这不仅与各国法律框架不同有关，亦与各国司法审理机制不同有关。

在我国，标准必要专利属于专利的一类，因此标准必要专利的禁令救济规

---

❶ 其中1件为侵害发明专利权纠纷及滥用市场支配地位纠纷两个案由合并审理。

❷ 案号：（2018）粤73民初2537号。原告为TCL集团股份有限公司等，被告为瑞典爱立信有限公司等。

则仍然主要在一般法《侵权责任法》和专门法《专利权法》的框架下，按照侵权纠纷和停止侵害民事责任相关规定判定。然而，比较和借鉴英美法系和大陆法系其他一些国家的法律制度及司法实践，结合我国现行法律体系，标准必要专利禁令制度还可以更加系统和清晰。

第一，上溯至民法基本原则确立禁令救济的基础依据。任何民事主体从事任何民事活动都应当遵循基本原则。《民法总则》《民法通则》都对民事法律基本原则予以明确。民事法律基本原则中尤为重要、与标准必要专利禁令问题关系最密切的就是"诚信原则"。《民法通则》第 4 条规定，民事活动应当遵循诚实信用的原则，此后大部分民商事单行法律都将诚信原则规定为基本原则之一。《民法总则》第 7 条规定，民事主体从事民事活动应当遵循诚信原则，秉持诚实，恪守承诺。诚信原则作为民法最重要的基本原则，被称为民法的"帝王条款"，是各国民法公认的基本原则，也是市场活动中的基本准则，具有重要的作用和地位。现代社会日益成为一个商业社会，处处是市场、消费、交易，维持有效率又安全的市场环境必须要靠不同主体之间建立充分的信赖。诚信原则是协调各方当事人利益，保障市场有序的重要法律原则，也是维持和平衡当事人之间的利益以及当事人与社会之间利益的原则。通常认为，诚信原则要求民事主体从事民事活动应当讲诚实、守信用，以善意的方式行使权利、履行义务，不诈不欺，言行一致，信守诺言。具体来讲包括几个方面：（1）民事主体在着手与他人开展民事活动时即应当讲诚实，如实向交易对方告知自己的相关信息，表里如一，不弄虚作假；（2）民事主体在与他人建立民事法律关系后，应当信守诺言、恪守信用，按照自己作出的承诺行使权利、履行义务，言而有信；（3）民事主体应当本着善意的原则，相互配合，保护对方的合理期待与信赖；（4）民事主体应当尊重他人的合法权益，尊重社会公共利益；（5）民事主体应当善意行使权利，不得滥用权利；（6）民事主体不得规避法律，不得故意曲解合同条款，等等。❶

对于标准必要专利领域的民事活动而言，首先，无论有没有作出 FRAND

---

❶ 《中华人民共和国民法总则》释解与适用［M］. 北京：人民法院出版社，2017：78.

承诺，作出 FRAND 承诺之前之后，都应当遵循诚信原则，这是民事基本原则所决定的。诚信原则的内涵和外延都是概括性的、抽象的，诚信原则有很大的适用性，从事任何民事活动都应当遵守，也就是说不论民事主体自己行使权利，或在与他人建立民事法律关系之前、之中、之后都应始终贯彻诚信原则，按照诚信原则的要求善意行事。其次，通信行业标准领域，根据产业特点和标准必要专利属性逐步形成和成熟的 FRAND 声明机制，声明的内容"公平、合理、无歧视"本质上亦可为诚信原则所涵括。最后，诚信原则包含两个方面，一是对待他人诚信不欺，二是对自己的承诺要信守不怠，因此标准必要专利权人若作出 FRAND 承诺，则可以进一步以其承诺作为具体行为准则和评价标准。

第二，在侵权法和专利法的框架下确定禁令救济基本路径。学界普遍认可知识产权是一种对世权，其侵权之诉实质上包含物权之诉和债权之诉。侵权成立时，通常情况下无须判断主观过错，普通专利的权利人即可获得禁令救济，这种民事责任等同于物上请求权对应的法律后果。停止侵害作为专利法规定的构成专利侵权时承担的民事责任形式，是标准必要专利禁令救济最基本的方式，也是司法实践中最普遍的方式。在我国司法实践中，通常只要认定专利侵权行为成立，一般都会支持权利人提出的停止侵害诉讼请求。不支持停侵权的例外情形主要包括：专利权在判决时已过有效期的，停止侵害执行对象事实基础已不存在的；法律明文规定无须停止的情况，❶ 基于国家利益或公共利益的考量可以通过支付合理费用替代停止侵害的。❷ 尽管专利法司法解释对推荐性国家、行业或地方标准必要专利停止侵害责任方面还有一些有待进一步探索完

---

❶ 《最高人民法院关于审理侵犯专利权纠纷案件应用法律若干问题的解释（二）》第 25 条第 1 款："为生产经营目的使用、许诺销售或者销售不知道是未经专利权人许可而制造并售出的专利侵权产品，且举证证明该产品合法来源的，对于权利人请求停止上述使用、许诺销售、销售行为的主张，人民法院应予支持，但被诉侵权产品的使用者举证证明其已支付该产品的合理对价的除外。"

❷ 《最高人民法院关于审理侵犯专利权纠纷案件应用法律若干问题的解释（二）》第 26 条："被告构成对专利权的侵犯，权利人请求判令其停止侵权行为的，人民法院应予支持，但基于国家利益、公共利益的考量，人民法院可以不判令被告停止被诉行为，而判令其支付相应的合理费用。"

善的地方，但整体而言，标准必要专利禁令救济主要体现为专利侵权救济的一个分支，仍遵循专利停止侵害责任的一般规则。未经许可实施标准必要专利，即满足停止侵害的前提条件，之后依据过错认定，判断是否承担停止侵害的民事责任。

第三，从竞争法角度补充禁令抗辩制度。在侵权之诉作为标准必要专利禁令救济的基本路径时，无论是按照诚信原则，还是FRAND义务对专利权人和被许可人有无过错以及过错程度进行判断，遵循的规则都是侵权归责要件中对主观状态进行认定，并据以作为是否判令停止侵权的依据。因此，对停止侵害的抗辩，在侵权法和专利法框架下针对的也主要是主观过错方面。然而，事实上标准必要专利禁令问题不限于侵权民事法律关系，还涉及反垄断、反不正当竞争相关的竞争法中的法律关系，这是专利侵权无法涵盖的。这也就是为什么司法实践中出现当事人另行提起反垄断之诉，以此作为对抗标准必要专利侵权诉讼中面临的禁令风险的原因。虽然出现这种情况后，法院可以通过诉的合并的方式来处理，或者即使不合并但两案也会协调考虑，但从体系上来看，禁令救济诉讼中侵权行为和竞争行为的法律问题仍然是割裂的。如果被诉侵权人不另行提起反垄断之诉，只在侵权诉讼中作为抗辩提出，是否属于该案的审理范围内呢？如果被诉侵权人未提出抗辩，垄断问题是否作为专利权人寻求禁令时应主动排除的方面呢？对此笔者认为，从禁令救济获得的正当性来讲，既然标准必要专利权人的行为若构成垄断，就不应获得禁令救济，因此有必要在专利侵权中设置相应的禁令救济限制制度，作为抗辩事由允许被诉侵权人主张并举证证明。德国专利侵权禁令救济规则中，被诉侵权人想要阻止停止侵害判决，可以提出强制许可抗辩，举证证明专利权人存在违反竞争法的情形，强制许可的法律效力事实上就抵消了专利权人的禁令救济。德国采取将竞争法引入专利侵权中处理的方式，可以作为借鉴。具体来讲，将违反竞争法作为一种抗辩制度，意味着并不主动启动该项内容的审查，只有专利实施人或被诉侵权人提出时才予以审查，并根据谁主张谁负举证证明责任的规则确定举证责任承担方式。如此，可以在专利权人寻求禁令的同一个侵权之诉中一并审理，不必然需要当事人另行提起一个实质上形成对抗性的反垄断或不正当竞争诉讼。这样处理有利于更加完整、综合、紧密地作出审理，并判断是否给予禁令救济，避免由不同法院审理侵权和竞争两个具有密切关系和实质影响的内容可能带来的割裂，乃至不一致的问题。

第四，从权利滥用角度补充禁令抗辩制度。有理论认为，权利滥用实质上是一个关乎禁止权利滥用与诚信原则关系的问题，也有学者认为诚信原则是禁止权利滥用原则的法源。《民法总则》第 132 条规定"民事主体不得滥用民事权利损害国家利益、社会公共利益或者他人合法权益"。权利不得滥用原则是对民事主体行使民事权利的必要、适当限制。限制权利滥用的必要性在于任何权利都有限度，而其适当性则体现在滥用的违法性仅限于损害国家利益、社会公共利益或他人合法权益。标准必要专利权是民事权利的一种，属于私权，受主体自身利益最大化的驱动，在行使权利的时候亦应掌握好边界，遵守禁止权利滥用原则。从知识产权滥用是否触发反垄断法的后果来划分，可以分为触发反垄断法的滥用和一般滥用行为。触发反垄断法的知识产权滥用，禁令救济问题已纳入上述第三点之中。知识产权滥用是违反反垄断法的必要而非充分条件。在合法行使权利和违反反垄断法之间还有许多行为，它们虽不足以构成违反反垄断法，但足以构成一般滥用行为，为此要受到临时失权、权利限制、民事责任等相应后果。日本在司法实践中对待 FRAND 问题便是从禁止权利滥用角度来界定的。在前文介绍的三星苹果日本案中，日本高等法院认为该案中作出 FRAND 声明的标准必要专利权人寻求禁令，有损于实施人对知识产权政策的信赖，属于《日本民法典》第 1 条第 3 款规定的权利滥用，据此未颁发禁令。作为借鉴，可以在标准必要专利侵权诉讼中引入权利滥用禁令抗辩规则。尽管我国民法总则有禁止权利滥用的宣示性规定，但一般性的知识产权滥用具体如何界定，以及如何影响标准必要专利禁令救济，还有待进一步探讨。然而从体系上来讲，研究独立于反垄断法范畴的一般的知识产权滥用禁止问题，可以有益补充整个标准必要专利禁令救济制度。例如，非专利实施主体（Non-Practicing Enities，NPE）以其拥有的标准必要专利向实施人发起禁令诉讼，如何看待其禁令救济的正当性和合理性问题；又如，以技术含量相对较低、专利贡献程度相对较小的标准必要专利，寻求对集合了大量标准必要专利的通信产品的禁令时，如何看待禁令颁发的必要性合理性问题？对这些问题的研究可以从一般权利滥用角度入手。

第五，从不得违背公序良俗方面兜底式完善禁令救济审查规则。与抗辩制度不同的是，司法对待有些法律问题负有主动审查的职责，并非仅依当事人主张而定。不得违背公序良俗，属于司法审查的职责范畴。当然，直接依据公序良俗原则进行裁判时应十分审慎，有条件、有限度地主动审查，适用时应严谨严格，不可做不合法的扩大解释和适用。在标准必要专利侵权的禁令救济问题上，特地提出公序良俗的审查，并非意味着公序良俗审查是任何一个禁令救济纠纷必须的内容或主要内容，而更多的是确有必要时的一项兜底规定，一种司法职权的保留。相比医药、水电等领域的标准或国家强制性标准而言，通信领域的标准没有特别明显的涉及社会公共利益、公共安全等特点，但是信息传递是人类社会化属性的体现，在科技进步和全球化进程中，不断实现深度互联互通，通信需求一定程度上已成为社会公众的基本需求，司法禁令颁发后具有强制力，执行上没有弹性，禁令执行效果影响的并不仅限于纠纷的当事人，有时候确实关系到社会公共秩序和生活秩序。尽管标准必要专利侵权纠纷是专利权人和实施人之间的利益冲突，但在禁令问题上，除了保护和平衡协调专利权人、实施人的合法权益以外，司法还应预留对社会公共利益的关注和维护能力。《民法通则》第7条规定"民事活动应当尊重社会公德，不得损害社会公共利益，扰乱社会经济秩序"，《民法总则》第8条规定"民事主体从事民事活动，不得违反法律，不得违背公序良俗"。公序良俗原则有其发展沿革，随着社会的发展其内涵有一定变化，公序良俗原则的功能主要包括对于习惯的调控、判断法律行为的法律效力两方面。《最高人民法院关于审理侵犯专利权纠纷案件应用法律若干问题的解释（二）》第26条规定的"被告构成对专利权的侵犯，权利人请求判令其停止侵权行为的，人民法院应予支持，但基于国家利益、公共利益的考量，人民法院可以不判令被告停止被诉行为，而判令其支付相应的合理费用"正是公序良俗原则的一种体现。

四、我国标准必要专利禁令规则的建构

1. FRAND 声明的专利权人寻求禁令救济的正当性

寻求禁令救济是专利权人的一项基础权利。标准必要专利权人向标准化组织提交的声明文本，或向反垄断执法机构作出的许可承诺中曾作出过 FRAND

声明，并不影响其寻求禁令救济的权利。标准必要专利实施人亦不能仅以存在 FRAND 承诺为由否定专利权人禁令申请行为本身的正当性。尽管有的国际标准化组织的知识产权政策（如 2015 年 IEEE 更新的知识产权政策）大幅增加对标准必要专利权人禁令申请的限制，但笔者仍然认为寻求禁令的正当性和禁令颁发条件是两个层面的问题：第一个层面上，司法对待标准必要专利权人寻求救济的大门没有理由不敞开，至于能否授予禁令则为第二层面的问题，待作进一步审查。只有在标准必要专利权人未对特定许可对象表达任何许可谈判意向、许可要约邀请或要约的情况下，以突袭的方式径行向法院起诉要求禁令的情况下，才可视为标准必要专利权人无许可意愿，违背了专利纳入标准的制度初衷，不能获得禁令救济。

2. 以过错作为确定禁令颁发的主要标准

标准必要专利权人提出停止实施标准必要专利请求的，按照诚信原则、FRAND 义务和相关商业惯例，对专利权人和实施者的主观过错作出判断，据以确定是否支持停止实施标准必要专利的请求。对于普通专利权而言，侵权成立时无须判断主观过错即可获得禁令救济，停止侵害与物上请求权法律后果基本一致。对于锁入标准并具有一定公共属性的标准必要专利而言，侵权成立时禁令并非当然后果，还需视主观要件而定。《最高人民法院关于审理侵犯专利权纠纷案件应用法律若干问题的解释（二）》第 24 条第 2 款规定了一类情形的禁令颁发标准，即专利权人故意违反 FRAND 承诺，实施者无明显过错的，一般不颁发禁令。而按照标准必要专利权人、实施者各自的过错程度，大致可分四类情形：一是专利权人不符合 FRAND 要求，而实施者无明显过错的；二是专利权人符合 FRAND 要求，实施者存在明显过错的；三是专利权人符合 FRAND 要求，实施者也无明显过错的；四是专利权人与实施者均有过错的。这四种情形下如何依照过错确定禁令颁发与否，现行司法解释并没有作出明确规定。北京市高级人民法院和广东省高级人民法院都曾在其文件中作出过探索尝试。广东省高级人民法院《关于审理标准必要专利纠纷案件的工作指引（试行）》规定，第一种情形下不颁发禁令；第二种情形下可以颁发禁令，"可以"表达了倾向性意见，同时亦留有余地，该余地主要看是否存在抗辩以及抗辩事由是否成立；第三种情形下，如果实施者及时提交合理担保，可以不颁发禁令；第四种情形比较复杂，须综合考虑各方过错程度、有无采取补救措施、过错对谈判进程的影响、过错与谈判破裂的关系等因素，决定是否颁发禁令。

需要指出的是，第三种情形中的担保规则，是广东省高级人民法院的一种积极尝试探索，也在一定程度上借鉴了欧盟法院、德国法院在一些案件中的司法经验。担保规则具有积极意义，专利权人符合 FRAND 义务，其合法权益应予保护，但由于标准必要专利禁令的影响大，当实施者无明显过错时，担保可以作为协调平衡权利人和实施人之间的权益的有效措施。如果实施者及时提交合理担保，法院根据具体情况决定不颁发禁令的，权利人和实施人仍需进行许可谈判。对于广东省高级人民法院的该指引，有观点主张是否提交合理担保可以纳入实施者过错程度的判断范畴，而不作为是否颁发禁令的考量因素。● 对此笔者认为，鉴于对权利人和实施者过错的判断，基本上是对其许可谈判过程中各方行为的评价，谈判过程应当与诉讼阶段有明确区分，若在后提交担保可以抵减在先谈判中的过错，不但造成过错审查内容模糊，而且可能演变成为实施人怠于诚信谈判，事后再采取补救措施的逃逸手段。因此还是在满足专利权人 FRAND、实施者无明显过错的前提下，才具备担保规则适用条件和空间。

3. 充分尊重和考虑 FRAND 知识产权政策和相关谈判框架

通信领域是高科技密集领域，标准必要专利数量庞大，技术更新快，不同代际的标准必要专利存在叠加。大多数标准必要专利集中于处于头部地位的一些专利权人手中，但也有一部分分散于众多专利权人手中，各方市场主体的信息严重不对称，市场谈判难度较高，谈判周期容易滞后于市场拓展周期。在此形势下，FRAND 许可规则的知识产权政策在行业及其协会的推动下应运而生，意图在标准必要专利权人和实施者之间构筑基础性的信赖关系，促成许可谈判各方尽快达成共识，以期保障技术研发者和技术实施者各方的合理利益。在公平有序的市场环境中，商事主体充分尊重行业交易规则和惯例，通过诚信谈判理性达成的协议，是最佳市场策略。因此，应当充分尊重和考虑 FRAND 规则和相关谈判框架，以符合行业正常商业惯例的 FRAND 谈判框架评判各方

● 在广东省高级人民法院草拟该指引并征求意见的过程中，有学者提出的意见。

行为。

4. 过错认定对象和范围

从国际上标准必要专利司法实践发展历程来看，司法审查对主观过错的评价对象从关注专利权人或实施人单方的评价，到越来越重视对双方行为的评价。例如英国法院在无线环球诉华为案中指出，无论是标准必要专利权人还是被许可人都负有 FRAND 许可义务。在标准必要专利禁令问题上，单纯评判任何一方的过错，据此径行决定禁令都有失偏颇，更何况诚信原则是从事民事活动的任一方，包括专利权人和实施人都应遵循的基本原则。

关于过错认定的审查范围的确定。标准必要专利许可谈判本身是一个复杂的过程，围绕商业谈判和技术谈判进行审查时，既要包括对谈判的整体评价，也包括对具体环节的分析；既包括谈判具体内容的正当合理性评价，也包括谈判效率的合理性分析。司法需引导当事人呈现完整的谈判过程和具体的谈判行为，审查各方当事人谈判的时间、方式和内容，了解和确定双方谈判失败或陷入僵局的原因、分歧点。值得注意的是，对谈判行为、时间的审查宜优先于对谈判内容的审查。许可内容尤其是许可费率是否合理，属于市场主体之间商业谈判活动中自主性较强、空间弹性较大的部分，而且许可谈判尤其是交叉许可谈判往往经历较长时间，在此期间行业、市场、利益相关者可能发生变化，因此 FRAND 许可费也可能产生波动。裁判者不轻易置于对民商事领域主体角色中判断，而应更多地采用"外观主义"，从对谈判行为、方式、时间等的外部观察来作出判断。

5. 对谈判行为是否符合 FRAND 的判断

符合 FRAND 的许可谈判理应诚信、积极磋商和推进。通信领域业内公认的正常和比较理想的谈判流程基本如下❶：首先，专利权人向实施人（潜在被许可人）发函，声明实施人使用了其享有权利的标准必要专利，表示需要进行许可谈判。随后，实施人予以积极答复，表明是否愿意进行谈判。如果双方均愿意谈判，专利权人应向对方提供许可谈判相关基本信息，例如标准必要专

---

❶ 赵启杉．论标准必要专利侵权案件停止侵权抗辩规则的构建［J］．中国专利与商标，2017（2）．

利样本信息。实施人收到基本信息后，双方进入技术澄清，使实施人了解拟被许可专利的大致数量、质量、侵权可能性等信息。如果涉及专利数量庞大，双方可协商从中选取一定比例的样本进行分析。在此之前都是为实质许可谈判作准备的阶段，待到技术澄清完成，双方将根据掌握的情况和信息决定是否进入商务谈判阶段。商务谈判包括但不限于许可费率，还包括若干核心许可条款，例如产品覆盖地域范围、许可使用方式、交叉许可或反向许可，计价基础和计价方式，结算方式等。至于各个环节所需的合理时间，比较难以确定，但可视协商内容、复杂程度、技术能力、商业惯例等情况，秉持积极推进态度的理性主体的主观标准进行估计。例如，专利权人提供的声明内容越详细，专利样本信息越全面，实施人答复的时间相应就越短。

将符合商业惯例的正常谈判框架作为比照标准，可以对各方是否符合FRAND作出评判。例如，专利权人有没有发侵权通知函？实施人有没有及时答复并谋求许可？权利人有没有提供专利对照表？各方有没有提出要约或反要约，内容是否具体？有没有提供许可费率的报价或反报价，有没有说明依据？谈判陷入僵局的环节、分歧所在？有没有试图启动新一轮谈判？等等。当然，许可谈判流程并非标准格式化的流程，如果在实际谈判进程中，谈判一方的行为未遵循上述谈判框架，可就其行为的合理性作出说明。例如，专利权人选取部分样本提供对照表，这是惯常做法，但如果样本比例相对于专利整体数量过低，或者实施人要求专利权人提供全部专利详细对照表，双方就此发生争议时，可就实际情况作合理性说明。

广东省高级人民法院在《关于审理标准必要专利纠纷案件的工作指引（试行）》中，对标准必要专利权人违反FRAND义务，存在明显过错的情形作出以下列举：（1）未向实施者发出谈判通知，或虽发出谈判通知，但未按照商业惯例和交易习惯列明所涉专利权的范围；（2）在实施者明确表达接受专利许可谈判的意愿后，未按商业惯例和交易习惯向实施者提供示例性专利清单、权利要求对照表等专利信息；（3）未向实施者提出具体许可条件及主张的许可费计算方式，或提出的许可条件明显不合理，导致无法达成专利实施许可合同；（4）未在合理期限内作出答复；（5）无正当理由阻碍或中断谈判，等等。对认定实施者存在明显过错的情形列举为：（1）拒绝接收标准必要专利权人的谈判通知，或收到谈判通知后未在合理时间内作出明确答复；（2）无正当理由拒绝签订保密协议，导致无法继续谈判；（3）未在合理期限内对标准必要专利权人提供的示例性专利清单、权利要求对照表等专利信息作出实质性答复；（4）收到标准必要专利权人许可条件后，未在合理期限内作出实质性答复；（5）提出的实施条件明显不合理，导致无法达成专利实施许可合同；（6）无正当理由拖延或拒绝进行许可谈判，等等。

6. 谈判之外其他行为的过错认定问题

FRAND 原则核心针对的是许可问题，而关于过错的认定并不限于许可谈判。诚信原则的内涵、外延都是概括性的。专利权人或实施人在与他人建立许可关系之前、之中、之后都应按照诚信原则的要求善意行事。例如，专利权人和实施人双方谈判分歧太大或陷入僵局而中止/终止谈判时，一方是否积极寻求谈判之外的非诉讼途径解决，如建议共同提请仲裁、提请第三方介入，另一方是否拒绝且无合理理由。再如，在标准必要专利权纠纷诉讼中，法院难以通过谈判行为对专利权人和实施人的过错程度作出认定进而颁发禁令，或者认为双方协商不充分、仍有协商谈判基础的，可以敦促启动第二轮谈判，在法院限定时间或范围下的协商过程中，各方行为亦对后续的主观过错判定产生影响。

7. 抗辩规则

前文从体系上阐明了引入竞争法和禁止权利滥用抗辩的合理性。具体到抗辩规则上，笔者建议在专利法或司法解释中规定"指引条款"，指引具体适用的实体法律条文。竞争法有其独立的分析、认定框架，有别于专利法中的侵权分析，后者仅限于权利人和实施人之间的行为，前者侧重考虑的是维护公平有序的竞争秩序，落脚点不是当事人的权利是否受到侵害，而是公平市场竞争环境是否受到损害。例如，在反垄断法分析框架下，要对是否具有市场支配地位、是否滥用其市场支配地位、该行为是否造成排除限制竞争的效果逐一进行论证，因此不能简单分析标准必要专利许可谈判中任何一方。对于不触发反垄断法的一般知识产权滥用，亦存在类似问题。因此在标准必要专利禁令方面，专利法、竞争法、一般性权利滥用相关法律，从法律体系上讲相互独立又存在关联，在被作为被诉侵权人阻却禁令的抗辩提出时，宜指引适用到具体的实体法律条文中。

五、禁令的方式

一般专利侵权判决中，判令停止侵害通常不会专门指明执行期限，因为停止侵害的期限与专利权存续有效期一致。但是，在标准必要专利侵权诉讼中，能否当然获得一个直至专利权生命期结束的永久禁令，还有待讨论。标准必要专利禁令的内容为停止侵害行为，而禁令制度的目的并不在于阻止技术的实施；相反，意在尽量促成权利人和实施者回到商业谈判桌上诚信谈判，最终达成许可协议，实现技术的实际运用，从而实现标准必要专利的市场价值，并反哺技术研发。基于此，针对标准必要专利的禁令，在停止侵害责任具体的承担方式、时间、内容、范围、执行条件等方面可以作更多积极、灵活的探索。

深圳市中级人民法院在对华为三星禁令案一审判决中指出，"本院责令被告方承担停止侵权的判决生效后，华为和三星仍可以进行标准必要专利交叉许可谈判，如果原告和三星达成标准必要专利交叉许可协议或经原告同意，不执行本院停止侵权的判项，应予准许"。这一判决内容为禁令执行提供了可选项，引导确有交叉许可谈判基础的当事人继续保持积极磋商，并将不执行禁令的决定权交予禁令获得方，确保公正性。此外，还可以根据案件具体情况，从有益于促成达成许可协议的目的出发，在设置禁令有效期间，是否自动失效，附条件中止或终止等方面进一步探索实践。例如，如果与侵权诉讼并行的还有包含该专利在内的专利包相关的许可费（率）案件，双方当事人就一段时期内的许可费（率）存在争议，侵权诉讼中的禁令期限可以设置为与许可费（率）争议期限一致，而将未来许可谈判的机会更多地留给当事人。如此可以避免争议时间段以后的许可谈判中，相关方将前期纠纷中的司法裁判费率作为"定价"并以禁令胁迫。未来商业谈判的空间还须更多地交给当事人和市场决定。

六、非专利实施主体（NPE）的禁令救济问题

交叉许可谈判通常发生在均拥有标准必要专利，同时也均为专利实施人的双方主体之间。由于"各有所需"亦可以"各取所需"，专利地位类似的

主体之间的许可谈判往往可以寻找到更多的利益契合点，即使许可谈判陷入僵局继而寻求禁令，双方在寻求禁令时亦存在诸多可以相互牵制的地方，不太容易发生权利滥用的情形。与交叉许可谈判不同的是，非专利实施主体（NPE）的谈判往往显得更加单刀直入，寻求禁令的内在冲动更为强烈，发动诉讼的概率较高，如何判断 NPE 的行为是否符合 FRAND 要求？如何看待 NPE 申请禁令的行为？禁令颁发标准如何掌握？这些问题均需作进一步的探索。

NPE 在国际上长期存在，在诉讼领域较为活跃，近年来 NPE 在我国的发展也很快。各国对 NPE 的司法态度并不一致，而且即便在同一个国家，不同时期对待 NPE 的司法政策亦存在变化。NPE 是较为中性的称谓，泛指自身不实施专利主要通过专利许可、转让等方式获利的主体。事实上，由于运营模式不同 NPE 还可以作进一步区分，例如主要是自己研发申请专利的 NPE 与不从事科技研发、靠转让获得专利的 NPE；主要通过许可盈利的 NPE（善意）与主要通过诉讼获利的 NPE（非善意，通常被贬称为"专利流氓"）；专利技术实力雄厚的 NPE 与专利技术含金量低的 NPE。

在 NPE 类型的多样且尚存诸多争议的情况下，进一步讨论拥有标准必要专利的 NPE 的禁令问题，就更加复杂了。各国经济水平和市场环境不同，市场主体形式和结构也不同，各国知识产权政策本就有差别。在此情况下，通信领域的标准必要专利具有国际因素，NPE 容易发起选择性诉讼、平行诉讼或对抗诉讼，引发国际问题。例如，一国对待 NPE 的司法态度越宽松，NPE 越会聚集到该国寻求禁令，从而容易产生国际司法层面上的冲突。在各国知识产权政策不同、颁发禁令的标准宽严不一的情况下，很多专利权人特别是 NPE 会聚集到容易获得禁令的国家提起诉讼，甚至要求一国法院裁决全球费率，并以禁令为措施，要求当事人接受裁决的全球费率，极容易导致国际司法层面上的冲突。笔者认为，基于颁发禁令对市场竞争、标准推广有重大影响，司法掌握的标准既要与本国科技和经济发展水平相称，也要尽量动态关注国际社会普遍接受的规则并保持一定协调，特别对于 NPE 这种商业模式和运营实体，在颁发禁令方面要更为慎重、严谨。对于善意、正常盈利的 NPE，依法保护其专利权，对于恶意诉讼或滥用知识产权的 NPE 依法予以限制。既不要损害一个正常的商业模式的发展，也要注意到这种运营实体在市场抗衡、生产实施运用上与一般实体不同，防范其利用专利独占性不当牟利对经济发展带来的负面影响和冲击。对待 NPE 这种商业模式和运营实体，在禁令方面需要更多深入研究。

第三章　标准必要专利许可使用费的计算

第一节　在计算标准必要专利许可使用费
之前需要思考的几个问题

由标准必要专利引发的侵权之诉、确认许可条件之诉或者反垄断之诉均可能直接或者间接与许可使用费有关。标准必要专利侵权之诉中，许可使用费既可以作为法院在"禁令"颁发前评判标准必要专利权人的报价或者实施者的反报价是否符合 FRAND 原则的考量因素之一，也可以作为法院计算标准必要专利权人过往损失的一项主要依据。如西电捷通诉索尼中国的标准必要专利侵权纠纷，法院即是先依据西电捷通提交的证据计算出涉案专利的许可使用费，再以该许可使用费的 3 倍确定西电捷通因索尼中国过往侵权行为造成的经济损失。❶ 与许可使用费最为直接相关的诉讼是确认许可条件之诉。虽然在理论上，许可条件涉及许可合同的方方面面，并不仅限于许可使用费，但是，从当前的司法实践来看，许可使用费始终处于分歧旋涡的核心。几乎不存费率已经达成一致，而其他许可条件没有谈妥的确认之诉。因反垄断纠纷关注的不是竞争者的个体利益，而是被诉行为对市场竞争格局的影响，故涉及标准必要专利的反垄断之诉通常无须考虑许可使用费问题。然而，在被诉行为涉及不公平高价的反垄断纠纷中，合理的许可使用费至少可以作为甄别权利人报价与市场正常价格偏离程度的一项辅助因素。因此可以说，许可使用费贯穿整个标准必要

---

❶ 北京知识产权法院（2015）京知民初字第 1194 号民事判决书；北京市高级人民法院（2017）京民终 454 号民事判决书.

专利纠纷。不过囿于篇幅，本章讨论的许可使用费，主要是在确认许可使用费之诉的语境之下进行的，仅在个别场合函摄涉标准必要专利的侵权之诉与反垄断之诉。

对于专利权人而言，寻求标准化组织将其专利纳入标准的最终目的并不在于阻止其他竞争者进入相关行业，而是希望通过标准的广泛使用，以尽可能多地收取专利许可使用费以获得利益。具体来说，专利被纳入标准后，其将在盈利周期、盈利能力、维护成本等方面占据无可比拟的优势，其权利人可依据标准的推广获得巨大的市场控制力。❶ 因此，标准必要专利权人通过收取许可使用费足以获得丰厚而稳定的回报。在部分欧美国家，即便是非标准必要专利，"合理许可使用费"亦是权利人所能争取的最为主要的侵权救济结果。对于事关标准推广与产品市场准入的标准必要专利来说，标准必要专利权人受FRAND原则的制约，不能径直拒绝许可。❷ 即其无法如非标准必要专利的权利人那样，通过选择排除竞争对手达到对相关产品垄断，谋求利益的最大化。因此，标准必要专利在相当大程度上只能通过收取许可使用费来实现其价值。除非专利权人蓄意拒绝许可（实施方也有可能蓄意拒绝接受许可），标准必要专利的权利人与实施方的各种谈判条件最终都会归结为"多少钱"。❸ 由此，许可使用费的确定成为解决标准必要专利系列问题的关键。在绝大多数场合，一方面，专利权人希望尽可能推广标准、扩大专利许可的规模；另一方面，实施者对于获得专利实施许可存在迫切需求。❹ 在共同利益的驱动下，双方通常会努力促成通过谈判来确定许可使用费。虽然专利权人与纯粹的实施者在谈判中的地位往往并不对等，前者通常处于较为优势的地位，有较强的议价能力，从而导致最终达成的许可使用费与相关标准必要专利本身的实际价值之间可能

---

❶ 罗娇. 论标准必要专利诉讼的"公平、合理、无歧视"许可——内涵、费率与适用"[J]. 法学家，2015（3）：86-94.

❷ 广东省高级人民法院（2013）粤高法民三终字第305号民事判决书.

❸ 马海生. 标准必要专利许可费司法定价之惑[J]. 知识产权，2016（12）：8-17.

❹ 在通信领域，普遍奉行的标准必要专利使用模式是"先上车，后买票"，即实施方在与专利权人达成许可协议之前，已经投入大量资金建成产品生产线。在这种情况下，唯有尽力与专利权人达成许可协议，实施方才可能收回投资并进一步赚取利润。

存在偏差。但是就总体而言，只要双方最终通过谈判的方式达成一致，就说明契约自由已经得以实现。自由将导向公正，❶ 这种交由专利权人和实施者谈判确定的方式，无疑是确定标准必要专利许可使用费的最佳途径。

但是，在标准必要专利许可实践中，一方面，专利权人滥用其权利采取"专利劫持"（Hold-up）、专利许可使用费堆积（Royalty stacking）以及歧视性许可等违反 FRAND 原则的行为不可避免，❷ 而实施者恶意（unwilling）磋商造成的"反向劫持"现象近年来也有抬头之势；另一方面，在专利权人和实施者均秉持善意积极协商的情况下，双方对于以何种价格达成许可协议才符合FRAND 原则往往存在分歧，而这种分歧在很多情况下并不能通过协商谈判来弥合。因此，不论基于上述哪一种情形，都不能保证标准必要专利权人与实施者在任何情况下都可以通过协商就许可使用费达成一致。一旦谈判破裂，当事人只能寻求第三方机制来解决争议。

一、纠纷的可诉性

出于对承担垄断法责任的担心，除 ETSI、VITA 以外，绝大多数标准化组织拒绝介入具体的许可事务中。❸ 因此，关于标准必要专利许可使用费的争议，当事人只能选择通过司法或者仲裁程序解决。迄今，法院已成为解决标准必要专利纠纷的中流砥柱。据北京互联网法院统计，截至 2018 年 9 月，仅中国法院受理的涉及标准必要专利的纠纷案件就已经达到 109 件。❹ 华为与 IDC、

---

❶ 王利明. 统一合同法制定中的若干疑难问题探讨（上）[J]. 政法论坛，1996（4）：49-56.

❷ 张永忠，王绎潇. 标准必要专利诉讼的国际比较：诉讼类型与裁判经验 [J]. 国际知识产权，2015（3）：84-91.

❸ ETSI 知识产权政策规定所发生的许可方面的纠纷由当事人双方协商解决，如果协商不成，可以寻求 ETSI 其他成员或 ETSI 秘书处的调解。但是 ETSI 秘书处或 ETSI 成员并不在纠纷中充当仲裁角色。VITA 专利政策设置了独特的内部专利争端解决机制。如果任何 VITA 成员认为某一工作组成员或者其代表的 VITA 成员单位未遵守专利政策规定的义务，都可以寻求通过 VITA 争端解决仲裁程序来解决该纠纷。参见：马海生. 专利许可的原则——公平、合理、无歧视许可研究 [M]. 北京：法律出版社，2010：87.

❹ 邓志红. 涉及中国企业的标准必要专利许可谈判及诉讼：最新进展与风险分析 [J]. 电子知识产权，2019（1）：60-67.

高通与魅族、西电捷通与索尼中国、华为与三星等企业之间的一系列标准必要专利纠纷，已通过法院的介入得到妥善解决。

（一）标准化组织的角色定位变化与司法介入的必要性

作为通信领域举足轻重的标准化组织，IEEE 在其知识产权政策中没有设置任何争端解决条款，并且申明其不负责："1. 辨别许可专利可能需要的必要专利权利要求；2. 确定专利权利要求的有效性、必要性或者含义；3. 确定在许可协议中与保证函有关的专利条款或条件是否合理、无歧视；4. 确定某个履行是否符合规定的。"[1] ITU、ISO、IEC、TIA 等标准必要专利组织的知识产权政策中也均未提及争端解决问题。上述只负责标准的制定与完善，不介入标准所涉专利的许可以及纠纷解决的标准化组织，某种程度上类似于球场上的"守门人"，对于标准的运行"守而不攻"。该角色定位是伴随着标准化组织对于标准不断深入的认识而形成的。有学者梳理了美国国家标准学会专利许可政策的发展历史，理出以下发展脉络：第一阶段，20 世纪 30 年代，标准化组织在制定标准时原则上反对将专利纳入标准，以避免产生垄断趋势。第二阶段，20 世纪 50 年代，同意以"合理许可条件"进行许可的专利可纳入标准。第三阶段，20 世纪 60 年代，进一步放松专利纳入标准的条件，增加了基于预期目的纳入标准的例外情形，并要求专利纳入标准前必须获得专利权人免费或者明确的非独占许可承诺。最为引人注目的是，通过建立专利许可条件审查机制尝试介入许可争议的解决。第四阶段，20 世纪 70 年代，标准化组织意识到专利对提升标准质量的重要作用，不再反对专利纳入标准。FRAND 许可政策得以确立，审查机制更加完善。除此之外，还增加免责提示事项，对包括争议管辖在内的事项予以免责。标准化组织从专利许可双方的争议之中脱身，以便更好地集中精力做好标准制定与协调工作。在此期间，标准化组织的态度还有所反复，出现过主动介入许可事宜的激进政策，但颁发不久即被删除。第五阶段，从 20 世纪 90 年代至今，标准化组织意识到主动审查可能引发不必要的麻烦，故删除审查机制，将 FRAND 许可谈判的事宜交由标准必要专利权人与潜在实施者，尊重市场规律；至于引发的纠纷，则交由第三方纠纷解决机制，清楚区

---

[1] IEEE 董事会章程附件六第 6.2 条。

分标准制定与专利许可。基于专利对于标准的重要性，故鼓励专利纳入标准。❶ 我们通过窥视美国国家标准学会专利许可政策的"一斑"，足以见到标准化组织对自身角色定位变迁的"全豹"。标准化组织由早期提供标准制定与技术协调、许可条件审查、许可纠纷解决的一条龙服务，到如今只做标准制定与技术协调的单一服务。当无法达成许可协议时，标准必要专利权人与实施者只能寻求中立的第三方机构进行干预。法院作为民事纠纷的终局裁判者，有人力、财力与物力方面的天然优势，自然成为解决该类纠纷的主导机构。

（二）合同正义理论与司法介入的合理性

1. 标准必要专利权人作出 FRAND 许可承诺的

依国际惯例，在专利纳入标准时，标准化组织通常会要求专利权人向其提交书面的、不可撤销的 FRAND 许可承诺，承诺以公平、合理、无歧视条件许可实施者实施其专利。由我国国家标准委、国家知识产权局联合制定并于 2014 年 1 月 1 日起实施的《国家标准涉及专利管理规定（暂行）》也规定，除强制性标准外，未获得专利权人或者专利申请人作出公平、合理、无歧视许可声明的，国家标准不得包括基于该专利的条款。据此推测，全球大多数标准必要专利权人都向标准化组织作出过 FRAND 许可承诺。对于该类标准必要专利在许可活动中发生的纠纷，分析司法介入许可使用费谈判活动的合理性，始终绕不开的问题是 FRAND 许可承诺产生的法律效果。把 FRAND 许可承诺视为专利权人向潜在的标准实施者发出的一项要约的"要约说"认为，专利权人应当依照合同法有关要约的规定受到其作出的 FRAND 许可承诺的约束。一旦潜在实施者作出承诺，哪怕是以实施专利的方式作出默示承诺，双方之间就成立许可协议。❷ 美国法院则普遍认为 FRAND 许可承诺导致标准必要专利权人与标准化组织之间成立一个以潜在实施者为第三人的第三人利益合同，潜在实施者可以请求标准必要专利权人依据其承诺的 FRAND 条件进行许可。例如，在加拿大移动研究公司诉摩托罗拉公司案中，法院认定摩托罗拉公司对

---

❶　杨正宇．美国国家标准学会专利许可政策演进考察［J］．知识产权，2018（3）：88-96.

❷　夏子涵．FRAND 承诺的性质之争［J］．知识经济，2018（23）：40-42.

IEEE 和 ETSI 的 FRAND 许可承诺构成合同；在苹果公司诉摩托罗拉公司移动公司、微软公司诉摩托罗拉公司以及思科公司诉博通公司案等一系列涉标准必要专利纠纷中，美国法院均明确指出 FRAND 许可承诺的标准必要专利权人与标准化组织之间成立了以潜在被许可人为第三人的第三人受益合同。"第三人利益合同说"也认为，一旦标准必要专利权人作出 FRAND 许可承诺，合同即成立。依据"要约说"或者"第三人利益合同说"的理论，标准必要专利权人或者实施者请求法院确定许可使用费，只不过是请求法院对已成立合同中的价款条款进行补救。对该类案件的可诉性，几乎不存在任何认知障碍。但是，在含义如此模糊的情况下，FRAND 许可承诺如何能成为标准必要专利权人向潜在实施者发出的要约？从全世界涉标准必要专利的判例研究情况来看，"要约说"在司法实践中鲜有被采用。至于"第三人利益合同说"，因为我国合同法上并未规定可由受益第三人直接起诉的"第三人利益合同"，故该理论在我国缺乏现实的生存空间。

欧洲法院的主流观点是将 FRAND 许可承诺视为要约邀请，标准必要专利权人、标准化组织或者潜在实施者之间均未因该承诺的作出而产生任何可被强制履行的合同请求权。例如，德国法院在其审理的微软诉摩托罗拉标准必要专利纠纷案以及"MPEG-2 标准第 23 案"中，旗帜鲜明地指出："从 FRAND 义务声明中也无法得出第三人利益合同……按照德国法，从一个一般性的 FRAND 义务声明中无法得出积极许可意义上的使用权。一个专利所有人并不想以这样一个声明授权大量第三人一个使用权并额外地承担一个许可人的义务，因此不能认为这是一个面向不特定人的具有约束力的要约。"在北京知识产权法院审理的西电捷通诉索尼中国案中，法院认为 FRAND 许可承诺仅系标准必要专利权人作出的承诺，是一种单方法律行为。有学者比照不动产负担行为的理论，认为该单方法律行为是标准必要专利权人为其专利权设定负担的单方法律行为。标准必要专利权人作出 FRAND 许可承诺的法律效果就是使得其专利权上形成一项权利负担，该权利负担具有一定程度的"对世性"。❶ 在深圳中院审理的华为诉 IDC 案中，法院认为 IDC 公司在作出 FRAND 许可承诺之

---

❶ 李杨 . FRAND 承诺的法律性质及其法律效果 [J]. 知识产权，2018（11）：3-9.

后，负有与供水、供电等垄断企业类似的强制缔约义务。要约邀请与单方法律行为以及强制缔约义务，虽然三者的理论基础完全不同，但是其均意味着标准必要专利权人对标准化组织作出的 FRAND 许可承诺并非许可合同，潜在的实施者还需与标准必要专利权人另行谈判达成许可协议。若标准必要专利权人违反该承诺，潜在实施者可以请求法院判令其赔偿相关的信赖利益损失。相比较而言，"强制缔约义务"理论之下，潜在实施者的信赖利益可得到更强有力的保护。并且，根据"强制缔约义务"的一般原理，在特殊情况下，法院甚至有权直接依据潜在实施者的要约内容认定合同成立；若不认可标准必要专利权人与实施者之间已成立许可合同，法院直接确认许可使用费的合理性亦不会丧失。

　　诚然，合同自由是合同法领域当之无愧的核心原则，其为合同必须严守奠定了正当性基础。在合同自由的理论框架下，缔结与否、交易对象的选择、合同内容的确定等各项决定权均应掌握在当事人手中。在华为诉 IDC 许可使用费案中，❶ 华为公司谋求以符合 FRAND 原则的许可条件从 IDC 获得相关标准必要专利的许可，但是在谈判过程中 IDC 提出远高于许可给同类型实施者的许可使用费报价，并且将华为公司起诉至美国特拉华州法院和美国国际贸易委员会（ITC）请求向华为公司颁发禁令从而胁迫华为公司接受歧视性许可条件。对华为公司而言，以符合 FRAND 原则的许可条件获得许可是其终极目的，为此其向人民法院提起标准必要专利许可使用费之诉，请求法院判令 IDC 按照公平、合理、无歧视条件确定 IDC 就其中国标准必要专利许可华为公司的许可使用费率或费率范围。IDC 抗辩称，该案争议实质是双方对谈判中关于专利实施许可合同商业条款发生分歧，这种分歧不是可诉的法律争议，也不宜由司法机关介入并作出裁判。❷ 对于法院介入上述纠纷的正当性，一般认为，在双方发生争议的背景下，华为公司如果不能寻求司法救济，除被迫接受 IDC 单方面所

---

❶　华为与 IDC 关于标准必要专利的纠纷包括两件案件：一是华为诉 IDC 垄断纠纷，二审案号为（2013）粤高法民三终字第 306 号；一是华为诉 IDC 标准必要专利许可使用费纠纷，二审案号为（2013）粤高法民三终字第 305 号。

❷　广东省高级人民法院（2013）粤高法民三终字第 305 号民事判决书．

提出的条件外，没有任何谈判余地，这与现代法治的精神是相违背的，● 因此通过司法途径确定费标准必要专利许可使用费是必要的。该案非常直观地展示了合同自由与合同正义之间的取舍关系。合同自由体现的是合同的形式正义，其并不能确保合同始终符合实质正义的要求。在涉通信领域标准必要专利的许可活动中，专利权人具有较为显著的优势地位。标准的实施亦事关社会公共服务水平的提升，故不加干涉的合同自由极易通向损害实质正义的恶果。矫正合同自由被滥用的方式，通常包括赋予当事人强制缔约义务、由相应的行政机关进行合同管理，也包括由法院通过司法裁判解释与填补部分合同内容，例如德国的"法官形成权"，即承认法院在特定合同中具有内容改定之权。❷ 标准必要专利权人与实施者，无论其基于何种原因，如确实无法就许可使用费达成一致意见，诉诸法院并由法院裁定许可使用费率，貌似违反现代社会契约自由的精神，实则不失为通向合同正义的一条理想路径。

2. 标准必要专利权人未作出 FRAND 许可承诺的

虽然由标准必要专利权人作出 FRAND 许可承诺已成为全球趋势，但是仍不排除存在未作出 FRAND 许可承诺的标准必要专利权人。产生该现象的原因多样。例如，标准组织的知识产权政策、工作失误或者标准必要专利权人不知情、疏忽大意或者刻意为之等。就我国而言，《国家标准涉及专利管理规定（暂行）》于 2014 年 1 月 1 日实施之后，这种情况在推荐性国家标准中变得罕见。但是在此之前，相关制度非常不健全，权利人未向标准组织披露专利也未作 FRAND 许可承诺的情况估计为数不少。而且，除了国家标准之外，还有未被纳入《国家标准涉及专利管理规定（暂行）》规制的行业标准、地方标准等其他标准。一项 2015 年发表的研究称，据不完全统计，我国仅有约 5% 的标准制定中涉及信息披露。❸ 该数据说明至少在 2015 年之前，我国 FRAND 许可承诺的执行率是相当低的。在未作出 FRAND 许可承诺的情况下，标准必要专利人是否可以对潜在实施者不负任何义务？该问题的处理结果涉及标准必要专

● 祝建军，陈文全. 标准必要专利许可使用费率纠纷具有可诉性 [J]. 人民司法·案例，2014（4）：4-9.

❷ 王利明. 合同法研究（第一卷）[M]. 北京：中国人民大学出版社，2015：182-184.

❸ 巫晓倩. 对标准专利信息披露制度的思考 [J]. 电子知识产权，2014（11）：22-25.

利权人、标准化组织以及潜在实施者三者的切身利益，关系到推广标准与合理保护专利权两项价值之间的平衡与取舍。对于这一问题，各界尚未达成共识。但是，通常认为，参与标准必要专利制定的标准必要专利权人，应当负有披露专利的义务。其若违反披露义务，不声明专利，也不向标准组织作出 FRAND 许可承诺，则应当承担相应的后果。对于该种后果，《中华人民共和国专利法》修改草案（2015 年 12 月 2 日送审稿）第 85 条规定，参与国家标准制定的专利权人在标准制定过程中不披露其拥有的标准必要专利的，视为其许可该标准的实施者实施其专利技术。该草案的思路被视为针对违反披露义务的标准必要专利权人引入"默示许可"制度进行规制。❶ 未进行披露的标准必要专利权人自然未向标准化组织作出过 FRAND 许可承诺。由此可推知，参与过标准制定的标准必要专利权人，若违反披露义务，即使其没有作出过 FRAND 许可承诺，仍负有许可潜在实施者实施标准必要专利的义务。从字面来理解，"默示许可"的规定使得只要实施者请求实施该专利，许可合同即成立。对于合同内容，若标准必要专利权人不受 FRAND 许可承诺约束，谈判达成一致的难度更大。根据草案的规定，若标准必要专利权人与实施者因无法就许可使用费达成一致意见的，可以请求专利行政部门裁决；当事人对裁决不服的，可以向法院起诉。由国务院行政部门对许可使用费先行裁决的救济模式因可能造成对市场谈判不必要的干预而遭受质疑。故由标准必要专利权人或者实施者直接诉至法院的救济模式可能更符合平等民事主体之间纠纷的解决之道。况且，在合同已经成立的前提下，由法院依据合同法的相关规定对条款进行补救的法理依据也极为充分。

（三）法律依据、审判实践与司法介入的现实可行性

根据 2016 年 4 月 1 日起施行的《最高人民法院关于审理侵犯专利权纠纷案件应用法律若干问题的解释（二）》第 24 条第 3 款的规定，推荐性国家、行业或者地方标准的实施许可条件，应当由专利权人、被诉侵权人协商确定。经充分协商，仍无法达成一致的，可以请求人民法院确定。通过司法途径确定

---

❶　朱理. 标准必要专利的法律问题：专利法、合同法、竞争法的交错 [J]. 竞争政策研究，2016（3）：21-24.

标准必要专利许可使用费由此获得了法律依据。专利法正在紧锣密鼓地进行第四次修改，在已经公布的征求意见稿中，虽然设置了一道行政裁决前置程序，但司法机构还是该类纠纷的最终裁决机构。

事实上，在最高人民法院的司法解释出台前，司法实践已经先行一步。在华为与 IDC 标准必要专利许可使用费案中，人民法院首次就标准必要专利许可使用费率进行了裁判。该案其后虽经最高人民法院提审，但由于当事人在再审阶段达成和解，故专利许可使用费暂时没有更新的判决作为研究范本。2019年 4 月，由广东高院受理的华为诉三星标准必要专利许可使用费纠纷，也在法院的主持下达成和解。放眼世界，美国、欧洲、日本均有不少通过司法途径确定标准必要专利许可使用费的案例。例如美国的 TCL 诉爱立信、微软诉摩托罗拉案、爱立信诉友讯案、瑞星半导体诉 LSI 案，英国的无线星球诉华为案，日本三星电子株式会社诉苹果公司案等。

虽然在个案中通过司法裁判来确定标准必要专利许可使用费还存在影响因素复杂、理论基础尚需完善以及司法导向取向难以抉择等难题亟待解决，❶ 但是国内外的大量案例已经证明，司法越来越成为公正平衡专利权人与标准实施者之间利益的平台。❷

二、法院介入许可使用费纠纷的时机

单纯的标准必要专利许可使用费纠纷，是在标准必要专利权人和实施者双方均秉持善意的基础上，以达成许可协议为共同目标积极协商但仍无法达成一致的情形之下发生的。如果标准必要专利权人或实施者拒绝进行许可谈判，或者谈判的任何一方不是以达成公平、合理、无歧视许可为目的而进行恶意磋商的，当事人可能不会单纯地请求法院确认许可使用费，而会同时提起反垄断之诉或者专利侵权之诉。当涉及上述数个纠纷时，当事人一般会分别起诉。即便其在一份起诉状中同时提出上述数个诉讼请求，按照我国的立案标准，法院亦

---

❶ 马海生. 标准必要专利许可费司法定价之惑 [J]. 知识产权，2016（12）：8-17.

❷ 张永忠，王绎潆. 标准必要专利诉讼的国际比较：诉讼类型与裁判经验 [J]. 国际知识产权，2015（3）：84-91.

会依据不同案由分案审理。因此，法院在一个标准必要专利许可使用费纠纷中颁发禁令或者认定垄断的情形在我国难以发生。

从理论上而言，人民法院要介入标准必要专利许可使用费纠纷，动用司法权为双方当事人确定标准必要专利许可使用费，逻辑前提是双方经过充分协商仍无法达成一致意见。这是尊重市场规律的必然结论。既然认可当事人是其利益的最佳判断者，就应将当事人协商一致达成许可协议作为原则，而由法院进行干预，裁定许可使用费作为例外。事实上，基于专利权人和实施者均为理性人这一基本预设，通过谈判协商而非其他手段就标准必要专利许可使用费达成一致并最终签订许可协议，是解决标准必要专利许可问题的最佳途径。这基本是共识。因此，只要双方仍有在谈判桌上进一步努力的空间，标准必要专利权人或实施者也不会轻易选择将争议诉诸司法。李明德教授在评述华为与 IDC 标准必要专利许可使用费一案时就曾指出："只有在双方当事人无法达成协议的情况下，才具有了主管部门或者司法机构介入的空间。但即使在这种情况下，主管部门或者司法机构也应当是协调、引导当事人达成许可协议。至于直接判决许可使用费率，应当是不得已而为之的措施"。❶

《最高人民法院关于审理侵犯专利权纠纷案件应用法律若干问题的解释（二）》第 24 条第 3 款规定："实施许可条件……经充分协商，仍无法达成一致的，可以请求人民法院确定。"与之形成鲜明对比的是，《专利法》第 60 条规定："侵犯其专利权，引起纠纷的，由当事人协商解决；不愿协商或者协商不成的，专利权人或者利害关系人可以向人民法院起诉。"对比两处的措辞可以发现，司法权介入非标准必要专利侵权纠纷并不考虑当事人的协商情况，在当事人协商不充分甚至"不愿协商"的情况下，人民法院同样可以依当事人的请求对纠纷进行处理。但是，对涉及标准必要专利纠纷的当事人，提出了在司法介入之前"充分协商"的要求。对此存在争议的是，上述"充分协商"规定的法律效力究竟如何？

若认为"充分协商"具有强制性，则必须以标准必要专利权人与实施者

---

❶ 李明德. 标准必要专利许可使用费的认定——华为公司与 IDC 公司标准必要专利许可使用费纠纷上诉案 [J]. 中国发明与专利，2018（6）：105-107.

之间已经协商且该协商达到充分的程度作为法院介入该类纠纷的前提条件。首先，"协商"是必要的，若任何一方当事人拒绝协商，关于标准必要专利实施许可条件的纠纷都不得诉诸司法。这里的拒绝协商既包括当事人明确拒绝谈判，协商根本未启动的情形；也包括当事人虽未直接拒绝谈判，但提出的方案明显不合理导致协商无法进一步进行的变相拒绝协商。其次，"协商"要达到"充分"的程度，即若需司法介入标准必要专利实施许可条件纠纷，双方的协商不能仅停留在表面上，而应当在广度和深度上都达到相当的程度。由此，任何一方当事人在谈判中故意拖延恶意磋商的情形可以排除，因为只要有这种情况出现，双方的协商必定只能流于形式。综上所述，"经充分协商，仍无法达成一致"意味着只有一种情况，即双方均以达成许可协议作为最终目标，在谈判过程中均持有足够的诚意，不存在恶意磋商的情形，但由于双方立场不同、对 FRAND 原则的理解不尽一致，最终无法就实施许可条件达成一致。在这种情况下，双方的争议仅在于实施许可条件，而不会涉及专利权人应否签发许可或者实施者应否停止实施专利等问题。由此带来的问题是，如何才能确定标准必要专利权人与实施者已经过"充分协商"？在普通专利纠纷案件中，立案庭通常只是依据《民事诉讼法》第 119 条规定的起诉条件进行审查。若涉及标准必要专利的纠纷要将"充分协商"作为法院介入纠纷的前提条件，立案之时就必须增加该项审查。是否"协商"是一个有和无的问题，对其进行判断相对简单。而协商是否"充分"，则涉及谈判过程的方方面面，究竟以何种标准来评判？若要进行实质审查，立案流程会变得无比漫长。而且，在法院立案、审理、执行功能相互分离的背景下，要求立案部门对如此专业的问题进行审查似乎不切实际。再次，若标准必要专利权人或者实施者请求人民法院介入谈判纠纷而对方不表示反对，我们可以视为双方均认可之前的协商已经足够充分，争议已经不可能通过协商解决，人民法院可以直接认定双方当事人已"经充分协商"，而无须再对双方之间的协商是否"充分"作实质审查。但是，若只有一方认为已经经过充分协商，而另一方持相反意见呢？如果不通过客观方面的证据进行审查，而只是根据标准必要专利权人与实施者的主观认知对双方是否已经"充分协商"做一个形式上的审查，那么该制度很容易被不诚信的一方当事人恶意利用，最后导致的结果就是只要有一方还想拖延谈判，法院就无法介入纠纷的解决。换言之，若视"经充分协商，仍无法达成一致"为司法介入的前提条件，该类案件就只有在双方都同意将纠纷提交给法院解决的情况下才能启动，从而使得该类纠纷的可诉性大打折扣，这显然有违立法者的初衷。此外，从当事人的角度而言，对"充分协商"进行举证也是相当困难的。这无疑会给陷入谈判僵局的标准必要专利权人或者实施者带来"救济无门"的困惑。专利权人和实施者均选择或者接受通过司法途径确定标准专利许可使用费，只是一种理想状态，这种状态的出现必须以双方均将完成许可作为最终目的而进行善意谈判为前提。如上文所论述的，实践中不能排除专利权人或者实施者不以与对方达成符合 FRAND 原则的许可协议为目的，而是在谈判中恶意磋商、拖延时间的情况。此时若对方诉诸司法，仍要求存在恶意的专利权人或者实施者接受以司法途径解决纠纷是不现实的。尤其是在实施者积极谋求获得许可，而标准必要专利权人恶意磋商变相拒绝许可的情况下，实施者向人民法院请求确定许可使用费的动议将不会得到专利权人的响应，因为以司法裁判确定许可使用费，难以达到专利权人设定的目标。此时，如果仍将双方同意作为衡量司法介入的前提条件，善意的实施者将失去获得 FRAND 许可的机会。

故而，笔者认为，"充分协商"不宜作为标准必要专利权人或者实施者提起许可使用费确认之诉的前提条件或者司法介入许可谈判时机的强制性规定。但是，谈判协商作为解决标准必要专利许可使用费纠纷的最佳途径，其在许可活动中的地位和作用毋庸置疑。最高人民法院前述规定的内容，表明了司法机关对标准必要专利权人与实施者之间先通过许可谈判"自力救济"是持鼓励和倡导态度的。最高人民法院参与过该司法解释制定工作的法官在其撰写的文章中亦称："需要说明的是，该款所称的当事人充分协商，是倡导性条款，并不构成专利侵权诉讼的前置程序。"❶ 通过起草者的解释，我们可以更加准确地把握好"充分协商"作为倡导性条款的本义。

---

❶　李剑. 专利司法解释（二）第二十四条之解读 [J]. 竞争政策研究，2016（3）：37–40. 其所称的"该款"是指《专利法司法解释（二）》第 24 条第 3 款。

三、纠纷的性质

当前，对于标准必要专利许可使用费纠纷的性质，即在该纠纷中专利权人和实施者究竟是何种法律关系，存在多种观点。❶ 总体而言，各种观点都有其合理性，但是无论哪一种理论都存在缺陷，或者无法适用于解答标准必要专利所涉及纠纷中的全部问题。❷ 换言之，即便所有的争议均因标准必要专利的许可使用费而起，但是能够用于解释或者解决一类争议的理论往往无法与其他争议相契合。面对这一困局，我国的司法实践给出的回应是，通过"华为诉 IDC 案"创造了一类新的案由——"标准必要专利许可使用费纠纷"。❸ 或许会有人认为这只是一种实务层面的权宜之计，但是，这一案由的创设为上述难题的解决提供了一个新的思路，即不要试图从传统的合同之诉、反垄断之诉抑或侵权之诉中选择一个来定义专利权人和实施者之间的法律关系，而应当区别所处理的矛盾的实质来分析问题和解决问题。司法介入之际标准必要专利权人与实施者之间尚不存在合同，起诉一方也仅是请求法院确认合理的许可使用费，而并非确认许可使用合同成立，因此不宜视"标准必要专利许可使用费纠纷"为合同纠纷。从诉请内容来分析，"标准必要专利许可使用费纠纷"更无法归于侵权纠纷或者反垄断纠纷之下。任何试图从传统的合同之诉、反垄断之诉抑

---

❶　主要包括合同之诉、侵权之诉和反垄断之诉三种学说，其中合同之诉说又分为默示许可、强制缔约义务等不同观点。

❷　首先，按照合同之诉说，专利权人与实施者之间已经成立许可合同，但 FRAND 承诺只是专利权人向标准化组织而非潜在实施者作出的承诺，在我国法律中不存在"第三方受益合同"理论的情况下，认为专利权人与实施者成立许可合同不符合合同的相对性原理。并且，由于 FRAND 承诺含义的高度模糊，该承诺是否构成要约尚存在较大争议。此外，默示许可、强制缔约义务等观点都缺乏明确的法律规定作为支撑，在当前的法律体系下并无存在的空间，并且按照该观点，专利权人寻求禁令救济将缺乏正当性。其次，若按照侵权之诉来处理，专利权人只能就已经发生的侵权行为主张赔偿、请求禁令，专利权人和实施者如何就未来的实施许可作出安排无法在该侵权案件中获得解决。最后，若按照反垄断之诉来处理，根据《反垄断法》第 47 条的规定，经营者滥用市场支配地位的法律责任只有停止违法行为、没收违法所得、罚款等，因此，由人民法院在反垄断案件中直接判令标准必要专利权人与实施者达成许可协议并确定许可使用费缺乏法律依据。

❸　广东省高级人民法院（2013）粤高法民三终字第 305 号民事判决书。

或侵权之诉中选择一个来定义专利权人和实施者之间的法律关系，而没有区别所处理的矛盾的实质来分析问题和解决问题的努力最终都被证明是徒劳的。单一的合同之诉、侵权之诉或者反垄断之诉均无法容纳标准必要专利纠纷的全部内容的根本原因在于，不同的情况下双方矛盾的实质根本不同，双方诉讼的目的存在本质区别。对于愿意按照 FRAND 原则作出许可的专利权人和希望通过谈判获得许可的实施者而言，双方在谈判过程中均会展现出最大的诚意，尽力促成协议的达成。即便双方经过充分协商仍无法达成协议，仍会积极寻求其他途径解决争议，使得许可活动得以完成。此时，双方的争议焦点一般只在于许可使用费的高低，而不涉及标准必要专利的实施许可应否签发等问题。在这种情况下，无论是寻求通过司法禁令来阻止实施者实施专利或是通过反垄断的手段对专利权人进行惩罚都不是理性当事人的选项。只有对于这样的专利权人和实施者，双方的纠纷才是真正意义上的"标准必要专利许可使用费纠纷"。从现实的角度考虑，在标准必要专利许可使用费纠纷的可诉性已经被确立的情况之下，双方在该争议中究竟属于何种法律关系、该纠纷究竟是何种性质，对于争议的解决而言已无实际意义。

"标准必要专利许可使用费纠纷"案中，当事人拟实现的诉讼目的是通过司法途径确定许可使用合同的一项重要条款——许可使用费。对于并非以确定许可使用费为诉讼目的的纠纷，例如在标准必要专利权人不遵守 FRAND 原则的变相拒绝许可的情况下，实施者请求法院判令确认权利人构成垄断及给予许可；或者在实施者拒绝谈判的情况下，标准必要专利权人请求法院判令给予经济赔偿以及禁令救济等，虽然此时双方的分歧可能表现在对许可使用费的争议，但其应相应地归属为垄断纠纷、侵权纠纷，均非"标准必要专利许可使用费纠纷"。

四、许可使用费之诉的程序设置

（一）是否有必要在许可使用费确认之诉中设立前置磋商程序

有观点认为，既然通过协商就许可使用费达成一致是解决标准必要专利纠纷的最佳途径，也最能体现对当事人意思自治的尊重，那么在标准必要专利的许可活动中要最大限度地减少司法干预，在任何时刻都不应放弃对于促成谈判的努力。因此，在关于标准必要专利许可使用费纠纷中，人民法院对许可使用费作出裁判之前应当专门设置一定的时间用于双方当事人做最后的谈判。这种观点的出发点虽好，但是低估了当事人的认知能力。专利权人和实施者作为市场经营活动的主体，比任何第三方都更清楚如何才能实现自己利益最大化。在通过谈判达成许可协议对于诚信的专利权人和实施者而言是最佳选择这一命题成立的情况下，但凡双方意识到争议有通过谈判解决的希望，标准必要专利权人或者实施者通常不会贸然选择将争议诉诸司法，将大量的金钱和精力耗费在漫长且结果难以预见的诉讼中。在标准必要专利权人或者实施者向法院起诉，请求确认许可使用费的时候，基本是认为进一步协商对于达成协议已毫无意义。在此情况之下，人民法院受理案件后再依照职权主动为磋商指定期限，除了造成案件审理的延宕以外别无益处。

标准必要专利许可谈判活动极为复杂，无论是主动诉诸司法程序的原告还是被动卷入司法程序的被告，均可能在诉讼启动之后转变心态，比如因为市场情况发生变化，或者自身需求发生变化，又或者基于对诉讼结果的悲观认识等原因，从而愿意放低身段，调整自己的报价或者反报价，使原本已经破裂的谈判重新开始。若不设置磋商程序，是否会误伤该类标准必要专利权人与实施者的谈判积极性，使原本可能恢复的谈判无法恢复？笔者认为这种担心是多余的。法院调解是我国民事诉讼的基本原则之一，贯穿从立案到判决之前的整个审判过程。标准必要专利权人与实施者在诉讼中若能达成许可协议，案件自然可以调解或者撤诉结案。因此，磋商可以视为法院调解工作的一部分。若标准必要专利权人与实施者不需要在法院的主持下进行磋商，而只是希望法院给予双方一段时间，让双方回到自由谈判的状态，则可以适用《民事诉讼法》第50条所规定的自动和解制度。我国民事诉讼法规定的审限较短，适用普通程序审理的一审案件，审理期限通常只有6个月；二审案件则只有3个月。确定标准必要专利许可使用费纠纷案件具有证据繁多、案情复杂的特征，案件要在审限内结案本身就非常艰难。因此，若标准必要专利权人与实施者在案件进入诉讼程序之后又想继续谈判的，经双方当事人申请或者一方当事人申请之后另一方表示无异议，法院可以裁定中止诉讼程序。在我国，中止诉讼针对的是诉讼进行过程中所发生的导致诉讼无法或者不宜继续进行的法定事件。该法定事件除《民事诉讼法》第 150 条明确列举的四类情形之外，还包括"其他应当中止诉讼的情形"，故法院在出现上述事件时裁定中止标准必要专利许可使用费案件的诉讼并不缺乏法律依据。由此不难发现，若标准必要专利权人或者实施者有心重回谈判桌，法院完全可以充分利用现有法律制度满足双方当事人的合理需求，暂停诉讼程序，给予双方当事人重新谈判协商的机会。以中止诉讼的方式解决重回谈判的问题还可以有效防止任何一方当事人借口谈判拖延诉讼。民事诉讼法明确规定，当中止诉讼的原因消除后，法院应当恢复诉讼。当任何一方认为谈判已无继续的必要，协议就不可能达成，故法院可在获知该情况之后及时恢复诉讼，重新回归司法解决的路径。

从上述分析可知，设立专门的前置磋商程序既无标准必要专利权人与实施者的需求支撑，又无法律制度上的存在价值。对于一项发生概率不高并且即使发生也有其他现成的法律制度可以进行规制的问题，立法似乎没有为之浪费笔墨的必要。

（二）许可使用费确认之诉与其他程序的衔接

1. 涉标准必要专利各类诉讼的基本概况

本书讨论的侵权之诉、确认许可使用费之诉以及反垄断之诉，均是因标准必要专利引发的纷争。专利纳入标准之后，专利就成为实施者无法回避或者回避成本极为高昂的技术标准。标准必要专利许可活动的理想流程是：步骤一，标准必要专利权人充分向标准化组织披露其专利并作出 FRAND 许可承诺，标准化组织及时将专利信息纳入数据库并提供便利的途径供公众查询，使得公众可以方便获知标准必要专利的信息。步骤二，拟实施标准必要专利的产品制造商在获知专利信息之后，积极寻求标准必要专利权人的许可。步骤三，双方历经技术谈判、商务谈判等多轮谈判达成一致意见，签署许可协议。步骤四，产品制造商开始制造符合标准的产品。但是，现实情况并非如此。"步骤四"经常发生在"步骤三"甚至"步骤二"之前，实施者未经许可就生产采用标准必要专利技术方案的产品。该现象出现的原因是多方面的，比如，因标准必要专利权人未履行充分的专利披露义务、标准化组织未建立完善的专利数据采集与查询制度、实施者未主动关注标准所涉专利的信息等导致实施者不知道标准所涉必要专利的信息；标准必要专利权人拒绝许可或者拒绝以 FRAND 条件进行许可，试图获得超过专利价值的许可使用费，以标准对实施者进行"专利劫持"；实施者拒绝获得许可或者幻想以低于 FRAND 许可承诺的条件获得许可，发生了专利的"反向劫持"。在实施者已经"上车"的情况下，标准必要专利权人与实施者会就"补票"的问题进行协商。若协商不成，标准必要专利权人或者实施者均可能需要寻求司法救济，请求法院就合理的许可使用费率作出裁决。

若标准必要专利权人与实施者不能达成许可协议的原因在于实施者拒绝以 FRAND 条件接受许可，标准必要专利权人是否可以通过向法院提起侵权之诉进行救济？我国司法对该问题的认识经历了变化的过程。起初，主流的观点是参与了标准制定或者经同意纳入标准的必要专利，视为默示许可他人实施，故他人未经许可实施标准必要专利的，专利权人可以请求实施者补偿一定的许可使用费，但是实施者不再被视为构成侵权。例如，最高人民法院在 2008 年 7 月 8 日针对辽宁省高级人民法院"季某、刘某诉朝阳市兴诺建筑工程有限公司"专利侵权纠纷作出的（2008）民三他字 4 号答复中指出："鉴于目前我国标准制定机关尚未建立有关标准中专利信息的公开披露及使用制度的实际情况，专利权人参与了标准的制定或者经其同意，将专利纳入国家、行业或者地方标准的，视为专利权人许可他人在实施标准的同时实施该专利，他人的有关实施行为不属于专利法第十条所规定的侵犯专利权的行为。专利权人可以要求实施人支付一定的使用费，但支付数额应当明显低于正常的许可使用费，专利权人承诺放弃专利许可使用费的，依其承诺处理。"此阶段，与非标准必要专利相比，标准必要专利受到的保护是非常不足的。只要专利纳入标准是经过权利人同意的，权利人就丧失了通过侵权之诉进行救济的资格。而侵权之诉既可以对实施者的既往行为作出评价，也可以对实施者往后的行为作出规制。其中，前者主要是判决实施者对既往实施行为承担赔偿责任，而后者就是责令实施者在判决生效之后停止继续实施标准必要专利（英美法称为"禁令"）。对于标准必要专利而言，颁发禁令基本意味着责令实施者退出竞争市场，"禁令"对于标准必要专利权人而言无异于一把尚方宝剑。一旦缺乏"禁令"的威胁，标准必要专利权人就失去了最有力的谈判武器，专利"反向劫持"会不可避免地发生。出于对救济疲软的忌惮，专利权人会对专利纳入标准有所抵触，甚至直接拒绝专利被纳入标准。这将对标准质量的提升以及通信领域技术的推广造成不可估量的损害。随着对标准必要专利问题认识的深入，主流的观点开始转为允许标准必要专利权人寻求侵权之诉的救济。其中最有代表性的事件是最高人民法院对张某某诉衡水子牙河建筑工程有限公司专利侵权纠纷案的提审及再审改判侵权成立。在该案的再审判决中，最高人民法院指出，"（2008）民三他字4号答复是对个案的答复，不应作为案件的裁判依据直接援引；本案不存在专利权人隐瞒专利的行为导致标准的实施者产生该技术为无需付费的公知技术的信赖"。也就是说，在标准必要专利权人已经充分披露了专利信息的情况下，实施者不能再以其实施的是标准进行不侵权抗辩。2016年4月1日实施的《最高人民法院关于审理侵犯专利权纠纷案件应用法律若干问题的解释（二）》第24条则进一步重申了上述意见。按照该司法解释的规定，推荐性国家、行业或者地方标准明示所涉必要专利的信息，被诉侵权人以实施该标准必要专利无须专利权人许可为由抗辩不侵犯该专利权的，人民法院一般不予支持。至此，标准必要专利权人侵权之诉的救济路径得到正式确认。但是，值得注意的是，通信产品制造商若未经许可实施专利，标准必要专利权人可以如同其他非标准必要专利的权利人一样请求法院判令实施者对既往的侵权行为承担赔偿责任，但其请求实施者停止实施专利的权利要受到特殊的限制。关于对标准必要专利权人寻求"禁令"救济进行限制的原因与具体情形，本书其他章节有详细论证，在此不再赘述。

若标准必要专利权人与实施者不能达成协议的主要原因在于标准必要专利权人拒绝以FRAND条件进行许可，进而对实施者进行"专利劫持"。鉴于标准必要专利的特殊性，标准必要专利有构成滥用市场支配地位的可能，因此实施者可以标准必要专利权人的行为构成对市场竞争的排除与限制为由，向法院提起反垄断之诉。涉标准必要专利的反垄断之诉的具体情形，通常包括不公平高价、拒绝交易、捆绑搭售、实行差别待遇等滥用市场支配地位的行为。除不公平高价与差别待遇类的反垄断纠纷可能涉及许可使用费的问题，其他的反垄断纠纷一般与许可使用费无直接关系。标准必要专利权人存在上述任何一种滥用市场支配地位的行为，根据《反垄断法》第47条与第50条的规定，其除需承担停止违法行为、没收违法所得、罚款等行政责任之外；还应当对给他人造成的损失承担相应的民事赔偿责任。

2. 各类诉讼对于达成许可协议的作用

许可使用费确认之诉与侵权之诉、反垄断之诉可以说是直接手段与间接手段的关系。标准必要专利权人或者实施者在谈判破裂之后诉诸司法，其终极目标是达成许可协议。费率条款无疑是许可协议中最重要与分歧最大的条款，许可使用费确认之诉的裁判结果就是法院直接为双方确认一个符合 FRAND 原则的许可使用费数值或者许可使用费数值区间。标准必要专利权人或者实施者再以该裁判结果为依据，签署许可协议。但是，法院在该类诉讼中为标准必要专利权人或者实施者确定的只是许可合同中的费率条款，而并不是完整的许可合同。由于合同的签署具有人身依附性，即使法院裁定了一个确定的许可使用费数值，届时若任何一方不愿意签署许可协议，许可协议还是无法直接成立。因此，为了更快达到签署许可协议的目的，标准必要专利权人会通过停止侵权之诉配合其许可使用费确认之诉，而实施者则会通过反垄断之诉配合其许可使用费确认之诉。标准必要专利权人或者实施者提起侵权之诉或者反垄断之诉的直接目标是获得法院的"禁令"或者"赔偿"救济，但是该救济相对于其达成许可协议的终极目标来说，更多的是一种诉讼工具。其真正的用意恐怕还是要以"禁令"或者"赔偿"作为筹码，促使对方尽快与自己签署符合 FRAND 原则的许可协议。司法实践中，涉标准必要专利的纠纷较少为孤案，而是多类诉讼并发，这一情况很好地印证了该结论。例如，早期的华为诉 IDC 案中，华为公司针对 IDC 公司同时提起许可使用费确认之诉与反垄断之诉，双管齐下促成协议达成。2019 年 4 月达成和解的华为诉三星案中，华为公司也是向法院一并提出了包括侵权之诉与许可使用费之诉在内的一系列诉讼。不仅国内如此，国外的涉标准必要专利许可使用费纠纷也基本如此，只是由于各国的司法制度差异，其可能并不是分案审理，而是在同一个案件中一并处理标准必要专利权人提出的有关费率、禁令等不同请求。例如，英国法院审理的无线星球诉华为案，无线星球公司针对华为公司也同时提出了确定合理的许可使用费与颁发禁令的请求。

3. 标准必要专利权人可以请求"禁令"救济

实施者未经许可实施标准必要专利的，标准必要专利权人可以请求"禁令"救济，也就是停止继续实施专利。在侵权之诉与许可使用费之诉是一并提出的场合，法院若认为符合"禁令"的颁发条件，会在侵权之诉中直接责令实施者停止继续实施涉案标准必要专利。实施者在许可使用费纠纷结束之后不及时与标准必要专利权人签署许可协议的，标准必要专利权人可以请求法院强制执行侵权之诉的"禁令"判项，从而让实施者退出市场。标准必要专利权人未一并提出侵权之诉的，针对实施者拒绝许可的新情况，权利人有权通过再次起诉来获得法院的"禁令"救济。

4. 以"强制令"制度促成协议达成在我国缺乏相关依据

许可使用费只是许可协议的内容之一，在许可使用费之外，标准必要专利权人与实施者还可能存在其他分歧。即便标准必要专利权人与实施者将所有分歧提交法院裁决，只要法院并未认定合同成立，还是有可能发生一方不愿意依照法院确定的条件与相对方签署许可协议的风险。作为确认之诉，判决内容只是确认许可条件应当如何，而不包括责令当事人作出一定行为的给付内容。在此情形之下，愿意依照裁定内容签署协议的标准必要专利权人或者实施者的救济路径何在？法院确定的许可使用费如何得以贯彻执行？我国已知的几起标准必要专利许可使用费纠纷，标准必要专利权人与实施者要么在一审、二审阶段，要么在再审阶段达成了和解，故上述假设的情形尚未发生。

与我国不同的是，美国法院在许可使用费纠纷中可直接颁发签订许可协议的强制令。比如，2017 年 11 月 8 日，美国加利福尼亚中心地区法院就 TCL 诉爱立信案作出判决，该判决在确定许可使用费的费率以及期间之后，指出"由于法院的最终裁决将采取强制令的形式，而不是给出完整的许可协议。当事人应当在三十天内提交符合法院认定和结论的体现强制令的拟议文件"。❶那么，我国是否可以借鉴该做法？我国的《海事诉讼特别程序法》规定了海事强制令制度，民事诉讼法中也规定了行为保全制度。应该说，我国并不缺乏这方面的制度基础。但是进一步的问题在于，法院直接责令标准必要专利权人与实施者以确定的许可条件签署协议是否合适？在标准必要专利权人或者实施者仅请求法院确认许可使用费的案件中，法院再作出责令双方签署许可协议的行为保全裁定，与行为保全制度适用的前提条件——"判决难以执行或者造

---

❶ TCL v Erisson，8：14-CV-00341-JVS-DFM.

成当事人损害"并不契合。因此，以与美国强制令类似的方式来保障许可协议得以签署的路径，在我国并不是特别可行。其实，当事人的诉讼请求只是问题发生的表象。若仅仅是由于当事人未提出该方面诉讼请求，标准必要专利权人或者实施者大可以在请求法院确认许可使用费之时增加相关的诉讼请求。因此，签署许可协议作为一种人身行为，原则上不得强制履行才是问题产生的根源。对于带有人身依附性的行为，我们往往是寻求替代履行或者转化为金钱损害赔偿来进行救济的。以"强制令"方式责令标准必要专利权人与实施者签署许可协议，将有违我国民事法律的基础理论。

5. 关于结合"强制许可"制度共同促成协议达成的问题

即便有一方当事人拒绝依照法院裁决的费率签署许可协议，许可使用费确认之诉的裁定结果也并非毫无意义。笔者认为，愿意依照裁定内容签署许可协议的一方，可以在许可使用费确认之诉生效之后通过与强制许可制度相结合的方式进行救济，从而促成协议达成。

专利强制许可制度，是指专利管理机关根据特定条件，在不经专利权人同意的情况下向第三方颁发许可证书（包括许可其生产、销售、进口有关专利产品，实施专利方法等），同时由被许可人向专利权人支付一定补偿费的法律制度。专利固然是一种值得被保护的私权，但其一旦被滥用，则可能与人类的生命、健康、技术进步以及市场竞争秩序等更高位阶的社会价值发生冲突。强制许可制度就是为了应对专利权的滥用而设置的，其目的是平衡专利权人、实施者和社会公众三者之间的利益。强制许可的规定最早出现在 1883 年的《保护工业产权巴黎公约》，该公约第 5 条（2）规定"本联盟的每一国家有权采取立法措施规定授予强制许可，以防止专利赋予的排他权而可能产生的滥用"。❶ 南非、巴西、泰国等发展中国家都规定了强制许可制度，印度更是因为在医药领域大力推行"强制许可"制度，才成为世界知名的仿制药生产基地。❷ 德国也创设了"强制许可"的抗辩制度，例如在著名的"橙皮书标准

---

❶ 阮思宇. 专利强制许可的正当性［J］. 科技与法律，2011（2）：30-36.

❷ 郝敏. 药品专利强制许可制度在发展中国家的应用——从抗癌药代购第一人陆勇事件谈起［J］. 知识产权，2015（8）：95-101.

案"中，德国联邦最高法院认为被告在同时满足以下条件时，可以使用竞争法强制许可的抗辩：第一，原告的专利是进入市场必不可少的前提条件；第二，原告的拒绝许可缺乏合理性和公正性；第三，被告向原告提出了真实、合理、无条件且易于被接受的要约；第四，被告预期履行其合同相关义务。我国专利法以国际条约为依据，规定了包括防止专利滥用的强制许可、从属专利的强制许可、公共利益与公共健康目的的强制许可以及为防止限制竞争行为的强制许可等几种类型的强制许可。与垄断行为相关的强制许可见于《专利法》第48条，该条规定："专利权人行使专利权的行为被依法认定为垄断行为，为消除或者减少该行为对竞争产生的不利影响的，国务院专利行政部门根据具备实施条件的实施者的单位或者个人的申请，可以给与实施发明或者实用新型专利的强制许可。"部分学者对该条提出质疑，认为其有可能造成强制许可的滥用。但是，即便主张严格限制适用垄断类强制许可的学者，也认为标准必要专利的权利人滥用市场支配地位的，可以适用强制许可对其进行规制。其理由是：标准必要专利是核心设施，标准必要专利权人控制了下游企业生产所不可缺少且不可复制的核心设施，其有义务让下游厂商以适当的商业条件适用该项设施，以避免限制竞争的后果。❶ 因此，对于已经被认定为构成滥用市场支配地位的标准必要专利权人而言，其若不在许可使用费纠纷结束之后及时与实施者签署许可协议，实施者就可能依据《专利法》第48条的规定向国务院专利行政部门申请强制许可。而对于许可使用费判决生效之前未提出过反垄断之诉的实施者，也可以再次提出反垄断之诉。在无其他分歧的情况下，标准必要专利权人拒绝以法院裁定的许可使用费签署协议的行为可以作为其实施了反垄断法所规定的"没有正当理由，拒绝与交易相对人进行交易"行为的直接证据。一旦其被认定为构成滥用市场支配地位，实施者就可以向国务院专利行政部门申请强制许可。

6. 关于构建我国合理的许可使用费之诉的设想

上述各种救济途径的实现，均不可避免要在许可使用费确认之诉以外产生

---

❶ 李剑. 专利强制许可与核心设施理论的适用——专利法第48条第2款与反垄断法的衔接［J］. 北大法律评论，2011（2）：543-560.

另一侵权之诉或者反垄断之诉。涉标准必要专利的技术与法律问题均极为复杂，该纠纷解决模式必然造成标准必要专利权人与实施者耗费大量的时间和精力应对诉讼，也会造成司法资源的极大浪费。我们是否可以探索出一条不必如此"舍近求远"的路径？对此，不妨尝试做出如下假想。

假想一，将单纯的确认许可使用费或者许可使用条件诉讼改造成确认合同成立的确认之诉。如果认为 FRAND 许可承诺可以使标准必要专利权人产生强制缔约义务，并且标准必要专利许可协议是与供水、供电、供暖合同类似的、可以由法院直接宣告成立的合同，则可以通过将单纯的确认许可条件的许可使用费纠纷转为确认许可条件与确认合同成立的确认之诉，从而达到直接定分止争的效果。但这只适用于实施者寻求救济的场合，而无法类推适用于对标准必要专利权人寻求救济的情形。对于不负有强制缔约义务的实施者，除了通过侵权之诉责令其停止实施涉案标准必要专利之外，似乎别无他法。

假想二，借鉴强制许可制度的基本理论，建立专门针对标准必要专利的"司法强制许可制度"。根据我国现有的法律，专利强制许可的颁发机构是国务院专利行政部门。专利行政部门掌握着专利从申请到实施的庞大数据，更加了解技术领域的现状，由其负责颁发强制许可可以更好地掌握社会需求，本身并无不妥。尽管各界对于"司法强制许可"的合理性颇有微词，但是司法实践已对此作出尝试。例如，为促进知识产权的运用，实现知识产权的价值，推动科技发展和社会进步，法院在天津天隆种业科技有限公司与江苏徐农种业科技有限公司侵犯植物新品种权纠纷案中，针对双方当事人分别提出的确认对方侵犯其独占享有的父本 C418、母本徐 9201A 的诉讼请求，直接判令双方当事人相互免费授权许可对方使用。❶ 标准必要专利的复杂性，使得其强制许可需要面对的事实与证据问题非其他普通专利可比。尤其是在法院已经在许可使用费纠纷中查明相关事实之后，由法院直接作出强制许可的裁定，可能比再绕道国务院专利行政部门寻求行政救济，更加高效与合理。如此一来，标准必要专利权人与实施者的救济程序将获得极大的简化。无论是之于标准必要专利权人，还是之于法院，这都是大有裨益的举措。

---

❶ 江苏省高级人民法院（2011）苏知民终字第 194 号民事判决书。

第二节　标准必要专利许可使用费的计算

在解决了标准必要专利许可使用费纠纷的可诉性以及司法介入时机、程序设置等制度性问题后，接下来的工作就是在个案中确定许可使用费的具体数值或者数值范围。这是此类案件的争议焦点，也是最考验标准必要专利权人与实施者的诉讼能力以及法院司法裁判水平的环节。各国法院有关标准必要专利许可使用费的判决甫一作出，就会出现铺天盖地的新闻报道与形色各异的专家解读。作出得到业界认可判决的法院，甚至会成为标准必要专利权人或者实施者争相将案件提交管辖的目标法院。例如，有自媒体称，2019 年之后，受无线星球诉华为案判决的影响，奥普缔斯蜂窝技术有限公司（PanOpti）选择在英国法院起诉苹果公司侵犯其标准必要专利权，土耳其的伟视达电子工贸有限公司（Vestel）也在英国起诉美国的专利运营池公司 HEVC Advance 公司滥用市场支配地位。❶

一、我国标准必要专利许可使用费的确定规则

由于专利与标准结合产生问题的时间相对较晚，问题所属的领域也相对集中，我国对于标准必要专利的认识经历了逐步发展的过程，确定标准必要专利许可使用费的原则也几经变化。

（一）"明显低于"规则

标准必要专利许可使用费问题在我国最早受到关注是因为 2008 年最高人民法院对辽宁省高级人民法院的一个复函，该复函就是前文述及的（2008）民三他字 4 号复函。在该复函中，最高人民法院认为专利权人参与了标准的制定或者经其同意，将专利纳入国家、行业或者地方标准的，专利权人可以要求实施人支付一定的使用费，但支付数额应当明显低于正常的许可使用费。这是我国最高审判机关首次通过个案对标准必要专利许可使用费问题表态，明确了

---

❶　大岭 IP. 英国最新标准必要专利诉讼，载微信公众号"大岭 IP"2019（4）.

实践中确定标准必要专利许可使用费的指导性标准——"明显低于"标准。❶
彼时，标准必要专利问题在我国刚刚出现，国际上的司法实践也不丰富，我国
审判机关将关注的重点放在了标准的公共属性上，为确保标准的推广和顺利实
施有意抑制专利的私有财产属性。2009 年 11 月，国家标准化委员会《涉及专
利的国家标准制修订管理规定（暂行）（征求意见稿）》延续了这一规定。❷
各界对于"明显低于"规则的合理性提出了质疑，理由主要在于：其一，专
利许可使用费应与专利价值成正相关关系，不考虑专利的价值而仅仅因专利被
纳入标准就认为其仅能获得低于非标准必要专利许可使用费的回报，缺乏必要
的理论逻辑；其二，标准必要专利权人与实施者有通过谈判达成许可使用费的
自由，规定许可使用费上限缺乏现实必要性；其三，标准必要专利权人获得的
许可使用费必须明显低于非标准必要专利权人的利益导向，可能使标准必要专
利权人不能通过许可获得足以弥补其研发损失的回报，不利于激励创新，更不
利于鼓励权利人将先进的技术纳入标准。❸

（二）"综合考虑"规则

继"明显低于"规则之后，2009 年 6 月《最高人民法院关于审理侵犯专
利权纠纷案件应用法律若干问题的解释（征求意见稿）》第 20 条第 1 款就标
准必要专利许可使用费问题作出如下规定："专利权人要求标准实施人支付使
用费的，人民法院应当综合考虑专利的创新程度以及在标准中的作用、标准所
属的技术领域、标准的性质、标准实施的范围等因素合理确定使用费的数额，
但专利权人承诺放弃使用费的除外。"相比（2008）民三他字第 4 号批复，上
述规定不再坚持"明显低于正常的许可使用费"，而是提出了确定许可使用费
应考虑的五项具体因素，这一改变反映出标准必要专利财产属性的回归，可以
说是对"明显低于"规则的纠正。然而，矫枉难免过正，上述条文列出的五

---

❶　秦天雄．标准必要专利许可费率问题研究［J］．电子知识产权，2015（3）：84-89.
❷　根据《涉及专利的国家标准制修订管理规定（暂行）（征求意见稿）》第 9 条第 2
款第（2）项规定，国家标准制定和修订过程中涉及专利时，专利权人可以选择作出以下
声明：同意在合理无歧视基础上，许可任何组织和个人实施该国家标准时实施其专利，但
支付的数额应明显低于正常的许可使用费。
❸　秦天雄．标准必要专利许可费率问题研究［J］．电子知识产权，2015（3）：84-89.

大因素看似全面，但实际上均只从如何实现专利价值这一个方面来看待标准必要专利问题，实施者的诉求、产业发展的需要等都没有得到回应。在上述规则中，标准必要专利的公共属性没有得到任何体现，走到了与"明显低于"规则相反的另一个极端。也许意识到对该问题的研究还不成熟，最终颁行的《最高人民法院关于审理侵犯专利权纠纷案件应用法律若干问题的解释》的正式文本删除了该条。

（三）FRAND 原则

2013 年，广东省高级人民法院在审理华为诉 IDC 标准必要专利许可使用费纠纷一案中，首次适用 FRAND 原则进行裁判。翌年，最高人民法院在张某某与衡水子牙河建筑工程有限公司等侵害发明专利权纠纷提审判决书❶中也指出："实施该标准，应取得专利权人的许可，根据公平合理无歧视的原则，支付许可使用费。"由此，以 FRAND 原则确定费标准必要专利许可使用费被引入我国的司法实践中。与此同时，FRAND 原则在我国也开始逐步被涉及标准必要专利的相关规范性文件所接受，用于指导行政执法机构确定许可使用费以及评价专利权人的许可行为是否符合竞争法的规定。❷

经过多轮征求意见和修改完善，2016 年 1 月 25 日《最高人民法院关于审理侵犯专利权纠纷案件应用法律若干问题的解释（二）》经最高人民法院审判委员会第 1676 次会议通过，自 2016 年 4 月 1 日起施行。该司法解释第 24 条第 3 款规定："人民法院在确定上述实施许可条件时，应当根据公平、合理、

---

❶ 最高人民法院（2012）民提字第 125 号.

❷ 在 2013 年 12 月 19 日颁布的《国家标准涉及专利的管理规定（暂行）》中，关于标准必要专利许可使用费的收取，该规定第 9 条第 2 款第（2）项将征求意见稿中的"明显低于正常的许可使用费"修改为"专利权人或者专利申请人同意在公平、合理、无歧视基础上，收费许可任何组织或者个人在实施该国家标准时实施其专利"。该规定在征求意见稿时的名称为《涉及专利的国家标准制修订管理规定（暂行）》，由国家标准化管理委员会、国家知识产权局制定并颁布，2014 年 1 月 1 日起施行。而根据国家工商总局 2015 年 4 月 7 日颁布的《关于禁止滥用知识产权排除、限制竞争行为的规定》第 13 条第 2 款第（2）项，具有市场支配地位的经营者在其专利成为标准必要专利后是否"违背公平、合理和无歧视原则，实施拒绝许可、搭售商品或者在交易时附加其他不合理交易条件"成为衡量其是否实施排除、限制竞争行为的标准。

无歧视的原则，综合考虑专利的创新程度及其在标准中的作用、标准所属的技术领域、标准的性质、标准实施的范围和相关的许可条件等因素。"由此，FRAND 原则首次以司法解释的形式被确立，以公平、合理、无歧视的原则确定标准必要专利许可使用费获得了明确的法律依据，而不再是司法机关在个案中的探索。

与 2009 年 6 月《最高人民法院关于审理侵犯专利权纠纷案件应用法律若干问题的解释（征求意见稿）》第 20 条第 1 款相比，《最高人民法院关于审理侵犯专利权纠纷案件应用法律若干问题的解释（二）》对于确定标准必要专利许可使用费时应当考虑的具体因素并未作调整，而是直接冠以 FRAND 原则，改动的字数虽然不多但意义重大。如前所述，在未强调 FRAND 原则而只提"专利的创新程度及其在标准中的作用、标准所属的技术领域、标准的性质、标准实施的范围"等因素时，标准必要专利的公共属性未能得到体现。根据这一规则确定许可使用费无法顾及实施者的利益，从长远来看不利于产业的健康可持续发展，也不符合专利权人的根本利益。

与以往提出的规则相比，以 FRAND 原则作为确定标准必要专利许可使用费至少有三方面优势。首先，从形式上更加符合民法所倡导的公平、意思自治等基本原则，体现了对私权的尊重；其次，从内容上更加符合市场原则，体现了对经济理性的重视；再次，从效果上更加符合权利平衡原则，考虑到了对产业利益、标准必要专利权人和实施者三方利益的平衡，尤其重视对公共利益的维护。❶ FRAND 原则也是世界其他国家法院在确定标准必要专利许可使用费时普遍采用的原则。美国法院判决的 TCL 诉爱立信案、英国法院判决的无线星球诉华为案、日本法院判决的苹果诉三星案，无一不是在 FRAND 原则之下确定实施者需要向标准必要专利权人支付的许可使用费的。

许可谈判旷日持久、耗时耗力的现状，对 FRAND 原则的科学性提出挑战。那么，是否可以强制许可原则替代 FRAND 原则作为标准必要专利权许可

---

❶ 秦天雄. 标准必要专利许可费率问题研究 [J]. 电子知识产权，2015（3）：84-89.

的基本原则，以解决许可效率低下的弊端？许可原则涉及标准必要专利许可的诸多方面，但本章仅从确定许可使用费的角度考察以强制许可原则替代FRAND原则是否合适。首先，根据我国《专利法》第57条关于被强制许可的专利许可使用费的规定，标准必要专利权人与实施者可以就许可的使用费数额进行协商；如协商不成的，由国务院专利行政部门裁决。标准必要专利权人与实施者在行政程序中的弱对抗性，可能导致以行政裁决解决标准必要专利许可使用费纠纷的效果不如法院裁决。其次，FRAND原则虽然较为模糊，但通过结合个案情况对"公平""合理""无歧视"进行具体化解释，使得其可以作为确定标准必要专利许可使用费的标准；而对于强制许可原则，除了裁决机构是明确的之外，其并未对如何具体确定许可使用费提出任何准则性的内容。从根本上而言，强制许可原则与FRAND原则不是一个内容层面的制度，因此，不存在由强制许可替代FRAND原则的可能性。

二、FRAND原则之下如何确定许可使用费

从字面来看，FRAND包含公平、合理和无歧视三个方面。公平、合理、无歧视的表意是相当模糊不清的，以至于无法从其字面含义解读出确定许可使用费的具体标准。但是，可以确定的是，符合FRAND原则的标准必要专利许可使用费，应当有助于消除标准必要专利许可领域特有的"专利劫持"、许可使用费堆叠以及专利"反向劫持"等不良现象，并且能有效遏制专利权人私掠行为的扩张。确定符合FRAND原则的标准必要专利许可使用费，需要同时结合法律分析与经济分析的方法来进行解释。

（一）何为标准必要专利权人所能获得的"合理"许可使用费

FRAND原则中的"合理"主要是针对标准必要专利许可使用费水平。合理的许可使用费应能体现专利的价值，给予专利权人足够的创新回报，同时又不让实施者产生过度的经济负担以至于阻碍标准的推广与实施。换言之，合理的许可使用费应能够在专利权人利益、实施者利益与社会公众利益三者之间维持必要的平衡。关于标准必要专利的价值，有研究表明：涉诉标准必要专利的价值比非涉诉标准必要专利的价值更高；影响专利价值的因素主要是技术价值

和战略价值，其中战略价值对于标准必要专利的影响更大。❶

2016 年前后，高通公司以魅族公司未支付许可使用费为由在中国、美国、德国、法国同时针对魅族公司采取法律措施。魅族公司则一再申明其立场是"愿意为专利付费，但需要合理费率"。❷ 可见，标准必要专利许可使用费纠纷的缘起往往不是标准必要专利权人拒绝许可或者实施者拒绝付费，而是双方对标准必要专利权人的报价或者实施者的反报价是否"合理"的认识产生了分歧。如何评价标准必要专利许可使用费的合理性？主流的观点认为至少要把握以下三项要点。

要点一：区分专利价值与标准价值，从标准必要专利中剥离出由标准的兼容性带来的价值贡献。当专利被纳入标准后，技术标准会增强其垄断性，进而使专利权人获得超越其专利权之外的利益，但这部分利益是由标准带来的，而不是由专利权人的贡献产生，因而专利权人只能就专利权获取收益，而不应因标准而获得额外收益。❸ 上述观点为当前绝大多数司法判例所采纳。例如，2017 年 12 月 21 日美国加利福尼亚州中心地区法院就 TCL 诉爱立信公司案作出的判决中，就援引了爱立信公司诉友讯公司案、英联邦科学与工业公司研究组织诉思科系统公司案、Innovatio IP Venture 公司案等大量在先案例，重申"专利权所有人的许可使用费必须以专利价值的功能为前提，标准对该项专利的采用不应增加任何价值……许可使用费的判定是基于专利发明为产品带来的增值，而不是该项技术被纳入到标准所带来的增值"的立场。为确保专利权人应当收取的许可使用费与专利纳入标准之前保持一致，经济学家认为，合理的许可使用费应该是专利权人在标准制定之前的公开竞争条件下的均衡许可使用费，而不是在其他参与者已经被标准所锁定后专利权人可以压榨到的许可使

---

❶ 张俊艳，余敏. 基于有序逻辑回归的标准必要专利价值影响因素研究 [J]. 电子科技大学学报（社科版），2018（2）：56-68.

❷ 徐家力. 标准必要专利许可费之争——以"高通诉魅族"案为切入点 [J]. 江苏社会科学，2018（1）：42-50.

❸ 张平. 论涉及技术标准专利侵权的救济限制 [J]. 知识产权研究，2013（5）：69-78.

用费。**❶** 为此，斯旺森（Swanson）和鲍莫尔（Baumol）建立了一个事前竞赛模型来分析标准必要专利的合理许可使用费问题。目前大多数经济学家和政策制定者已接受事前竞赛模型的解释。美国司法部和美国专利商标局（USPTO）在 2013 年 1 月联合颁布的政策声明中也采用了这一解释。**❷**

欧盟委员会的统计数据显示，1992~2011 年，涉标准必要专利纠纷的比例远远高于非标准必要专利纠纷。**❸** 2017 年欧盟委员会发布的《建立标准必要专利的欧盟方案》也指出，"相比对其他专利而言，针对标准必要专利提起的诉讼更多"。我们虽然没有收集到 2017 年之后的诉讼对比数据资料，但是放眼全球，高通与苹果、三星与华为等国际知名通信企业之间因标准必要专利纷争不断，据此不难推测出，上述情况在 2017 年之后并没有出现多大改变。在绝大多数标准必要专利许可使用费纠纷中，标准必要专利权人都希冀分割专利标准化带来的增值价值；而实施者则认为该增值部分应当由其享有。标准必要专利权人与实施者对增值价值的争夺，或许才是双方无法达成一致的"命门"所在。纷争频发的现实促使我们不得不反思：我们现有的利益分配规则是否违反了标准必要专利价值形成的客观规律？标准必要专利权人关于分割专利标准化的增值价值的诉讼请求是否就一定不合理？有学者质问，如果严格要求标准必要专利权人收取的许可使用费不得超出专利加入标准之前的水平，那么标准必要专利权人加入标准的好处是什么？**❹** 这确实是值得深思的问题。任何理性经济人，其行为背后都隐藏着追逐的价值目标。专利加入标准，可以提高标准的质量，促进社会技术进步，提高人类整体福祉。但是对标准必要专利权人而言，专利入标之后，其必须遵守标准化组织的知识产权政策，并且不能像非标准必要专利权人一样挑选许可的对象。这不得不说是专利标准化为其带来的负

---

❶ Shapiro C., Varian H. Information Rules: Strategic Guide to the Network Economy [M]. Boston Massachusetts: Harvard Business Review Press, 1999.

❷ US Department of Justice and US Patent and Trademark Office Policy Statement on Remedies on Standard-Essential Patents subject to Voluntary Rand Licensing [R]. 2013-01.

❸ 肖延高，邹亚，唐苗. 标准必要专利许可费困境及其形成机制研究 [J]. 中国科学院院刊，2018（3）：234-256.

❹ 谭袁. 标准必要专利价值增值的审视及制度建构 [J]. 竞争政策研究，2016（3）：94-102.

担。其承受该种负担的对价是什么？"专利借助标准得到了推广"或许能够解释在标准制定之际存在替代技术的标准必要专利所获得的利益。但是，对于不存在任何可替代技术的专利权人，其根本不需要借助标准的力量推广其专利技术，上述理论又该如何自圆其说？因此，呼吁正视标准必要专利权人享有合理"溢价"的权利，采取"疏通"而不是"堵住"的方式治理标准必要专利权人的利益诉求难题的思路，❶ 这确实有一定的可取之处。但是，在标准必要专利权人较之于实施者具有明显的许可谈判优势国际背景下，立法尚不宜作出直接肯定标准必要专利权人享有专利价值的增值收益的过激规定，否则会使得实施者被"专利劫持"的风险倍增。

要点二：合理的许可使用费应当避免专利许可使用费堆叠。如果下游市场中所有的标准必要专利实施者面临过高的许可使用费水平，则下游行业将失去活力，因而是不合理的。❷ 欧盟委员会在 2017 年 11 月 29 日发布的《建立标准必要专利的欧盟方案》也将防止许可使用费堆叠作为确定标准必要专利合理价值的一项重要评估原则，其认为"不能孤立地考察单个标准必要专利的价值。许可双方应当考虑为标准确定一个合理的总费率，评估技术总体增加的价值"。一件产品要使用多项技术标准，而一项标准包含的专利成百上千，该成百上千的专利又可能归属若干不同的标准必要专利权人。实施者要生产符合标准的产品，其需要获得该所有准项下所有标准必要专利权人的许可。多次授权的结果导致实施者需要多次支付许可使用费，从而使得其支付的许可使用费总和超过该产品所涉标准中所有必要专利的总价值。许可使用费堆叠会严重影响产业的发展，我国的 DVD 制造商曾因 DVD 标准的 6C、3C 专利联盟索取高额专利费而减产，甚至担负巨额专利费债务危机，就是对专利许可使用费堆叠负面效果的最好例证。❸ 在通信领域，防止专利许可使用费堆叠有着更为迫切

---

❶ 谭袁. 标准必要专利价值增值的审视及制度建构 [J]. 竞争政策研究，2016 (3)：94-102.

❷ 林平. 标准必要专利 FRAND 许可的经济分析与反垄断启示 [J]. 财经问题研究，2015 (6)：3-12.

❸ 邓志红. 涉及中国企业的标准必要专利许可谈判及诉讼：最新进展与风险分析 [J]. 电子知识产权，2019 (1)：60-67.

的现实意义。通信领域的创新素来具有"累积式创新"的特征。据统计，一部笔记本电脑所使用的技术标准就有 251 个；而对 4G 手机所使用的核心技术 LTE 所涉的标准进行专利检索，检索到的专利更是多达 93 119 件，并且该 93 119 个专利被 318 个组织持有。❶ 虽然司法实践关于标准必要专利许可使用费堆叠的主要关注点在于同一标准项下不同专利之间的费率堆叠方面，但是广义的许可使用费堆叠，应该是既包括同一标准之间不同专利许可使用费的堆叠，也包括被同一产品所采纳的不同标准之间的专利许可使用费堆叠。为防止产生许可使用费堆叠问题，在为一项标准中的部分标准必要专利确定许可使用费时，应当为其他标准必要专利的许可使用费留下适当空间。根据这一思路，首先，要设定标准必要专利许可使用费的"峰值"。该峰值既包括一项产品所采用的所有标准的必要专利许可使用费"峰值"，还包括一项标准之下全部必要专利的许可使用费"峰值"。只有对这两类总许可使用费都设定了"峰值"，才能起到真正的上限控制作用。较早提出为总许可使用费设定上限的机构是 3G 专利平台，其规定每种产品的最高许可使用费率不得超过预先设定的百分比。目前的司法实践，通常主要是为一项标准之下的必要专利总许可使用费设定"峰值"，而较少涉及为一项产品所使用的全部标准涉及的必要专利设定总许可使用费的"峰值"。例如，日本法院在判决苹果诉三星案时，就基于诺基亚公司、三星公司等公司提出的关于合理许可使用费的证据，将 UMTS 标准对 iphone4、Wi-Fi+3G 两款产品销售额乘以 5% 作为该标准项下所有必要专利的许可使用费的"峰值"以防止许可使用费堆叠。部分学者对该判决提出担忧，认为在产品采用了多项标准的情况下，设定一项标准的"峰值"并不能达到预期的效果。❷ 其次，在某项标准中的全部专利的许可使用费已知的情况下，其所包含的部分专利的许可使用费需根据该部分专利在上述整体中的比例来合理确定。换言之，在总的许可使用费数额确定之后，还要继续进行价值分摊，才能确保各标准必要专利权人不获得超过自己专利贡献的经济回报。在微软诉

---

❶ 贾振君. 我国规制 ICT 产业标准必要专利挟持的强度选择［J］. 科学学研究，2018（6）：974-983.

❷ 刘影. 日本标准必要专利损害赔偿额的计算——以"Apple Japan vs. Sansung"案为视角［J］. 知识产权，2017（3）：99-104.

摩托罗拉案中，美国华盛顿西区联邦地区法院就指出："摩托罗拉对其 801.11 标准必要专利组合的许可请求还是引发了严重的堆叠问题。拥有 802.11 标准（仅是 Xbox 产品的一个特征）的总许可使用费将超过产品的价格。本庭判定，设计该明显堆叠问题的许可使用费率不可以是 FRAND 许可使用费率，因为该许可使用费率不满足 FRAND 许可的核心原则——标准的广泛采用。"❶ 法院在该案中最终确定的许可使用费下限只有 3.471 美分每单元，比摩托罗拉公司主张的每年共计 40 亿美元的许可使用费降低了无数倍。经济学家为此提出了一种 FRAND 的经济学模型，即基于合作博弈理论和公平分配租金的"Shapley 值法"，解决具有互补性的专利的价值分析方案，来解决合作博弈各方应得利益的分配问题。根据该经济学理论，技术标准中的各项专利存在互补性，必须与其他标准参与者进行博弈，这是一个典型的合作博弈过程。❷

为防止费率堆叠，部分观点认为，专利权人针对一项标准必要专利收取许可使用费的计费基础应当限定为使用该项专利的特定零部件而不应当是完整的设备，即最小可销售单元。"最小可销售单元"理论认为，只有这样才能避免不属于该项专利的价值被专利权人以许可使用费的形式攫取。部分公司是按照芯片单独收费的，例如 ARM 和英特尔。但是，根据 ICT 产业通行的行业惯例，专利权人针对终端设备厂商收取标准必要专利许可使用费是更普遍的收费方式，因此在计算许可使用费时大多以整个终端设备作为计费基础。❸ 以高通为例，2015 年前后其在世界各地遭遇的反垄断制裁，就与其采用以整机价格为基础，按照一定比例收取许可使用费的收费模式有关。这种收费模式会导致同一种芯片因为安装在不同的终端设备上，而交纳不同的许可使用费，并且该差异与终端产品的售价差异成正比。苹果公司 CEO 库克曾评价高通该收费模式"就像在家具市场买沙发，同款沙发的最终价格会根据你房子面积的大小决

---

❶ 马一德.案例精选（第一卷）[M].北京：科学出版社出，2008：167.

❷ 肖延高，邹亚，唐苗.标准必要专利许可费困境及其形成机制研究 [J].中国科学院院刊，2018（3）：234-256.

❸ 国内外大量公开的司法判决以及部分专利权人公布的许可政策都可以说明这一点。

定，显然不符合常理"。❶ 即便遭到实施者的强烈反对，高通仍坚持其以终端
产品为基础的收费模式。据中国知识产权杂志的资讯称，2019 年 4 月高通与
苹果达成的全球和解协议"稳固了高通的授权许可模式"；高通认为按照整体
收费是因为其在知识产权领域作出的巨大贡献。❷ 在标准必要专利许可使用费
的确定高度依赖可比照先例的情况下，为追求理论上的正确而改变先例中的计
费基础只会制造新的可变因素进一步增加计算的难度。尤其是许可谈判本身很
少就单一标准必要专利进行，而是以专利包的形式进行的，其涉及复杂的专利
组合，并不适用最小可销售单元的理论。此外，虽然 IEEE 修改章程，将最小
可销售单元作为标准必要专利许可使用费的计算基础，但是其效力仅为电子电
器领域，而并未扩展至全部工业生产领域。事实上，在其他领域还存在无法精
确确定与专利技术对应的最小可销售单元的障碍。❸ 因此，最小可销售单元理
论在标准必要专利许可谈判中发挥作用的空间十分有限。在司法程序中，标准
必要专利权人为了获取更高的许可使用费，经常是直接对处于产业链条下游的
终端产品制造商提起诉讼，而故意绕开产品零部件的供应商。为了确定合理的
许可使用费，法院在案件裁判中多次采用"最小可销售单元"作为计算许可
使用费的基础。美国联邦最高法院在 1884 年就通过判例确定了"技术分摊规
则"与"整体市场价值规则"。在之后多个案件的审判中，美国法院重申了将
专利价值分割到与其对应的最小零部件的立场。标准必要专利权人只有能够证
明涉案专利的技术特征是驱动消费者需求的唯一因素时，才可主张以终端产品
作为计算许可使用费的基础。例如在 Innovatio IP Venture 公司案中，Innovatio
主张以终端产品的价格作为标准必要专利许可使用费的计费基础，但未获得法
院支持，法院最终以芯片的价格作为计算基础。但值得关注的是，2017 年美
国法院判决的 TCL 诉爱立信案以及英国法院判决的无线星球诉华为案都是以
终端产品而并非产品零部件来计算标准必要专利的许可使用费的。对于计费基

---

❶ 武杰 . 标准必要专利的计费模式研究——以最小可销售单元并非必要计费路径为
视角 [J]. 电子知识产权，2018（9）：88-94.

❷ 高通苹果重修旧好 苹果高通之间达成直接授权 [J]. 中国知识产权杂志，2019（4）.

❸ 武杰 . 标准必要专利的计费模式研究——以最小可销售单元并非必要计费路径为
视角 [J]. 电子知识产权，2018（9）：88-94.

础的问题，应该承认，商业评判原则是最高原则。即便法院认为以终端产品作为基础计算许可使用费有极大的不合理性，但在许可市场是以终端产品作为计价基础确定许可使用费的情况下，法院对此直接干预的方式应持谨慎态度，尽量尊重企业的商业选择，除非其导致了严重的许可使用费堆叠后果。

要点三：实行"总量控制"，即实施者实施所有标准所应当承担的全部专利许可使用费相对其产品售价不应超过一定比例，以保证实施者的合理利润。前文所述的"峰值"论也有控制总量的效果，但是其关注的只是产品所采纳的标准涉及的必要专利的总许可使用费。而"总量控制"原理中所指的"总量"并不局限于此。众所周知，对产品利润的形成产生影响的因素非常复杂，技术、投资、管理、品牌、广告宣传、销售与运营策略等均可能对利润的形成作出贡献。标准必要专利只是技术因素中的一部分。产品完全可能还同时实施非标准必要专利的技术方案，甚至实施未获得专利权的技术方案。既然产品利润是各种因素共同作用的结果，如果标准必要专利权人攫取与其贡献度不符的许可使用费，就会超出"合理"的限度。"总量控制"通过控制标准必要专利权人收取的许可使用费占产品利润的比例，来平衡标准必要专利权人、其他知识产权人以及实施者之间的利益。美国法院曾根据经验法则来进行利润分配，认为合理的许可使用费是不超过产品销售利润的25%。❶ 鉴于不同产品利润形成原因的差异，规定标准必要专利许可使用费的固定比例并不科学，但以标准必要专利许可使用费占产品利润的比例作为评价许可使用费是否合理的一项因素的方法值得借鉴。

归根结底，诚如部分学者所言，一项"合理"的许可使用费，需要体现FRAND原则所追求的核心价值，既能吸引有价值的技术进入标准，又能促进标准本身被广泛采用。❷

（二）何为"公平"与"无歧视"的标准必要专利许可使用费

如果不与其他类似许可相比较，判断标准必要专利许可使用费"公平"

---

❶ 胡伟华. FRAND 原则下许可使用费的司法确定 [J]. 人民司法，2015（5）：49-53.

❷ 李杨，刘影. FRAND 标准必要专利许可使用费的计算——以中美相关案件比较为视角 [J]. 科技与法律，2014（5）：868-881.

与否几乎无从着手。"公平"与"无歧视"相结合，才具有一定的可行性。严格从经济学的定义来看，"无歧视"意味着所有的标准实施者支付同样的专利许可使用费。表现在专利许可协议上，则是无论价格条款还是其他条款，至少在字面上均不存在任何歧视。"无歧视"承诺是为了保证下游市场中标准专利实施者之间可以进行公平竞争，同时也保证潜在竞争者能够以同等的条件进入市场。❶ 然而，这种严格的定义并不能发挥"无歧视"原则最佳的制度效果。❷ 因此，现在普遍接受的观点是，"无歧视"要求标准必要专利权人对交易条件相当的不同专利实施者应当提供相同的许可协议条款。换言之，对于不同交易条件的被许可人给予不同的许可待遇不视为"歧视待遇"。各界对于"无歧视"应作为评判许可是否 FRAND 的一项标准并无过多争议，分歧主要在于如何定义交易条件相同或者不同。计费方式与支付方式、过往使用的补偿金额、各自专利实力对比及交叉许可的可能性、许可的范围和地域等通常被认为可作为交易条件是否相同的考量因素，而被许可人的交易规模以及盈利能力则不宜被纳入考量。如果对交易规模与盈利能力不同的实施者授予不同条件的许可，这本身是违反"无歧视"原则的。

在司法实践中，无歧视原则具有重大的现实意义。根据无歧视原则，与已有的许可协议中的实施者相比，新许可协议中的实施者不应当被区别对待。因此，以相同标准必要专利的许可使用为标的，新许可协议确定的许可使用费可以以已有许可协议作为参考。基于这一思路，可比较许可协议法（Comparable Licences）成为当前各国司法机关审理标准必要专利许可使用费纠纷最常借助的手段之一。但是，由于不同的许可协议针对的实施者的专利实力、交叉许可的可能性、所寻求的许可范围、愿意接受的许可使用费计算方式与支付方式不可能完全一致，不同许可中的"无歧视"许可使用费也应当各有不同。因此，如何在个案中对这些因素的变化进行综合考量和量化，进而确定适于个案的许可使用费，是对司法机关审判能力和水平的巨大挑战。同时，由于无法保证被

---

❶ 林平. 标准必要专利 FRAND 许可的经济分析与反垄断启示［J］. 财经问题研究，2015（6）：3-12.

❷ 罗娇. 论标准必要专利诉讼的"公平、合理、无歧视"许可——内涵、费率与适用［J］. 法学家，2015（3）：86-94.

参照的已有许可协议确定的许可使用费是"公平"的，因此单纯参照已有的许可协议确定标准必要专利许可使用费，还存在结果不"公平"的风险。当然，从整体而言，市场终究是有效率的，因此一个被接受的许可使用费应当被认为是"公平"的，上述担忧或许不足为虑。此外，值得研究的是，"公平"与"无歧视"的标准必要专利许可使用费，是通过与基准费率相比较予以确定，还是通过与"最惠费率"相比较予以确定？打个比方，商场一件标价1000元的衣服，平时均以800元价格销售，"双11"当天优惠大促折上折，A君以600元对价购入一件。对于该衣服而言，"公平"和"无歧视"的价格是800元还是600元？在无线星球诉华为案中，英国法院将标准必要专利权人应向实施者提供基准费率的义务称为"一般无歧视义务"，而应向实施者提供与特定被许可人的许可使用费率相同费率的义务称为"强硬无歧视义务"。其认为，在差异程度未达到扭曲竞争的情况下，标准必要专利权人仅负有一般无歧视义务，而不负有强硬无歧视的义务。该观点是与 FRAND 许可的内涵相符合的。在标准化组织的知识产权政策演化过程中，曾有过将"最惠"许可使用费纳入考虑的历史，但最终该政策未得到确立。"强硬无歧视义务"实质等同于赋予实施者请求标准必要专利权人以"最惠"待遇授予其许可的权利，这并非 FRAND 许可的本义。

三、确定许可使用费的范围

许可使用费的范围包含两方面内容，一方面是针对许可标的而言，即法院应就单项专利的许可使用费还是专利组合的许可使用费进行裁判；另一方面是针对许可的地域效力而言，即法院除对裁决地法域范围内的标准必要专利许可使用费作出裁决之外，是否还可以对其他法域范围内的标准必要专利许可使用费甚至权利人持有的标准必要专利全球费率作出裁决。

关于许可标的范围的问题。受"累积创新"的影响，一家通信企业拥有的标准必要专利权数量可能非常惊人。据对 LTE 标准必要专利持有情况的统计，持有数量排在前 20 名的组织中，持有数量最少的组织也拥有 665个标准必要专利，持有数量最多的高通公司拥有的标准必要专利数量高达

16 317个。❶ 其他标准项下主要的通信企业持有必要专利的情况也大同小异。对于拥有如此巨大数量必要专利的权利人而言，就每项专利逐一与实施者进行许可谈判是不可想象的事情。其基本是将同一标准项下的所有必要专利组合成专利包进行一次性许可，以提高许可效率、节约许可成本。在许可使用费纠纷中，标准必要专利权人或者实施者一般也是请求法院就专利组合的许可使用费进行裁决，这既与标准必要专利许可的实际需求相符，也使得司法审判更富有效率。

对于由司法确定的标准必要专利许可使用费的地域效力范围，是仅限于裁决地法域范围还是可以涉及其他法域乃至及于全球？简言之，人民法院能否就同一专利权人在全球范围内的标准必要专利的一揽子许可的许可使用费作出裁判？笔者认为可以分为以下几种情况对该问题进行探讨。

第一，标准必要专利权人与实施者对于提交法院裁定的许可使用费裁决范围达成一致意见的。对于提交到我国法院的标准必要专利许可使用费纠纷，只要不违反管辖原则，我国法院即可以就标准必要专利权人在本法域范围内的专利组合裁定许可使用费。例如在华为诉 IDC 案中，一审、二审法院裁决的许可使用费率均是针对 IDC 公司持有的"中国标准必要专利"组合。基于我国特殊的国情，香港、澳门、台湾地区专利权并非经我国国务院专利行政部门审查授予，故上述地区的专利许可不包含在"中国标准专利组合"的授权范围内。至于本法域之外的标准必要专利组合，凡是标准必要专利权人与实施者对于法院裁决的地域范围能达成一致意见的，法院亦可就其许可使用费作出裁决。也就是说，对于超出本法域之外的标准必要专利组合，哪怕是全球标准必要专利组合，若标准必要专利权人与实施者均同意由我国法院作出裁决；或者一方请求由我国法院裁决，另一方未明确表示有异议的，我国法院均可就其许可使用费作出一揽子裁决。第二，标准必要专利权人与实施者就法院裁决的许可使用费地域范围达不成一致意见的，法院原则上仅可以就本法域范围的标准必要专利组合许可使用费作出裁决。第三，标准必要专利权人或者实施者一方请求法

---

❶　贾振君. 我国规制 ICT 产业标准必要专利挟持的强度选择［J］. 科学学研究，2018（6）：974-983.

院对本法域之外的标准必要专利组合许可使用费作出裁决，另一方明确提出异议，但经法院审核认为该异议不能成立的，法院可依据一方的请求对本法域之外的标准必要专利组合的许可使用费作出裁决。

上述安排主要基于以下考虑：（1）人民法院在专利权人和实施者一致认可的地域范围内就标准必要专利许可使用费作出裁判充分尊重了双方的"意思自治"。从根本上来讲，在标准必要专利许可使用费纠纷中，人民法院就许可使用费作出裁判并不意味着专利权人和实施者之间就此成立许可合同关系，许可使用费只是标准必要专利许可协议众多条款中的一项，即便双方关于该条款的争议解决，不代表其他条款无须进一步协商，人民法院确定许可使用费的裁判文书并不能代替许可合同。因此，双方签订的许可协议是双方成立许可关系的唯一依据，人民法院确定的许可使用费并不直接作用于双方的合同关系，其只有在写入双方签订的许可协议后才能发生合同效力。在许可的地域范围存在分歧的情况下，双方只可能在各自主张的该许可使用费适用地域的交集范围内签订许可协议，即使人民法院作出的裁判包含该交集以外的地域，对于双方达成最终的许可协议而言也毫无意义。（2）在获得双方认可的情况下，人民法院就相关标准必要专利在域内外一揽子许可的许可使用费作出裁判不会对其他法域的司法主权造成影响。如前所述，人民法院就许可使用费作出的裁判并不能代替许可协议，专利权人和实施者之间的许可合同关系成立仍然要以双方签订许可协议为必要条件。因此，人民法院对于域外标准必要专利许可使用费作出裁判的效力并不来源于国家强制力的保障，而是源于双方对该裁判结果的认可。专利权人和实施者依据人民法院确定的许可使用费就域外乃至全球范围内的标准必要专利许可达成协议并非人民法院判决效力直接作用的结果，而是双方意思自治的体现。例如在 TCL 诉爱立信案中，实施者 TCL 向美国法院表示愿意接受全球许可的裁决，故审理该案的美国法院据此对爱立信的全球标准必要专利组合许可使用费作出裁决体现了双方意思自治的结果。（3）专利具有地域性，专利所赋予的权利仅在于授予该专利的国家或地区有效。在一方有异议的情况下，法院强制对超出裁决地法域范围的标准必要专利组合进行许可使用费的裁决，其实质是单方扩大自身的管辖权，有可能构成对他国司法主权的挑战，甚至演变为国际争端。❶ 尤其当裁决地并非实施者产品的主要投放市场地时，还可能因裁决地法院形成的认识完全不符合产品的销售实况，从而导致由其确定的许可使用费完全不具合理性。专利权的得丧变更取决于国内法，任何一国法院均不具有评判他国专利效力的能力，强行对本法域外的标准必要专利组合裁定许可使用费，也易使得裁决地法院陷入对标准必要专利权人在该法律是否具有稳定的权利基础及实施者是否在该法域范围内实施标准必要专利等事实无法查明的险境。裁定统一的全球标准必要专利组合费率，若导致实施者要为部分不存在专利的国家付费，这对实施者而言就有失公平。（4）从全球司法实践来看，各国对于域外裁决的限制并非绝对化，裁决地法院可能结合个案情况作出例外裁决，以实现该国特定的司法价值目标。如果域外（包括全球）的标准必要专利组合由裁决地法院一并解决更符合 FRAND 原则的话，裁决地法院也可能认为一方当事人的异议不成立，直接对域外的标准必要专利许可使用费作出裁决。例如，在无线星球诉华为案中，无线星球公司主张法院裁定全球标准必要专利组合的许可使用费，而华为公司只愿意接受法院对英国专利组合的许可使用费作出裁定。英国法院以"理性和善意的双方会认为寻求特定国家的许可是疯狂的，为每一个专利的有效性而争斗对任何一方均不可行，全球许可更有效率"为由，支持了无线星球公司的主张。欧盟委员会在其《建立标准必要专利的欧盟方案》中亦表达了类似的看法，其指出"对于那些全球流通的商品，所涉及的标准必要专利组合也可以使用同样的效率原则……逐国进行许可的方法是低效的，而且也可能有悖于行业中所公认的商业惯例"。❷ （5）对于上述"异议的例外规则"应持谨慎态度，不可随意扩大其适用范围。在允许对域外标准必要专利组合的许可使用费进行裁决的情况下，第一个受理标准必要专利许可使用费纠纷的法院就拥有了对全球争端一揽子解决的特殊权力。这必然引发标准必要专利权人或者实施者在全球范围内挑选管辖。有学者分析，标准必要专利权人会被吸引到设定较高许可使用费的司法管

---

❶　苏华．标准必要专利纠纷管辖权、许可范围与反垄断——以无线星球诉华为案为视角［J］．中国价格监管与反垄断，2018（3）：22-26．

❷　该内容来源于《建立标准必要专利的欧盟方案》第2.2条。

辖区起诉，而实施者则会争相到设定许可使用费较低的司法管辖区起诉，从而引发新的"逐底竞争"。❶ 目前尚无任何国际组织可对此进行协调，为避免国际纷争，我国应仅在确有迫切司法需求的情况下才启动上述"异议的例外规则"。

四、确定许可使用费的路径

根据国内外的理论研究和司法实践，当前确定标准必要专利许可使用费路径包括专利价值评估法、假想谈判法、可比较许可协议法、专利池比较法、"由上至下分析法""由下至上分析法"等多种路径。透过现象看本质，上述路径最终只有三类：第一类是纯商业路径，第二类是纯技术路径；第三类是商业与技术相综合路径。纯商业路径是采用宏观视角，参照商业谈判的结果确定标准必要专利权人专利组合的许可使用费，可比较许可协议法、专利池比较法属于此类；纯技术路径是采用微观视角，通过分析标准必要专利权人专利组合的技术价值来确定许可使用费，专利价值评估法、"由上至下分析法""由下至上分析法"属于此类；商业与技术相综合路径是在欠缺有关证据的情况下，对各种相关因素予以综合考虑以确定标准必要专利的许可使用费，假想谈判法属于此类。❷

（一）专利价值评估法

专利许可使用费就是专利实施方愿意为专利技术实施行为所支付的且专利权人愿意接受的对价，也近似于是双方为标的专利定价。❸ 因此，确定专利许可使用费的途径之一就是对专利进行价值评估。在确定标准必要专利许可使用费时，一般在两种场合需要考虑单个专利的价值。其一，许可的双方同为标准必要专利权人而相互寻求对方的标准必要专利许可。此时，双方通常会在将各自持有的标准必要专利进行对冲后确定由哪一方支付许可使用费以及以何种价

---

❶ Jorge L Contreras. 全球标准战：北美、欧洲和亚洲的专利与竞争纠纷 [M]. 田梦驰，译//王先林. 竞争法律与政策评论（第四卷）. 北京：法律出版社，2018：101-130.

❷ 赵启衫. 标准必要专利合理许可费的司法确定问题研究 [J]. 知识产权，2017（7）：10-23.

❸ 马海生. 标准必要专利许可费司法定价之惑 [J]. 知识产权，2016（12）：8-17.

格支付，因此单个专利的价值——谁的专利更值钱的问题将成为双方关注的焦点。其二，当专利权人的标准必要专利在另一个较大的专利包或者整个标准所涵盖的专利包中的价值高低将决定其实力比例进而决定其收取许可使用费的多少时，单个专利的价值也会受到关注。

在专利价值评估理论和实践中，评估方法主要包括成本法、收益现值法、现行市价法、实物期权法等。❶ 成本法主要基于专利技术的成本来确定专利价值。自创专利资产成本一般由研发成本、专利申请及维持费用以及交易成本构成。外购专利资产成本常使用重置成本法。❷ 成本法计算简单，数据来源相对可靠，然而，专利的价值并不能由其成本直接决定。成本法没有考虑专利技术所带来的预期收益，故往往会低估专利的价值，而且无形损耗测算复杂，难以准确计算。❸ 收益现值法是指通过估算被评估资产的未来预期收益并折算成现值，借以确定被评估资产价格的一种评估方法。❹ 虽然该方法更能全面考量影响专利价值的因素，然而预期收益受较强的主观判断和不可预见因素的影响预测难度较大。❺ 现行市价法是指按市场现行价格作为价格标准，据以确定资产价格的一种资产评估方法。❻ 该方法一方面仍然存在"可比性"的问题，另一方面受市场波动较大、专利技术价值对市场环境的高敏感性、专利交易数量不足、交易信息难以获取等多方面因素影响难以有效适用。❼ 实物期权法是将现代金融领域的金融期权定价理论应用于实物投资决策的分析方法和技术。该方法的缺陷在于需要使用复杂数学公式，不确定性难以估计。❽ 并且该方法对专

❶ 马海生. 标准必要专利许可费司法定价之惑 [J]. 知识产权，2016（12）：8-17.

❷ 程文婷. 专利资产的价值评估 [J]. 电子知识产权，2011（8）：74-80.

❸ 杨思思，戴磊. 专利价值评估方法研究概述 [J]. 电子知识产权，2016（9）：78-84.

❹ 程文婷. 专利资产的价值评估 [J]. 电子知识产权，2011（8）：74-80.

❺ 许华斌，成全. 专利价值评估研究现状及趋势分析 [J]. 现代情报，2014（9）：75-79.

❻ 程文婷. 专利资产的价值评估 [J]. 电子知识产权，2011（8）：74-80.

❼ 杨思思，戴磊. 专利价值评估方法研究概述 [J]. 电子知识产权，2016（9）：78-84.

❽ 许华斌，成全. 专利价值评估研究现状及趋势分析 [J]. 现代情报，2014（9）：75-79.

利的法律属性和技术属性考虑不足，评估结果容易出现结构性误差。❶ 虽然市场价值评估法早已存在，但司法实践中采用该方法确定标准必要专利许可使用费的情况可谓凤毛麟角。在2015年专利信息年会中，曾有机构对此进行过专门调研，被随机抽取的专利代理公司多数表示其很少接到专利价值评估的业务，即使作出评估，其评估结果也很难得到外界认可。❷ 部分学者甚至悲观地认为，专利价值评估的每一种方法均存在严重缺陷，要通过专利价值评估的方法计算出一个标准必要专利的 FRAND 许可使用费基本不可行。❸ 究其原因，主要是市场价值评估法存在以下缺陷：其一，专利价值的评估方法缺乏权威性。评估方法是以市场价值评估法确定标准必要专利许可使用费这项复杂工程的基础环节，若评估方法缺乏权威性，整个专利市场价值评估的大厦就要坍塌。当前，不同机构和组织提出了种类繁多的评估方法，但是尚未树立一种或者几种得到各界普遍认可的方法。❹ 其二，专利价值的评估结果缺乏科学性。专利是无形资产，其价值的决定因素与传统有形资产大相径庭。在评估时若对影响其价值的因素的特殊性认识不到位，就难以得出科学的评估结论。

根据专利价值评估理论学者的研究，专利价值影响因素包括技术因素、法律因素和经济因素。技术因素包括先进性、行业发展趋势、使用范围、配套技术依存度、可替代性、成熟度；法律因素包括稳定性、不可规避性、专利侵权可判断性、有效期、多国申请、专利许可情况、依赖性；经济因素包括市场应用情况、市场前景规模、市场占有率、竞争情况、政策适应性等。❺ 对于属于同一个标准中的不同标准必要专利而言，首先，其市场应用情况、市场前景规模、市场占有率等相互捆绑，因此不同专利在经济因素上不存在差别。其次，由于同一标准中的必要专利均属不可规避的专利，其侵权判断的难易程度也均

❶ 杨思思，戴磊．专利价值评估方法研究概述［J］．电子知识产权，2016（9）：78-84.

❷ 马海生．标准必要专利许可费司法定价之惑［J］．知识产权，2016（12）：8-17.

❸ 史少华．标准必要专利诉讼引发的思考——FRAND 原则与禁令［J］．电子知识产权，2014（1）.

❹ 马海生．标准必要专利许可费司法定价之惑［J］．知识产权，2016（12）：8-17.

❺ 国家知识产权局专利管理司，中国技术交易所．专利价值分析指标体系操作手册［M］．北京：知识产权出版社，2012.

相同，因此不同专利在法律因素上的区别主要体现在稳定性、有效期、多国申请和依赖性等方面。（多次）经历过无效宣告程序而被维持、有效期较长、在多国存在同族专利的标准必要专利相较于未经过无效宣告程序、有效期较短、不存在外国同族专利的标准必要专利其价值更高。同时，若一个标准必要专利的实施有赖于获得另一专利的许可，则相比无须获得另一专利许可即可实施的标准必要专利而言，其价值也较低。再次，在 ICT 领域中标准的版本更新十分频繁，很多技术在短期内被更成熟、更先进的技术替代，其标准必要专利的地位继而被后者取代。因此，对于不同的标准必要专利而言，技术的先进性、成熟度往往成为比较其价值高低最重要的因素之一。这一因素受重视的程度如此之高，以至于实践中已经产生这样的错误倾向，即一个方案较复杂、技术含量较高的专利的价值被当然地认为高于方案较简单、技术含量较低的专利，而上面提到的其他因素对专利价值的影响往往被忽略。

对于不属于同一标准中的两个标准必要专利而言，影响两者价值高低的除以上提到的因素外，两者在法律因素和经济因素方面的区别也应当重点考虑。由于不同标准的应用状况、市场接受程度等均不相同，因此在其他条件相当的情况下，许可规模大、市场占有率高、市场规模大的标准中的标准必要专利相较于许可规模小、市场占有率低、市场规模小的标准中的标准必要专利价值更高。对于专利价值的比较，"事前竞标模型"（Ex-Ante Auction Model）❶ 理论值得重视。该理论的大致内容为：根据 FRAND 原则中的"合理"原则，任何标准实施者支付的许可使用费率不得高于某一专利在成为标准之前、有替代技术与之竞争时的许可使用费率，❷ 标准必要专利的价值应当仅限于其本身，而不能包含专利被纳入标准而产生的价值。因此，构成一个标准的各项专利的

---

❶ 2005 年由经济学家斯旺森和鲍莫尔提出。

❷ Mario Mariniello. Fair, Reasonable and Non-Discriminatory（FRAND）Terms: A Challenge for Competition Authorities ［J］. J. Competition Law & Economics, 2011（7）: 532. Mark Lemley, Carl Shapiro. A Simple Approach to Setting Reasonable Royalties for Standard Essential Patents ［Z］. Standford Public Law Working Paper No. 224026, 2013.

FRAND 许可使用费水平应当由该标准建立之前的类似技术相互竞争状况来决定。❶ 与该理论相适应的是 Shapley 值方法。❷ 根据该方法，构成标准的每个专利技术的合理价值等于其对整个标准的"平均边际贡献"，并且确定 FRAND 许可使用费并非根据专利技术对整个标准技术层面的边际贡献，而是根据经济方面的边际贡献，亦即 Shapley 值衡量的是专利技术的稀缺性。根据 Shapley 值法，同是标准必要专利，在制定标准时稀缺性不同将导致其各自面临的备选专利集合大小不尽相同，它们的经济价值也不相同。因此，同一个标准中的每项标准必要专利的价值不应当是标准总价值的平均值，换言之，如果一项标准由 100 项必要专利组成，某企业拥有其中 10 项，那么其应当得到许可使用费不必然是该标准总许可使用费的 10%。❸

虽然当前每一种主流的专利价值评估方法都有内在缺陷，定量的专利价值评估结果难以获得实务的认可。❹ 但是，就如何定性地比较不同标准必要专利之间的价值大小而言，当前的研究成果已经为我们指明了方向。

（二）"假想谈判"理论、Georgia-Pacific 因素和修正的 Georgia-Pacific 因素

美国专利法规定，原告获得"对制造、使用或销售该发明应得的赔偿，不少于其合理许可使用费的一般赔偿金"。❺ 因此，判定合理许可使用费就成为美国法院在审理专利侵权案件时确定损害赔偿数额的一项主要工作。❻ 一直以来，美国法院在侵权案件中采用"假想谈判法"（Hypothetical Negotiation）确定合理许可使用费，即假想有意愿的专利权人（许可人）和有意愿的侵权人（被许可人）经过协商之后得出合理的专利许可使用费。专利权人可以接

---

❶ 林平. 标准必要专利 FRAND 许可的经济分析与反垄断启示 [J]. 财经问题研究，2015（6）：3-12.

❷ 1953 年由诺贝尔经济学奖得主沙普利（Shapley）教授引入，其在博弈论乃至经济学界具有深远影响，并在不同的经济生活领域得到应用。

❸ 林平. 标准必要专利 FRAND 许可的经济分析与反垄断启示 [J]. 财经问题研究，2015（6）：3-12.

❹ 马海生. 标准必要专利许可费司法定价之惑 [J]. 知识产权，2016（12）：8-17.

❺ 35U. S. C. 67，70（1946）.

❻ 马海生. 标准必要专利许可费司法定价之惑 [J]. 知识产权，2016（12）：8-17.

受的最低价格和侵权人愿意支付的最高价格之间为许可使用费区间，当事人在这一区间内商定最终的许可价格，许可协议便得以达成。[1] 1970 年 Georgia-Pacific Corp. v. U. S. Plywood-Champion Papers, Inc. 案判决中总结了 15 项在假想谈判中应考虑的因素，得到了比较广泛的认同，被称为"Georgia-Pacific 因素"。上述 15 个因素包括：许可人以往的专利技术许可使用费水平；被许可人以往向类似技术支付的许可使用费水平；许可人的专利政策、协议的范围和特征；许可人和被许可人的关系；对许可人其他产品业务的影响；专利技术相对于原有技术的改进程度；侵权的程度；该市场或可比市场中使用本专利或相似技术通常所带来的利润率；专家证人的观点等。Georgia-Pacific 因素在提出时只是针对一般专利的侵权赔偿，而不是针对标准必要专利。其分析框架是建立在专利权人与实施者之间没有先存关系，专利权人收取许可使用费的能力未受到任何在先承诺的限制的基础上，故其并不完全适合标准必要专利许可使用费的计算。在爱立信公司诉友讯公司案中，美国联邦巡回上诉法院在二审中就指出，地区法院全盘适用 Georgia-Pacific 的 15 个因素而没有根据标准必要专利许可的特性进行调整，将与 FRAND 许可使用费不相关的因素也考虑进来是错误的。但是，在后来出现的标准必要专利许可使用费纠纷中，美国法院基于英美法系遵从先例的传统还是很自然地尝试将 Georgia-Pacific 因素应用到标准必要专利的许可中，以之作为判定 FRAND 许可使用费水平时需要考虑的因素。

为了使该因素更好地适用于标准必要专利许可使用费的确定，2013 年 4 月美国西雅图联邦地区法院在 Microsoft Corp. v. Motorola Inc. 案的判决书中对 Georgia-Pacific 因素进行了修正并用以计算 FRAND 许可使用费，该案是美国第一例由法院确定 FRAND 许可使用费率的案例。[2] 修正的 Georgia-Pacific 因素具体为：（1）其他类似 RAND 许可的谈判中，专利权人对涉案专利曾收取的许可使用费；（2）被许可人为类似标准必要专利所支付的许可使用费；（3）许可的性质和范围，例如，是独占许可还是非独占许可，是否限制许可

---

❶　J. Gregory Sidak. The Meaning of FRAND, Part 1：Royalties ［J］. Journal of Competition Law & Economics，2013（4）：936.

❷　林平. 标准必要专利 FRAND 许可的经济分析与反垄断启示 ［J］. 财经问题研究，2015（6）：3-12.

的地域或专利产品的销售对象；（4）除去专利技术被标准所带来的价值外，专利技术自身的价值；（5）相比在制定标准时可用的替代技术，该专利所具有的实用性与先进性；（6）该专利发明对标准的技术层面的贡献以及对实施者及其产品的技术贡献；（7）在涉及 RAND 许可的商业领域中，为获取使用该发明或相似发明支付的费用在利润或售价中所占的比例；（8）专利产品的当前盈利能力、商业成功状况和市场普及程度；（9）考虑假想谈判时，为达成协议，标准必要专利权的权利人所提出的 RAND 许可条件必须符合 RAND 许可承诺的目的，即通过避免"专利劫持"或专利许可使用费叠加，促进标准的广泛使用。❶ 相对于 Georgia-Pacific 因素，其修正的内容主要包括三方面：（1）基于 FRAND 许可原则的最基本的要求，不再考虑拒绝发放许可的商业好处或者许可者与被许可者之间的商业关系；（2）对于诸多与专利价值相关的因素，在考察中应关注专利技术自身的价值，排除因专利技术被纳入标准所带来的价值；（3）对于许可使用费的参照对象应考虑在 FRAND 许可或类似的谈判中达成的许可使用费。❷

"假想谈判"只是通过模拟标准必要专利权人与实施者谈判的过程，还原真实的谈判过程可能考虑的各项因素。这些因素既包括技术方面的，也包括商业运营方面的，"假想谈判"得出的许可使用费是综合权衡各项因素的结果。但是，"假想谈判"理论和修正的 Georgia-Pacific 因素在司法实践中还存在以下问题：首先，美国法院并没有说明上述各因素在确定许可使用费时的权重；其次，"假想谈判"理论计算的许可使用费通常高于现实中所达成的许可使用费。❸ 因此，一方面，在具体案件中适用上述修正的 Georgia-Pacific 因素确定标准必要专利许可使用费并非易事；另一方面，使用该方法对结果所产生的系统误差也使得其科学性受到质疑。

---

❶ J. Gregory Sidak. The Meaning of FRAND, Part 1: Royalties [J]. Journal of Competition Law & Economics, 2013 (4): 936.

❷ 张吉豫. 标准必要专利"合理无歧视"许可费计算的原则与方法——美国"Microsoft Corp. v. Motorola Inc."案的启示 [J]. 知识产权, 2013 (8): 25-33.

❸ 罗娇. 论标准必要专利诉讼的"公平、合理、无歧视"许可——内涵、费率与适用 [J]. 法学家, 2015 (3): 84-96.

（三）可比较许可协议法（Comparable Licences）

根据 FRAND 许可的非歧视原则，专利权人对交易条件相当的不同实施者应当提供相同的许可协议条款。[1] 因此，参考与本案类似的许可所支付的许可使用费，是司法机关确定标准必要专利许可使用费最常用的手段之一。由我国法院作出的两件精确计算了标准必要专利许可使用费的判决，均是通过可比较许可协议法作出的。其一是华为诉 IDC 标准必要专利许可使用费纠纷案。[2] 该案中，华为寻求获得 IDC 持有的包括 2G、3G、4G 在内的全部中国标准必要专利及专利申请的许可，并请求法院按照 FRAND 原则确定所述专利的许可使用费率或者费率范围。IDC 以保护商业秘密为由拒绝向法院披露其与其他标准必要专利实施者签订的许可协议，法院并无现成的可比较协议以资参考，为此法院转而从分析其他公开信息入手对已有许可协议中的许可使用费率进行推算并参照推算出的结果确定涉案标准必要专利组合的许可使用费率。其二是西电捷通诉索尼中国侵害发明专利权纠纷案。[3] 该案的一审法院认为西电捷通提交的其与案外人签署的四份许可协议适用的地域和时间范围对本案具有可参照性。该四份许可协议约定的专利提成费为 1 元/件，虽然该专利提成费指向的是专利包，但是该专利包中涉及的专利均与 WAPI 技术相关，且核心专利为涉案专利。因此，该四份协议中约定的 1 元/件的专利提成费可以作为确定涉案专利许可使用费的标准。依据该提成标准并结合查明的被诉侵权产品销售数量，法院确定涉案专利的许可使用费为 2 876 391 元。二审法院维持了根据该许可使用费计算出来的赔偿数额。该案由于标准必要专利权人主动提供了与其他实施者签署的协议作为参照，故许可使用费的计算变得相对容易。并且，虽然在先协议还包含涉案专利之外的其他专利，但因其他专利均为与 WAPI 技术相关的专利，并且涉案专利在其中占据核心地位，故法院认为其具有可比性并且未再

---

[1] 林平. 标准必要专利 FRAND 许可的经济分析与反垄断启示［J］. 财经问题研究，2015（6）：3-12.

[2] 深圳市中级人民法院（2011）深中法知民初字第 867 号民事判决；广东省高级人民法院（2013）粤高法民三终字第 305 号民事判决.

[3] 北京知识产权法院（2015）京知民初第 1194 号民事判决；北京市高级人民法院（2017）京民终 454 号民事判决.

对其涉及的专利包进行许可使用费方面的拆解。

在其他国家的司法实践中，可比较许可协议法也是确定标准必要专利许可使用费的主要方法之一。最广为人知的采纳了该方法的案件估计是英国法院2017年审理的无线星球诉华为案。在该案中，无线星球公司以其拥有的6项专利起诉华为，其中的5件是标准必要专利。虽然法院获得了两个最直接可比较许可协议（most directly comparable licences）❶，但是这两个协议❷中的许可使用费率差别很大，导致这两个协议都缺乏可比性。但是，该案的特别之处在于，无线星球公司所主张的全部标准必要专利均来源于案外人爱立信公司（Ericsson），而爱立信公司曾经就包含上述标准必要专利在内的专利包（patent portfolio）对外签署过许可协议。由此，法院采取的思路是，如果爱立信公司专利包的许可使用费率是 E，而该案中的无线星球公司专利包相对于爱立信公司专利包的实力比例（Strength Ratio）为 R，则该案中无线星球公司专利包的许可使用费率就是 E×R。这样一来，该案中计算 FRAND 许可使用费率的问题就转化为确定无线星球公司专利包相对于爱立信公司专利包的实力比例，即所谓的 R 值。法院认为2014年爱立信与三星公司签署的许可协议具有可比性，因为当事人的经济实力相当，并且该协议是经双方自由协商达成的。虽然达成协议之前爱立信与三星之间有诉讼，但是并无证据表明两家公司的谈判受到了诉讼的影响。法院通过该可比协议确定爱立信 4G 标准必要专利组合的基准费率为 0.8%，2G 与 3G 标准必要专利组合的基准费率为 0.67%。除此之外，法院还花了大量笔墨分析无线星球公司与华为公司提交的其他许可协议为何不具有可比性。例如，无线星球公司与联想之间的许可协议不具有可比性的原因是其无法区分专利许可使用费与专利转移的费用；无线星球公司与三星公司的许可协议不具有可比性的原因是协议涉及三星公司向无线星球公司转让 20 个专利族作为全球专利组合许可及免除过往赔偿责任的对价，且当时无线星球公司陷入经营困境，有关协议合意不能代表无线星球公司专利组合真实的市场价值；华为与爱立信 2016 年签署的许可协议不具有可比性的原因是其基于一份

---

❶ 其他被许可人就本案涉及的专利组合获得的许可协议。

❷ Unwired Planet-Lenovo 2014 和 Unwired Planet-Samsung 2016。

无法显示理由的仲裁达成的协议；微软诉摩托罗拉案、Innovatio IP Venture公司案和爱立信诉D-LINK案判决的费率也不具有可比性的原因是上述案件所涉的标准与本案标准无关。该案较为完整地展现了法官选取可比较许可协议的考察标准以及通过参考可比较许可协议计算专利组合许可使用费率的过程。在欠缺当事人许可协议的情况下，该案创设的从关联第三方挑选可比协议的思路，能收到合理应对专利私掠的成效。❶ 该案堪称"可比较许可协议法"运用于司法实践的教科书式裁判，其值得借鉴学习之处包括以下方面：其一，明确通常情况下，法院必须就任何既定许可与涉案许可之间的可比性作出判断，并且提供了判断可比性的诸多参考因素。比如，谈判的真实与自由程度、许可标的的相关性、协议是否还包含专利许可之外的其他交易标的、谈判时当事人的财务状况、许可是否附加了其他额外目的、在先许可与本次许可交易间隔的时间、根据仲裁达成的许可是否可以获知仲裁理由等。其二，将一种费率确定为基准费率，然后根据具体情况做出适当调整，以该方式确定涉案标准必要专利组合的许可使用费。其三，在需要确定全球标准必要专利组合许可使用费率的情况下，参考标准必要专利权人持有的有效已声明标准必要专利数量，区分主要市场与特殊市场，并以不同的系数确定不同的许可使用费。其四，运用"自上而下"法交叉检验可比较协议法计算结果的准确性。当然该案亦非无懈可击。在华为公司强烈反对的情况下，其仍坚持以全球标准必要专利组合为裁决对象的做法，引发各界争议。此外，其关于如何将自上而下法与可比较许可协议法两种方法得出的结果进行交叉检验的裁判说理也欠充分。

当在先许可协议约定的是固定式总许可使用费时，适用可比较许可协议法还面临如何合理拆解出单位产品所包含的许可使用费率问题。标准必要专利权人与实施者采用固定总许可使用费方式签署许可协议的，包含双方对市场风险的特殊安排。即便成功如苹果公司等，在新产品刚推向市场时，也面临商业上的巨大不确定性。例如，2012~2014年，标准必要专利权人与实施者均没有预料到4G会以如此快的速度占领市场，因此，该时间段签署的固定许可使用费

---

❶ 赵启杉. 标准必要专利合理许可费的司法确定问题研究 [J]. 知识产权，2017
(7)：10-23.

较之于 LTE 产品的实际销售收入而言均可能被低估。❶ 标准必要专利权人与实施者在谈判时是以双方预测的最合理的假定产品销量计算出的固定许可使用费。因此，固定许可使用费的协议应以协议签订同期的预期销售数据为依据计算单位产品的许可使用费率，而不能以纠纷发生时实施者实际销量为依据计算单位产品的许可使用费率，否则法院就容易发生事后之明的偏见。❷ 这类裁判可能会向业界传递"签订固定总许可使用费协议是危险的"信号，无助于引导标准必要专利权人与实施者当下的协议达成。

（四）专利池比较法

专利池又称专利联盟或者专利联营、专利联合授权等，是指两个或者两个以上的专利权人用以相互许可专利或者同一对外授权的协议或组织，其实质就是专利的集合。❸ 专利池已具有悠久的历史，世界上第一个专利池 "Sewing Machine Combination" 成立迄今已有 160 多年。专利池与标准本来是不同的事物，但是专利池一般隶属于某个技术领域，并且与该技术领域的标准紧密结合，为了实现特定的目标而组建。例如，隶属于移动通信技术领域的 LTE 专利池就是结合相关标准建立的专利池。并且，专利池是以必要专利为基石组建的，通常只有无可替代的必要专利才能被纳入专利池，必要性审查是保障专利池权威性与健康发展的重要手段。以美国为例，美国司法部以《知识产权许可的反垄断指南》为准则，对专利池进行审查，要求专利池中的许可人要任命独立的专家来审核有关专利对专利池而言是否为必要专利。专利池成立之后，一般会设立管理机构或者委托第三方机构进行管理，专利池成员之间可以交叉授权，对外则实施统一许可以提高许可效率。❹ 各专利池单独制定自身的许可政策，其中部分专利池也实行与标准必要专利类似的"公平、合理、无

---

❶ 理查德·瓦里. TCL 诉爱立信一案剖析——究竟哪里出了问题［J］. 竞争政策研究，21018（6）：105-114.

❷ 李剑. 标准必要专利许可费确认与事后之明的偏见——反思华为诉 IDC 案［J］. 中外法学，2017（1）：230-249.

❸ 张胜，黄欢，李方. 产品架构视角下专利池治理机制——GSM 与航空专利池案例研究［J］. 科技进步与对策，2018（3）：96-105.

❹ 许琦. 专利池组建与管理研究述评［J］. 情报探索，2018（1）：117-123.

歧视"许可政策。因此，确定标准必要专利的许可使用费也可以参照专利池中具有可比性的在先许可。

在 Microsoft Corp. v. Motorola Inc. 案中，美国西雅图联邦地区法院详细论证了将特定专利池的许可作为比较基础的理由，进而得出相关标准必要专利的 FRAND 许可使用费率。该案被视为首先采用专利池法确定标准必要专利许可使用费的司法实践。根据修正的 Georgia-Pacific 因素，其他类似 FRAND 许可的谈判中，专利权人对涉案专利曾收取的许可使用费是确定标准必要专利许可使用费的重要参考。因此，选择与本案涉及的标准必要专利的 FRAND 许可最为接近的许可样本作为评估基础并根据相关的因素做出调整，是确定标准必要专利许可使用费的有效途径。在该案中，微软和摩托罗拉同属于 IEEE 和 ITU 成员，并均按照两个标准化组织的相关专利政策作出了关于 FRAND 许可声明。摩托罗拉参加了由 IEEE 所主导的 802.11 标准和由 ITU 所主导的 H.264 标准的相关制定工作，并拥有相关标准必要专利。摩托罗拉要求微软就其使用的摩托罗拉在 802.11 标准和 H.264 标准中所拥有的标准必要专利支付许可使用费，两者协商不成诉至法院。法院按照下列步骤确定许可使用费：（1）评估摩托罗拉所主张的标准必要专利包对相关技术标准的重要性；（2）评估专利包整体上对被许可人终端产品的重要性；（3）选取其他具有可比性的专利许可。该案中，摩托罗拉公司主张的标准必要专利包所在的 H.264 标准和 802.11 标准均由专利权人组建了专利池，一个是由 MPEG LA 公司管理的 H.264 专利池，另一个是由 Via Licensing 公司管理的 802.11 专利池。法院通过对两个专利池的可指示性❶及强度进行分析后认为，就 H.264 专利池而言，其已许可超过 1100 个被许可人，实现了标准推广的目的，且有证据表明微软、摩托罗拉与其他公司在创建 H.264 专利池时试图在两方面达成平衡，与 RAND 原则下的两项平衡相一致。同时，H.264 专利池包括 275 件美国标准必要专利和 2400 件全球标准必要专利，包含 H.264 标准的重要技术，拥有 26 个许可

---

❶　可指示性是专利池有关数据对确定标准必要专利许可费率的指引作用。不同专利池指示性强度不同，对于具有较高指示作用的专利池而言，依据其有关数据即可确定专利池许可费率的上下限；对于指示性较低的专利池而言，则需要另外依据其他数据进行辅助确定。

人，可有效降低专利池许可使用费阻止有价值的标准必要专利权人参与的顾虑，也可减轻实践中可能产生的专利许可使用费叠加问题。相反，802.11 专利池许可人、被许可人及入池专利均较少，未能很好实现标准推广的目的，亦未能降低标准必要专利权人参与专利池的顾虑，也不能有效阻止实践中可能产生的专利许可使用费叠加问题。基于上述事实，法院最终选择 H. 264 专利池许可作为具有可比性的专利许可。在上述基础上，法院模拟假想谈判，从四个方面考虑确定专利许可使用费率范围。首先，搜集专利池构建谈判中对许可使用费率意见的表述，找到争议双方曾发表的针对许可使用费率的确切意见，以助于框定自认的许可使用费率的范围。其次，分析专利池许可使用费是否低于双边谈判下许可使用费。再次，分析标准必要专利对标准或者争议产品的重要性。最后，分析专利池带来的收益与公司具备专利池会员资格后获得的价值。通过上述分析，法院认为 H. 264 专利池设定的许可使用费应当是 FRAND 许可使用费的最下限。之后，法院经补充计算得出最终许可使用费率。❶ 相对于修正的 Georgia-Pacific 因素的提出，创造性地将 H. 264 专利池作为比较的基础用以评估 H. 264 标准中标准必要专利的许可使用费，提升比较的效率和准确性，是 Microsoft Corp. v. Motorola Inc. 案的另一重大意义。对于如何选择合适的可比较专利池，该案提出的分析方法为：首先，判断特定专利池许可使用费的设定是否符合标准推广的目的；其次，判断构建专利池各方面所面临的平衡内容是否与 RAND 原则下的平衡内容一致；再次，判断专利池能否减轻标准必要专利权人参与专利池的顾虑以及可能的专利许可使用费叠加；最后，判断专利池是否符合创建有价值标准的目的。在此基础上，法院得出判断专利池指示性的原则，即专利池使用范围越小，对标准必要专利许可使用费的指示作用就越小。

可比较专利池法与可比较许可协议法均是通过参照在先许可的方式确定涉案标准必要专利的许可使用费，但是其区别仍是存在的：其一，筛选"可比"时需要考虑的因素不完全一致。专利池的知识产权政策五花八门，只有实施了与标准必要专利类似许可政策的专利池才具有"可比"性。其二，专利池的许可具有对内与对外两种模式。对专利池中在先许可的费率不能只关注对外收

---

❶ 马海生. 标准必要专利许可费司法定价之惑 [J]. 知识产权，2016 (12)：8-17.

取的许可使用费，还应考虑成员之间是否存在低成本或者免费交叉许可的情况。例如，GSM 专利池起初只允许成员内部少数几个大型制造商组成的主要专利持有人进行低成本或免费交叉许可，对外只向那些只有少量或者没有专利的供应商收取高额的专利许可使用费。❶ 其三，专利池成员的身份可能为专利权人带来比收取许可使用费更大的利益，在计算在先许可的使用费时应考虑此点。

（五）"由上至下分析法"（Top down approach）

无论是"可比较协议法"还是"可比较专利池法"，其确定标准必要专利许可使用费的关键在于找到可供参考并且具有较强指示作用的已有标准必要专利许可或者类似 FRAND 许可性质的专利池许可。但是，对司法机关而言，即使不考虑随后需根据个案因素对参考的许可使用费进行调整的不易，要找到合适的参照物也不是在每一件案件中都可以办到的。在很多情况下，囿于当事人举证能力或举证意愿，法院无法获得可供参考的许可使用费，此时要得到符合FRAND 原则的许可使用费只能求助于其他途径。

莱昂纳德（Leonard）博士提出"由上至下"的方法，并最先在 Innovatio IP Ventures 公司案中得以实践。在该案中，原告 Innovatio IP Ventures，公司拥有 IEEE 开发的 802.11 无线标准中的若干标准必要专利，并曾对 IEEE 作出过FRAND 许可承诺。Innovatio 公司以多家酒店、餐厅、咖啡店、超市及运输公司等无线网络使用者向顾客（客户）提供无线网络服务而侵害自己的 802.11无线标准的标准必要专利为由，起诉了这些无线网络使用者。相关无线网络设备的制造商为确保无线网络使用者不被诉侵权，对 Innovatio 公司提起了确认不侵权之诉。因此，Innovatio 公司追加起诉上述制造商，声称其同样侵害上述标准必要专利，并请求损害赔偿。审理案件的伊利诺伊州北区法院——东分院将FRAND 许可使用费的计算方法作为该案的争议焦点之一。对于原、被告双方提交的作为案件参考的历史许可协议，法院认为，原告提交的五个许可合同、被告（制造商）主张的两种许可合同均不符合修正的 Georgia-Pacific 因素，均

---

❶　张胜，黄欢，李方. 产品架构视角下专利池治理机制——GSM 与航空专利池案例研究 ［J］. 科技进步与对策，2018（3）：96-105.

不能作为该案的可参考许可协议。为了找到用于计算的基础，法院设计了"由上至下分析法"（Top down approach）。该方法的大致步骤为：（1）找到使用相关标准必要专利的 Wi-Fi 芯片的平均价格；（2）从芯片的平均价格中计算出通常情况下芯片制造商所能获取的利润；（3）将该利润假设为芯片制造商就该芯片所愿意支付的许可使用费的总上限；（4）最后将涉案标准必要专利的数量除以 802.11 标准所有标准必要专利的数量，得出比率，并乘以该芯片所能获取的利润，计算结果即为 FRAND 许可使用费。在这个过程中，也可以另外考虑各个标准必要专利的重要性而给予不同的权重。在具体操作中，法院根据相关市场研究公司、顾问公司出具的市场调查报告和研究报告确定特定时间段内相关芯片的平均价格、平均利润以及涉案的 16 个标准必要专利在整个 802.11 标准中的重要性，最终计算出该案的 FRAND 许可使用费为每个芯片 9.65 美分。在上述案例中，证据条件决定了法院无法从选择可参照的许可协议入手，通过根据案件的具体情况对可参照的历史许可使用费进行调整的方式确定符合 FRAND 原则的许可使用费。应该承认，其采用的方法符合经济学原理，所作的假定也与"模拟谈判"理论和修正的 Georgia-Pacific 因素相吻合，并且由此得出的许可使用费在理论上不存在许可使用费叠加的问题。但是，该方法对中立而准确的市场调研报告有很强的依赖性。从某种意义上说，获取这样的报告的难度不会小于获取可参照的标准必要专利许可协议或者专利池许可协议的难度。

"由上至下分析法"最大的好处是可以防止标准必要专利许可使用费的堆叠。如前所述，其还可以作为检验以其他方式获得的许可使用费数额是否合理的工具。日本法院审理的苹果诉三星案以及美国法院审理的 TCL 诉爱立信案均采用了该方法确定涉案标准必要专利的许可使用费。在 TCL 诉爱立信案中，法院依据爱立信的专利实力，将全球划分为若干不同地区分别确定其许可使用费率。其认为爱立信涉案标准必要专利组合的许可使用费计算公式为：整体费率×权利人未到期标准必要专利数量/标准中的必要专利总量×地区实力比例。其中，整体费率是通过爱立信单独或者与其他标准必要专利权人联合发表的公开声明来确定的，即以爱立信公开声明的"累积费率"数值作为涉案标准的整体费率。权利人未到期标准必要专利数量是以法庭辩论结束为时间节点，排除在此之前已被无效或者到期的专利。在计算标准中的必要专利总量时，法院认为附件中的专利虽然属于标准的组成部分，但不具有必要性；并且采用了随机抽样的方式对专利的必要性进行分析。关于专利实力，法院认为相比于其他地区，爱立信在美国的专利数量更多，相应地应受到更强的保护，故其以美国的专利实力作为全球保护的上限；而 TCL 的制造基地在中国，故中国的专利实力作为全球保护比例的下限。依照专利实力，爱立信的地区实力划分为：2G、3G、4G 专利在美国的实力，2G、3G 专利在欧洲的实力以及 2G、3G、4G 专利在全球其他地区的实力。法院在将相应的数值带入，最终分别计算出 2G、3G、4G 标准必要专利组合在各区域的许可使用费率。在案件审理中，TCL 还提出应当考虑爱立信专利组合的"价值份额"，但法院认为其价值份额的计算方法存在严重缺陷，故不予采纳。该案将专利地区强度、专利到期日等作为加权因素，作为计算标准必要专利许可使用费的考量因素，进一步完善了"由上至下分析法"的计算规则。但是，也有部分观点认为：该案以爱立信的公开声明确立涉案标准的总许可使用费是对声明内容的误解，并且以标准必要专利权人单方声明的累积费率确立总许可使用费的方式也有失公允。此外，爱立信的声明针对的是全球费率，法院却将其视为对美国总费率的声明，并调整其他地区的专利强度，这进一步加剧了结果的误差程度。该案采用"自上而下法"确定的许可使用费严重低估了爱立信标准必要专利组合的价值，会增加其他实施者实施专利"反向劫持"的风险。❶

"由上至下分析法"是司法实践中认可程度比较高的用于确定标准必要专利许可使用费的方法之一，而并非部分观点所称的"不可靠"的方法。❷但不可否认的是，"由上至下分析法"对证据以及法官的思辨能力依赖程度均比较高。累积费率额、专利数量占比值及价值占比值等计算依据，均需通过浩如烟海的证据分析与环环相扣的逻辑推理才能使得相关数据一点点逼近真实与合理。这无论是对于作为诉讼参与者的标准必要专利权人与实施者，还是对于作为裁判者的法官而言，均是一个无比艰辛的历程。

---

❶❷　理查德·瓦里 . TCL 诉爱立信一案剖析——究竟哪里出了问题 [J]. 竞争政策研究，21018（6）：105-114.

（六）"由下至上分析法"（Bottom-Up）

"由下至上分析法"又被称作增量价值方法，该方法的理论基础是经济学的有形商品定价理论，即基于为最终产品添附的价值确定合理许可使用费。就标准必要专利而言，其就是指专利权人应当从标准必要专利较于其他可替代技术而为标准化产品添附的价值享有利益。● 其实质就是标准必要专利较其纳入标准之前的可替代技术方案的增值。美国联邦贸易委员会曾在其2011年年度报告中推荐使用该方法。由于着眼点在于标准必要专利与其可替代技术方案之间的价值比较，而未考虑纳入标准中的其他必要专利的价值，故该方法的弊端在于容易夸大单个标准必要专利的价值，导致专利许可使用费堆叠以及专利私掠现象扩张。并且，该方法的适用需以存在可替代技术方案为基础，但并非每一项专利技术在纳入标准之前均存在可替代的技术方案，这导致该方法的普适性存疑。另外，从逻辑上来说，要通过"由下至上分析法"计算出涉案标准必要专利的价值，就需要先确定与其具有替代性的技术方案及其价值；再确定涉案标准必要专利与替代技术方案的价值差额。但是，在涉案标准必要专利价值尚不确定的情况下，又如何准确计算出这两者之间的价值差额？该方法的实际操作价值有待实践检验。例如，在微软诉摩托罗拉案中，微软公司就曾提出以涉案标准必要专利较之于可替代技术方案的增值来确定摩托罗拉公司应收取的FRAND许可使用费，但该主张最终被法院以缺乏可操作性为由拒绝采纳。"由下至上分析法"作为一种与"由上至下分析法"相对的价值分析方法，可以拓宽法院确定标准必要专利许可使用费的思考维度。涉案标准必要专利相对于可替代专利的增值，可以在一定意义上反映该专利的技术创新与商业应用情况，辅助法官反思其以"可比较许可协议法"或者"由上至下分析法"途径确定的许可使用费是否合理。因此，即使该方法较难作为司法实践中用于确定标准必要专利许可使用费的主要方法，亦不代表其完全没有用武之地。

● 郭禾，吕凌锐. 确定标准必要专利许可费率的 TOP-down 方法研究——以 TCL 案为例 [J]. 知识产权，2019（2）：58-68.

第三节　标准必要专利许可使用费计算中的
举证妨碍行为及其司法对策

在实践中，司法机关确定标准必要专利的 FRAND 许可使用费是一个事实密集（Fact-Intensive）的过程。❶ 法官得出裁判结果的公正性和合理性高度依赖于标准必要专利权人和实施者向法庭提供证据的丰富程度和准确性。如果没有相关的事实作为基础，法官即便法律功底再深厚、适用法律的水平再高也是"巧妇难为无米之炊"，确定一个符合 FRAND 原则的许可使用费也就无从谈起。

标准必要专利许可协议都是专利权人与实施者进行一对一谈判的结果，并且按照惯例，协议的内容多受保密条款约束而不能向第三方公开。因此，在多数标准必要专利许可谈判中，专利权人与实施者处于信息不对称的状态，实施者无法掌握有关专利历史许可协议的内容，也就很难知晓自己在与专利权人的谈判中是否受到歧视性对待。❷ 相应地，即便实施者提起诉讼请求法院确定符合 FRAND 原则的许可使用费，也难以举证证明专利权人的报价不符合 FRAND 原则而自己的报价符合 FRAND 原则。

对于有健全证据开示制度的美国法院而言，这个问题并不难解决。一方面，专利权人必须将相应的证据向法院披露；另一方面，双方的诉讼律师也会签署保密协议将有关的信息向自己的当事人保密，以消除证据提供者对于泄露商业秘密的担忧。但是，这种制度必须建立在社会诚信系统完善以及诉讼律师的良好职业操守的基础上，因此该制度在现阶段可否移植到我国尚需进一步研究。虽然有观点认为标准必要专利权人与实施者之间就许可协议的内容签订的

---

❶　林平. 标准必要专利 FRAND 许可的经济分析与反垄断启示 [J]. 财经问题研究，2015（6）：3-12.

❷　有些标准必要专利权人在其公布的许可政策中称其以固定费率对外许可而不区别不同的实施者，但是这种情况比较罕见，且不排除实际签订的协议中有所调整。

保密条款无效，❶ 并试图从这一点着手破解标准必要专利许可使用费纠纷中当事人（主要是专利权人）拒绝提供之前的许可协议导致无法获取相关信息的问题，但是这一观点尚未得到普遍认同。因此，目前人民法院的应对措施只有充分挖掘现行法律规范中关于证据规则的条款，尽最大可能促使专利权人向法院完整、准确地披露相关信息。

部分观点认为，人民法院审理标准必要专利许可使用费纠纷案件可以采取以下证明标准，即由专利权人承担证明自己的报价符合 FRAND 原则以及证明实施者的报价不符合 FRAND 原则的证明责任，实施者只需向法庭说明其报价的计算方法并提供计算的依据。具体来说，可采取以下步骤。

第一步，若专利权人能够证明自己的报价符合 FRAND 原则，则不论其能否证明实施者的报价不符合 FRAND 原则，人民法院应当依据专利权人的报价作出裁判。

第二步，若专利权人既不能证明自己的报价符合 FRAND 原则，也不能证明实施者的报价不符合 FRAND 原则，则人民法院应当认定后者的报价符合 FRAND 原则并以此作出裁判。

第三步，若专利权人不能证明自己的报价符合 FRAND 原则，但能够证明实施者的报价不符合 FRAND 原则，则由人民法院在实施者报价的基础上根据案件具体因素酌情进行调整并以调整后的许可使用费作出裁判。

上述证明责任分配方式主要基于以下两点考虑。首先，鼓励专利权人颁发许可，积极促进标准的推广和实施。应当承认，符合 FRAND 原则的许可使用费应当是一个数值区间而非仅有一个具体数值点。因此，在标准必要专利许可使用费纠纷中，专利权人主张的许可使用费尽管高于实施者主张的许可使用费，但不意味着前者一定不符合 FRAND 原则。在专利权人证明自己的报价符合 FRAND 原则的情况下，不论实施者的报价是否符合 FRAND 原则，人民法院以专利权人的报价作为许可使用费能够在确保实施者获得的许可条件符合 FRAND 原则的同时最大限度地维护专利权人的利益，从而实现鼓励其颁发许

---

❶ 祝建军. 标准必要专利许可使用费条款：保密抑或公开——华为诉 IDC 标准必要专利案引发的思考 [J]. 知识产权，2015（5）：26-32.

可，促进标准推广实施的目的。其次，根据专利权人和实施者信息不对称的现实状况，合理平衡双方的证明责任，促使专利权人主动披露相关信息。实践中，专利权人通过针对不同实施者的许可活动积累和掌握了大量的许可信息，这些历史许可信息对于判断本案中相关许可使用费是否符合 FRAND 原则至关重要，但是由于许可谈判的保密性，本案中的实施者无法掌握。因此，若按照一般民事诉讼中"谁主张，谁举证"的证明责任分配方式由实施者证明自己的报价符合 FRAND 而专利权人的报价不符合 FRAND 原则势必造成二者在诉讼中的地位严重失衡。相反，要求专利权人承担上述证明责任一方面不会超出其证明能力不恰当地加重其诉讼负担，另一方面能够促使其主动披露其掌握的相关信息从而弥合双方因信息不对称而造成的诉讼地位不平等。至于实施者在相关证据和信息难于获得的情况下如何计算得出自己认为符合 FRAND 原则的许可使用费的问题，该观点认为，专利权人拒绝提交证据主要对实施者和法庭获得涉案标准必要专利历史许可协议内容造成障碍，进而影响可比较许可协议法在确定许可使用费中的运用。但是，根据上文对于确定标准必要专利许可使用费路径的分析可知，除可比较许可协议法以外，仍存在专利池比较法、"由上至下分析法""假想谈判法"等其他方法可供选择，因此能否计算出符合FRAND 原则的许可使用费并不完全取决于能否获得相关标准必要专利的历史许可协议。随着标准许可活动的不断活跃和标准实施的不断推广，即使存在许可协议保密的情况，同一标准在大量许可活动中产生的公开信息以及行业内应用该标准所产生的商业信息也会逐渐增加，这些信息可能支离破碎而难以搜集整理，但是以大数据的思维来看，这些信息与许可使用费之间都存在或强或弱的联系。❶ 只要思路足够开阔，善于发现这些信息与许可使用费之间的关系，从这些不断积累的公开信息中获得背后隐含的标准必要专利许可使用费的路径将越来越多样。

对此，笔者认为，其一，"谁主张，谁举证"是民事诉讼举证责任分配的

---

❶ 以广东高院审理的华为诉 IDC 标准必要专利许可使用费纠纷一案［广东省高级人民法院（2013）粤高法民三终字第 305 号］为例，华为提出许可费率的计算依据就是交互数字公司给美国证券交易委员会的公开的财务报告、STRATEGY ANALYTICS 研究机构对全球手机市场的分析报告等。

基本原则，而上述思路实质上是在标准必要专利许可使用费纠纷中对于标准必要专利权人与实施者之间的举证责任作出了特殊的分配。这涉及立法的修改。而在立法中重新引入上述复杂的证明责任分配制度是缺乏必要性的。现有民诉法、专利法以及相关司法解释规定的证据披露与举证妨碍制度，已为解决标准必要专利权人或者实施者拒绝提交相关协议的问题提供了充分的制度依据。若当事人有证据证明对方持有确定标准必要专利许可使用费的关键性证据的，可以请求法院责令对方提供。如对方无正当理由拒不提供，可以参考其主张的许可使用费和提供的证据进行裁判。随着获取相关标准必要专利历史许可使用费路径的不断丰富，专利权人拒绝向法庭提交历史许可协议及相关许可信息的问题将不会成为审理标准必要专利许可使用费纠纷案件不可逾越的障碍。由法院裁定的标准必要专利许可使用费，本身是标准必要专利权人与实施者谈判不成"退而求其次"的替代品，故该许可使用费只能无限接近双方通过自由磋商达成的符合 FRAND 原则的许可使用费。并且，费率的确定不代表协议成立，纠纷的最终解决还有赖于双方启动新一轮的谈判。在标准必要专利的许可活动中，费率裁定不是开始，也不是结束，或许，其只是谈判陷入僵局之后的一次"开机重启"。其二，由法院确定的合理的许可使用费究竟应该是固定数值还是特定数值区间？当前各界对该问题是存在争议的。例如，在微软诉摩托罗拉案中，法院只是为实施者确定涉案标准必要专利许可使用费的上限与下限；而在无线星球诉华为案以及 TCL 诉爱立信案中，法院为实施者确定的许可使用费均是一个固定的数值。并且，审理无线星球诉华为案的法院还明确指出，"在既定的情况下，只可能存在一套 FRAND 条款和一种 FRAND 费率"。如果认为符合 FRAND 的费率是一个数值区间，就可能出现报价和反报价在该区间的情况；而如何认为符合 FRAND 的费率是一个固定数值的话，则有且只有一个数值符合条件。在这个问题并未达成共识的情况下，以此作为调整标准必要专利权人与实施者举证责任分配的依据之一，无疑存在较大的理论风险。

第四章　标准必要专利领域反垄断法的适用

通信领域标准必要专利因其特殊属性受到竞争法的长期密切关注。与其他行业先有产品后形成标准不同，通信行业是先制定标准，后有产品，通信领域的技术标准对于促进行业发展起到引领作用，且通信产业上下游之间存在间接网络效应❶和技术"锁定效应"❷。通信技术标准一旦纳入专利，标准的锁定效应将与专利权所具有的排他性相结合，往往导致专利权人具有市场优势地位，在涉及标准必要专利的实施过程中容易发生滥用市场支配地位，排除、限制市场竞争的问题。

虽然依照相关国际标准组织制定的知识产权政策，在标准制定过程中，专利权人需要作出以 FRAND 原则授权许可实施者实施其专利的承诺，方能使其专利技术得以纳入标准。但由于国际标准组织对于何为 FRAND 并无明确定义，对于专利权人违反 FRAND 承诺的后果亦无强制执行力，因此，在许可谈判过程中，标准必要专利权利人违反 FRAND 承诺，以滥用禁令、不公平定价、捆绑销售等行为强势迫使实施人接受许可，成为现实中屡屡发生的现象。

---

❶　通信产业的间接网络效应来源于基础产品（硬件）与辅助产品（软件）之间技术上的辅助性，这种辅助性导致产品需求上的相互依赖性。一方面，用户从某种基础产品中所能获得的效用依赖于该产品的辅助产品的数量和质量，辅助产品越多越好，其基础产品也就越受欢迎；另一方面，基础产品的销售量越大，与之匹配的辅助产品的需求就越大，种类就越多，从而形成一个正反馈作用过程。

❷　"技术锁定"本质上是产业集群在其演进过程中产生的一种"路径依赖"现象。一般是指标准确立后，因转换成本过高，而导致相关市场参与者一般只能选择遵循标准，即被锁定于该标准所涵盖的技术，而难以选择其他技术的现象。J. S. Miller. Standard Setting, Patents and Access Lock-in：RAND Licensing and the Theory of the Firm［J］. Indiana Law Review，2007（40）：351.

对此，当事人除了选择违约之诉予以应对之外，还通常求助于反垄断法，提起反垄断之诉甚至确认不垄断之诉。❶ 各国也从反不正当竞争法或反垄断法的角度对标准必要专利的滥用行为进行规制。在司法实务纠纷中，突出的争议问题主要集中在滥用市场支配地位纠纷上，需要重点关注的问题包括：（1）国际社会对标准必要专利垄断行为予以规制的总体情况；（2）相关市场应如何划分，标准必要专利权利人是否必然具备市场支配地位；（3）滥用市场支配地位的具体行为分析及认定。

第一节　反垄断法适用的国内外现状

从当前国际实践来看，各国均关注到标准必要专利许可对于市场竞争的影响问题，纷纷通过反垄断立法和制定相关指南、条例，来对滥用标准必要专利权的行为进行规制。

一、欧盟

欧盟对垄断行为进行规制的法律依据主要是《欧盟运行条约》第 101 条和第 102 条。该两条确立了欧盟反垄断法的基本框架。其中，第 101 条主要涉及企业之间通过协议等非法限制竞争的行为。该条禁止两个及以上的市场主体通过订立协议、达成决议或采取协同行为的方式，阻碍、限制或扭曲欧盟内部市场竞争，同时规定了相关豁免条件。第 102 条主要涉及企业滥用市场支配地位的行为，对在共同市场内或在相当范围内拥有支配地位的企业滥用市场支配地位排除、限制竞争行为作出禁止性规定。❷

除该两条法律规定之外，欧盟还通过制定条例与指南来协助规制知识产权限制竞争的行为。2011 年，欧盟委员会颁布《关于横向合作协议适用〈欧盟

---

❶　如高通公司诉珠海市魅族科技有限公司等确认不垄断案，参见北京知识产权法院（2016）京 73 民初 482 号民事裁定书。

❷　Treaty on the Functioning of the European Union（TFEU）［A/OL］.［2018-12-12］. http：//eur-lex. europa. eu/legal-content/EN/TXT/PDF/? uri=OJ：C：2008：115：FULL&from=EN.

运行条约〉第 101 条的指南》，该指南中的"标准化协议"一章直接涉及标准
必要专利。该章通过设置"安全港"条款，来限制相关协议对竞争产生的影
响。该"安全港"条款明确了标准化协议不会产生限制竞争后果的三个条件：
（1）制定标准过程的参与是没有限制的，而且标准制定的过程是透明的；
（2）标准化协议没有包含对遵循标准施加限制性的义务；（3）遵循 FRAND 的
基础上对标准必要专利进行许可。同时，该指南还指出，虽然技术标准的制定
为标准必要专利权人带来市场力量，但标准必要专利权人不一定拥有市场支配
地位，其是否拥有市场支配地位需要依据个案进行分析。❶

此外，欧盟委员会于 2014 年 3 月 21 日颁布《关于技术转让协议适用欧盟
运行条约第 101 条第三款的 316/2014 号条例》。将专利技术以及其他知识产权
许可协议进行统一规范，规定了相关技术许可协议条款的核心限制或绝对禁止
的限制内容（黑名单）和豁免条件。只要技术许可协议存在核心限制条款，
该协议将被视为违反欧盟竞争法而无法得到豁免。同时，该条例还通过对许可
协议双方的竞争关系进行区分和对市场份额的分析，作为是否给予豁免的评
估。❷ 为解释和适用前述条例，以及对条例适用范围以外的技术转让协议适用
第 101 条，欧盟委员会颁布《关于技术转让协议适用欧盟运行条约第 101 条第
三款的指南》。该指南强调了知识产权与竞争法之间的关系，指出知识产权法
赋予权利人享有排他的使用权，并不意味着知识产权所有人不受竞争法约束。
知识产权和欧盟竞争规则之间并不存在内在冲突。实际上，增进消费者福祉和

---

❶ Guidelines on the applicability of Article 101 of the Treaty on the Functioning of the Euro-
pean Union to horizontal co-operation agreements，Chapter 7 ［A/OL］. ［2018-12-12］. http：//
eur - lex. europa. eu/legal - content/EN/TXT/HTML/? uri = CELEX：52011XC0114 （04）
&from=EN.

❷ Commission Regulation （EU） No. 316/2014of 21 March 2014 on the application of
Article 101 （3） of the Treaty on the Functioning of the European Union to categories of technology
transfer agreements. Article 4 ［A/OL］. ［2018 - 12 - 12］. http：//eur - lex. europa. eu/legal -
content/EN/TXT/HTML/? uri=CELEX：32014R0316&from=EN.

促进资源有效分配是二者的共同目标。❶

2017 年 11 月 29 日，欧盟委员会公布了指导性文件《欧盟委员会致欧洲议会、欧洲理事会和欧洲经济社会委员的通报：制定标准必要专利许可的欧盟方法》。该文件虽然没有直接涉及垄断行为的认定，但根据竞争法进一步明确了标准必要专利权人不得滥用权利并加大对相关权利要求的曝光力度。该文件旨在提出促进平衡、平稳和可预期的标准必要专利架构的关键原则。该关键原则具有如下两方面宗旨：（1）通过保留这些贡献中公平以及充足的回报，以激励包含高端技术在内的标准的发展以及将高端技术纳入标准；（2）确保基于公正评估标准下的标准化技术稳定、广泛传播。

欧盟在标准必要专利执法实践中有不少重要案例。如在 2012 年谷歌并购摩托罗拉案、2014 年摩托罗拉诉苹果公司标准必要专利垄断案中，对于相关市场的划分，有重要阐述；在 2009 年德国联邦最高法院审理的"橙皮书标准案"、2015 年华为与中兴案中，均涉及在欧盟竞争法框架下如何处理标准必要专利禁令救济问题。

二、美国

美国对标准必要专利垄断行为进行规制的法律依据主要是《谢尔曼法》《克莱顿法》《联邦贸易委员会法》等几部综合性的反垄断法规。其中，《谢尔曼法》重点规范了经济贸易中的垄断问题。《克莱顿法》主要针对价格歧视、排他性交易、搭售行为和通过产权重组形成的排他性经营问题。《联邦贸易委员会法》最核心的内容规定在第 5 条，该条主要涉及诸多妨碍贸易的行为，规定"商业中的或影响了商业的不公平竞争手段以及商业中的或影响了商业的不公平或欺骗性行为或惯例，均为非法"。❷

---

❶ The European Commission, Guidelines on the application of Article 101 of the Treaty on the Functioning of the European Union to technology transfer agreements. Para. 7 ［A/OL］.［2018-12 - 12］. http：//eur - lex. europa. eu/legal - content/EN/TXT/？ uri = uriserv：OJ. C _ 2014. 089. 01. 0003. 01. ENG.

❷ 赖元河. 公平交易法新论 ［M］. 北京：中国政法大学出版社，2002：54-59；秦元明. 美国反垄断法理论变革和司法制度介绍 ［J］. 山东审判，2012，28（6）：100-105.

美国反垄断执行机构为司法部反托拉斯局和联邦贸易委员会，此外还包括联邦法院和州法院。在实务中，司法部和联邦贸易委员会经常进行经验总结，分别发布指南或共同出台细则，在增加反垄断法确定性的同时，也有助于企业规范自己的行为。

1995 年 4 月，美国司法部和联邦贸易委员会联合发布《知识产权许可的反托拉斯指南》（以下简称《1995 年指南》）。该指南阐述了美国司法部和联邦贸易委员会对于知识产权许可中的反托拉斯执行政策问题。该指南虽明确指出其不能取代反垄断执行中的判决与裁量，需根据实际具体情况对每个案例进行判断，对指南进行灵活合理的运用，但其相关内容对实践有重要影响，它确立了规制知识产权许可的三个重要的一般原则：（1）从反垄断角度分析，知识产权与其他任何形式的财产本质上是相同的。（2）不能假定知识产权会创造出反垄断意义下的市场力量。（3）知识产权许可可促使企业整合各种互补性资源，起到促进竞争的效果。《1995 年指南》还提供了知识产权许可在反垄断法下的分析，设置了"安全区"条款，在实践中对包括专利权在内的相关知识产权的行使或许可起到规范作用。❶

2007 年 4 月，美国司法部与联邦贸易委员会联合发布《反托拉斯执法与知识产权：促进竞争和创新》的报告（以下简称《2007 年报告》）。《2007 年报告》系对《1995 年指南》的发展与完善，侧重从反垄断执法角度讨论反垄断制度如何与知识产权保护制度进行协调。其中报告第二章为"关于将专利纳入协同制作的标准对竞争的影响"，专门对标准必要专利相关问题进行了详细论述。《2007 年报告》关注到了标准必要专利中的"专利劫持"问题，该报告指出，当专利技术被纳入标准后，可能会引发反垄断法上的问题。为减轻滥用标准必要专利对竞争的阻碍效果，标准制定组织要求标准制定参与者必须

---

❶ Antitrust Guidelines for the licensing of Intellectual Property, §1 [A/OL].[2019-8-11]. https://www.ftc.gov/reports/antitrust - guidelines - licensing - intellectual - property - proposed-update-1995-guidelines-issued.

公开所有与标准可能有关的专利，以及承诺向其他人许可时遵守 FRAND 承诺。❶

2017 年 1 月，美国司法部和联邦贸易委员会对《1995 年指南》进行修订，并重新发布（以下称新指南为《2017 年指南》），再次明晰知识产权领域反托拉斯政策的基本原则和分析方法。❷《2017 年指南》强化了界定相关市场的重要性，区分出研发市场、技术市场和商品市场这三类与知识产权相关的市场，并细化各自市场份额的计算方法。这三类市场分别对应创新过程中研发、生产和营销等环节。结合不同环节的各自特点，《2017 年指南》提出，在商品市场中，根据收入、单位销售量、生产能力或库存量计算市场份额；在技术市场中，如果数额不可获取，执法机构对每一项技术分配市场份额；在研发市场中，根据资产份额或特性确定市场份额。与强调效果分析的《1995 年指南》相比，《2017 年指南》明确知识产权领域反托拉斯政策以竞争损害为核心，运用经济学分析评估竞争损害和积极效果，强化界定相关市场的重要性，注重分析成本变化或市场进入退出的影响，并充分发挥《联邦贸易委员会法》第 5 条的兜底功能。

《2017 年指南》虽未对标准必要专利作出具体阐述，但着重强调处理知识产权许可问题的一般原则。相对于《1995 年指南》，《2017 年指南》新增两段阐述。一是反托拉斯法一般不会对企业单方面拒绝行为施加责任，部分理由是该做法可能损害投资和创新的动力。二是以竞争损害为核心认定行为违法性。这是因为竞争政策与知识产权政策或合同规制政策不同，关于是否对标准必要专利实施强制许可、如何认定许可费等问题，反托拉斯政策以竞争损害为核心，政策目标是维护市场竞争，并不是遏制"专利劫持"或促进标准推广。❸

---

❶ The U. S. Department of Justice and the Federal Trade Commission, THE ANTITRUST ENFORCEMENTAND INTELLECTUAL PROPERTY RIGHTS: Promoting Innovation and Competition (04/2007) [A/OL]. [2019-8-10]. https://www.justice.gov/atr/antitrust-enforcement-and-intellectual-property-rights-promoting-innovation-and-competition.

❷ 李慧颖，黄蕴华，卢文涛，等. 知识产权许可的反托拉斯指南 [J]. 竞争政策研究，2017（1）: 82.

❸ 吴汉洪，董笃笃. 美国知识产权领域反托拉斯政策发展评析及其启示 [J]. 竞争政策研究，2017, 11（2）: 9-10.

除了指南、报告，美国司法部和相关部门还通过声明或函的形式修正相关竞争政策的观点。如 2013 年 1 月，美国司法部与专利商标局联合发布《关于自愿遵守 FRAND 承诺下标准必要专利救济的政策声明》。该声明指出，由于在实践中标准必要专利持有人基于 FRAND 承诺申请禁令救济，可能会产生阻碍竞争和损害消费者利益的后果，因此在该种情况的案件中，需要考虑公共利益，并明确了 FRAND 承诺下授予权利人禁令救济的条件。❶ 但对于禁令救济的态度、对于标准必要专利政策应向权利人还是实施者倾斜，美国政府一直处于变化中。2015 年，IEEE 由于担心其章程修正案的制定会导致美国反垄断部门的审查，曾经主动向美国司法部寻求审查。美国司法部对此提出的法律意见是："这项规定促进了对 IEEE RAND 承诺下永久禁止令的可获得性这一问题的澄清，推进了有利于竞争的目标，将便利许可谈判，限制专利侵权诉讼，使双方能达成对专利技术进行适当定价的互利交易。而且，因为该规定符合美国判例法的发展方向，并且专利持有人可不提交保证函从而避免该规定的要求，因此司法部的结论是它不太可能损害竞争。"❷ 该意见表达了美国司法部对于禁令救济总体的不支持态度和更有利于实施者的态度。但到了 2017 年 11 月 10日，美国司法部反垄断局新任助理总检察长在一个创新研讨会上发表演讲，要点包括：（1）FRAND 承诺不是一种强制许可制度。（2）专利"反向劫持"给创新带来巨大风险，比"专利劫持"引发的问题更严重。（3）通过寻求禁令救济来保护标准必要专利的行为不违反反垄断法。（4）应当通过合同法来解决专利权人涉嫌违反其 FRAND 承诺的行为，反垄断法未必是恰当的救济途径。（5）反垄断局将对标准制定组织中不平衡的规定持怀疑态度，这些不平衡的规定包括将谈判优势从创新者转向实施者的规定，反之亦然。创新者与实

---

❶　U. S. Department of justice and US Patent & Trademark Office，Policy Statement on Remedies for Standards - Essential Patents Subject to Voluntary F/RAND Commitments ［A/OL］.［2018- 12 - 12］. http：//www. uspto. gov/about/offices/ogc/Final ＿ DOJ - PTO ＿ Policy ＿ Statement＿ on＿ FRAND＿ SEPs＿ 1-8-13. pdf.

❷　Letter from Renata B. Hesse，Acting Assistant Attorney Gen.，U. S. Dep't of Justice，to Michael A. Lind say，Dorsey & Whitney LLP（Feb. 2，2015），［2018 - 12 - 12］http：//www. justice. gov/sites/defawlt/files/atr/legacy/2015/02/02/311470. pdf.

施者之间的紧张关系应当在自由市场中，以自由协商的许可的方式来解决。这表明，美国司法部认为相关标准必要专利权的实施政策过于偏向实施者，应予矫正。可见，相关竞争政策并非稳定不变，而是随着形势的发展、各方的角力而体现出微妙的变化。

美国与标准必要专利相关的主要垄断案例包括美国联邦贸易委员会指控 N-Data 不公平竞争纠纷案、博世公司收购 SPX 公司案、谷歌摩托罗拉案等。但后两者主要涉及禁令救济规则，前者也仅部分涉及垄断问题。在 N-Data 不公平竞争纠纷案❶中，美国联邦贸易委员会并没有直接认定 N-Data 的违背其原始权利人对 IEEE 作出的专利许可承诺行为是否构成垄断行为，而是以相关行为已经很明显的有致使标准化过程产生反竞争效果的可能，和导致最终用户利益受到实质损害，出现"专利劫持"现象为由，认定属于违反《美国联邦贸易委员会法》第 5 条规定"采用不公平竞争方式"和实施了"不公平的行为或者措施"，从而作出裁定予以制止。

三、日本

在日本，反垄断规制依据主要是《日本禁止私人垄断及确保公正交易法》（以下简称《禁止垄断法》）。考虑到因滥用知识产权而限制竞争反而会成为新兴产业发展的阻碍，竞争政策与知识产权战略应该发挥相互补充的作用，日本采取了适当的措施平衡二者之间的关系。一方面，日本在《禁止垄断法》中设置专门的条款协调反垄断与知识产权的关系，如该法第 21 条明确规定："本法规定，不适用于被认为是行使著作权法、专利法、实用新型法、外观设计法或商标法规定的权利的行为。"明确将行使知识产权的行为纳入了禁止垄断法的适用除外领域。另一方面，通过出台方针、指南来更具体处理知识产权

---

❶ 在相关分析中，FTC 一方面认为对 N-Data 的行为是否构成垄断行为尚无结论，但另一方面认为，本案的关键在于违反在先许可声明出现在了标准化的环境中，而美国法院对那些可能扰乱标准制定程序或者致使标准化过程产生反竞争效果的行为绝不会有任何顾虑地追究其垄断行为，故属于不公平竞争行为。FTC. Analysis of Proposed Consent Order to Aid Public Comment ［Z/OL］.［2018 – 12 – 12］. http：//www2. ftc. gov/os/caselist/0510094/080122analysis. pdf.

滥用的问题。通过这样的处理，既强调了保障知识产权的正当行使，将因行使知识产权而必然造成的一定范围的竞争限制视为推行知识产权政策的应有代价；也强调了若权利人滥用知识产权超出正当范围，不正当地限制了市场竞争，仍然要受到禁止垄断法的约束，从而使知识产权政策与竞争政策的关系得以平衡。

与知识产权相关的反垄断指南方针始自 1968 年 5 月 24 日由日本公正交易委员会发布的《国际许可协议的反垄断指导方针》，该指导方针适用于涉及日本的专利、实用新型和技术秘密的国际许可证协议，主要是技术引进合同。1989 年 2 月，日本公正交易委员会颁布《关于管制专利和技术秘密许可协议中的不公正交易方法的指导方针》，提出委员会分析许可协议时的适用标准。1999 年，日本公正交易委员会根据当时国际国内的新情况发布了《专利和技术秘密许可协议中的反垄断法指南》，进一步阐述了该委员会在针对专利和技术秘密许可以及与此相关的活动中适用反垄断法的原则立场。❶ 到了 21 世纪，面临在新形势下既要保护知识产权以激励创新，又要通过反垄断法的实施确保竞争机制不被扭曲的难题，日本公正交易委员会 2007 年 9 月 28 日颁布了《知识产权利用的反垄断法指南》。该指南从对《禁止垄断法》的解释出发，分别根据《禁止垄断法》中私人垄断和不合理交易限制以及不公正交易行为的角度，对知识产权领域的限制行为进行了分析讨论。除了阐述在知识产权领域实施反垄断法的指导思想和原则外，还通过原则宣示、规则说明和案例指导的多种方式，对公众、特别是知识产权权利人提供了比较清晰、确定的指导，使其对自己的行为有一个比较准确的预期。❷

伴随着互联网技术的迅速发展，以及物联网、自动驾驶技术的发展，标准必要专利的谈判许可已不限于通信领域，其运用越发广泛和重要。为促进专利权人和专利实施者之间的谈判，阻止或快速解决与标准必要专利许可相关的纠纷，日本专利局 2018 年 6 月 5 日发布了《与标准必要专利有关的许可谈判指

---

❶　王先林．知识产权与反垄断法：知识产权滥用的反垄断问题研究［M］．北京：法律出版社，2001：354.

❷　王先林，潘志成．反垄断法适用于知识产权领域的基本政策主张——日本《知识产权利用的反垄断法指南》介评［J］．电子知识产权，2008（1）：36-40.

南》。该指南主要对许可谈判程序和许可费计算方法两个部分作出了指引。在许可谈判程序部分，该指南列出了包括专利权人提出要约、专利实施者接受要约、专利权人出价、专利实施者还价以及纠纷解决等五个步骤的谈判过程。此外，该指南还确定了能够促进许可谈判顺利进行的七个关键因素。在许可费计算方法部分，该指南阐述了确定许可费计算公式中的计算基数和许可费率两个因子时分别需要遵循的原则，同时提及了其他几项需要考虑的因素。虽然该指南并未直接涉及反垄断法适用问题，但对何谓诚信、善意谈判，如何合理确定许可费率等问题进行了明确并作出了行为指引，这使当事人能够尽可能避免被认定为不诚信、不善意的不当行为，有效减少包括垄断争议在内的纠纷发生。受益于世界各地关于关键问题的决策和政策的融合，该指南为标准必要专利所有者和实施者提供了结构化框架和用于协商标准必要专利许可的行为计划。❶虽然该指南不具法律约束力，但对于标准必要专利谈判实施者、理论研究者和司法实践者均有高度参考价值。

四、中国

《中华人民共和国反垄断法》系我国反垄断领域的基本法。此外，我国反不正当竞争法、价格法、合同法等法律的相关规定也在一定程度上对垄断行为起到限制的作用。但以上立法均未专门涉及标准必要专利。《中华人民共和国反垄断法》除了规制垄断行为的一般性规定以外，在第 55 条将滥用知识产权的行为纳入反垄断的规制中。但第 55 条的规定仅系一种原则性规定，并没有列举哪些滥用知识产权的行为适用反垄断法。因此，对于标准必要专利而言，我国法律体系中缺乏有针对性的、操作性强的反垄断执法规定，其相关执法依据与普通财产权利无异。在我国，负责反垄断规制的机构包括国家市场监督管

---

❶ 微信公众号"大岭 IP". WIPO 期刊：2018 年全球标准必要专利许可情况 ［R/OL］.［2019-7-26］. https：//mp. weixin. qq. com/s/LEqmXEDUqlLg9qhU-MD6_ g.

理总局❶和法院。

2009 年 5 月 24 日，国务院反垄断委员会出台《国务院反垄断委员会关于相关市场界定的指南》（以下简称指南），作为我国反垄断法的配套法规。指南开头即开宗明义，阐明其制定系"为了给相关市场界定提供指导，提高国务院反垄断执法机构执法工作的透明度"。指南围绕如何界定相关市场，对相关市场的定义、界定相关市场的基本依据和一般方法、关于假定垄断者测试分析思路等内容都作了较为详细的规定，为相关市场的界定提供了规范性指引和一般操作方法。该指南不仅在行政执法工作中被遵守运用，还在司法实践中得到援引并起到指导作用。2015 年 4 月 7 日，国家工商行政管理总局公布《关于禁止滥用知识产权排除、限制竞争行为的规定》。❷ 该规定是我国行政执法部门首次对滥用知识产权垄断行为进行规定，系在国家工商总局的执法范围内，对我国《反垄断法》第 55 条原则性条文的细化。但对标准必要专利，该规定第 13 条只进行定义，明确不能滥用标准必要专利实施排除、限制竞争的行为，并没有针对滥用标准必要专利行为的具体认定以及考虑因素等进行规定。随后，国家发改委发布《国务院反垄断委员会关于滥用知识产权的反垄断指南》（征求意见稿），分序言，基本问题，可能排除、限制竞争的知识产权协议，涉及知识产权的滥用市场支配地位行为，涉及知识产权的经营者集中等五部分内容，体例与我国反垄断法基本适应。在涉及滥用标准必要专利的规制上，该指南（征求意见稿）强调了对行使知识产权的行为是否构成滥用市场支配地位需要结合个案进行分析，对滥用市场支配地位行为的类型以及相关考虑因素均作了详细规定，操作性较强。但因相关条文争议较大，该指南仍在修订中，尚未公布实施。2019 年 7 月 1 日，配合国家市场监督管理总局承担

---

❶ 机构改革前，我国反垄断执法由三大部门分管，即国家工商局（负责非价格垄断协议和滥用市场支配地位、滥用行政权力排除限制竞争行为的反垄断执法）、国家发改委（价格）、商务部（负责经营者集中），后根据《中共中央关于深化党和国家机构改革的决定》，前述部门及职责进行整合，组建国家市场监督管理总局进行反垄断执法。

❷ 原国家工商行政管理总局 . 关于禁止滥用知识产权排除、限制竞争行为的规定 . 国家工商行政管理总局令第 74 号 ［A/OL］.［2019 - 8 - 11］. http：//www.gov.cn/gongbao/content/2015/content_ 2878227. htm.

反垄断法统一执法职责的国家机构改革背景，为解决原三家反垄断执法机构存在的职能交叉问题，国家市场监督管理总局连续发布三部反垄断法配套规章，包括《禁止垄断协议暂行规定》❶《禁止滥用市场支配地位行为暂行规定》❷《制止滥用行政权力排除限制竞争行为暂行规定》❸，制定统一的反垄断执法规则，进一步完善了反垄断规则体系。其中《禁止滥用市场支配地位行为暂行规定》在现有制度框架下，对认定互联网、知识产权等领域经营者市场支配地位时的考量因素以及认定两个以上经营者具有市场支配地位时的考量因素作出细化，进一步增强了可操作性。

此外，广东省高级人民法院也在总结审判实践基础上，于2018年4月23日推出《关于审理标准必要专利纠纷案件的工作指引》。❹ 该指引系我国法院就标准必要专利纠纷司法实务发布的第一个较为完整、系统的研究成果。在涉及垄断方面，指引专设"关于审理标准必要专利垄断纠纷案件的问题"一节，结合标准必要专利本身特点，强调了遵循反垄断法的基本分析框架、关注市场竞争影响等基本原则，并对如何界定相关市场、如何判断具体滥用行为以及如何看待FRAND承诺与滥用市场支配地位的关系等问题进行了深入研究与探讨。需要指出的是，该工作指引仅系地方法院对审判实践的经验总结，仅作为地方法院在具体办案中的参考和指引，并不具有法律效力。但该指引系在全国法院已有案例和参考全球相关案例基础上对相关规则作出的总结提炼和摸索，必然对标准必要专利权利人和实施者规范、善意从事相关标准必要专利许可实践活动，乃至推动国内立法和相关国际规则的形成，起到积极引导作用。

我国与标准必要专利相关的垄断纠纷司法实践始自2013年华为诉IDC垄断纠纷案，随后，华为与三星之间、苹果与西电捷通之间、魅族与高通之间、

---

❶ 国家市场监督管理总局. 禁止垄断协议暂行规定 [A/OL].[2019-8-11]. http：//gkml. samr. gov. cn/nsjg/fgs/201907/t20190701_ 303056. html.

❷ 国家市场监督管理总局. 禁止滥用市场支配地位行为暂行规定 [A/OL]. [2019-8-11]. http：//gkml. samr. gov. cn/nsjg/fgs/201907/t20190701_ 303057. html.

❸ 国家市场监督管理总局. 制止滥用行政权力排除限制竞争行为暂行规定 [A/OL]. [2019-8-11]. http：//gkml. samr. gov. cn/nsjg/fgs/201907/t20190701_ 303058. html.

❹ 参见广东省高级人民法院关于审理标准必要专利纠纷案件的工作指引（试行）（粤高法〔2018〕93号）。

苹果与高通之间也提起了相关垄断民事诉讼。这些案件的主要特点是：（1）标准必要专利在民事纠纷中数量占比极小，但因专业性极强，面临的法律疑难问题和新问题较多；（2）相关垄断纠纷很少单独发生，往往伴随禁令、许可费率纠纷一并提起，故相关纠纷往往系实施者对抗禁令的反制手段和策略；（3）大多数案件以调解、撤诉结案。与前述策略性特点相结合，往往在当事人达成标准必要专利许可合作后，相应的争端也得到和平解决。

五、总结与思考

由以上主要国家相关立法和实践，不难得出以下结论。

（1）关注标准必要专利许可活动对于竞争的影响，已成为各国的共识和趋势。各国不仅在反垄断法中设立与知识产权相关的原则性条款进行规范，还由专门机构专门针对知识产权包括标准必要专利的滥用情况，制定相应规范和指引。这是与知识产权业已成为市场重要要素、通信领域标准必要专利对经济发展影响越来越大的新形势相适应的，同时相关做法还兼顾了反垄断立法的灵活性和原则性。

（2）对于标准必要专利的管制，各国均体现出慎重态度。一方面，虽然在司法实践中推定标准必要专利具有市场支配地位的做法并不少见，但在立法层面，在强调具有知识产权本身并不推定具有市场支配地位的基本观念之下，标准必要专利并没有因为其与标准的结合而在立法上获得有别于普通专利地位的明确认可，而仍然强调个案判断，这反映了各国立法机关的观望与慎重态度；另一方面，各国都通过发布指南、设定"安全港"或豁免清单，指引企业规范自己行为，尽可能使相关标准必要专利行使行为免受反垄断法的质疑，从而更好地发挥标准必要专利应有的作用。

可见，承认标准必要专利行使行为应受反垄断法规制、在标准必要专利与促进竞争之间寻找平衡，系当前各国的共识和趋势。值得注意的是，在我国民事诉讼实践中，近期有一些观点认为，标准必要专利本身属于私权，标准专利权的行使受到"FRAND"承诺等约束，国外相关实践大多通过公平竞争法而不是垄断法来规制，从而反对我国反垄断法对相关行为进行规制。对此应注意以下几点：第一，采用何种途径进行规制，取决于当事人的策略选择，也与当地的法律制度和执法环境相关。即使是在垄断地位认定门槛较高的美国，相关司法实践也并没有把标准必要专利绝对排除在反垄断法之外。当事人的实践选择偏好不能成为相关法律适用应否存在的理由。第二，如前所述，标准必要专利对于整个通信行业及科技的发展、消费者的福利有着至关重要的影响，各国都通过各种法律制度对相关权利的行使行为予以制约。基于中国市场经济发展时间尚短，市场竞争秩序正在建立之中，指望通过市场自发行为来纠正消化相关不当权利行使行为是不现实的。加强法律的适当引导和规范，给予当事人更多的救济途径，是世界各国的共同选择。第三，就我国反垄断法的相关宗旨和民事诉讼的实践而言，在垄断纠纷上，法院并不仅仅考虑相关私人民事权益是否受到侵害，还必须从反垄断法的宗旨出发，关注自由公平竞争、整体社会利益和消费者福利。因此，在个案中必须按照反垄断法的相关路径与步骤，根据具体案情和相关证据具体分析，始终关注被诉行为对于市场竞争秩序和社会进步的影响。标准必要专利存在私权的属性并不能否定其对社会公众的影响，更不能因此获得反垄断法的豁免。专利权人受到 FRAND 承诺限制也仅是在市场支配地位的分析过程中的考虑因素，但并非将标准必要专利完全排除在反垄断法视野之外的充分理由。因此，当前那种仅以标准必要专利属于私权、行使受到诸多限制为由，就反对以公权力予以限制的思想与主张，实质上是将标准必要专利排除于反垄断法的规制之外，不应予以支持。

综合国际社会共识和我国执法实践经验，在我国司法实践中，对标准必要专利垄断案件的审理，应当遵循以下原则。

（1）遵循反垄断法分析框架。由于此类纠纷属于垄断纠纷，应适用的法律与一般垄断案件并无二致。因此，仍应遵循反垄断法分析框架，即需要遵循界定相关市场、审查判断是否具有市场支配地位、相关具体行为是否构成滥用、是否构成排除限制竞争后果等思路和架构进行审查分析。

（2）考虑标准必要专利特点及行业现状。标准必要专利垄断纠纷的特点在于标准必要专利与普通专利之间存在的明显区别，其本身的存在与行业发展需求息息相关。因此，无论是在市场支配地位还是在相关行为对市场的影响问题上，都不能脱离所在通信领域上下游产业之间的制约关系、标准形成的实际过程、在业界实施的实际情况等行业背景。只有尊重所在行业及其发展规律，方可能使相关判决符合行业发展、符合市场竞争秩序，并增进消费者福祉。

（3）根据个案具体情况分析。尽管根据标准必要专利的属性，标准必要专利具有垄断地位的可能性较高，但仍应秉持谨慎原则，考虑案件是否存在充分证据和特殊情况，考虑相关市场力量和影响因素，作出慎重判断。

（4）始终以排除、限制竞争的后果作为滥用市场支配地位的判断标准，同时关注行为对于创新和效率、整体社会利益、消费者福利的影响。滥用市场支配地位有种种表现方式，但判断构成滥用的标准始终应当是造成排除、限制竞争。与此同时，考虑到知识产权与竞争法之间的关系，应注重发挥知识产权本身对于创新和效率的推动作用、对于整体社会进步和人类文明的促进作用，对相关后果进行全面评估、慎重判断，避免有失偏颇。

第二节　关于相关市场和市场支配地位的认定

标准必要专利垄断纠纷的审判分析思路和框架与普通垄断纠纷案件并无二致。按照反垄断法的框架，对于标准必要专利垄断案件，确定如何划分相关市场、是否具备市场支配地位，是分析相关行为是否属于滥用市场支配地位的前提基础。

一、相关市场的认定

相关市场界定作为协助认定市场支配地位的一种手段，目的在于为竞争评估提供一个初步筛选机制。科学合理地界定相关市场，对识别竞争者和潜在竞争者、判定经营者市场份额和市场集中度、认定经营者的市场地位、分析经营者的行为对市场竞争的影响、判断经营者行为是否违法以及在违法情况下需承担的法律责任等关键问题，具有重要的作用。因此，相关市场的界定通常是对竞争行为进行分析的起点。在司法实践中，根据案情的不同以及审理需求的不同，相关市场的细分程度可能会有不同，但适用的法律依据和划分标准是基本一致的。

1. 相关界定依据和考虑因素

相关市场是指经营者在一定时期内就特定商品或者服务（以下统称商品）

进行竞争的商品范围和地域范围。《国务院反垄断委员会关于相关市场界定的指南》（以下简称《指南》）第4条规定："在反垄断执法实践中，相关市场范围的大小主要取决于商品（地域）的可替代程度。在市场竞争中对经营者行为构成直接和有效竞争约束的，是市场里存在需求者认为具有较强替代关系的商品或能够提供这些商品的地域，因此，界定相关市场主要从需求者角度进行需求替代分析。当供给替代对经营者行为产生的竞争约束类似于需求替代时，也应考虑供给替代。"该条明确了界定相关市场的基本依据是可替代性。至于界定方法，《指南》第7条作了如下规定：

界定相关市场的方法不是唯一的。在反垄断执法实践中，根据实际情况，可能使用不同的方法。界定相关市场时，可以基于商品的特征、用途、价格等因素进行需求替代分析，必要时进行供给替代分析。在经营者竞争的市场范围不够清晰或不易确定时，可以按照"假定垄断者测试"的分析思路来界定相关市场。

反垄断执法机构鼓励经营者根据案件具体情况运用客观、真实的数据，借助经济学分析方法来界定相关市场。

无论采用何种方法界定相关市场，都要始终把握商品满足消费者需求的基本属性，并以此作为对相关市场界定中出现明显偏差时进行校正的依据。

可见，该条肯定了界定相关市场不只存在一种方法，并强调无论是何种方法，均应始终把握商品满足消费者需求的基本属性，围绕可替代性这一基本依据进行论证分析。

国家工商行政管理总局《关于禁止滥用知识产权排除、限制竞争行为的规定》第3条第2款规定："本规定所称相关市场，包括相关商品市场和相关地域市场，依据《中华人民共和国反垄断法》和《国务院反垄断委员会关于相关市场界定的指南》进行界定，并考虑知识产权、创新等因素的影响。在涉及知识产权许可等反垄断执法工作中，相关商品市场可以是技术市场，也可以是含有特定知识产权的产品市场。相关技术市场是指由行使知识产权所涉及的技术和可以相互替代的同类技术之间相互竞争所构成的市场。"与《指南》相比，该规定虽只是部门规章，在民事审判中不能直接援引适用，但该条规定的精神很大程度上吸纳了指南的相关规定，并直接阐明了界定涉及标准必要专利在内的知识产权相关市场时，需要遵循如下依据和考虑因素。

首先，在涉及标准必要专利时，相关市场的界定既要遵循相关市场界定的基本依据和一般方法，也要考虑知识产权的特殊性。一方面，要尊重一般情况下的原则和方法，即仍然包括相关商品市场和相关地域市场两个基本维度，具体可依据我国反垄断法和《国务院反垄断委员会关于相关市场界定的指南》进行界定；另一方面，需要考虑标准必要专利作为知识产权、创新等因素的影响，包括专利权本身的时间限制、地域限制、法定的排他权对相关市场界定的影响，以及标准必要专利本身追求的推动创新、推广运用以及与公平竞争秩序之间的利益平衡。该条文相关表述，实质上是在吸纳《指南》第 3 条的基础上进行了拓展，突出了知识产权的特性。

其次，在具体标准必要专利民事纠纷中，相关商品市场可能是技术市场（上游市场），也可能是含有该技术的产品市场（下游市场），故技术市场可划分为商品市场的一部分。具体市场类型划分应在个案中依据争议的交易客体划分。在大多数的涉标准必要专利民事审判实践中，争议的一般是许可交易中发生的行为，故多数集中于技术市场。但不管是何种市场，相关市场范围的大小均主要取决于商品的可替代程度。

2. 司法实践中关于标准必要专利相关市场的界定

正如《指南》所指出，界定相关市场的方法不是唯一的。《指南》引入了较为常见的需求替代分析、供给替代分析和假定垄断者测试三种方法，但同时表明方法不是单一的，体现了灵活和开放的态度。

从竞争法相关发展来看，相关市场界定方法是在司法和执法的实践中不断发展起来的。司法实践中早期的方法主要包括同质产品认定法、需求替代认定法、附属市场理论、商品群理论和供给替代认定法，这些方法均较早地产生于美国的反托拉斯司法审判活动中。同质产品认定法是以产品的性质一致性标准来确定相关产品市场的范围，这一方法的经典运用体现在 1945 年美国诉美国铝公司垄断案❶中。需求替代认定法是以需求的可替代性作为标准来确定相关

---

❶　United States v. ALUMINUM Co. of America148 F. 2d 416（1945）.

市场的范围，它在 1956 年美国诉杜邦公司案❶中被首次应用。附属市场理论是在需求替代认定基础上通过对市场细分的考察来确定相关市场的范围的，它在 1962 年布朗鞋业公司诉美国联邦政府案❷中得到采用。商品群理论是在需求替代认定基础上通过对一系列商品组合后形成的关系分析来确定不同产品之间形成的特殊竞争关系，它在 1963 年的美国诉费城国民银行案❸中被创造性地提出。供给替代认定法是重点从供给之间的竞争性关系来认定相关市场范围，它在 20 世纪 60 年代以后被广泛应用到很多案件中去。由于以上方法存在或只适用于产品市场分析，或没有指出替代性的适用边界等局限，后又发展出假定垄断者测试法。该方法科学地全面应用了替代性原理，周全地考虑了供给替代性和需求替代性，通过借助假定的一个相对确定的涨价幅度来考察假定的垄断者获利情况去最终确定替代性的最佳边缘，从而能够对相关市场的外延进行适度定位。❹ 但假定垄断者测试法也主要适用于传统市场，其难以简单、直接适用于存在双边性、网络效应和用户锁定等特征的互联网领域。❺ 对于网络效应和技术锁定效应突出的通信领域，也同样如是。特别是在许可费用通常以商业秘密保护而不为公众知悉的情况下，通过假定垄断者测试方法分析比较许可价格变化引起的需求变化存在难以操作性。

因此，对于标准必要专利相关市场的界定，正如《指南》所指出，不管使用何种方法，可替代性是划分标准的重要考虑因素，而无线通信领域标准必要专利的基本属性与特征，是考虑可替代性及认定相关市场时所必须牢牢把握的基本属性和出发点。而从各国相关司法实践来看，其共同点是主要通过标准必要专利的属性论证可替代性问题，只是论证角度、幅度不尽相同。在广东省高级人民法院所审理的华为诉 IDC 案中，法院的论证思路基本是根据标准必要专利的特点和行业情况，按照《指南》规定的审查思路来进行的。

---

❶　United States v. Du Pont & CO. 351 U. S. 377（1956）.

❷　Brown Shoe Co. v. United States. 370 U. S. 294（1962）.

❸　United States v. Philadelphia National Bank. 374 U. S. 371（1963）.

❹　丁茂中. 反垄断法实施中的"相关市场"界定国际比较［J］. 法学杂志，2012（8）：145-149.

❺　奇虎 360 诉腾讯垄断案，参见最高人民法院（2013）民三终字第 4 号民事判决书。

第一，从需求替代的角度来看，当某一专利技术成为必要专利被选入标准后，每个必要专利技术均是该无线通信标准体系所必不可少的组成部分。标准带来的封锁效应与专利权自身具有的法定垄断属性相结合，使必要专利成为产业参与者唯一且必须使用的技术，产业参与者不得不寻求标准必要专利权人的许可。而标准必要专利权人拒绝相关标准必要专利的许可都将导致相关产品制造商无法使用相关技术，从而无法生产出符合标准的产品、被排除在目标市场的准入之外。因此，每个标准必要专利一般被认为具有唯一性与不可替代性。❶

该案还考虑了不同标准之间的替换问题。该案指出，从通信领域产业实践来看，一般的共识是：在未实施投产前，产业参加者理论上可以轻易放弃一个标准而转向另一个标准。但通信行业的商业惯例中，是先实施标准，再谋求许可。产业实施者在实施时一般已经选定了标准技术。故随着实施和转移到标准中的资源增加和转换到另一个标准成本的升高，要放弃原来的标准而转换另一标准，不仅需承受先期投入的沉没成本，还需承受巨大的转换成本和市场风险，这显然是不现实的。因此，一般情况下，不同标准之间也是难以相互替换的。

第二，从供给替代分析，专利与标准相结合后，必要专利成为唯一的且必须实施的技术，必要专利权人成为所涉技术市场唯一的供给方。同时，由必要专利自身固有的法定垄断性所决定，除非权利人同意转让，一般亦不存在其他经营者通过短期的合理投入即可转向成为必要专利经营者的可能。因此，从这一角度分析，亦不存在供给替代的问题。

第三，关于地域市场的问题。根据《指南》的相关规定，相关地域市场是指需求者获取具有较为紧密替代关系的商品的地理区域。华为诉 IDC 案认为，由于知识产权具有地域性，在不同的法域，其存在及使用必须符合当地的法律。因此，在专利许可市场中，其许可范围必然与相关专利权所及的地域范

---

❶　需要说明的是，本章所讨论的标准必要专利，是指专利效力确定的标准必要专利。那些不应被授权、专利权效力不稳定的专利，或者与标准不相对应的专利，并非真正意义上的标准必要专利，并非本章所讨论范围。

围相关。标准必要专利权人在每个国家所获取的相关必要专利，即使技术方案的内容一致，相关的权利也是相互独立的，其存在的基础以及行使的范围均不相同，因此彼此之间一般并不构成竞争关系或者替代关系。

华为诉 IDC 垄断案系我国司法实践对标准必要专利许可市场界定和市场支配地位的首次探索，充分考虑了标准必要专利的特性和通信领域行业特点，事实上是运用了众所周知的行业经验和常识这一证据规则，作为论证相关市场的主要工具。因此与一般垄断纠纷案件不同，标准必要专利权人在论证相关市场或是否具备市场支配地位上，具有更容易举证论述的优势。类似的观点在2014 年欧盟审理的苹果诉摩托罗拉纠纷案❶中得到了体现。欧盟委员会认为，作为 GPRS 标准详细技术规范的一部分，摩托罗拉公司享有的 Cudak GPRS 标准必要专利构成独立的相关商品市场，所以标准必要专利权人在相关市场上享有 100% 的份额。主要理由是：在《欧洲经济区协定》中没有可行的 GPRS 的替代标准，符合法律规定为制造和销售的产品必须遵循 GPRS 标准。因此，GPRS 标准的实施者必须按照 GPRS 标准详细技术规范获得该技术的许可，其中就包括摩托罗拉公司的 Cudak GPRS 标准。GPRS 标准必要专利的不可替代性主要体现在：一方面，从需求层面来看是不可替代的。GPRS 作为 2G/2.5G技术的一部分，不能被其他类似于 3G 和 4G 的新一代的标准所替代，也不能被其他 2G 标准所替代，而且如果不利用摩托罗拉公司的 Cudak GPRS 标准必要专利技术，在欧洲经济区内则无法合法使用按 GPRS 标准生产的产品。另一方面，从供给角度来看也是不可替代的。Cudak GPRS 标准必要专利是 GPRS标准必要专利必不可少的一部分。欧盟委员会通过实证数据证明，由于沉没成本和转换成本巨大，短期内在欧洲经济区不太可能出现相关替代技术，整个行业锁定于 GPRS 技术标准。因此，摩托罗拉公司 Cudak GPRS 标准必要专利构成独立的相关商品市场。至于地域市场，欧盟委员会认为，本案中的相关地域市场不管限定为所有 Cudak GPRS 标准专利被强制实施的成员国，还是只限定为德国，都不会导致摩托罗拉公司在相关市场地位认定上产生区别，即无论如何限定都不影响市场支配地位的认定。

---

❶ Case AT. 39985-Motorola-Enforcement of GPRS standard essential patents.

当然，基于时代和认识的局限性，前述案件的论述着重论证了标准必要专利在技术上的不可替代性；对于商业上的替代性论述是建立在相关标准已经被实际广泛采用这一前提下的。相关分析能否推广适用于所有其他案件，尚有待验证。

3. 界定相关市场还应当考虑的因素

尽管从属性上来说，标准必要专利技术上的不可替代性可以确认，但从商业竞争来看，标准的竞争、技术的更替发展、许可市场实践的变化，确实有可能导致相关标准必要专利面临在商业上可能被替代的局势。而对于反垄断法来说，技术和商业的可替代性都属于可替代方案，均会对相关市场界定产生重要影响。因此，在界定标准必要专利相关市场问题上，除了前述强调的标准必要专利的本身属性之外，还应考虑商业竞争的可替代性问题。

（1）市场竞争状况。比如，标准之间的竞争关系，标准与非标准技术之间的竞争情况。此仍然是从可替代性出发，考察竞争技术之间是否可以替换，以及替换成本和可能性。虽然从此前的实践来看，得到商业运用的通信领域标准必要专利的技术锁定效应明显，导致技术市场上标准技术与非标准技术之间难以构成竞争关系，但是，不排除今后的通信领域发展发生变化。从以往实践来看，即使是在第三代 WCDMA、CDMA-2000 和 TD-SCDMA 多种标准并立的背景下，实施者在谋求许可前也一般已经对标准的市场前景进行了判断，并作出选择和投产布局。这种投入是巨大的。由于其他标准的市场应用前景在当时是难以判断的，因此在实施者已经付出巨大前期投入的情况下，要其快速转往其他标准的现实性和可行性均系极低的。但是，不排除在个案中，存在先寻求许可再投产从而不存在沉没成本或沉没成本极低的个例或可能；亦不排除以后科技发展了，不同标准之间的转换难度下降的可能情况。

（2）下游产品市场对上游技术市场所涉相关标准必要专利的依赖性。在通信领域，网络效应与技术锁定都可能影响市场竞争的最终走向。相关标准是否得到市场的认可和运用，很大程度上是看相关技术标准是否为下游产品市场所需要，从而得到广泛应用，因此应当考虑商业上的可替代性问题。上游许可市场的需求来源于下游产品市场的消费者对具有相关功能的产品的需求。如果下游产品市场的消费者对相关产品没有需求，则上游许可市场中的相关标准技术则因无商业上的需求而得不到实际应用和推广，此时理性的实施者为了今后市场，很可能转向其他标准技术。❶ 即使相关标准得到了实际应用，下游产品市场的竞争变化情况也会直接影响上游技术市场的竞争状况，实施者会在转换标准的沉没成本和潜在网络效应和可得利益之间进行衡量，当可得利益明显高于前期投资成本时，可能导致相关许可技术的市场支配力以及可替代性分析结果发生变化。

综上，由于标准必要专利对于实施标准而言是必不可少的，在相关标准得到广泛运用的情况下，相关标准必要专利在技术上和商业上均是难以替代的，因此可以被认定为独立的相关市场。但是，若存在商业可替代性的情况，则需要考虑市场竞争状况、行业发展情况以及下游产品市场对上游技术市场所涉相关标准必要专利的依赖性等因素的影响，有可能需要通过经济分析方法，比如假设垄断者测试等工具来进行分析论证。

还应说明的是，从本身技术属性和商业实践中均可认定难以替代的情况下，是否需要将每个标准必要专利都划分为一个市场，是按照个案需求考虑的。很多案件即使不细分市场，也不影响市场支配地位的分析结论。当前对于细分市场存在一些误解和不同意见，主要包括：（1）"每一个标准必要专利都是唯一的、不可替代的"只是理论推导。只有已经确定为标准实施所必需的有效专利才符合这一要求，而在反垄断诉讼中并没有对每一个涉案的标准必要专利的有效性、必要性进行确认。（2）根据不同标准细分每一个标准必要专利不符合实际。从许可实践看，由于通信技术标准必要专利众多，现实中单个标准必要专利的交易非常少。专利权人一般进行一揽子许可，而且为了满足消费者需求，智能手机往往需要同时具备 2G、3G 或 4G 的标准。（3）按照国别划分地域也没有必要。虽然知识产权具有地域性，但同族专利内容大体相同，许可谈判时也往往是进行一揽子全球许可谈判的。

前述第一个反对意见，其反对的其实是将非标准必要专利认定为标准必要

---

❶ 事实上，进入司法实践的标准必要专利，往往是当事人现实中已经予以实施并需要寻求公平许可的专利，所以司法中争议的反而一般不会是只落在纸面的标准，而是事实上已经获得市场应用的标准。

专利。在反垄断纠纷司法实践中，当事人有不同的诉讼目的。原告希望证明被告滥用市场支配地位，必然不会对涉案专利是否属于真正的标准必要专利提出质疑。被告亦不可能为了让原告败诉而声称自己所想要许可的专利并非标准必要专利。因此，各方一般都确认涉案专利属于标准必要专利。再加上是否属于标准必要专利的认定也是一个非常复杂的审查判断过程，因此，在当事人均予以确认的情况下，法院确实不会对涉案标准必要专利是否属于真正的标准必要专利进行审查，而是直接予以认定。但这一情况的存在并非司法的问题，也并不影响标准必要专利可推定为独立的相关市场的结论。因为，这一认定本来就是建立在所涉专利属于真正的标准必要专利这一前提下的，且进入诉讼的标准必要专利垄断纠纷通常是已经得到商业运用的标准必要专利，否则不会对市场竞争造成影响，当事人也不会诉诸法院。因此，对于已经得到商业运用的真正标准必要专利，是为实施者所必需的、不可或缺的，这不是理论推导而是当前的客观事实。❶ 因此，以可能存在的非标准必要专利情形来否定真正的标准必要专利很可能具有的独立市场推定，该观点不能成立。

　　第二个、第三个反对意见，实际上是从许可实践惯例以及产业参与者的商业使用习惯出发，这两个反对意见有其一定道理。比如，考虑到专利持有人就同一技术在全球不同国家持有相应专利权、许可谈判中大多采取全球一揽子许可方式，不存在运输成本、价格方面有限的区域差异等实践因素，相关地域市场存在被界定为全球市场的可能。但不需要细分并非不能细分的充分理由。划分市场的考察标准仍然是可替代性。一方面，在 NPE 运营模式越发常见、标准必要专利权利人越发分散的情况下，产业参与者理论上必须获得每个标准必要专利权人的许可。在此情形下，寻求获得每个标准必要专利的许可是必然的。另一方面，从地域市场来看，即使是同一技术（如同族专利），在不同的国家仍然需要根据不同国家专利法的要求申请专利授权。此外，各国和地区之间使用的通信标准和技术仍存在差异，各国出于安全考虑对竞争者也存在不同限制，因此相关专利权的内容及其行使、交易条件均可能存在差异。故可以在

---

　　❶　当然，如前所述，不排除以后商业竞争发展中，可能出现因商业上的可替代性强而影响该标准必要专利许可市场的划分问题。

个案中因为没有必要而不对相关市场作过于细化的划分，但全球一揽子谈判许可的商业实践因素并非不能细分相关市场的充分理由。否则，不仅不符合专利权本身性质和界定相关市场的一般原则，不符合专利权人在享有专利权的国家通过行使禁令来制止实施的实践，也有违当前标准必要专利权人分散化、许可谈判实践多样化的趋势。因此，谈判交易习惯并非推翻前述推论的充分理由，能否细分市场，仍然应回归前述方法进行分析。在此基础上，是否细分市场、如何划分市场，在个案中可能因为实际案情、当事人主张或证据、审理需要等情况的不同而有所不同。

二、关于市场支配地位的认定

界定相关市场，最终目的在于分析论证相关标准必要专利权人是否具备市场支配地位。市场支配地位一般被认为是经营者在特定市场上具有的控制价格或排除竞争的能力。这种能力表现为对商品质量、价格、销售等实施控制，从而不受竞争的束缚。如前所述，对于已经得到实际广泛运用的标准必要专利，其技术和商业上的不可替代性都是可以确认的，可以将之认定为一个独立市场。标准必要专利权人作为相关市场所涉技术的唯一供给方，拥有 100% 市场份额。对于商业上存在可替代性的，标准必要专利权人的市场份额需要通过经济分析方法来予以认定。但不论何种情况，市场份额均只是判断市场支配力的重要依据而并非唯一因素，对于是否具有市场支配地位，还需要考虑其他因素。

（1）FRAND 承诺。有观点认为，FRAND 承诺对标准必要专利权人具有约束力，这将构成削减标准必要专利权人市场地位的重要因素。从当前实践看，FRAND 承诺确实对标准必要专利权人构成一定约束。我国华为诉 IDC 费率案中就从诚实信用原则的角度对专利权人的 FRAND 承诺的约束力进行了确认，英国和法国的司法实践也论证了 FRAND 承诺是可以依法强制执行的。但笔者认为，FRAND 承诺对专利权人的约束并不能完全否定对市场支配地位的判断。毕竟，FRAND 承诺这一制度的出现前提，就是承认一旦形成标准必要专利，将导致相关技术难以替代的情况，为了制衡专利权人不至于滥用权利、影响标准的推广，才设置该制度。换言之，反垄断法的目的与 FRAND 承诺制度的目的之间并没有矛盾，双方都是建立在标准必要专利权人对于相关许可市场存在明显优势支配力、需要对其行为进行规范的前提下的。如果因为 FRAND 承诺的存在就否定市场支配地位、进而反对反垄断法的实施，未免陷入"鸡生蛋、蛋生鸡"的逻辑悖论。当然，如果在今后实践中或者个案中，确实出现了因 FRAND 承诺的存在而影响制约专利权人行使其市场支配力的实际情况，可以根据该具体情况和经济分析证据来推翻该市场支配地位的推定。

（2）交叉许可。交叉许可是通信领域技术许可市场中的常见行为。在谈判双方互为标准必要专利人，且均是实施者的情况下，交叉许可是常见的现象，并在实际上对双方力量均各自构成一定程度的有效制约。故在个案中，需要考虑交叉许可双方各自享有标准必要专利的数量、专利强度，以及对对方构成的制衡影响力度大小等因素进行具体分析和综合判断。

（3）市场竞争状况。基于上下游市场之间的关联关系，下游产品的竞争将导致上游技术市场中各标准之间、标准技术与非标准之间可能也存在一定竞争，甚至在某些情况下，有可能导致标准实施者容易获得替代标准。故在此情况下，如前所述，对相关市场的界定可能会有所影响，而对于涉案标准必要专利的市场支配地位的评估也必须结合竞争性的其他标准予以适当考虑。

（4）专利"反向劫持"。专利"反向劫持"与 FRAND 承诺有一定联系。标准必要专利权人受到 FRAND 承诺约束，应当善意地、公平无歧视地与实施者进行许可谈判，只要实施者的报价符合 FRAND 原则，专利权人必须予以许可。在先实施后许可付费的通信行业实践中，实施者很可能利用其谈判筹码进行恶意谈判或不合理的拖延，从而获得比正常许可费较低的许可费率或许可条件，此即所谓的专利"反向劫持"。在此情况下，专利权人的市场影响力确实有可能受到一定影响。但笔者仍然认为，首先，专利"反向劫持"的现象并不等同于认可实施者享有侵害标准必要专利权行为的权利。相反，对于非善意谈判、违背 FRAND 原则的实施者，其行为可以受到如禁令等法律制度的惩罚。其次，如果确实有专利"反向劫持"行为的证据，应当根据相关市场现状进行适当的经济分析，以此来评估相关行为对于支配地位的影响。否则，正如英国法院在无线星球诉华为案中所称，"在无此类分析的情况下，仅凭专利'反向劫持'行为的存在，不足以推翻拥有 100% 市场份额的持有人很可能占有市场支配地位的推论"。

总体而言，标准必要专利权人是否具备市场支配地位的认定需要根据证据情况和当时市场竞争状况综合分析判断。从标准必要专利本身特质和产业当前状况出发，对于已经获得广泛应用的标准必要专利，标准必要专利权人很可能具有市场支配地位，但在具有强大的反证情况下，如存在市场竞争变化、交叉许可情况或实践中的专利"反向劫持"行为已经实际影响了专利持有人的市场地位等情况下，对该专利持有人具有市场支配地位的判断可能会受到影响。

第三节　滥用市场支配地位常见
行为的反垄断法分析

根据当前司法实践，通信领域涉标准必要专利的滥用行为可能涉及滥用禁令救济、不公平的超高定价、搭售等行为。但相关滥用行为是否即构成滥用市场支配地位，仍然应当依据反垄断法的框架及审查标准来判断。

一、滥用禁令救济

对于专利权人而言，对侵权人申请禁令救济（我国法律语境下是停止侵权），是专利法赋予权利人的核心救济手段。标准必要专利的禁令救济与一般的专利禁令救济存在不同之处，一方面标准必要专利权人作出 FRAND 承诺，相关实施者与公众对专利权人将以公平、合理、无歧视价格进行许可存在期待，从而先实施后寻求许可成为业界常态，此时标准必要专利权人行使禁令救济应当受到 FRAND 承诺的约束；另一方面因标准必要专利可能导致其持有者具有市场支配地位，与在一般专利侵权情形下授予禁令救济相比，在此情形下授予禁令救济，实施者往往被拒之市场竞争之外，对产业发展和竞争秩序可能产生更为深远的影响。因此，标准必要专利的禁令救济问题不能与一般专利的禁令救济的情况相提并论。滥用禁令救济是否构成滥用市场支配地位，也就成为业界争议焦点之一。

1. 国外相关实践

在欧洲，直接对标准必要专利禁令救济行为进行反垄断审查的案件不多。

大多数案件是作为审查颁发禁令的抗辩事由而与反垄断法联系在一起。从实践看，倘若专利权人确实滥用了市场支配地位，出于对当事人双方的利益平衡考虑，一般都会剥夺专利权人的禁令请求权。

在最早引入反垄断抗辩制度的"橙皮书标准案"中，原告飞利浦公司寻求禁令救济，被告则抗辩称飞利浦公司的行为系滥用市场支配地位的行为，进行强制许可抗辩。对此，德国联邦最高法院认为，如果专利权人的专利已经成为进入相关市场必不可少的前提条件且其拒绝许可缺乏合理性和公正性，根据《欧盟运作条约》第 102 条的规定，拒绝许可标准必要专利可能会构成滥用市场支配地位。而申请禁令的实际效果就是拒绝许可，因此也可能构成滥用市场支配地位。在承认被控侵权人可以依据竞争法提出禁令救济抗辩的同时，德国联邦最高法院也对提出强制许可抗辩的被告本身提出限制性要求：（1）被告已经向原告提出无条件的、真实的、合理的和易于被接受的要约；（2）被告须预期履行（Anticipatory Performance）其合同相关义务。换言之，尽管"橙皮书标准案"确认了在不符合公平合理性的情况下，寻求禁令有可能构成滥用市场支配地位，从而拒绝颁发禁令，但也限制了适用条件，即要求被告举证证明自己提出了无条件、合理的要约并有诚意履行。

在 2014 年摩托罗拉诉苹果案中，摩托罗拉移动公司拥 ETSI 所颁布的 GPRS 标准所涵盖的必要专利，并承诺基于 FRAND 条款对相关的必要专利进行许可。虽然苹果公司已经宣布愿意接受德国法院基于 FRAND 原则判决的专利费率，但是摩托罗拉移动公司仍然向德国法院提出了颁发永久禁令的请求。欧盟委员会最终认为摩托罗拉的行为违反了《欧盟运行条约》第 102 条，属于滥用市场支配地位的行为，从而作出不予颁发禁令的决定。其原因主要有：首先，在标准必要专利权利人作出 FRAND 许可承诺的情况下，如果标准实施者愿意基于 FRAND 条款进行谈判，即标准实施者处于善意状态，那么权利人寻求禁令救济的行为，便可能会使谈判过程变质，迫使标准实施者接受不合理条件。其次，这一行为也可能会直接将竞争者生产的同类产品排除在相关市场外，排除、限制市场竞争，最终会阻碍创新并导致消费者产品选择减少。而这些即是权利人不当利用其在标准方面的市场支配地位的表现。同时，欧盟委员会还认定摩托罗拉以禁令相威胁让苹果公司放弃质疑其相关标准必要专利权利的有效性的行为，也构成反竞争行为。❶欧盟委员会还对"橙皮书标准案"中的个别观点提出了质疑，将善意的举证责任更多地分配给了原告。

对禁令反垄断抗辩论述更为详细的是华为诉中兴案。在该案中，华为拥有LTE 的标准必要专利。它与中兴就华为包括 EP2090050B1 专利在内的专利侵权及许可问题展开协商，讨论按照 FRAND 条件授权中兴使用华为的专利，双方均没有提出许可合同的进一步要约。中兴销售的产品基于 LTE 标准使用了华为专利，却未向华为支付专利使用费或提供全部相关获利账目。2011 年 4 月 28 日，华为就中兴侵权一事向杜塞尔多夫法院提起诉讼，寻求禁令救济。杜塞尔多夫法院遂就《欧盟运作条约》第 102 条的规定和德国联邦法院"橙皮书判决"所提出的相关原则咨询欧盟法院：应否判令华为的行为属于滥用市场支配地位？

欧盟法院认为，第一，考虑到侵权人对实施标准必要专利的合理预期，若标准专利权利人寻求禁令或寻求召回侵权产品时，原则上说，侵权人可以以权利人拒绝授予 FRAND 条件的许可为由提起反垄断抗辩。第二，如本案情形双方未能达成 FRAND 协议时，权利人享有包括禁令在内的司法救济权，这不仅是一种民事权利，还是一项宪法权利。第三，这种司法救济权必须满足如下条件，权利人提起侵权诉讼寻求禁令禁止专利侵权的行为或寻求召回侵权产品的行为，才属于没有滥用市场支配地位：（1）权利人向被诉侵权人提出警告，在警告中明确了被侵权的专利以及专利被侵权的方式。（2）在被诉侵权人已经明确表示愿意签订 FRAND 条件的许可协议后，给予被诉侵权人一个具体明确的、书面的、符合 FRAND 条件的许可要约，尤其在要约中要明确许可费及其计算方式。（3）被诉侵权人继续使用涉诉专利，却没有根据行业公认的商业惯例和诚信原则，勤勉地对要约作出回应。尤其是被诉侵权人采用了拖延战术。（4）《欧盟运作条约》第 102 条必须作如下解释：在本案涉及的德国法院程序的情形下，拥有标准必要专利而具有市场支配地位的企业，如果向标准组

---

❶ European Commission Press Release, Antitrust: Commission finds that Motorola Mobility infringed EU competition rules by misusing standard essential patents, 29 April 2014. 转引自：叶高芬，张洁. 也谈标准必要专利的禁令救济规则——以利益平衡为核心 [J]. 竞争政策研究，2016（9）：57.

织作出了以 FRAND 条件给予第三方许可的承诺，第 102 条并不禁止权利人对被诉侵权人提出专利侵权诉讼，要求被诉侵权人对于过去使用专利的行为提交相关的账目，或要求被诉侵权人对于过去的使用专利的行为进行损害赔偿。华为诉中兴案改变了橙皮书案和欧盟委员会在摩托罗拉案中过于偏袒一方的做法，尽量客观地将善意、诚信谈判的义务分配给双方，肯定了权利人正当行使禁令救济的宪法权利，并明确在正当行使的情况下，不存在垄断审查的问题。

可见，以上案例都不是按照一般垄断法的分析规则来判断滥用禁令是否构成滥用市场支配地位，而是从是否构成颁发禁令的抗辩事由来审查是否构成滥用市场支配地位。这种做法实质上评估了寻求禁令是否符合正当、善意，以及颁发禁令是否可能导致排除竞争的效果，从而决定是否颁发禁令。对于专利权人是否滥用禁令救济，三个案件虽然在判断善意的考察侧重点在实施者还是权利人上有所不同，但都是着眼于谈判过程的表现，且相关判断规则在华为诉中兴案中更为完整、客观、全面。对于禁令导致的排除竞争效果，由于相关案件并不是纯粹的滥用市场支配地位的案件，法院没有进行相关经济学的分析，而主要从排除竞争的可能性来分析。可见，欧洲法院的总体倾向是，寻求禁令是标准必要专利权人的法定权利。但是，欧洲法院在决定是否颁发禁令时，会考虑寻求禁令救济是否存在正当性（从谈判过程和表现判断谈判双方是否存在过错），以及禁令可能引发的相关后果等因素。寻求禁令救济，在正当行使的情况下，不会构成滥用市场支配地位；如非正当行使，有可能结合排除限制竞争后果，被认定构成滥用市场支配地位。华为诉中兴案更明确指出，只要标准必要专利权人遵循该相应规则善意从事标准必要专利许可交易，其寻求禁令救济就是正当的，不需要再考虑排除限制竞争后果。在这种情况下，标准必要专利权人寻求禁令救济的行为免受反垄断审查，相当于建立了"安全港"规则。

在美国，标准必要专利权人在作出 FRAND 承诺之后，出于 FRAND 承诺的约束，其寻求禁令救济是相当困难的，因此一般不会将寻求禁令救济和反垄断联系在一起。在英国，无线星球诉华为案表明，即使滥用禁令救济，也不一定构成滥用市场支配地位。在该案中，无线星球公司拥有 LTE 标准必要专利，其未向华为发出通知和进行许可交易协商，就直接向英国法院提起诉讼，请求颁发禁令。英国法院对此认为：无线星球公司提起禁令并不代表拒绝许可，相反，双方在诉讼过程中一直在协商许可条件；虽然无线星球公司确实没有在事先通知的情况下就提起了禁令，动机在于向实施者施加压力，但像华为公司这样的资深企业，在法律诉讼中提出禁令实施不会妨碍双方展开谈判，故认为即使是"过早诉讼/禁令"也不构成滥用。❶ 由此可见，在英美国家，仅凭提起禁令本身一般不认为构成滥用市场支配地位。即使是滥用禁令救济，是否构成滥用市场支配地位，仍然需要审查在个案中是否产生排除、限制竞争的影响。

2. 我国的相关实践和发展方向

在我国，滥用禁令救济行为本身并不在反垄断法的明列禁止行为中，与之可能相关的行为仅有拒绝许可。但事实上，标准必要专利权人提起禁令救济的真实目的，一般不是为了拒绝许可，而在于迫使实施者接受其所提出的许可条件，目的反而意在促成许可交易。因此，一般情况下，难以将滥用禁令救济等同于拒绝许可，从而对其进行反垄断制约。在司法和执法实践中，我国也没有纯粹地将滥用禁令救济认定为滥用市场支配地位行为，而只是结合其他行为，分析相关行为对竞争的影响。在华为诉 IDC 案中，法院就否定了华为关于 IDC 寻求禁令救济实质属于拒绝交易的主张，也没有单纯地将 IDC 寻求禁令救济行为或者违反 FRAND 承诺行为作为独立的滥用市场支配行为，而是结合其寻求禁令的目的、当时许可条件情况、对当事人及竞争环境的影响进行综合分析，最终是因 IDC 多次提出的许可交易价格都明显不合理高于其许可给其他同类厂家的价格，并不合理地要求将标准必要专利与非标准必要专利捆绑搭售，其利用禁令救济寻求攫取大大超出有效竞争条件下其所能获得的正常商业利益的动机明显，从超高定价和不合理搭售这两个我国反垄断法明列的行为，认定滥用市场支配地位。可见，该案并没有将滥用禁令作为一个单独行为，而是认为禁令救济手段的采取，导致商业谈判的报价行为变成了具有胁迫力的需在短期内接受的过高定价行为。

对于是否要将滥用禁令救济作为滥用市场支配地位的行为，业界争议较大。《国务院反垄断委员会关于滥用知识产权的反垄断指南》（征求意见稿）曾将该类行为作为滥用市场支配地位的一种行为表现，但各方争议较大。从当

---

❶ Unwired Planet v. Huawei，［2017］EWHC 711（Pat）.

前各国实践发展来看，基本达成的共识是：当标准必要专利权利人作出FRAND 承诺的情况下，这种承诺对于禁令救济的反竞争效果会产生一定影响。无论不同法律体系对于 FRAND 承诺的法律性质存在何种不同认识，不可否认的是，标准实施者基于 FRAND 承诺会形成如下的合理期待：只要其基于善意和合理条件，就能够从标准必要专利权人处获得公平、合理、无歧视的许可。基于这种期待和信赖，标准实施者或者社会公众更容易作出选择实施该标准或者购买标准产品，标准实施者尤其可能在获得许可之前进行商业规划和实际投入。一旦标准必要专利权人滥用禁令救济，其产生排除市场进入、造成无谓损失、攫取垄断高价等的可能性更大。但是，这并不意味着，标准必要专利权利人作出 FRAND 承诺即自愿放弃了在任何情况下寻求禁令救济的选择，更不意味着其寻求禁令救济一定产生反竞争的效果。❶ 因此，作出 FRAND 承诺的标准必要专利权利人寻求禁令救济，是否构成滥用市场支配地位，既要看其是否属于不正当地滥用救济，又要具体分析判断其可能构成的排除限制竞争效果。

基于当前我国反垄断法并未将滥用禁令救济作为独立的滥用市场支配地位行为，笔者认为，是否滥用禁令救济与滥用禁令救济是否构成滥用市场支配地位行为，是两个不同的问题，应在不同的分析框架下进行分析。毕竟，提起禁令形式上是标准必要专利权人行使其法定权利的表现，FRAND 承诺只是附加了提出禁令要求的正当性条件，但不否定专利权利实质，不得剥夺专利权人提起法律诉讼的权利。寻求禁令救济行为本身将受到相关诉讼程序的审查评判，从而获得支持或者驳回。即使专利权人不正当行使了寻求禁令救济权利，也只是违背 FRAND 承诺，从而承担禁令救济不被支持，甚至可能承担构成违约、权利滥用等行为后果。若仅因专利权人不恰当地寻求禁令救济即认定为滥用市场支配地位，不仅于法无据，也将导致专利权人的法定权利受到极大制约甚至形同虚设。因此，对于寻求禁令救济是否构成滥用市场支配地位，还是得回归到垄断分析的一般路径和规则，在反垄断法语境内对个案进行具体分析考察，包括考察标准必要专利权人是否具备市场支配地位，是否没有正当理由对善意

---

❶　朱理．标准必要专利禁令救济问题的反垄断分析［EB/OL］.（2016-4-16）［2019-7-26］. https：//mp. weixin. qq. com/s/ouu6XS643_ El_ bGAyUWEEA.

的实施者寻求停止实施标准必要专利，是否意图通过禁令迫使实施者接受明显不合理的许可条件，造成不正当攫取明显超越本身价值的商业利益、阻碍创新、造成排除限制竞争等反竞争效果。

二、不公平的超高定价

公平价格是指代表或体现所供应产品的经济价值的价格，大幅度超过这一价格的价格将初步构成超高和不公平价格。❶ 我国《反垄断法》第 17 条第 1 款规定："禁止具有市场支配地位的经营者从事下列滥用市场支配地位的行为：（一）以不公平的高价销售商品或者以不公平的低价购买商品……"。此明确规定了高价许可有可能构成滥用市场支配地位。因此，标准必要专利的不公平超高定价成为我国反垄断实践中的一个重点调查内容。

1. 国外对于不公平高价行为的态度与做法

不公平高价行为，是全世界反垄断执法的一个难点。其原因在于：第一，在实行市场经济的国家和地区中，人们相信，市场这只"看不见的手"具有自我矫正功能。如果一家企业就其产品索取高价，就会吸引其他企业进入这一市场。这又会导致相关产品的价格下降。所以，这一动态的价格传导机制，使得不公平高价行为只会短期存在。第二，在市场经济体制中，企业都追求高价，为了使自己的产品卖出一个更高的价格，企业才有动力进行研发，才有动力改善供应链和工艺。所以，如果竞争执法机构介入企业的定价行为中，就会破坏企业投资的动力。第三，从实际执法角度看，执法机构在计算企业的成本时，往往面临很大困难，而且在判断价格是否"不公平"或"过高"时，往往带有主观性。

正是基于以上原因，高价许可从未成为美国调查专利权滥用的法律事由。无论是美国国会的立法还是反垄断执法机构的指南，美国知识产权反垄断的"成文法"均无规制专利高价许可的踪迹。美国知识产权反垄断的"判例法"亦是如此，至今尚未出现一例判决因专利许可费过高而构成垄断行为的民事案件。可见，规制过高定价始终都是美国整个反托拉斯法律制度回避的问题，私

---

❶ Attheraces Ltd v. BHB Ltd，［2005］EWHC 1553（Ch）.

权保护与激励创新更使得美国在知识产权反垄断上对此慎之又慎。"我们不使用反垄断执法来规制专利费。价格控制的理念会干预市场自由竞争，并打击创新的积极性。因此，美国反托拉斯法并不禁止过高收费。相反，合法的垄断者如果愿意可以完全自由地制定垄断价格。这种做法鼓励创新，使之从竞争对手或者被巨大利益所吸引的新进入者中胜出。"❶ 可见，美国实践中普遍认为，索取高价不但不违法，反而是体现市场经济机制正常运行的重要指标。

在欧盟，禁止不公平高价属于反垄断执法中的一个重点对象。从成文法来看，禁止不公平高价的规定源于《欧盟运行条约》第 102 条，即"禁止直接或间接地索取不公平的购买价格或销售价格"。据此，每一个具有市场支配地位的经营者均应承担不索取过高价格的义务。但是从实际执法来看，欧盟竞争法委员会和欧盟法院针对不公平高价的执法非常谨慎。在欧共体竞争法当局几十年的执法实践中，针对不公平高价行为，仅提起了若干起调查，而且大多数被欧盟法院否决。究其原因，一方面是理念上的问题，即担心对企业适用不公平高价会破坏市场机制的运行。另一方面是实际操作困难，即执法机构或者司法机构很难客观地判断厂商索要的价格是否"公平"，从而难以判断相关价格是否过高。❷ 正如欧共体委员会在其发表的《关于竞争政策的第五次年度报告》中所言："在查处垄断高价的滥用市场支配地位案件中，要认定一个案件因为滥用了支配地位而存在垄断高价是困难的，因为还没有一个可以准确认定应当包括成本加合理利润的价格的客观方法。"❸

可见，基于各国理念和法律制度的不同，过高定价并非公认的排除限制竞争、构成滥用市场支配地位的行为。即使在将过高定价作为反垄断法规制的国家，如何判断属于过高定价、如何衡量定价对竞争的影响，并无公认的系统的方法，在实践中也相对审慎。就标准必要专利而言，专利法不仅要求保证专利权人对其创新投资获得正当回报的权利，还同时具有激励社会所有发明人对创

---

❶　Bill ILL Baer. Reflections on the Role of Competition Agencies When Patents Become Essential ［C］. International Bar Association Competition Conference，2015-09-11.

❷　梅夏英，任力. 关于反垄断法上不公平高价制度的法律适用问题 ［J］. 河北法学，2017（4）：38-52.

❸　王晓晔. 中华人民共和国反垄断法详解 ［M］. 北京：知识产权出版社，2008：138.

新进行投入的目的，发明人对其创新获取收益并乐于将该创新科技贡献到标准之中，可以促进并且造就更高层次的竞争，更多的社会公众将因此受益。因此，对于标准必要专利权利人超高定价的反垄断执法也应慎重。

与此同时也要看到，过高定价在正常的市场机制下，可能可以自行得以矫正，但对于具有封锁效应的标准来说，由于标准必要专利权人具有相对优势的市场地位，其面临的竞争与一般产品并不相同，拟通过正常的市场机制自行调节相关价格，基本难以实现。当标准必要专利权人利用其强势地位迫使被许可人接受利益严重失衡的许可价格时，便涉嫌产生了危害正常市场竞争的负面效应：其一，由于在标准必要专利许可定价协商过程中的信息不对称和地位失衡，被许可方可能遭受高额费率的不公平待遇；其二，当标准必要专利权人对同一产品市场中同一标准的不同实施者要求明显歧视的许可价格时，将人为地造成被许可方之间商业成本的不平等，妨碍了下游产品市场的正常竞争秩序；其三，造成专利许可费堆积（Royalty Stacking），标准实施者因费用太过昂贵无法实施该标准或无法从实施该标准中获得应有的商业利益，无法在市场中正常竞争。❶ 因此，将标准必要专利的过高定价纳入反垄断法规制的对象，成为不少国家的选择。

2. 我国对不公平的超高定价的实践与发展方向

如前所述，不公平的超高定价系我国反垄断法明确规制的滥用市场支配地位的行为表现之一。因此，将不公平的超高定价纳入反垄断法的规制对象，在我国并不存在法律障碍。而我国对于标准必要专利过高定价的实践，主要体现在华为诉 IDC 案和发改委对高通的反垄断处罚案中。在华为诉 IDC 案中，法院综合考虑 IDC 给其他公司的许可费率、IDC 对华为收取更高许可费的正当性，以及 IDC 在美国对华为的诉讼情况，认定 IDC 的报价构成不公平的高价。法院比较了 IDC 给苹果等四个厂家的报价和其他财务资料，发现 IDC 给华为的多次报价均远远超出其向同类厂商的报价，最多时高出近百倍，最少时也高出近 20 倍；从各交易主体的情况来看，IDC 综合排名与实力远不如其他交易

---

❶ 孟雁北，姜姿含. 标准必要专利定价行为的反垄断法规制研究 [J]. 反垄断论坛，2015（2）：30-34.

主体，且在专利投入固定而专利因时效流失贬值的情况下，这种过高定价缺乏合理性与正当性；IDC 不仅拒绝合理调整价格，还附加免费回授等其他不合理的条件加大了华为公司获得许可的对价；其在美国提起多起诉讼，表面上是在行使合法诉讼手段，实际上意图通过诉讼手段威胁强迫华为公司接受过高的专利许可条件，致使可以商业谈判的报价变成具有强迫性质的定价，逼迫华为公司就必要专利之外因素支付相应对价。故通过上述行为的综合判断，法院认定相关行为构成不正当的高价销售，将制约华为公司在相关终端市场的竞争能力，违反《反垄断法》第 17 条之规定。而在发改委处罚高通案中，发改委认为，高通构成不公平高价的表现是，通过将专利广泛授权给手机和手机设备厂商，使得其在购买芯片时需要支付相应的专利费；通过与第三方合作的形式实施专利的交叉授权，使得一些公司不会与高通公司存在互相诉讼的问题，以此减轻成本，获得高额利润；将过期与不过期专利打包许可，且不提供专利清单。该案中，高通的商业模式是拥有一个非常巨大的专利包，在专利包中不断有专利过期，但同时也不断地往专利包中填充新研发的专利。但由于高通不提供专利清单，对新增加的专利是否为被许可人所必需以及是否具有价值均不予评估和明示，不衡量和分析过期专利和新补充专利的价值对比和变化，而以不断有新专利加入专利组合为由，笼统地对专利组合持续多年收取同样的许可费，实际上模糊了被许可人获得专利许可的具体标的，使被许可人需要对当事人的过期无效标准必要专利继续支付许可费。以上这些因素的结合导致许可费过高。由此可见，对于不公平的超高定价，在个案中的表现可能有所不同，但都是考察相关价格是否明显不合理地超出了正常价格情况，从而是否对竞争效果产生排除限制后果。

对于标准必要专利的不公平超高定价，由于"超高"的认定是将许可报价相对于合理许可费率而言的，而标准必要专利的合理许可费在实践中往往难以确定，因此超高定价的实务操作被视为一大难题，有不少人认为应当先认定 FRAND 费率。此实质上是混淆了超高定价的反垄断诉讼与 FRAND 费率或者 FRAND 承诺的关系。在无线星球诉华为案中，无线星球公司提出其要求的许可费不构成滥用的抗辩理由有：（1）要约都是在诚信善意谈判的情况下提出的；（2）专利许可费率并未大幅高于 FRAND 费率；（3）尚无有关扭曲下游市场竞争的分析。对此，英国法院认为，对于如何界定权利人提出的许可费率属于不公平的超高定价，目前并不存在精确的判断标准，而是基于案件所有事实的一种价值判断。从法律角度而言，是否构成不公平的超高定价与是否构成FRAND 费率的标准是不同的：如果权利人要求的费率为 FRAND 费率，那么其不可能构成滥用；但是，即使权利人要求的费率高于 FRAND 费率，也同样可能不构成滥用。❶ 该案说明认定标准必要专利持有人违反 FRAND 和构成不公平的超高定价的标准是不同的，两者之间并非等同关系，而且超高定价并非简单的事实判断。同理，标准必要专利过高定价的反垄断纠纷案与费率纠纷案解决的重点不同，两者的判断标准也是不同的。对于 FRAND 费率案而言，其着眼于按照公平、合理、无歧视原则确定许可费率，采用的方法即通常是前面章节所述的可比协议法、自上而下法或可比专利池等方法；而对于不公平的超高定价而言，其判断要点在于标准必要专利权人的相关商业模式或者一贯坚持的许可条款是否构成垄断行为并产生排除、限制竞争的后果。因此，反垄断法的分析视角并不仅限于争议双方的许可谈判分歧，也不着眼于计算出具体的许可费，而是着眼于根据案件有关事实和有关证据确认专利权人的许可行为对竞争会产生的影响。因此，在实际的反垄断执法中，并不需要如许可费率纠纷案般尽量精确地计算出符合 FRAND 的费率（当然，如果能确定 FRAND 费率，可使结论更加科学准确），而是通过案情和证据，足以认定专利权人明显过高且极其不合理地索要高价，该行为造成排除、限制竞争后果的，即可以认定构成滥用市场支配地位。但无论采取何种方法，基于各国对不公平的超高定价的反垄断执法都持相对审慎态度，应该将价格高到极不合理的程度作为执法的必要门槛，并始终把关注点落在对竞争的影响上。在个案中，是否存在不公平的过高定价，可以通过各方面证据资料审查具有市场支配地位的专利权人是否存在相对严重的过高偏离正常市场价格的行为，是否利用不公平的手段或强势地位胁迫相关交易主体接受该过高定价等，进而评估相关行为对市场竞争是否造成排除、限制后果，从而作出是否滥用市场支配地位的法律判断。

---

❶ Unwired Planet v. Huawei，［2017］EWHC 711（Pat）.

三、不合理的搭售

1. 概念与特征

搭售属于日常生活中经常见到的现象。我国《反垄断法》第 17 条规定，禁止具有市场支配地位的经营者没有正当理由搭售商品，或者在交易时附加其他不合理的交易条件。反垄断法规制的搭售有如下特征。

（1）同时出售两种或者两种以上的商品。如果不存在两种或者两种以上的商品，则不能构成搭售。然而，在现实生活中，特别对于知识产权搭售而言，要判断是否属于两种产品，并不是件轻而易举的事情。这主要是因为：一些产品一起销售已经形成惯例，人们逐渐认可接受；一些产品虽然可能以前被认为是两种产品，但随着科技水平的不断发展，大众的认识有所改变；还有一些是因为行为隐蔽难以发现，或者在人们观念中就认为其属于一种产品。比如，消费者购买电脑，被要求同时购买电脑桌，一般会认定为搭售。但浏览器与办公软件一起捆绑销售、芯片产品及其方法专利许可使用费捆绑销售、3G与 4G 标准必要专利捆绑销售，这类情况是否属于搭售，需要具体情况具体分析。

（2）强制性。强制性是知识产权搭售最重要、最基本的属性。其指的是购买者在购买产品时被要求强迫购买其他产品，若其选择不购买的话则无法买到其原想购买的产品。该交易行为违背购买者缔约自由的意愿。但是如果经营者在捆绑销售的同时，还提供了单个产品销售的选择，这说明购买者仍然有选择的自由，这种情况就不属于搭售。实务中，搭售经常与捆绑销售混用，但细究起来，两者存在差异。该差异主要在于：搭售只是捆绑销售中的一种，并非所有捆绑销售都是搭售。捆绑销售主要分为两种：单纯捆绑销售和混合捆绑销售。前者指的是将两种产品同时销售，交易相对人只能同时购买两种产品；后者指的是两种产品捆绑销售，但也可以采取单独购买的形式，即提供了一定的选择性，不违反市场自愿交易原则。所谓搭售，指的仅是没有选择性的单纯捆绑销售。

（3）缺乏正当理由且具有明显负面影响。搭售在经济学上可能存在一定合理性，比如更加经济、便捷、效率、符合交易习惯，故并非所有搭售都是违反反垄断法的。但也有很多搭售是为了保护落后的技术和产品，将质次价高的产品卖给消费者，从而可能影响市场资源优化分配，增加企业经营成本，降低竞争力。搭售的实质问题，不仅是购买者被强迫购买其不愿购买的商品，更多是购买者不得不为其愿意购买的商品付出更高价钱，或者购买者不得不从其不喜欢的销售者那里购买商品。❶ 因此，缺乏正当理由，强行进行搭售的行为，可能受到反垄断法的规制。除此以外，还得考虑搭售对市场竞争造成的影响。一般来说，简单的搭售只是损害交易相对人的利益，不会造成其他的社会影响，对此只需要通过一般民事法律进行规范即可，但如果搭售行为不仅损害交易相对人的利益，而且对市场经济的竞争也有一定的冲击，比如，标准必要专利权人的搭售利用标准必要专利产品的优势地位来支配被搭售产品的市场，从而导致专利权人的垄断地位从上游蔓延到下游地区，严重影响和限制竞争的，就应当利用反垄断法进行规制。

2. 相关实践

涉及标准必要专利的搭售行为构成滥用市场支配地位的，主要有如下案件，分别从不同角度阐释了相关执法机构对于反垄断法意义上的搭售行为的认识与评价。

（1）华为诉 IDC 案。在该案中，华为指控 IDC 将标准必要专利与非标准必要专利捆绑；将 3G、4G 标准必要专利进行捆绑，构成搭售，违反反垄断法。对此，法院指出：与一般财产权利相比，当搭售和捆绑涉及知识产权产品时，由于知识产权产品通过搭售和捆绑的销售边际成本更低，一揽子许可可以改善效率，因此一揽子许可未必是反垄断的，但若该一揽子许可是强迫性的，违反公平贸易原则且缺乏正当理由的，则应受到反垄断法的规制。以此为标准，法院对华为指控的两项行为分别作出了不同的评价。对于 IDC 将标准必要专利与非标准必要专利的捆绑销售行为，法院认为，标准必要专利具有唯一性和不可替代性，而非标准必要专利则一般都存在可替代性，违背被许可人意志，将标准必要专利与非标准必要专利进行强制捆绑，将导致专利权人在标准

---

❶ Daniel Crane. Tying and Consumer Harm [J]. Competition Policy International, 2012, 8（2）：27-33.

必要专利许可市场上的市场力量延伸到非标准必要专利许可市场，从而将阻碍或限制非标准必要专利相关市场的竞争。对于 IDC 将 3G 标准和 4G 标准下的必要专利进行捆绑许可的行为，法院认为，因华为在另一个相关联的许可费率案中就要求确定 3G 与 4G 标准必要专利费率，可见相关许可符合华为意愿、不具有强迫性；而且将全球范围内的标准必要专利捆绑销售是市场上常见的且广泛采用的交易模式，符合效率原则，不宜认定为是限制竞争、违反反垄断法的行为。❶ 该案说明，并非所有捆绑销售都属于搭售，应当具体分析其是否存在正当性、合理性，是否违背当事人意愿，以及相关行为对市场竞争的影响后果。

（2）发改委处罚高通案。在该案中，高通搭售行为体现在：高通在进行专利许可时，未将无线标准必要专利与非无线标准必要专利进行区分，不向被许可人提供专利清单，而是采取设定单一许可费并进行一揽子许可的方式，将持有的非无线标准必要专利进行搭售许可。发改委对此认为，无线标准必要专利与非无线标准必要专利可以进行区分并分别进行许可，并且通过合同条款在许可协议中对标准必要专利的范围进行界定是一种惯常做法。即使分别提供无线标准必要专利与非无线标准必要专利许可约需要一定的成本，并可能增加专利许可谈判的复杂性，但这不能构成将与无线标准必要专利性质不同的非无线标准必要专利进行搭售许可的合理理由。对于非无线标准必要专利，被许可人本可以考量包括侵权和诉讼风险在内的各种因素，自由决定是否寻求以及向哪个专利权人寻求获得许可。由于高通强制搭售非无线标准必要专利许可，被许可人必须从高通获得非无线标准必要专利许可并支付许可费，理性的被许可人通常不会额外承担费用进行规避设计或者寻求替代性技术。这使得与高通持有的非无线标准必要专利具有竞争关系的其他替代性技术失去了参与竞争的机会和可能，严重排除、限制了相关非无线标准必要专利许可市场的竞争，阻碍、抑制技术创新，最终损害消费者的利益。❷ 同样地，该案强调了搭售的强制性与不合理性，以及行为结果影响。

---

❶　参见广东省高级人民法院（2013）粤高法民三终字第 306 号民事判决书。

❷　参见国家发展和改革委员会行政处罚决定书（发改办价监处罚〔2015〕1 号）。

（3）无线星球诉华为案。在该案中，华为抗辩称无线星球公司将标准必要专利与非标准必要专利捆绑，构成搭售。而英国法院认为，需要遵循FRAND承诺的标准必要专利权人无权坚持要求将标准必要专利和非标准必要专利进行捆绑许可。但是，这并不意味着以标准必要专利和非标准必要专利相捆绑形式提出第一份要约就必然违反反垄断法规定。有明确的证据表明，在某些案件中，各方同意采用同时包含标准必要专利和非标准必要专利的许可。❶该案从另一个角度强调了许可谈判的市场行为属性，但仍然以是否违背当事人的意志、是否具备强迫性为要件进行判断。

3. 需要注意的问题

与一般有形财产相比，当搭售和捆绑涉及知识产权时，由于该产品通过搭售和捆绑的销售边际成本更低，特别是对于纯粹的标准必要专利的捆绑销售来说，因为这些标准必要专利一般为实施人所需，该交易模式常见且符合效率原则，因此一揽子许可未必是违反反垄断法的。但若该一揽子许可是强迫性的，违反公平贸易原则且缺乏正当理由的，造成排除、限制竞争后果时，则应受到反垄断法的规制。在此过程中，需要判断以下三个因素。

（1）相关搭售行为是否违背当事人意愿，具有强迫性。许可谈判首先是市场交易行为，应尊重各方交易主体意志。即使当事人仅提供了一揽子许可方式，无论其是否单纯标准必要专利的捆绑，还是标准必要专利与非必要专利的捆绑，只要交易方同意接受，不具有强迫性，那就应当尊重这种市场谈判行为。但如果被许可人不同意接受，且标准必要专利权人未提供其他不捆绑机会的，那就存在强制性，需要作进一步的审核。

（2）审查搭售行为的合理性和正当性。如前所述，搭售涉及经济学上的相关问题，并非所有的搭售都是不合理的。专利权人应当为其搭售行为的合理性和正当性予以说明，比如是否符合经济、效率，是否符合行业交易习惯，是否有利于消费者，不提供其他选择存在何种弊端，等等。

（3）判断相关行为对市场竞争的影响。作为反垄断纠纷，不合理的搭售行为只是行为表现形式，是否构成垄断行为，始终应将落脚点放在对市场竞争

---

❶ Unwired Planet v. Huawei，［2017］EWHC 711（Pat）.

是否构成排除、限制竞争后果上。因此，在认定相关行为主体具有市场支配地位的基础上，还要考察相关行为是否阻碍其他竞争主体的进入机会或竞争机会，影响程度、影响范围如何，是否构成严重排除、限制竞争的后果。

四、其他行为

在标准必要专利纠纷中，最常见的争议行为即前述的滥用禁令、不公平高价和搭售行为，除此之外，个别案件还存在差别待遇、附加不合理交易条件等行为，但类似纠纷很少单独发生，一般是作为不公平高价、搭售或其他滥用市场支配地位行为的附加内容一并提起。

1. 歧视性交易定价

歧视性定价容易使部分交易对象处于不利的竞争地位，在情况严重时可能影响市场竞争秩序，故为大多数国家所制止。《欧盟运行条约》第 102 条即禁止具有支配地位的企业对处于相似地位的交易对象给予歧视性的价格。我国《反垄断法》第 17 条第（6）项规定，没有正当理由，对条件相同的交易相对人在交易价格等交易条件上实行差别待遇，属于具有市场支配地位的经营者滥用市场支配地位的行为。歧视性定价即属于该类行为的一种。但基于定价行为本身属于市场交易行为，基于交易主体交易条件、时期、情势的不同，并非所有的差别性定价都属于歧视性定价，在反垄断执法中对该类型行为的认定相对审慎。

对于标准必要专利而言，FRAND 承诺同样要求标准必要专利权人应基于非歧视的原则许可其标准必要专利。因此，若标准必要专利权人违反了 FRAND 承诺的非歧视规定，如果相关行为严重，影响到市场秩序，也可能同时构成滥用市场支配地位行为。但需要强调的是，禁止价格歧视并非意味着排除所有差异化定价，FRAND 承诺也并非要求给不同的被许可人相同的许可价格，更不意味着最优惠待遇。作为一种谈判交易，基于不同被许可人的自身情况不同，相关支付方式、许可期间、谈判背景、所处形势都不尽相同，价格差异在技术许可中是普遍存在的。因此，在认定是否构成歧视性待遇问题上，实务中不能仅将个别被许可人情况进行比对，而是要审查标准必要专利权人对于交易条件实质相同的交易相对人是否确实实施了歧视性待遇，且该行为足够严重，产生排除、限制竞争后果。具体而言，需要审查下列因素：（1）审核确定可用于比较的交易条件实质相同的交易相对人。包括相关许可专利的范围、不同交易相对人利用相关知识产权提供的商品是否存在替代关系等。（2）比较许可条件是否实质不同，包括许可数量、地域和时间等。除分析许可协议条款外，还需综合考虑许可人和被许可人之间达成的其他商业安排对许可条件的影响。（3）该差别待遇是否存在正当、合理理由；个案中是否存在其他情形导致专利权人有正当理由给予明显的歧视待遇。（4）对市场竞争秩序产生的影响，其歧视性行为规模、严重情况如何，是否足够对实施人参与相关市场竞争产生显著不利影响，对整个行业发展不利。与不公平高价行为不同的是，不公平高价行为比对对象是合理费率即 FRAND 费率；而歧视待遇比对的对象是专利权人给予条件相同的其他交易对象的待遇。相同的地方是，两者都要求有明显、过分的偏离程度，是否存在合理理由，以及考虑对市场竞争秩序的影响。

2. 附加不合理交易条件

与制止歧视性定价的理由类似，我国《反垄断法》第 17 条第 1 款第（5）项明确规定，禁止具有市场支配地位的经营者在交易时附加不合理交易条件。在标准要求专利许可谈判中，专利权人往往会提出免费回授、不质疑专利有效性等交易条件，免费回授一般会作为对价的一部分在不公平高价行为审理中予以审核，而对于不质疑专利有效性等行为则一般作为附加不合理交易条件来审核对待。在我国发改委处罚高通案件中，高通将签订和不挑战专利许可协议作为被许可人获得高通基带芯片的条件。如果潜在被许可人未与高通签订包含不合理许可条件的专利许可协议，高通则拒绝与该潜在被许可人签订基带芯片销售协议并拒绝向其供应基带芯片；如果已经与高通签订专利许可协议的被许可人与当事人就专利许可协议产生争议并提起诉讼，则高通将停止向该被许可人供应基带芯片。发改委认为，被许可人与高通就专利许可协议产生争议并提起诉讼是被许可人的权利，而高通基于在基带芯片市场的支配地位，在基带芯片销售中附加不挑战专利许可协议的不合理条件，实质上限制甚至剥夺了被许可人的上述权利，将不挑战专利许可协议作为高通向被许可人供应基带芯片的前提条件，没有正当理由。由于高通在基带芯片市场具有支配地位，潜在的和实际的被许可人对当事人的基带芯片高度依赖，如果高通拒绝提供基带芯片，则潜在的或者实际的被许可人可能无法进入或者必须退出相关市场，无法有效参与市场竞争，排除、限制了市场竞争，从而认定高通存在滥用市场支配地位、附加不合理交易条件的行为。可见，在此类行为的审核上，同样需要审核具有市场支配地位的专利权人所附加的交易条件是否存在正当性与合理性，相关不合理交易条件对于市场竞争秩序存在何种影响，从而最终作出认定。

第五章 标准必要专利涉外纠纷的管辖

第一节 专利的地域性及管辖权

一、专利的地域性特征

知识产权是一种起源于封建社会的法权。知识产权保护的雏形是封建社会的地方官或封建君主、封建国家通过特别榜文、敕令的形式授予的一种特权。这种特权当时只可能在发敕令的官员、君主或国家权力所及地域内有效，越出有关地域，该特权则失去效力。❶后来，知识产权逐渐演变成依法律产生的民事权利，并保留了"地域性"这一重要特征。诚如马丁·沃尔夫教授所言："国家只能保护其用特殊的法律（特权）或一般的法律所授予的那些专利权、外观设计、商标和版权。关于专利权、版权等纠纷的解决，任何国家都不适用外国法律，也不承认根据外国法律所产生的这一权利。"❷因此，一般而言，知识产权没有域外效力。郑成思教授曾指出，迄今为止，除了知识产权一体化极快的地区，专利权、商标权、版权这些传统的知识产权，只能依一定国家的法律产生，又只在其依法产生的地域内有效。❸也就是说，如果一项技术在中国申请了专利，但在外国没有申请专利，那么这项中国专利权的法律效力并不及于外国。

---

❶ 郑成思. 知识产权论［M］. 北京：法律出版社，2003：71-72.

❷ ［德］马丁·沃尔夫. 国际私法［M］. 李浩培，汤宗舜，译. 北京：法律出版社，1988：356.

❸ 郑成思. 知识产权法教程［M］. 北京：法律出版社，1993：6.

19 世纪末，科技高速发展，国际技术与信息交流日益广泛。《保护工业产权巴黎公约》（以下简称《巴黎公约》）、《保护文学和艺术作品伯尔尼公约》（以下简称《伯尔尼公约》）、《世界版权公约》等国际公约陆续出现，知识产权国际保护不断发展。各国对不同类型的知识产权达成了某种最低程度的一致保护，并以国民待遇原则为依据对他国知识产权实行保护。有人称这一时期为知识产权的相对地域性时代或地域性的"突破"时代。❶ 在著作权领域，《伯尔尼公约》规定了自动保护原则，❷ 在商标领域，驰名商标的保护对传统的地域性原则作了调整。❸

相比著作权和商标权领域，专利权保持着更为严格的地域性特征。一方面是因为各国专利制度区别较大。比如，在专利申请受理上，中国采用"先申请"原则，美国采用"先发明"原则。另一方面，专利的无形性需要法律制度对其在时间上和空间上的存在予以固定，而伴随着科技的高速发展，专利权的流动性极大增强，如果不对专利权的地域性作出限制，就可能使专利权产生重叠和冲突。❹更重要的是，专利权代表了一个国家或地区的科技实力，具有一定的"公权性"，对专利权的保护必须与当地的经济发展水平和科技实力相适应，兼顾私权利和公权利的平衡。因此，《巴黎公约》确立了独立保护的基本原则，各国在符合公约要求的前提下，有权自主决定工业产权的立法保护问题。随着专利权保护国际保护的发展，在科技发展水平较为均衡的地区，可能就专利权保护形成共识，在一定区域内实行相同或相似的专利制度，如欧洲国

---

❶ Paul Geller. International Intellectual Property, Conflicts of Laws, and Internet Remedies [J]. European Intellectual Property Review, 2000（22）：125.

❷ 《伯尔尼公约》第 5 条第 1 款规定："根据本公约得到保护的作者，在除作品起源国外的本联盟各成员方，就其作品享受各该国法律现今给予或今后将给予其国民的权利，以及本公约特别授予的权利。"

❸ 《巴黎公约》第 6 条之 2 规定："本联盟各方承诺，如果申请注册的商标构成对另一商标的复制、仿制或者翻译，容易产生混淆，而注册国或使用国主管机关认为该另一商标在该国已经驰名，是有权享受本公约利益人的商标，并且用于相同或类似的商品，该国将依职权（如果本国法律允许），或者应有关当事人的请求，拒绝或取消注册，并禁止使用。"

❹ 冯文生．知识产权国际私法基本问题研究——知识产权文丛（第四卷）[M]．北京：中国政法大学出版社，2000：241.

家之间签订的《欧洲专利公约》。但是，如果各国之间的科技发展水平不均衡，国家之间占有的专利技术比例失衡，那么，基于政治、经济利益的考量，各国就可能树立起坚固的专利权地域性屏障，以此观之，"地域性不过是外部环境施加以知识产权及其立法的，而不是它们本身所固有的。因此，只要各个国家愿意和需要，就完全可以抛弃对知识产权地域性的固执"。❶所以，专利制度设计是一个国家基于其政治、经济、文化和价值取向等因素从而作出的理性选择。在当前知识产权已成为决定国际秩序关键因素的背景下，各国对知识产权的保护已经上升到国家战略层面。法国德布瓦（Desbois）教授认为，一个国家竞争领域内的有关规则属于该国排他管辖的范围，因为这些规则属于一国公共政策的内容，没有国家愿意外国调整其领域内的竞争或对这些竞争进行限制。因此，基于公共政策的考虑，各国只允许由本国的法律来调整这些限制竞争的权利。❷吴汉东教授也认为，知识产权作为一种排他性的垄断权，对竞争既有促进作用，也有限制作用。因此，知识产权的授予、保护范围、保护程度等都属于一国公共政策的选择和安排。❸

二、地域性与管辖权

由于专利的地域性特征，各国对专利权的保护具有独立性。这一原则为知识产权国际公约所确认。如《巴黎公约》第 4 条之 2 规定："本联盟国家的国民在本联盟各国申请的专利，与在其他国家（不论是否本联盟的成员）就同一发明所取得的专利是相互独立的。"也就是说，同一发明创造的专利权人只能在该权利授权国获得相应的法律保护。科尼肾教授曾指出知识产权地域性原则四重含义："一、每个国家的知识产权的效力只能通过该国的法律加以规定；二、知识产权仅对授予国范围内的活动产生影响；三、知识产权只能由授予国的国民或者通过法律取得相同地位的其他国家公民主张；四、知识产权只

---

❶　吕岩峰．知识产权之冲突法评论［J］．法制与社会发展，1996（6）：56.

❷　杨长海．知识产权冲突法论［M］．厦门：厦门大学出版社，2011：267.

❸　吴汉东．利弊之间：知识产权制度的政策科学分析［J］．法商研究，2006（5）：8.

能在授予国的法院主张。"❶ 在第四点中，科尼胥教授强调知识产权问题应由授权国法院审判。知识产权的授权国管辖原则，或者称独立保护原则，得到理论界与实务界的广泛认可。

在国际上，知识产权案件的授权国管辖原则有一些突破。2005 年《选择法院协议公约》在海牙国际私法会议上以协商一致的方式获得通过，该公约于 2015 年 10 月 1 日起生效。我国于 2017 年 9 月签署该公约，目前尚未批准。该公约第 2 条规定了不适用于排他性选择法院协议的案件范围，包括"著作权和邻接权以外的知识产权的有效性"，"侵犯除版权和邻接权以外的知识产权，但有关侵权诉讼是因违反当事人间与此种权利有关的合同提起或者可以提起的除外"。❷

欧盟于 2012 年年底颁布《民商事诉讼管辖权、判决承认与执行条例（重订）》（以下简称《布鲁塞尔条例 I》）。该条例已于 2015 年 1 月 10 日起生效。该条例第六节第 24 条第（4）项规定："以专利、商标、外观设计或者其他需要备案或注册的知识产权的注册或有效性为标的的诉讼，不论该问题是以起诉还是抗辩的方式被提出，由权利备案或注册地国或者依据欧盟或国际条约视为权利备案或注册地国法院专属管辖。"

从上述公约可以看出，国际上对知识产权案件的管辖权问题采用了知识产权效力问题与非效力问题"二分法"，即涉及专利有效性判断的案件由授权国法院管辖，其他专利案件不排除可以协议管辖，在一定情况下可不由授权国法院管辖。

第二节　标准必要专利纠纷的涉外因素及冲突规范

一、标准必要专利纠纷的涉外因素

1. 涉外因素的认定标准及类型

关于涉外因素的认定标准，最高人民法院早于 1988 年在《关于贯彻执行

---

❶ 转引自杨长海. 知识产权冲突法论［M］. 厦门：厦门大学出版社，2011：46.
❷ 《选择法院协议公约》第 2 条第 2 款第（14）项、第（15）项。

〈中华人民共和国民法通则〉若干问题的意见（试行）》第 178 条就提出了"涉外民事关系"的概念。❶ 1992 年最高人民法院在《关于适用〈中华人民共和国民事诉讼法〉若干问题的意见》第 304 条又从程序法的角度明确了"涉外民事案件"的概念。❷在《中华人民共和国涉外民事关系法律适用法》出台后，最高人民法院于 2012 年制定了《关于适用〈中华人民共和国涉外民事关系法律适用法〉若干问题的解释（一）》，在第 1 条明文规定了涉外民事关系的认定标准。❸ 上述司法解释主要是以民事法律关系的主体、客体和内容三个要素作为判定民事案件是否"涉外"的标准，如当事人的国籍或经常居住地涉外、标的物位于域外、法律事实发生在域外等。

2. 主体的涉外因素

（1）在权利人方面，在 2G、3G 时代，标准必要专利技术主要由高通、诺基亚和爱立信等老牌跨国通信企业掌控，这些外国企业至今仍掌握着数量庞大的基础标准必要专利技术。近年来，虽然中国企业也积极参与标准的制定，积累了一定数量的标准必要专利，但与标准必要专利巨头相比仍存在较大差距。如第一章所述，当前，排名靠前的 LTE 标准必要专利的权利人中仅华为、中兴为中国企业，其余均为外国企业。值得注意的是，近年来，外国 NPE 日趋活跃，导致标准必要专利全球诉讼大幅增加。如爱立信、诺基亚等公司都曾将

---

❶ 《关于贯彻执行〈中华人民共和国民法通则〉若干问题的意见（试行）》第 178 条规定："凡民事关系的一方或者双方当事人是外国人、无国籍人、外国法人的；民事关系的标的物在外国领域内的；产生、变更或者消灭民事权利义务关系的法律事实发生在外国的，均为涉外民事关系。"

❷ 《关于适用〈中华人民共和国民事诉讼法〉若干问题的意见》第 304 条规定："当事人一方或双方是外国人、无国籍人、外国企业或组织，或者当事人之间民事法律关系的设立、变更、终止的法律事实发生在外国，或者诉讼标的物在外国的民事案件，为涉外民事案件。"

❸ 《关于适用〈中华人民共和国涉外民事关系法律适用法〉若干问题的解释（一）》第 1 条规定："民事关系具有下列情形之一的，人民法院可以认定为涉外民事关系：（一）当事人一方或双方是外国公民、外国法人或者其他组织、无国籍人；（二）当事人一方或双方的经常居所地在中华人民共和国领域外；（三）标的物在中华人民共和国领域外；（四）产生、变更或者消灭民事关系的法律事实发生在中华人民共和国领域外；（五）可以认定为涉外民事关系的其他情形。"

所持有的部分标准必要专利转让给 NPE。爱立信曾于 2013 年向 NPE 无线星球公司转让了 2185 件与 2G、3G、LTE 相关的专利。诺基亚曾将部分专利转给阿卡西亚公司（Acacia）、康文森公司（Conversant）、维瑞格公司（Vringo）、无线未来公司（Wireless Future）、蜂窝通信设备公司（Cellular Communications）等公司。目前，NPE 在美国发起的诉讼占比接近 70%。❶

（2）在专利实施者方面，由于当前中国既是全球智能手机出货量最大的国家，也是全球最重要的手机销售市场地，中国手机厂商成为外国标准必要专利权人起诉的主要对象。据统计，自 2012 年起，华为和中兴在美国每年涉及专利诉讼的数量一般 15 件以上，其中 2013 年达到 30 件左右。❷ 蜂窝通信公司曾起诉中兴、HTC 等公司。2017 年 4 月 27 日，美国一家名为 Interface Linx,LLC 的 NPE 在美国加州中区联邦法院起诉了十多家企业，其中包括中国的海尔、海信和 TCL。

3. 客体的涉外因素

与普通的专利侵权案件不同的是，在标准必要专利领域，权利人或权利人与实施者往往均拥有数量庞大的标准必要专利，为了提高效率，减少谈判成本，专利权人在对外许可时一般是以专利组合为整体进行许可，而不是一件一件单独进行许可。在专利诉讼中，专利权人也往往请求法院就某个专利组合确定其管辖区域的损害赔偿数额或者许可费。整个专利组合可能涉及案外专利和他国专利，也有的专利权人请求法院判令专利组合的全球许可费，一揽子解决问题，引发法院是否有管辖权的问题。

4. 内容的涉外因素

从法律行为地分析，一般而言，知识产权纠纷往往是在知识产权的登记地、注册地或者实施地法院提起。对于标准必要专利纠纷而言，法律关系内容的涉外因素包括请求保护的专利授予地、请求保护的专利实施地、FRAND 声明地等。部分标准组织的知识产权政策对准据法作出明确规定。如 ETSI 的

---

❶ 国家知识产权局专利局专利审查协作中心江苏中心. 移动通信领域美国知识产权诉讼研究 [M]. 北京：知识产权出版社，2018：182.

❷ 国家知识产权局专利局专利审查协作中心江苏中心. 移动通信领域美国知识产权诉讼研究 [M]. 北京：知识产权出版社，2018：181-182.

FRAND 声明载明："本知识产权信息陈述及许可声明的解释、合法性及其执行受法国法的调整。"部分当事人据此提出解释 FRAND 声明所依据的准据法问题，如 IPCom 公司诉诺基亚公司等案，❶ 被告诺基亚等公司提出对 FRAND 声明的性质和效力问题应适用法国法。

二、涉外专利诉讼管辖的相关依据

我国《民事诉讼法》第四编关于"涉外民事诉讼程序的特别规定"分章规定了涉外民事诉讼程序的一般原则、管辖、送达、期间、仲裁和司法协助等内容。我国知识产权涉外民事诉讼相关法律问题受该法调整。

2010 年出台的《中华人民共和国涉外民事关系法律适用法》第一次专章对知识产权涉外案件的法律适用问题作了具体规定。该法第 48 ~ 50 条规定，知识产权的归属和内容，适用被请求保护地法律；当事人可以协议选择知识产权的转让和许可适用的法律，当事人没有选择的，适用涉外合同纠纷的有关规定；知识产权的侵权责任，适用被请求保护地法律，当事人也可以在侵权行为发生后协议选择适用法院地法律。该法第一次规定了涉外知识产权案件法律适用的一般规则以及知识产权合同和侵权责任方面的法律适用规则。

2018 年 4 月，广东省高级人民法院出台《关于审理标准必要专利纠纷案件的工作指引（试行）》，其中第 8 条规定："在审理标准必要专利纠纷案件中，关于公平、合理、无歧视原则的解释、确定相关标准必要专利的权利范围及行使、对相关行为性质进行定性等问题，一般需考虑适用被请求保护地法或法院地法。"该条款同样是针对法律适用问题进行指引，未涉及管辖问题。

虽然目前我国尚未出台关于涉外知识产权案件的管辖规范，但是从涉外知识产权案件法律适用的一般规则可以看出，我国在法律适用上亦采用了知识产权效力问题和非效力问题的"二分法"，这与国际上关于知识产权管辖问题的主流观点相一致。因此，面对涉外知识产权案件的管辖权问题，不应拘泥于知

---

❶　LG Mannheim, Urteil vom 18. 2. 2011, Az. 7 O 100/10; OLG Karlsruhe 6 Zivilsenat; 18 April 2011, Az. 6 U 29/11, Beschluss; OLG Karlsruhe 6. Zivilsenat, 9 Juli 2014, Az. 6 U 29/11, Urteil.

识产权的地域性和授权国管辖原则，而是应根据案件的具体情况予以区分。

从我国的司法实践看，法院审理的知识产权涉外案件以主体涉外为主。仅主体涉外，而权利不涉外的案件，并不涉及管辖的问题。部分案件主体不涉外，但侵犯的客体是域外知识产权，我国法院受理并管辖了。❶有的案件根据最高人民法院《关于适用〈中华人民共和国民事诉讼法〉的解释》第 532 条❷的规定，如果这类案件涉及我国国家、公民、法人或者其他组织的利益，亦不排除可以由我国法院管辖。而且，由于诉讼双方皆为我国法人，当事人住所地或营业地都在国内，由我国法院管辖可以减少当事人的诉累，亦有利于判决的承认和执行。

第三节　标准必要专利涉外纠纷的管辖权问题

一、涉外民事诉讼管辖权的基本原则和理论

涉外民事诉讼管辖，又称国际民事诉讼管辖，是指含有国际因素的民事案件在不同国家法院之间进行分工，确定不同法院对该案件的审判权力或者权限。❸涉外民事诉讼的管辖权涉及两方面的内容：一是指就某一涉外民事案件，我国人民法院有无管辖权的问题；二是指有关的外国法院对某一特定的涉

---

❶　如山东省医药保健品进出口公司诉中国包装进出口山东公司商标侵权案，北影录音音像公司诉北京电影学院侵害著作权案，东莞金凤米粉有限公司诉程强、东莞明祺米粉厂侵犯商标权案等，我国法院管辖了侵犯域外知识权的案件。

❷　最高人民法院《关于适用〈中华人民共和国民事诉讼法〉的解释》第 532 条规定："涉外民事案件同时符合下列情形的，人民法院可以裁定驳回原告的起诉，告知其向更方便的外国法院提起诉讼：（一）被告提出案件应由更方便外国法院管辖的请求，或者提出管辖异议；（二）当事人之间不存在选择中华人民共和国法院管辖的协议；（三）案件不属于中华人民共和国法院专属管辖；（四）案件不涉及中华人民共和国国家、公民、法人或者其他组织的利益；（五）案件争议的主要事实不是发生在中华人民共和国境内，且案件不适用中华人民共和国法律，人民法院审理案件在认定事实和适用法律方面存在重大困难；（六）外国法院对案件享有管辖权，且审理该案件更加方便。"

❸　刘卫翔，等. 中国国际私法立法理论与实践 [M]. 武汉：武汉大学出版社，1995：169.

外民事案件有无管辖权的问题，即一外国的诉讼程序在我国有无效力的问题。前者被称为"直接的一般管辖权"（competence general directe），后者被称为"间接的一般管辖权"（competence general indirecte），涉及外国判决在我国的认可和执行问题。

确立涉外民商事诉讼管辖权时，一般应考虑以下两个原则。

一是平等保护当事人权益的原则。民事诉讼当事人有平等的诉讼权利，外国人、无国籍人、外国企业和组织同本国公民、法人和其他组织有同等的诉讼权利义务，这是民事诉讼的基本原则。我国在知识产权保护的发展过程中，越来越重视坚持平等保护，坚持权利平等、机会平等和规则平等，平等保护各诉讼主体的诉讼权利。

二是维护国家主权和公共利益原则。涉外民商事诉讼管辖权的确立应以国家主权原则为指导，对于涉及国家公共政策和重要政治、经济利益的涉外民商事案件由本国法院享有专属管辖权。

国际上在解决涉外民商事诉讼管辖权冲突时形成了以下基础理论，这也是我们研究涉外标准必要专利纠纷管辖问题时必须考虑的基础理论。

一是国际礼让理论。该理论由荷兰法学家胡伯在《论罗马法与现行法》一书中提出。该理论提出了三原则：（1）任何主权者的法律必须在其境内行使并且约束其臣民，在境外无效；（2）凡居住在其境内的人，包括常住的与临时的，都可视为主权者的居民；（3）每一国家的法律已在其本国的领域内实施，根据礼让，行使主权权力者也应让它在自己境内保持效力，只要这样做不至于损害自己的主权权力及臣民的利益。❶国际礼让理论是法院在考虑到国家关系和国家利益的基础上，为了实现管辖权的国际协调而主动进行的自我约束，对外国法的域外效力是否承诺，完全取决于各国的主权考虑。❷

二是最密切联系原则理论，是指在处理某一涉外民商事法律关系或涉外民事案件时，全面权衡法律关系的有关连接因素，通过质和量的分析，找出与该

---

❶　李双元，等．中国国际私法通论［M］．北京：法律出版社，1996：56.

❷　徐卉．涉外民商事诉讼管辖权冲突研究［M］．北京：中国政法大学出版社，2001：117.

法律关系或有关当事人有最直接、最本质和最真实的联系的法律加以适用。❶
该理论源于英国和美国的司法判例，刚开始仅适用于合同和侵权领域，后来被
广泛适用于各个冲突法领域。该原则通过对与案件有关的各种事实和因素进行
综合分析，促使法院根据案件具体情况和实际需要决定适用的法律。该原则虽
然是一个法律适用上的基本原则，但在处理管辖权问题时，也具有借鉴意义。

三是当事人意思自治理论。该理论在 16 世纪由法国法学家杜摩兰首创，
一开始只适用于合同领域在涉外民商事诉讼管辖中，后来广泛适用于其他领
域。当事人意思自治理论充分体现在协议管辖上。

四是司法自由裁量权理论。在管辖领域，也存在司法自由裁量权的空间。
在国内对知识产权管辖问题没有相关立法的情况下，法院可以兼顾当事人利益
和国家以及社会公众利益，在不违反国家和社会公众利益的前提下，行使自由
裁量权，维护当事人的合法权益。

在涉外民事案件中，管辖权争夺越来越激烈，这主要有以下几个方面的
原因。

第一，管辖权的确定是案件审理的前提，对案件的审理结果有直接影响。
各国法院在审理涉外案件时，通常优先选择适用本国冲突规范，根据本国的冲
突规范确定法律适用，从而作出实体处理。因此，管辖权问题与法律适用问题
存在相互指引、相互制约的关系。一方面，管辖权的确定是法律适用的前提条
件，只有依法取得管辖权的法院才有资格适用法律作出判决；另一方面，法律
适用又是管辖权的继续，一国法院行使管辖权是为了适用法律作出判决，否
则，管辖权就失去了意义，因此，管辖权通过法律适用直接对案件的审理结果
产生影响。❷ 英国学者莫里斯（Morris）认为："在英国法律冲突中，管辖权问
题常常倾向于超过法律选择问题，或者说，管辖权问题是处于一个特殊的地
位，经常发生这样的情况，如果管辖权（无论是英国法院还是外国法院）得

---

❶ 黄进．当代国际私法问题 [M]．武汉：武汉大学出版社，1997：25.

❷ 徐卉．涉外民商事诉讼管辖权冲突研究 [M]．北京：中国政法大学出版社，2001：
5-11.

到满意解决，法律选择就不成什么问题了。"❶

第二，管辖权的确定关系到当事人的切身利益。如前所述，标准必要专利案件存在几个国家的法院都有权管辖的情况。对于当事人来说，诉讼是增加谈判筹码的一种手段，因此，选择有利于当事人的诉讼地至关重要。当事人会研究不同国家的法院对禁令、许可费的规则，选择有利于当事人的诉讼地。对于不同国家因援引不同的冲突规则或适用不同的国内法，对同一案件作出不同的判决，直接影响当事人的切身利益。

第三，管辖权的确定关系到国家主权的维护。涉外民事诉讼管辖权作为国家司法审判权的一种，是国家主权的有机组成部分，国家行使涉外民事案件的管辖权，是国家主权在司法领域的延伸和表现。国际上，各国争夺涉外民事案件管辖权的斗争十分复杂、激烈，其目的就在于取得本国对涉外民事案件的管辖权，维护本国利益。❷

二、标准必要专利纠纷的管辖权问题

1. 挑选法院成为当事人普遍采用的策略

由于通信领域具有互联互通的特点，侵权地的选择范围广，当事人往往可以选择对其有利的诉讼地点，这就导致挑选法院成为实践中当事人普遍采用的策略。当事人往往通过比较各国或地区对标准必要专利的保护理念、禁令颁布的难易程度来挑选起诉地。比如，国际上，印度就因申请禁令较为便利而成为标准必要专利权利人倾向选择的诉讼地。金立、小米、OPPO 和 vivo 都曾被诉至印度法院。❸在一国内，当事人也会挑选法院。根据美国统计显示，得克萨斯州东区法院成为 NPE 在美国进行标准必要专利诉讼的优选地，NPE 2015 年在该法院起诉的案件数量为 2386 件，在美国排名第一，占比 66%，远远超过

---

❶　Morris, The Conflicts of Law 12ᵗʰ ed. 5, 1993. 转引自：徐卉. 涉外民商事诉讼管辖权冲突研究 [M]. 北京：中国政法大学出版社，2001：11.

❷　徐卉. 涉外民商事诉讼管辖权冲突研究 [M]. 北京：中国政法大学出版社，2001：9-14.

❸　国产手机接连遭遇专利战 为何总在印度被起诉 [EB/OL]. [2016-11-28]. https：//info. 3g. qq. com/g/s? aid=tech_ ss&id=tech_ 20161128002853&rt=2.

其他地方法院。这与当地倾向于保护专利权人、证据开示规则有利于 NPE 有关。❶ 在中国，标准必要专利纠纷往往集中在北京和广东。据统计，截至 2018 年 9 月，我国受理涉标准必要专利案件达 109 件，其中北京和广东受理的案件接近 90%。❷

2. 管辖权呈扩张趋势，全球许可费裁判引人关注

当前，知识产权已成为决定国际秩序的关键因素，对知识产权的保护已经上升到国家战略层面。因此，专利等竞争领域的管辖权斗争非常激烈。从全球看，法院的管辖权范围呈扩张趋势。特别是在通信领域的标准必要专利案件中，不少专利权人请求法院判决其专利组合的全球许可费。2017 年，英国高等法院在无线星球诉华为案中作出全球许可费判决。随后，康文森公司、美国交互数字公司也在英国高等法院起诉华为等公司，要求判决全球许可费。

3. 平行诉讼和对抗诉讼增多，禁诉令和禁执令引起争议

一方面，标准必要专利权利人为获得整体专利组合的全球损害赔偿或更多的许可费，会提起尽可能多的专利诉讼，并且在不同的国家或地区分别提起诉讼，从而导致大量的平行诉讼。如 NPE 无线星球公司在英国和德国对三星、华为、谷歌等发起专利侵权诉讼。维瑞格公司在美国、德国、英国、澳大利亚等国向中兴提起多宗专利侵权诉讼。另一方面，标准必要专利纠纷案件中，标准必要专利的权利人和实施者往往均拥有大量标准必要专利，原告在一个国家起诉后，被告可能在另一国家的法院提起对抗诉讼。由于平行诉讼和对抗诉讼的增多，有的法院特别是英美法系的法院发出禁诉令或者禁执令，禁止一方当事人在他国提起诉讼或执行他国作出的裁判。禁诉令和禁执令体现了各国对管辖权的激烈争夺，此类问题如果不能妥善解决，不仅影响诉讼当事人的权益，甚至会影响国际民事正常交往和国家关系。

---

❶ 国家知识产权局专利局专利审查协作中心江苏中心. 移动通信领域美国知识产权诉讼研究 [M]. 北京：知识产权出版社，2018：198.

❷ 来源于 2018 年 9 月 11 日在北京召开的第七届 ICT 会议上北京互联网法院姜颖法官公布的数据。

第四节　标准必要专利纠纷的全球
许可费判决问题

一、全球许可费判决争议的引起

如前所述，专利案件因其地域性特征，多数案件属于授权国管辖的范围。然而，在通信领域，全球性许可是一种较为普遍的做法。为了提高诉讼效率，减少司法成本，在当事人双方对全球许可费达成合意的基础上，司法实践中出现了判决全球许可费的案例。在当事人一方不同意判决全球费率的情况下，法院能否判决全球许可费，目前国际上并没有形成共识。在华为与无线星球一案中，华为并不同意法院裁决全球费率。英国法院在当事人双方未就全球性许可达成合意的前提下，即作出全球许可费的判决。英国法院是否有管辖权，是否有权力作出上述判决，引发了全球热议。

案例：无线星球诉华为案（International Ltd v. Huawei Technologies Co. Ltd & Huawei Technologies（UK）Co. Ltd，［2017］HP-2014-000005）

无线星球是美国一家专注知识产权许可的企业，在全球拥有众多国际专利组合，其中大部分是从爱立信采购获得，其中包括各类通信标准（2G GSM、3G UMTS 和 4G LTE）中的标准必要专利。华为是中国一家生产销售通信设备的民营通信科技公司，业务遍及全球 170 多个国家和地区，服务全世界 1/3 以上的人口。2012 年年底，爱立信-华为于 2009 年签订的专利许可协议到期。2013 年 1 月，爱立信依据一份《主销售协议（MSA）》将其拥有的 2185 项专利和专利申请通过一家名为 Cluster 的实体企业转让给无线星球公司，转让的专利包括爱立信此前许可给华为使用的标准必要专利。此后，无线星球公司开始与华为接洽，双方未能达成合意。2014 年 3 月 10 日，无线星球公司在英国和德国起诉华为、三星和谷歌侵犯其专利组合中的 6 项（英国）专利，并声称其中 5 项为标准必要专利。2015 年夏季和 2016 年夏季，谷歌和三星先后与无线星球公司达成和解协议，仅剩华为继续参与诉讼。

2017 年 4 月 5 日，英格兰-威尔士高等法院大法官庭（Chancery Division）

伯斯法官就本案判决了全球费率。伯斯法官认为，FRAND 许可的范围是英国还是全球，这是本案中最重要的一点。双方所持观点截然相反。法官倾向于在合同法框架下以 FRAND 原则为基础解决许可范围的争议问题，认为 FRAND 承诺既约束专利权人，也约束实施者，华为主张的潜在的限制竞争的风险并不存在，基于效率优势及本案相关证据，只有全球范围的许可是符合 FRAND 原则的。以下结合该案判决具体分析双方的诉辩意见和裁判观点。

（一）确定全球许可费的前提

1. 全球许可的行业惯例

专利组合许可是常见的行业实践，并且具有效率优势。它可以节省许可人和被许可人的交易成本，并且无须以逐个专利的方式确定专利许可费。

从无线星球诉华为案证据来看，各方所提交的相关专利许可合同都是全球专利组合许可，绝大多数都是全球性许可。虽然一些许可剔除了某个特定地域，使得该地域不存在销售许可，但在世界的其他地方都已许可。这些合同都属于全球性协议。

在许可人拥有全球范围内的标准必要专利组合的情况下，逐个国家或地区进行许可是不切实际的，而全球性许可则更为高效。不同地区和不同标准的费率可能不同，但那是另一回事。采用不同的费率不会导致相关方放弃全球性许可而逐个国家或地区许可。假设被许可人是像华为这样的中国跨国公司，它们很可能会同意在中国和世界其他地区采用不同的费率，但还是不会选择逐个国家或地区地许可。如果跨国公司在专利包组合薄弱的另一个国家或地区拥有一个重要的制造基地，那么也许可能考虑按照国家范围进行许可。

从上述裁判内容可见，判决全球许可费存在一个重要前提，即许可人必须拥有全球范围内的标准必要专利组合。在这种情况下，寻求全球性许可而非逐个国家或地区许可才符合通信领域标准必要专利许可的行业惯例。

2. 许可人所持专利包的地理覆盖范围

华为认为，无线星球公司并不是在每个国家和地区都拥有专利组合，且无线星球公司的 3G/UMTS 和 2G/GSM 覆盖范围比 4G/LTE 覆盖范围要小很多，在南美和东南亚的一些辖区内，华为有着非常可观的销量，特别是 3G/UMTS 和 2G/GSM 设备的销量，而无线星球公司在这些辖区并无相关覆盖。在那些华为只销售单模手机而不销售多模手机的国家/地区，无线星球公司根本没有理由收取今后的任何专利权使用费。而且，华为在委内瑞拉制造手机，而无线星球公司在这里并没有专利。无线星球公司则认为需要考虑制造和销售两个方面，在没有专利的国家销售的手机可能是在有专利、需要获得许可的国家制造的。

伯斯法官认为，无线星球公司已声明的标准必要专利包覆盖欧洲大部分地区、俄罗斯、土耳其、中国、日本、东南亚大部分地区、美国、加拿大、澳大利亚、印度和墨西哥。虽然它并未覆盖非洲的很多地区，在南美和东欧覆盖的地区也有限（但在某些国家有一些专利），但是无线星球公司的专利包地理覆盖范围已经非常广泛，如今的覆盖范围是 42 个国家或地区。虽然无线星球公司的专利包要比华为、三星和爱立信等小很多，但它还不至于小到不能或不会与一些更大的专利包得到同等对待。无线星球公司的专利包如今（以及在2014 年）是足够大的，也拥有足够大的地理范围，以致合理行事且完全自愿的许可人和被许可人会就全球性许可达成一致。

3. 关于超诉讼范围索要许可费的风险

华为的专家证人内温（Neven）教授指出，假如一个专利权所有人在两个辖区持有一项专利，该专利在其中一个辖区得到支持，在另一个辖区遭到撤回，专利权人却坚持在这两个辖区收取许可费，这将导致对涉讼专利范围之外的行为索要专利权使用费的问题，不符合经济原则。伯斯法官认为这个例子应当审慎看待，一旦专利包被许可，就不能简单地说专利包许可的付款要求就是为该专利包中特定专利支付许可费。在该案中，存在一个共同点，即使许可费是根据子集（相关标准必要专利）来设定的，但许可是针对所有已声明的标准必要专利，这不仅适合于全球，也适用于仅英国的专利组合。在这种情况下，许可人并不真正要求给每个已声明的标准必要专利支付许可费，如果专利组合中的一个已声明但非相关的标准必要专利被无效，仅剩下相关标准必要专利，也不会改变基准许可费。

伯斯法官还认为，任何许可都会涉及风险因素。如果许可持续多年且费率一直保持不变，那么它对于一方或另一方是有风险的，因为市场在不断地变化。与单项专利相反，不管是国家范围的许可还是全球范围的许可都存在类似的潜在风险。

（二）全球许可费的管辖权问题

关于管辖问题，华为提出了四点意见。

第一点意见是，从英国法律来说，不存在专利包权利这种说法，英国法院对受理有关外国专利有效性的诉讼没有管辖权。即使不存在有效性问题，英国法院一贯对有关外国专利侵权的诉讼也是持不方便管辖的原则。华为引用了英国法院审理的 Lucasfilm Ltd v. Ainsworth 案，认为无线星球公司针对华为在其他司法管辖区侵犯其标准必要专利的诉请在原则上应由其他相关司法管辖区法院受理。法官认为，在法律上确实没有专利包权利这种说法，至少从英国法律的角度而言，无线星球公司应当在标准必要专利所在的国家或地区提起诉讼，但是这并不妨碍"全球性许可是 FRAND 许可"这样一种结论。华为提出的第一点意见有一定的相关性但不具有决定性。

第二点意见是，捆绑某个司法管辖区内享有的所有权利与捆绑不同司法管辖区的权利具有原则上的差异。在后一种情况下，存在明显的风险：在一个国家签发的禁令威胁可能导致不公平和不合理，从而干扰相关外国专利权的外国诉讼。华为在第三点引用了伯斯法官在 Vringo 案中的表述，提出"国际胁迫或有关其他专利权利的胁迫"的问题，华为认为无线星球公司在本案中践行的正是这种类型的"胁迫"。

针对这两点意见，伯斯法官回应称，本案与 Vringo 案不同。在本案中，如果两种类型的许可（英国许可和全球许可）均可能属于 FRAND 许可，那么根本不可能强制执行 FRAND。如果全球性许可不是 FRAND 许可，则不得通过某一国内的禁令威胁推定被许可人接受该许可。

最后一点意见是，这种方法相当于签发英国禁令，这与《布鲁塞尔条例 I》第 22 条第（4）项相悖。❶ 例如，德国当前仍然有侵权和有效性诉讼案件，并且华为表示，在该问题目前仍在德国法院审理的情况下，英国法院不应

---

❶ 华为同时提出欧洲联盟法院案件 C-4/03 GAT 诉 LUK 案［2006］ECR I-6509、案件 C-539/03 Roche 诉 Primus 案［2006］ECR I-6535 和案件 C-616/10 Solvay 诉 Honeywell 案为在先判例。

最终裁定其必须在德国获得许可并支付专利权使用费，且在华为不接受全球许可费的情况下颁发禁令。华为称这种做法相当于规避第22（4）条制定的管辖权规则。

伯斯法官认为，《布鲁塞尔条例 I》第22（4）条规定，在有关专利注册或有效性的诉讼中，提交注册所在地的成员国法院应具有专属管辖权。在 GAT 诉 LUK 案中，欧洲联盟法院认为，该条例第22（4）条的前身［《布鲁塞尔公约》第16（4）条］，适用于提起有关专利有效性问题的任何形式的诉讼，例如，包括针对侵权索赔的抗辩或反诉。欧洲联盟法院的推论包括三部分：首先，它认为通过允许一方规避规则，作出其他判决将破坏第16（4）条的约束性质，并且在错误的司法管辖区作出判决存在有效性问题；其次，这将破坏《布鲁塞尔公约》制定的管辖权规则的可预测性和确定性；最后，由发布特定专利的国家之外的其他国家法院间接裁定专利的有效性将会加剧各司法管辖区得出不一致判决的风险。

伯斯法官认为，所引用的《布鲁塞尔条例 I》和欧洲联盟法院判例法都与 FRAND 许可的条款内容无关。如果全球性许可为 FRAND 许可，那么要求华为获得该类许可，并为此付费并不等同于裁定有关该条例第22（4）条下其他成员国法院拥有专属管辖权的有效性问题。以华为正在进行的德国诉讼为例，德国法院仍然可自由裁定相关专利的有效性。FRAND 许可不应妨碍被许可人质疑所许可专利的有效性或必要性，并应设定有关在非专利国家或地区交易的规定。因此，如果德国法院裁定所有相关专利均无效（或为非必要专利），则只会作用于所提供的全球性许可条件上。因为如果许可为 FRAND 许可，那么这些结果也与 FRAND 相关。该条例第22（4）条的约束性质和清晰度并不会因此遭到破坏，而且，最重要的是不存在英国法院和德国法院的判决相冲突的风险。综上，英国法院不认同华为提出的管辖权问题。

二、关于全球许可费的不同观点

综观全球标准必要专利诉讼，对一方当事人提出判决全球许可费的诉讼请求的案件，主要有以下几种裁判。

1. 在双方当事人均同意的情况下，判决全球许可费

如 TCL 诉爱立信案❶。2014 年 3 月 5 日，原告 TCL 在美国加州中区联邦地方法院起诉被告爱立信未提供 FRAND 条款条件，请求法院确定 TCL 公司应享有的 FRADN 费率。在诉讼过程中，在双方当事人均同意的情况下，美国加州中区联邦地区法院判决了全球许可费。

2. 在一方当事人不同意判决全球许可费的情况下，判决一国范围的许可费

如原告欧棣斯（Optis）诉被告华为案❷。原告向美国德州东区联邦地区法院请求判决全球许可费，而不是仅局限于美国的许可费。2018 年 5 月，被告华为以美国法院无管辖权为由申请法院将非美国的专利排除在外。2018 年 7 月，法院批准了华为的请求，将非美国的专利从原告的诉讼请求中排除。法院认为，其他国家适用其自己的法律来认定是否符合 FRAND 原则和费率问题，而这些法律，就像国外的侵权法一样，可能和美国法律差别很大。

3. 认为权利人的行为符合 FRADN 原则，对实施者颁发禁令

（1）MPEG LA 诉华为、中兴案。❸ 在认定了被告华为、中兴侵害原告 MPEG LA 涉案标准必要专利后，德国法院未就涉诉的多件 H.264 专利直接判决全球许可费。法院认定 MPEG LA 的许可行为符合华为诉中兴案❹确立的许可原则，而被告的行为不符合该案确定的原则，因此直接对被告颁发禁令。华为和中兴在禁令颁发后接受了 MPEG LA 提出的全球许可费。

（2）先锋（Pioneer）诉宏基案。❺ 德国法院认为，全球许可符合 FRAND 原则。被告的许可条件仅限于德国，且没有提供足额担保，因此不符合

---

❶ 美国加州中区联邦地方法院 SACV 14-0341 JVS（ANx）号案，后因初审法院没有保障 Ericsson 的陪审团审理的权利，该案被联邦巡回法院发回重审。

❷ 美国得克萨斯东区联邦地区法院 2：17-CV-00123-JRG。

❸ 德国杜塞尔多夫区法院对华为、中兴颁发禁令，德国杜塞尔多夫上诉法院驳回华为和中兴要求停止执行禁令的诉讼请求，案号：华为案 4a O 17/17（EP 1 773 067/Appeal case no. 1-15 U 73/18）、中兴案 4b O 5/17（EP 1 750 451/Appeal case no. 1-2 U 76/18）。

❹ Huawei Technologies Co. Ltd v ZTE Corp., ZTE Deutschland GmbH, CASE C-170/13。

❺ 德国慕尼黑法院 Case No. 7 O 96/14。

FRAND 原则，原告在提起诉讼之后才遵照华为诉中兴案❶的原则进行谈判不违反 FRAND 原则。最后，法院未直接判决全球许可费，而是直接对被告颁发禁令。

（3）圣劳伦斯（Saint Lawrence）诉沃达丰（Vodafone）案。❷ 德国法院认为，全球许可符合 FRAND 原则。实施者提出的反报价要不限制在德国，要不没有具体的价格，要不报价不及时，要不报价太低，都不符合 FRAND 原则。最后，法院未直接判决全球许可费，而是直接对被告颁发禁令。

4. 在仅一方当事人同意的情况下判决全球许可费

英国高等法院在无线星球诉华为案中判决全球许可费之后，康文森公司、美国 IDC 公司陆续在英国高等法院起诉华为和中兴等公司，要求法院判决全球许可费。在康文森诉华为案中，华为以英国法院对判决全球许可费无管辖权进行抗辩，其主要理由是，本案主要争议的专利为外国专利，对是否侵权以及是否专利有效的问题，应由授权国法院管辖，英国法院对此无管辖权，且英国法院的管辖不符合不方便法院原则。英国法院认为，其为最合适的管辖法院，法院允许被告继续在中国挑战涉案专利的有效性，如果这些专利被无效或被证明不侵权，那就无须就中国专利支付许可费。如果中国法院就中国专利判决了许可费，则英国法院将会把中国法院判决的许可费纳入全球的许可费中。如果被告不接受法院判决的全球许可费，将面临禁令。

三、全球许可费的裁判规则

广东省高级人民法院《关于审理标准必要专利纠纷案件的工作指引（试行）》第 16 条规定："标准必要专利权人或被许可人一方请求裁判的有关标准必要专利的许可地域范围超出裁决地法域范围，另一方在诉讼程序中未明确提出异议或其提出的异议经审查不合理的，可就该许可地域范围内的许可使用费作出裁判。"该条款认为，在一方请求裁定许可使用费超出中华人民共和国法域范围的时候，原则上需要经另一方同意。但是，在全球性许可的效率价值

---

❶　德国慕尼黑法院 Case No. 7 O 96/14。

❷　德国杜塞尔多夫地区法院 Case No. 7 O 96/14。

已经得到越来越多的国家和地区认可的趋势下，该条款也赋予法院一定的自由裁量权去审查另一方所提异议是否合理，从而判断是否作出超地域范围的许可使用费裁判。

笔者认为上述条款既考虑到专利的地域性特征，又切合通信行为的许可谈判实践，有利于保障标准必要专利许可人、被许可人和社会公众的合法权益。

1. 地域性和授权国专属管辖原则的突破

在没有取得权利人和实施者同意的情况下，法院判决全球许可费的主要障碍在于该判决是否突破了专利的地域性特征。因此，笔者认为，从国际条约以及我国民事诉讼法和司法实践看，专利的地域性特征和授权国管辖原则并不能构成法院判决全球许可费的障碍。

2. 全球许可费判决的合法性、合理性、可行性分析

第一，从法理上分析，专利的地域性特征在于专利权没有域外效力，但这并不代表专利案件不能在外国法院审理和裁判。事实上，任何民事权利都具有地域性，正如奥斯汀（Austin）教授所指出的，"几乎所有财产权都可以描述为行使地域性国家主权的结果"。❶知识产权的地域性，虽然是指根据一国法律产生的知识产权不具有传统私法所具有的域外效力，但并不指此知识产权的效力不能被他国承认和尊重，承认外国知识产权法律即是对外国法律尊重的表示。❷正如英国法官伯斯在华为与无线星球一案中所说的，裁定全球许可费并不影响华为向德国联邦专利法院提起专利无效的诉讼，英国法院并没有对专利包的非英国专利的有效性作出裁判。

第二，从深层次分析，地域性原则源于"公共秩序保留"这一国际私法的重要原则。只要相关案件的审理不违背当地的公共秩序，法院从方便当事人诉讼、保障当事人的合理诉求的角度出发，给予当事人适当的救济途径，是具有

---

❶ G. W. Austin. The Infringement of Foreign Intellectual Property Rights [J]. L. Q. R, 1997, 113: 329. 转引自：杨长海. 知识产权冲突法论 [M]. 厦门：厦门大学出版社，2011: 278.

❷ G. W. Austin. Valuing "Domestic Self - Determination" In International Intellectual Property Jurisprudence [J]. CHI. -KENT L. REV., 2002, 77: 1155-1169. 转引自：杨长海. 知识产权冲突法论 [M]. 厦门：厦门大学出版社，2011: 278.

正当性的。这一点与我国民事诉讼法关于涉外案件管辖的立法及司法实践也是相一致的。

第三，从标准必要专利许可实践的行为惯例分析，通信领域的标准必要专利数量庞大、覆盖地域范围广，许可人在每个地域进行诉讼的成本高昂，且不切实际。全球许可是常见的行业实践，具有效率优势，可以节省许可人和被许可人的交易成本。

第四，随着知识产权国际保护的发展，全球司法保护理念和水平趋于一致。我国知识产权司法保护经过快速发展，保护水平已处于世界前列。我国法院发挥自由裁量权，审慎作出全球许可费判决，既有利于保护国内外通信企业的合法权益，也有利于维护全球范围的通信行业的竞争秩序，促进产业发展和技术创新。

3. 全球许可费裁判的裁判规则

笔者认为，法院原则上应在获得双方当事人同意的情况下才能裁决全球费率。在许可人一方请求裁判的有关标准必要专利的许可地域范围超出裁决地法域范围，另一方在诉讼程序中提出异议，法院审理异议是否合理以及是否应作出全球许可费判决时，应考虑以下几点：

（1）公共利益原则，全球许可费判决不应违反双方当事人所在国的公共政策和重要政治、经济利益和社会公共利益。

（2）司法礼让原则，全球许可费判决不应对国际关系带来负面影响或引起国际性的公共问题。

（3）公平合理原则，即兼顾各方当事人的利益，公平合理地作出判决。裁决法院应仔细审查不同主体、不同专利、不同区域（或不同市场）、不同产品的具体特点，特别是区分实施型主体和专利运营主体，区分发达国家市场和发展中国家市场，公平合理地确定全球许可费，维护各方当事人的合法利益。

（4）最密切联系原则。裁决法院所在国与诉争法律关系应具有最密切联系，如该国专利数量在全球占比最多、该国系涉案专利的主要实施地或专利产品的主要生产基地、该国的销售市场份额在全球居首等。

第五节　标准必要专利涉外纠纷的禁诉令问题

禁诉令（anti-suit injunction），是指一国法院基于一方当事人的申请而签发的，禁止另一方当事人在外国法院提起或者继续进行与在本国法院未决诉讼或仲裁程序相同或者相似的诉讼或仲裁的一项强制性命令。❶ 如果当事人违背禁诉令，继续进行其外国的诉讼，可能被认定为藐视法庭或者拒不执行法庭判决。禁诉令最初被英国法院用于解决王室法院和教会法院之间的管辖权冲突，也用于解决英国普通法院与衡平法院之间的管辖权对抗，后来得到英国制定法的承认。后来，禁诉令逐渐发展为英美法系国家解决国际平行诉讼的一种重要制度。除英国外，美国、加拿大、澳大利亚、新加坡、中国香港地区等均将禁诉令作为规制挑选法院和平行诉讼的制度，德国、法国也使用过禁诉令。从广义上说，禁诉令属于禁令的一种，其所针对的行为是当事人就争议事项提起的外国诉讼或仲裁行为。有的观点认为，禁诉令是涉及国际择地诉讼最重要、最极端的对抗做法之一。❷

一、各国关于禁诉令的司法原则

1. 英国

根据一般原则，如果英国法院对被申请人拥有属人管辖权，英国将拥有对被申请人签发禁诉令的管辖权。在确定属人管辖权时，要考虑《布鲁塞尔公约》和《布鲁塞尔条例 I》对英国法院的属人管辖权的限制。英国法院签发禁诉令的原则是：（1）申请人有不在外国法院被诉的合法权利，如产生于专属管辖条款、仲裁条款、当事人之间的包含禁止提起有关诉讼的有约束力的协议的行为；（2）申请人有不能在外国被诉的衡平法上的权利，即被申请人通过

---

❶　参考维基百科关于禁诉令的定义；张茂．美国国际民事诉讼法［M］．北京：中国政法大学出版社，1999：117-118；李旺．国际诉讼竞合［M］．北京：中国政法大学出版社，2002：47；李双元，金彭年，张茂，等．中国国际私法通论［M］．北京：法律出版社，2003：530.

❷　杨良宜，杨大明．禁令［M］．北京：中国政法大学出版社，2000：492.

在外国法院起诉会给申请人带来困扰的或欺压，极不公平；（3）其他方面的考虑，如赔偿损失是否足够的救济、行使自由裁量权时应考虑的公共利益因素。❶

2. 美国

在美国，禁诉令一直是处理州际和国际管辖权冲突的一种手段，对平行诉讼的中止或禁止都属于法院的自由裁量权的范围。如果拒绝发布禁令将对寻求禁令救济的当事人造成不可挽回的损失且禁令的作出不会给禁令所针对的当事人造成不适当的困难，美国法院就可以作出一个初步的或最终的禁令，在禁令作出时，也要考虑公共利益。❷

在侵害专利权案件中，美国联邦法院一般不太愿意颁发禁诉令。如在Goodyear Tire & Rubber Co. V. Rubber Tire Wheel Co. 案❸中，法院认为："专利权的独占性在授予它的政府的管辖范围之外是不存在的……不管授予专利的国家赋予该专利何种效力，它在另一国家的效力取决于该另一国家赋予它的地位。"如果在外国进行的专利侵权诉讼是为了寻求禁止美国的制造商和它的外国分支机构制造或销售某一特定产品时，美国法院可发布初步禁令。❹

总体而言，美国法院对禁诉令采取不同的标准。

第一，基于衡平因素的考量，采取自由的标准。这一标准被美国第五、第七、第九巡回法院采纳。首先，颁发禁诉令的前置条件是：（1）涉诉当事人和案件事实是否相同；（2）美国诉讼的解决对外国的诉讼是否具有决定性作用。满足前置条件后，再考量主要条件：（1）外国的诉讼是否会妨碍发布禁诉令的本国法院的某项政策；（2）外国的诉讼是否为无理取闹的或者具有压迫性的；（3）外国的诉讼是否会威胁本国法院对物和对人的司法管辖权；（4）外国的诉讼是否会损害其他衡平考量。满足以上任一主要条件，法院可考虑颁发禁诉令。如果前置条件和主要条件均满足，需要颁发禁诉令，则法院需进一步考虑禁诉令的颁发对于司法礼让的影响是否能够被忍受，此时法院需

---

❶　欧福永. 国际民事诉讼的禁诉令 ［M］. 北京：北京大学出版社，2007：35-52.

❷　Owens-Illinois Inc v. Webb, 809 S. W. 2d 899（CA Tex. 1991）.

❸　164 F 869（C. C. S. D. Ohio 1908）.

❹　Ambatielos v. Foundation Co, 203 Misc. 470, 116 NYS 2d 641（1952）.

考虑的因素包括：（1）对外国之间关系的影响；（2）是否会引起国际性的公共问题；（3）是否有选择管辖法院的问题；（4）该申请人提出的禁诉令的范围是否足够窄而且合适。

第二，考虑到司法礼让原则，采取保守的标准，一般不颁发禁诉令，只有在极个别的情况下才可以颁发禁诉令。这一标准被哥伦比亚地区法院以及第三、第六、第八巡回法院采纳。其前置条件与自由标准相同，主要条件为：外国的诉讼是否会妨碍发布禁诉令的本国法院的某项政策以及外国的诉讼是否会威胁本国法院对物和对人的司法管辖权。同时满足上述主要条件和前置条件，才可考虑颁发禁诉令。法院在需要颁发禁诉令时，还需要进一步考虑司法礼让因素，具体内容与自由标准的四个因素相同。

第三，折中路线标准。这一标准首先假设基于司法礼让原则不应颁发禁诉令，但此种假设可以通过综合考虑自由的标准，审查是否足以推翻司法礼让原则，从而颁发禁诉令。❶

3. 欧洲法院

大陆法院因为没有衡平法，通常不支持禁诉令，并认为禁诉令具有进攻性，违反国际法。《布鲁塞尔公约》第 27 条规定了国际礼让原则，即一旦某个诉讼在任一欧盟成员国的一个法院开始，则其他法院都必须拒绝管辖基于相同当事人、相同事实的平行诉讼。据此，欧洲法院极少颁发禁诉令。在德国，如果要获得禁诉令，一方当事人必须证明它有制止另一方当事人在外国起诉的权利，即存在有效的诉因。德国法院可以签发禁诉令和预备禁诉令，如果当事人违反禁诉令，德国法院可对其处于罚款或者拘留。在德国最高法院一起离婚诉讼❷中，法院认为丈夫企图规避德国的离婚法，违反了善良风俗，签发禁诉令阻止德国当事人继续进行在外国的诉讼，并判决丈夫赔偿妻子因外国诉讼而

---

❶ Jorge L. Contreras. Cambridge Handbook of Technical Standardization Law: Antitrust, Competition, and Patent Law, Chapter 27 ［Z］. Cambridge Univ. Press, 2017, forthcoming. 关于德国的禁诉令制度以及禁诉令送达与国际公约的关系问题，参见：欧福永 . 国际民事诉讼的禁诉令 ［M］. 北京：北京大学出版社，2007：70-151.

❷ RGZ 157, 136（136）（F. R. G.）.

产生的诉讼费用。在德国杜塞尔多夫上诉法院受理的一个诉讼❶中，法官指出根据《海牙关于向国外送达民事或商事司法文书和司法外文书公约》第 13 条第 1 款，任何阻止德国当事人继续在德国法院诉讼的英国禁诉令的送达都侵犯了德国主权，因此德国当事人可以拒绝禁令的送达。❷

二、关于通信领域禁诉令的典型案例

（一）颁发禁诉令的案例

1. 微软诉摩托罗拉案

2010 年 10 月 21 日、29 日，摩托罗拉公司先后向微软公司发出要约，要求微软就其使用摩托罗拉公司在 802.11 标准和 H.264 标准中所拥有的标准必要专利支付专利费，其许可费率为微软相关终端产品的 2.25%，共计约每年 40 亿美元。11 月 9 日，微软公司以摩托罗拉公司的许可要约违反其所负担的 FRAND 许可义务为由向美国华盛顿西区地区法院提起合同违约之诉。2011 年 7 月 6 日，隶属于摩托罗拉集团的 General Instrument Corporation 在德国曼海姆法院起诉微软、微软德国有限公司及微软爱尔兰运营有限公司，认为微软公司侵犯了摩托罗拉拥有的两项欧洲专利，同时请求法院判令微软公司停止销售侵犯涉案两项欧洲专利的解码器装置和计算机软件。德国曼海姆法院表示将于 2012 年 4 月 17 日作出判决。2012 年 3 月 28 日，微软公司向美国华盛顿西区地区法院请求法院限制和禁止摩托罗拉公司执行其在德国诉讼中可能取得的任何禁令救济。4 月 11 日，美国华盛顿西区地区法院批准了微软公司的禁诉令申请。法官分析了以下因素。

（1）美国诉讼对德国诉讼的影响。

①美国诉讼与德国诉讼的当事人是否相同。法官认为，根据以往的判例，❸ 禁诉令的颁发并不要求当事人完全相同，只要证明当事人以利益相符的

---

❶　OLG Düsseldorf, ZZP, 109（1996），221.

❷　关于德国的禁诉令制度以及禁诉令送达与国际公约的关系问题，参见：欧福永. 国际民事诉讼的禁诉令 [M]. 北京：北京大学出版社，2007：161-189，196-200.

❸　例如 Int'l Equity Invs., Inc. v. Opportuntity Equity Partners Ltd.，441 F.S 无线星球 p.2d 552，562（S.D.N.Y. 2006）.

方式存在关联即可。本案中，双方当事人承认两个诉讼当事人是相同的。

②美国诉讼与德国诉讼中的问题是否相同。只有在国内诉讼能够解决外国诉讼中的所有问题时，禁诉令才是适当的。❶本案中，"问题是否相同"和"国内诉讼对外国诉讼是否是决定性的"这两个问题合二为一。法官认为，对于德国法院是否可以对于欧洲专利的侵权针对摩托罗拉签发禁令的问题，本案是具有决定性的。本案中，禁诉令仅限于禁止摩托罗拉执行其可能在德国诉讼中就欧洲专利获得的禁令救济，重要的是，禁诉令没有禁止摩托罗拉在德国的进一步诉讼行为及获得金钱赔偿（或任何其他非禁令救济）。

（2）外国诉讼是否会阻碍签发禁令的管辖法院的政策。

要确定拟签发的禁诉令是否适当，第二步是考虑继续进行的外国诉讼是否会阻碍签发禁诉令的管辖法院的政策，法院管辖政策避免了判决不一致、择地诉讼、重复诉讼和滥诉。❷本案中，法官担心判决不一致，而且摩托罗拉公司提起德国诉讼引起了择地诉讼、重复诉讼且滥诉的担忧。总之，德国诉讼阻碍了本案判决的妥善作出，如果不签发禁诉令，将会削弱本案的完整性。

（3）对司法礼让的影响是否可以容忍。

要确定禁诉令是否适当，第三步是确定对司法礼让的影响是否可以容忍。❸法官认为，本案禁诉令不会对司法礼让产生不可容忍的影响。摩托罗拉公司向德国法院起诉的问题已经由美国法院进行了在先的裁判，且禁诉令的范围仅禁止摩托罗拉执行其可能在德国诉讼中就欧洲专利获得的禁令救济。待美国法院对重复的问题作出裁决后，该院将解除禁诉令。最后，法官认为，该院有充足的理由对本案诉求进行审理，本案不存在国际问题，不牵涉外国政府。而且，由于诉讼仅涉及因合同而产生的私人纠纷，禁诉令不会对司法礼让造成不可容忍的影响。相反，在这种情况下，允许外国诉讼继续进行将会严重损害国际司法礼让。

2. TCL 公司与爱立信公司互诉案

2014 年 3 月 5 日，TCL 在美国加州中心地区法院起诉爱立信公司未提供 FRAND 条件条款，请求法院确定 TCL 公司应享有的 FRADN 费率。6 月 3 日，

---

❶❷❸　Applied Med. Distribution, 587 F. 3d, 918.

爱立信公司向美国得克萨斯州东区法院提出针对 TCL 的镜像诉讼，请法院确认其已遵守 FRAND 义务，寻求"强制性远期许可费率"。双方从 2007 年至诉前一直在进行关于许可费的谈判。在谈判过程中，爱立信公司于 2012 年 10 月至 2014 年年底，在法国、英国、巴西、俄罗斯、阿根廷和德国等不同的司法管辖区针对 TCL 公司及其关联公司提起了至少 11 起诉讼。2015 年 5 月 7 日，TCL 公司提出动议，要求法院禁止爱立信"进一步提起指控其侵犯爱立信 2G、3G 和 4G 专利的诉讼，直到 FRAND 问题在本案中得到解决"。2015 年 6 月 29 日，法院批准了 TCL 的动议并禁止了相关外国诉讼。法院认为，暂停外国诉讼有利于双方专注于最重要的 FRADN 问题。此外，在诉讼过程中，TCL 同意接受法院对全球专利组合许可的 FRAND 条款的约束，包括对 TCL 之前无许可销售过程中的侵权行为进行赔偿，这有效抑制了爱立信在该法院和世界其他法院针对 TCL 提起的专利侵权主张。但是，法院拒绝就爱立信在美国进行的针对 TCL 其他产品实施爱立信非标准必要专利的诉讼颁发禁诉令，原因是其他针对非标准必要专利的专利侵权诉讼不涉及 FRAND 问题，解决本案的 FRAND 义务问题不能解决这些专利诉讼的侵权和赔偿问题，因此不符合颁发禁诉令的前置条件。

3. 华为与三星案

华为与三星因费率谈判失败，在 2016 年互诉对方侵权。华为在美国起诉三星公司违约，还要求法院裁定一个和三星公司之间的全球费率（后主动撤回），并且要求法院裁定三星公司不得在全球范围内对华为主张标准必要专利的禁令。华为还在中国起诉三星公司侵犯其标准必要专利权，要求法院判决三星公司侵权并要求法院判决禁令。三星公司随后在美国起诉华为违约，在中国起诉华为专利侵权，也要求法院判决禁令。2018 年 1 月 11 日，深圳市中级人民法院作出一审判决，认定三星公司侵犯了华为两项专利权，这两项专利是美国诉讼中的专利的同族专利。因此，法院判令三星公司停止侵权，同时认为华为和三星公司仍可以进行标准必要专利交叉许可谈判，如果华为和三星公司达成标准必要专利交叉许可协议或经华为同意，可不执行停止侵权判决。此外，法院认为三星公司在谈判过程中存在消极、不配合、不接受许可的行为，如果三星公司仍采取消极的态度，影响许可谈判的顺利达成，法院可能会下达禁令。2018 年 1 月 26 日，三星公司上诉至广东省高级人民法院。2 月 1 日，三星公司向美国加利福尼亚州法院发起动议，禁止华为执行深圳市中级人民法院作出的禁令。

加利福尼亚州北部地区法院法官威廉姆·H. 奥里克（William H. Orrick）于 2018 年 4 月裁定华为不能执行深圳市中级人民法院的一审判决。法院的考量如下：（1）本案和中国案的争议事实相同，双方互相指责对方违反 FRAND 义务而自己是守约一方。（2）关于国内政策和其他衡平考量的问题。法官认为，本案中国内关于管辖的规定是否受损害是法院首先判决禁令的考量因素。本案中，如果后续法院审理发现华为不得行使禁令，那么就会出现不同地方不一致的判决，而这种情况与司法政策不符。另外，如果没有禁诉令，那么三星公司会受到严重的损害。中国的禁令很可能迫使三星公司接受华为的许可条件，而其他法院都不再有机会审理双方是否违反了合同义务。基于上述情况，法院从衡平的角度考虑，认为中国的判决对美国法院的审理和公正判决造成不利影响，可能导致三星公司在本案审理结束之前因为受到外部压力从而达成一个"专利劫持"的和解协议。（3）关于外国的诉讼是否为无理取闹的或者是具有压迫性的问题。由于中国和美国的诉讼的发生在时间上几乎是同时的，而且诉讼的范围上是不确定的，因此法官没有认定中国的诉讼是无理取闹或者有压迫性的。（4）关于司法礼让的考虑，法官认为，与政府作为当事人的诉讼或者涉及公众的国际法的诉讼相比，本案是合同违约之诉，不容易威胁司法礼让原则。同时，华为、中国法院都同意，如果后续达成交叉许可协议，就不再执行禁令。另外，法院认为，在考虑司法礼让时需要考虑本国的诉讼和外国的诉讼之间的顺序。华为首先在美国法院发起诉讼，在中国的诉讼比本诉讼晚一天（即便只晚一天），那么颁发禁诉令不会是司法礼让不可忍受的。最后，法院认为，三星公司要求的禁诉令的范围也是可以忍受的，因为三星公司只要求华为暂停执行中国的禁令直到美国法院有机会来评估是否应对这些标准必要专利颁发禁令。由于三星公司已经上诉，当事人双方预计中国法院的上诉程序可能也会持续好几个月才会有结果。美国法院排定开庭日期是在 2018 年 12 月，禁诉令的持续时间可能会少于 6 个月，因此对司法礼让产生的影响是可以忽略的。❶ 随后，尽管华为提起了申诉，但威廉·H. 奥里克法官于 2018 年 6 月拒绝了华为的申诉。

4. 无线星球诉华为案

在无线星球和 PanOptis 与华为的诉讼中，无线星球公司在英国和德国起诉华为侵犯其专利权，PanOptis 在美国起诉华为侵犯其专利权，华为则在深圳对无线星球公司和 PanOptis 提起反垄断之诉和费率之诉。无线星球公司在接到深圳中院的传票后，向英国法庭申请针对华为诉讼的禁诉令，PanOptis 则向美国法庭申请禁诉令。英国法庭明确表示如果双方未达成协议，英国法庭将禁止华为在中国提起针对无线星球公司的诉讼，美国法庭则认为只要中国程序不阻碍 PanOptis 在美国的诉讼权利、不挑战美国司法，就不会颁发禁诉令。

（二）拒绝颁发禁诉令的案例

1. 苹果诉高通案

2017 年 1 月 20 日，苹果公司在美国加利福尼亚州南部地区法院起诉高通公司。同时，在 2017 年 1 月 23 日至 4 月 11 日，苹果公司在英国、日本、中国等地对高通及其子公司提起了 11 起诉讼。高通公司向加利福尼亚州南部地区法院申请禁诉令，引用了微软诉摩托罗拉案等在先案例，要求法院禁止苹果公司在美国诉讼未决的情况下，继续在外国提起更多的诉讼。

该案的 Hon. Gonzalo P. Curiel 法官认为，发布禁诉令的三项标准为：（1）第一个诉讼是否对其后的诉讼具有决定性作用；（2）是否可以适用"Unterweser"因素；❷（3）对礼让与指南者的影响是否可以容忍。

法院认为，关于第一个问题，即使美国诉讼解决了全球专利包的 FRAND 许可问题，但是苹果公司在国外对高通的专利的有效性及专利权用尽等问题提出挑战，并认为高通的许可行为违反外国反垄断法，苹果公司有合法理由在外

---

❶ 参见美国法院的裁定 Case No. 3：16 - cv - 02787 - WHO ORDER GRANTING SAMSUNG'S MOTION FOR ANTISUIT INJUNCTION。

❷ "Unterweser"因素包括四个方面：外国诉讼是否妨碍本国法院发布禁令的政策；外国诉讼是否合理；外国诉讼是否威胁本国法院的司法管辖权；外国诉讼是否威胁其他衡平考量。该因素由美国第五巡回法院在 In re Unterweser Reederei GMBH 案中提出。参见仲春. 专利国际诉讼中反禁令的司法应对 [J]. 知识产权，2018（4）：88-96.

国提起诉讼，美国诉讼无法解决国外诉讼的争议。关于第二个问题，苹果公司的诉讼有合法理由，并非无理取闹，不会威胁本国禁令政策和司法管辖权以及其他衡平考量。关于第三个问题，发布禁令会给外国法院裁决高通是否构成垄断等问题带来不利影响，对礼让的影响是不可容忍的。

2. Vringo 诉中兴案

本案涉及 ETSI 的 2G、3G 和 4G 无线通信标准。Vringo 公司从诺基亚购买了一批专利，并从 2012 年 10 月开始，在全球多个国家和地区起诉中兴侵犯专利权。在诉讼过程中，为了便于和解谈判，双方签署了保密协议（NDA）。和解谈判失败后，中兴在深圳法院提出了反垄断之诉，并将谈判中获取的 Vringo 公司的保密信息作为证据提交给了法院。Vringo 公司在美国纽约南区法院发起诉讼，指控中兴违反合同的保密义务，并且向法院申请了禁诉令，要求中兴撤回深圳法院的案件，且不得就类似主张在广东省的任何法院起诉。

美国法院驳回了 Vringo 公司的诉讼请求。法院认为，虽然两个案件的当事人相同，但中兴违反 NDA 并不排除其有向深圳法院提出反垄断之诉的权利。虽然中兴使用了 Vringo 公司的机密信息来证明其滥用市场支配地位，但这不能排除中兴仍然可在深圳案件中用其他证据和理由来证明 Vringo 公司滥用了市场支配地位。

三、禁诉令的司法应对

目前，我国既没有禁诉令的立法，也没有签发禁诉令的司法实践。但是，除了通信领域标准必要专利案件之外，在海事案件、金融案件、合同案件等不少案件中，均有中国当事人遭受了外国法院签发的禁诉令。由于国内没有禁诉令的立法，国内法院对外国法院或港澳地区法院签发的禁诉令大多采取静默态度。总体上，我国法院对域外法院签发的禁诉令采取了三种做法。

一是不予认可和执行。如在青岛海事法院审理的深圳市粮食集团有限公司提单运输货物损害纠纷案期间，英国高等法院对中国当事人签发了禁止在中国法院进行诉讼并只能根据仲裁条款向约定的英国仲裁机构提起仲裁的禁诉令。英国请求我国司法部送达禁诉令。尽管司法部最终协助送达了该禁诉令，但是我国法院并未承认该禁诉令在我国境内的效力。本案中，原告继续参加青岛海事法院的诉讼。值得注意的是，本案的外国当事人在广州海事法院申请执行域外仲裁裁决，广州海事法院、广东省高级人民法院、最高人民法院经审查，认为外国当事人与提单所有人深圳市粮食集团有限公司之间并未达成仲裁协议，对其提交的伦敦仲裁裁决不予承认和执行。

二是促成和解。2017年在西安市中级人民法院审理的一宗涉及金融衍生产品的案件中，原告甲公司购买产品后，发现该产品不适合其公司并导致了巨额亏损，以乙公司及其关联公司丙公司实施欺诈行为构成共同侵权为由，在西安提起诉讼。丙公司收到诉状后以甲、丙公司之间存在由英国法院排他管辖的条款为由，请求英国法院签发要求甲公司停止在中国针对丙公司的诉讼的禁诉令。同时，丙公司以甲公司违约为由在英国法院提起诉讼，要求甲公司进行巨额赔偿。英国法院经审理后签发了禁诉令。最终，甲公司和丙公司握手言和，甲公司撤回对丙公司的诉讼，保留了对乙公司的诉讼。❶

三是主动回击。2017年，武汉海事法院针对香港高等法院作出的禁诉令，以颁发海事强制令的形式责令被申请人向香港法院撤回禁诉令，第一次主动回应域外禁诉令。该案中，一保险公司作为申请人，就其与希腊某租船公司之间的海上货物运输提单纠纷，向武汉海事法院申请诉前保全。保险公司请求扣押租船公司停泊于中国镇江港的某轮。武汉海事法院裁定准予扣押并于同日执行。2017年6月8日，保险公司以前述海上货物运输提单纠纷为由，向武汉海事法院提起诉讼。6月9日，武汉海事法院受理该案，并于同日向被告租船公司送达开庭传票、应诉通知书以及起诉状副本等法律文书。租船公司并未提出管辖权异议，而是以前述案件存在仲裁条款为由向香港高等法院申请禁诉令。香港高等法院于6月29日向保险公司签发了禁诉令。保险公司因此向武汉海事法院申请海事强制令，请求责令租船公司向香港高等法院申请撤回该禁诉令。武汉海事法院根据《中华人民共和国海事诉讼特别程序法》第51条、第56条的规定作出裁定，准许请求人保险公司的海事强制令申请。

如前所述，当前，英美法系的英国、美国、加拿大、澳大利亚和中国香港

---

❶ 姚建军. 英美法系国家的禁诉令制度及对我国的借鉴 [J]. 人民司法（应用），2011（1）：102-106.

地区等常以禁诉令对抗当事人挑选法院和平行诉讼，在大陆法系国家，如德国、法国、巴西、阿根廷、埃塞俄比亚、印度尼西亚、加拿大魁北克省等也签发了禁诉令或禁仲裁令，我国作为大陆法系国家，并不存在禁诉令的立法障碍。特别是在通信领域的标准必要专利案件中，我国通信企业频频遭受外国法院签发的禁诉令，而国内没有相应的立法保护我国企业的合法诉讼权利，违背了对等原则。因此，我国应尽快在立法上研究建立禁诉令制度及反禁诉令制度，保障当事人的合法权益。

第六章 标准必要专利典型案例评析

第一节 华为技术有限公司诉交互数字技术公司等滥用市场支配地位案

一、裁判摘要

当某一专利技术成为必要专利被选入标准后，参与该行业竞争的产品制造商/服务提供商就必须提供符合标准的商品/服务，这意味着其不得不实施相关必要专利技术，而无法做规避设计以绕过该必要专利。这种标准带来的封锁效应与专利权自身具有的法定垄断属性相结合，使必要专利成为产业参与者唯一且必须使用的技术，产业参与者不得不寻求必要专利权人的许可，否则将丧失参与竞争的前提和条件。因此，必要专利与一般专利不同，其并不存在充足的、实际的或潜在的近似替代品。这是本案所必须重点把握的商品属性与特质。

二、案情简介

上诉人（原审原告）：华为技术有限公司。

上诉人（原审被告）：交互数字技术公司（InterDigital Technology Corporation）。

上诉人（原审被告）：交互数字通信有限公司（InterDigital Communications, INC）。

上诉人（原审被告）：交互数字公司（InterDigital, Inc.）。

华为技术有限公司（以下简称华为公司）因与交互数字技术公司、交互数字通信有限公司、交互数字公司（以下将该三公司统称为交互数字）发生滥用市场支配地位纠纷，向深圳市中级人民法院提起诉讼。

华为公司诉称：华为公司是全球主要的电信设备提供商。交互数字参与各类无线通信国际标准的制定，将其直接或间接拥有的专利权纳入无线通信的国际标准，并以此形成相关市场的支配地位。华为公司主张，本案相关商品市场为交互数字为专利权人的必要专利的许可市场，相关地域市场为全球必要专利许可市场中的中国市场和美国市场。交互数字在相关市场处于垄断地位。交互数字无视其在加入标准组织时对公平、合理、无歧视原则的承诺，对其专利许可设定不公平的过高价格，对条件相似的交易相对人设定歧视性的交易条件，在许可条件中附加不合理的条件，在许可过程中涉嫌搭售，通过在美国起诉华为公司及华为公司的美国子公司来拒绝与华为公司进行交易，滥用其市场支配地位，不仅损害了竞争秩序，也对华为公司造成实质损害，已威胁到华为公司在相关市场的正常运营。故华为公司请求法院判令：（1）交互数字立即停止垄断民事侵权行为，包括停止过高定价行为、停止差别定价行为、停止搭售行为、停止附加不合理交易条件行为以及停止拒绝交易行为；（2）交互数字连带赔偿华为公司经济损失人民币2000万元，华为公司保留根据进一步获知的证据以及交互数字侵权延续造成的损失对赔偿数额予以增加的权利；（3）交互数字共同承担本案的诉讼费用以及华为公司为维权而支付的合理开支，包括调查费、公证费、律师费等。

交互数字辩称：（1）交互数字不认可华为公司所主张的相关市场的划分。（2）交互数字在相关市场中不具有市场支配地位，以及排除或限制竞争的能力。（3）交互数字没有实施任何违反反垄断法、从事限制竞争的行为。（4）交互数字没有给华为公司造成任何实际损害。

广东省深圳市中级人民法院一审查明：

现行通信领域技术标准的基本情况。现行通信领域技术标准主要包括2G、3G和4G。华为公司明确其生产相关通信产品必须符合无线通信技术标准。交互数字认可，其在中国、美国现行的无线通信技术标准中均拥有"标准必要专利"（以下将"标准必要专利"简称为"必要专利"）。

以欧洲电信标准化协会（ETSI）为例介绍标准化组织的知识产权政策。根据欧洲电信标准化协会（ETSI）知识产权政策的主要内容，各成员应当在合理范围内尽量及时将基本知识产权向 ETSI 通告，并以书面形式给予不可撤回的承诺，该承诺须说明知识产权所有者将准备根据该知识产权政策中所规定的公平、合理和无歧视条件来授予不可撤销的许可。交互数字技术公司在 ETSI 声称的必要专利，对应中国和美国电信领域的移动终端和基础设施之技术标准，亦是中国和美国的必要专利。

当事人专利许可谈判的基本情况及诉讼情况。华为公司与交互数字通信有限公司就涉案专利许可在中国广东省深圳市等地进行了多次谈判，谈判持续多年。谈判期间，交互数字突然于 2011 年 7 月 26 日分别在美国特拉华州法院、美国国际贸易委员会起诉华为公司必要专利侵权，并请求颁布禁令，禁止华为公司相关产品进口和销售。

三、裁判观点

广东省深圳市中级人民法院一审认为：

本案为垄断纠纷。华为公司提起诉讼的请求权基础为，华为公司认为交互数字滥用市场支配地位，侵害华为公司的合法权益，构成垄断民事侵权，要求交互数字承担停止侵权、赔偿损失的法律责任。本案双方争议的焦点问题为：涉案相关市场的范围如何界定；交互数字在相关市场中是否具有市场支配地位；华为公司指控交互数字滥用市场支配地位，实施垄断民事侵权行为是否成立；如果华为公司指控侵权成立，则交互数字应如何承担相应的法律责任。

1. 相关市场的范围如何界定

对相关市场的界定，主要取决于商品或服务市场的可替代程度。由于本案涉及专利技术标准化所带来的相关市场之界定问题，因此，分析该问题必须要了解技术标准化条件下的必要专利。当技术标准采用专利技术，从而使该专利技术成为必要专利以后，实施技术标准就意味着同时要实施专利技术。由于专利技术具有垄断性，因此，技术标准与专利技术的结合使专利的垄断性被技术标准的强制性大大加强。一旦专利技术被纳入相关的技术标准，产品的制造商为了使产品符合技术标准就不得不使用该专利技术，换句话说，产品的制造商也就不得不向专利权人寻求专利许可。在标准技术条件下，每一个3G无线通信领域内的必要专利许可市场，均是唯一和不可替代的。本案交互数字拥有全球（包括中国和美国）3G标准必要专利，华为公司是全球范围内的无线移动终端和基础设施的生产商、销售商和服务商，华为公司在生产经营中必然要使用这些3G标准必要专利，每一个3G标准必要专利，都不能为其他技术或其他专利技术所替代。鉴于3G标准每一个必要专利的唯一性和不可替代性，故依法认定华为公司对本案相关市场范围的界定，符合我国反垄断法的规定。

2. 交互数字在相关市场中是否具有市场支配地位

本案交互数字在3G标准中的每一个必要专利许可市场均拥有完全的份额，交互数字在相关市场内具有阻碍或影响其他经营者进入相关市场的能力。另，由于交互数字不进行任何实质性生产，仅以专利许可作为其经营模式，华为公司无法通过标准必要专利的交叉许可来制约交互数字。故就本案来说，交互数字在与华为公司进行3G标准必要专利许可谈判时，具备控制华为公司使用其3G标准必要专利的价格、数量及其他交易条件的能力，因此，依法认定交互数字在华为公司界定的本案相关市场中具有市场支配地位。

3. 华为公司指控交互数字滥用市场支配地位，实施垄断民事侵权行为是否成立

关于华为公司指控交互数字过高定价、差别定价和拒绝交易的问题。从交互数字向华为公司发出的涉及专利许可使用费具体条件的多次要约内容来看，并与之将交互数字授权给苹果公司、三星公司、RIM、HTC公司的专利许可条件进行比较，均可看出交互数字对华为公司提出的专利许可要价明显不合理地高于对其他公司提出的许可价格。本案交互数字不仅要求华为公司支付高昂的许可费，还强迫华为公司及其联属公司给予相关交叉许可，使之可以获得额外的利益，这将进一步加剧交互数字收取过高的专利许可使用费对价。交互数字向华为公司发出要约时，明确提出其发出的要约具有完整、不可分性，华为公司不可从中挑选和选择单独项目，并提出华为公司对其要约之承诺不得有任何

修改，否则即视为拒绝要约。在双方还处于谈判阶段时，在交互数字自身在缔约阶段违背公平、合理、无歧视义务的情况下，交互数字向美国国际贸易委员会和美国特拉华州地方法院，对华为公司提出必要专利的禁令之诉，要求禁止华为公司使用其必要专利，由于华为公司在与交互数字的谈判中一直处于善意状态，交互数字在美国提起诉讼的目的，在于逼迫华为公司接受过高专利许可交易条件，该行为在性质上不属于拒绝交易行为，而属于逼迫华为公司接受过高专利许可交易条件之手段的行为。由于华为公司的生产活动主要在中国深圳，交互数字在美国提起的必要专利禁令之诉，会对华为公司出口产品的行为产生排除、限制性影响，所以交互数字该行为属于滥用市场支配地位的行为，受我国反垄断法约束。

关于华为公司指控交互数字搭售和附加不合理交易条件的问题。华为公司指控交互数字向其发出的必要专利授权许可要约之条件，包括将其必要专利和其他专利捆绑搭售给华为公司。标准技术条件下的必要专利具有唯一性和不可替代性，而其他专利具有可替代性。专利权人不应当利用标准化的力量为自己的非必要专利寻求最大化的许可市场，本案交互数字利用其必要专利授权许可市场条件下的支配地位，将必要专利与其他专利搭售，属于滥用市场支配地位的行为。

4. 交互数字如何承担垄断民事侵权的法律责任

由于双方当事人均未提供证据证明，"因被告方侵权致原告受损或被告方因侵权获利数额"的确切证据，一审法院考虑由于交互数字的垄断民事侵权行为，会导致华为公司在中国因委托律师而产生律师费、在美国因委托律师而产生律师费、因公证取证而产生公证费，以及竞争利益受损等损失，加之再考虑交互数字侵权行为的性质、主观过错程度，以及给华为公司造成损害的严重性，酌定交互数字赔偿华为公司垄断民事侵权之经济损失人民币2000万元。

综上，广东省深圳市中级人民法院根据《中华人民共和国反垄断法》第2条，第12条，第17条第1款第（1）、（5）、（6）项和第2款，第18条，第50条与《最高人民法院关于审理因垄断行为引发的民事纠纷案件应用法律若干问题的规定》第14条及《中华人民共和国民事诉讼法》第64条第1

款的规定，经一审法院审判委员会讨论决定，判决：（1）交互数字技术公司、交互数字通信有限公司、交互数字公司立即停止针对华为技术有限公司实施的过高定价和搭售的垄断民事侵权行为；（2）交互数字技术公司、交互数字通信有限公司、交互数字公司自本判决生效之日起十日内连带赔偿华为技术有限公司经济损失人民币 2000 万元；（3）驳回华为技术有限公司的其他诉讼请求。

华为公司不服一审判决，向广东省高级人民法院提起上诉称：一审判决关于交互数字将不同标准下的必要专利捆绑销售以及将特定范围专利捆绑搭售的行为符合市场惯例的认定，在事实认定和法律适用上均有错误。相关行为违反了反垄断法相关规定，给华为公司造成严重损失，故上诉请求二审撤销一审相关判决，改判交互数字立即停止将其不同标准下的专利捆绑搭售的行为，立即停止将特定范围内的专利捆绑搭售的行为。

交互数字答辩称：（1）交互数字亦不服一审判决，已经提起上诉。（2）交互数字从未拒绝与华为公司交易，其在美国提起法律程序的正当维权行为亦不属于一审判决认定的"逼迫华为公司接受过高专利许可条件之手段"。（3）交互数字并未实施任何反垄断法禁止的搭售行为，其在谈判过程中的要求存在合理性，已经形成行业内常见的商业习惯，不会损害或者限制竞争。故此，相关争议行为不属于反垄断法所禁止的搭售行为。请求二审驳回华为公司的上诉请求。

交互数字提起上诉称：一审法院对交互数字是否构成垄断民事侵权的认定错误。一审法院关于人民币 2000 万元赔偿额的判决缺乏事实基础和法律依据。交互数字公司和交互数字通信有限公司并非本案的适格被告，一审判决要求其承担侵权责任及连带赔偿责任显属错误。故上诉请求二审法院判决撤销一审判决，驳回华为公司的全部诉讼请求，并由华为公司承担本案一审、二审诉讼费用。

华为公司答辩称：（1）一审判决认定相关市场正确。（2）一审判决正确认定交互数字具有支配地位。（3）一审判决正确认定交互数字的行为构成对市场支配地位的滥用。交互数字在谈判过程中，积极寻求禁令的适用，报价大幅上涨，以不正当的高价销售专利许可。交互数字以附加不合理条件的方式滥用了市场支配地位。（4）一审判决认定的赔偿费用合理、合法。（5）一审判决不存在严重程序瑕疵。本案在证据无变化、主张的性质无实质差异的情况下，不应重新指定上诉人举证期限，不存在严重违反法定程序的问题。故请求二审法院驳回交互数字的上诉请求。

广东省高级人民法院经二审，确认了一审查明的事实。另查明，2012年12月31日，交互数字通信有限公司名称从InterDigital Communications，LLC变更为InterDigital Communications，Inc。

广东省高级人民法院二审认为：

本案系滥用市场支配地位纠纷。二审争议焦点为：（1）一审诉讼程序是否不当；（2）相关市场如何界定；（3）交互数字在相关市场是否具有支配地位；（4）交互数字相关被控行为是否构成滥用市场支配地位的行为；（5）一审判赔数额是否合理。

关于焦点一，即一审诉讼程序是否不当的问题。关于交互数字上诉认为交互数字公司和交互数字通信有限公司并非本案适格被告的问题。二审认为交互数字公司、交互数字通信有限公司与本案有直接的利害关系，应属于共同被告。交互数字还上诉认为，华为公司在一审证据交换日突然增加了一项要求交互数字停止过高定价的诉讼请求，一审法院理应重新指定举证期限，但一审法院无视交互数字的明确要求，拒绝延期开庭，违反了法定程序。二审认为，对于"过高定价"的事实与主张，华为公司已在起诉时予以载明和固定。华为公司对于诉讼请求的调整和改变，只是基于原有证据对相关行为的法律定性予以调整，其所依据的事实与证据并无实质变更，在举证上不存在证据突袭问题，故一审法院认为原有的举证期限足以满足举证要求、无须重新指定举证期限或延期开庭，符合相关事实与法律规定，亦未对交互数字构成严重不公。

关于焦点二，即相关市场如何界定的问题。《国务院反垄断委员会关于相关市场界定的指南》（以下简称《指南》）第2条规定，任何竞争行为（包括具有或可能具有排除、限制竞争效果的行为）均发生在一定的市场范围内。界定相关市场就是明确经营者竞争的市场范围。科学合理地界定相关市场，对识别竞争者和潜在竞争者、判定经营者市场份额和市场集中度、认定经营者的市场地位、分析经营者的行为对市场竞争的影响、判断经营者行为是否违法以及在违法情况下需承担的法律责任等关键问题，具有重要的作用。本案中，要确定交互数字是否违反反垄断法规定，滥用市场支配地位，前提是准确界定涉案必要专利所在的相关市场。

根据《中华人民共和国反垄断法》第 12 条规定及《指南》第 3 条、第 4 条规定，法院对本案相关市场的界定，主要基于涉案必要专利满足消费者需求的基本属性，考虑需求者对涉案必要专利技术的功能、用途、价格等因素进行需求替代分析，并适当考虑供给替代分析。

第一，从必要专利的基本属性与特征来看。当某一专利技术成为必要专利被选入标准后，参与该行业竞争的产品制造商/服务提供商就必须提供符合标准的商品/服务，这意味着其不得不实施相关必要专利技术，而无法做规避设计以绕过该必要专利。这种标准带来的封锁效应与专利权自身具有的法定垄断属性相结合，使必要专利成为产业参与者唯一且必须使用的技术，产业参与者不得不寻求必要专利权人的许可，否则将丧失参与竞争的前提和条件。因此，必要专利与一般专利不同，其并不存在充足的实际的或潜在的近似替代品。这是本案所必须重点把握的商品属性与特质。

第二，从需求替代分析。本案各方当事人均认可，交互数字在中国和美国分别享有 3G 无线通信技术 WCDMA、CDMA2000、TD-SCDMA 标准下的大量必要专利。由于每个必要专利技术均是 3G 无线通信标准体系所必不可少的组成部分，拒绝任何一个必要专利的许可均将导致相关产品制造商无法使用相关技术，从而无法生产出符合标准的产品、被排除在目标市场的准入之外，因此，涉案必要专利技术成为华为公司唯一且必须使用的技术，并无其他技术可供替代。交互数字上诉认为，2G、4G 标准可以替换 3G 标准，故而应将其标准技术均纳入相关市场中。法院认为，一般而言，标准被选择后，产业参与者须设计、调试和生产与标准相一致的产品。在标准设立之初，产业参加者尚可轻易放弃一个技术而转向另一个技术。但随着转移到标准中的资源增加和转换到另一个标准成本的升高，这种转换是困难的。2G、4G 标准与 3G 标准是在无线通信领域不同技术发展阶段设立的不同标准，在各标准下的每一个必要专利都是唯一的、不可替代的。本案中，华为公司为了执行 3G 无线通信技术标准，已经做出了大量先期投入，这些成本投入不可撤回，若立即放弃该标准而转向其他标准，不仅需承受上述先期投入的成本，还需承受巨大的转换成本和市场风险，这显然是难以执行甚至不可能的。故交互数字的相关主张不能成立。

第三，从供给替代分析，如前所述，专利与标准相结合后，必要专利成为唯一的且必须实施的技术，必要专利权人成为所涉技术市场唯一的供给方。故在涉案必要专利许可市场，并不存在可与交互数字相竞争的经营者。同时，由必要专利自身固有的法定垄断性所决定，亦不存在其他经营者通过短期的合理投入即可转向成为必要专利经营者的可能。

因此，交互数字在中国和美国的 3G 无线通信技术标准（WCDMA、CDMA2000、TD-SCDMA）中的每一个必要专利许可市场，均构成一个独立的相关市场。

交互数字还上诉认为，华为公司的产品遍及全球，故相关市场的地域范围应为全球范围，一审关于将地域市场限制为中国和美国有误。法院认为，相关地域市场是指需求者获取具有较为紧密替代关系的商品的地理区域。由于知识产权具有地域性，在不同的法域，其存在及使用必须符合当地的法律。因此，在专利许可市场中，其许可范围必然与相关专利权所及的地域范围相关。从这个意义而言，交互数字在每个国家所获取的相关必要专利，技术方案的内容即使一致，相关的权利也是相互独立的，其存在的基础以及行使的范围均不相同，因此彼此之间并不构成竞争关系或者替代关系。本案中，华为公司所主张的相关市场为交互数字在中国的 3G 无线通信技术标准（WCDMA、CDMA2000、TD-SCDMA）中的每一个必要专利许可市场（地域范围是中国），以及在美国的 3G 无线通信技术标准（WCDMA、CDMA2000、TD-SCDMA）中的每一个必要专利许可市场（地域范围是美国），两者各自在其权利所及地域范围内（分别为中国和美国）构成独立的地域市场。故一审法院对于相关市场的认定并无不当。交互数字仅以华为公司产品出口范围来主张相关地域市场范围，于法无据，不予支持。

关于焦点三，即交互数字在相关市场是否具有支配地位的问题。本案的相关市场是一个个独立相关市场的集合。由于在知识产权与标准相结合的情况下，产品制造商要生产符合标准的产品，实施必要专利必不可少且不可替代，必要专利的专利权人从而获得超越专利权内涵的市场支配力量。交互数字作为涉案必要专利许可市场唯一的供给方，其在 3G 标准中的每一个必要专利许可市场具有完全的份额，故其完全具有阻碍或者影响其他经营者进入相关市场的能力。而且，由于交互数字仅以专利授权许可作为其经营模式，自身并不进行任何实质性生产，不需依赖或者受制于 3G 标准中其他必要专利权利人的交叉许可，故其市场支配力未受到有效制约。在此情况下，一审认定交互数字在相关必要专利许可市场具有市场支配地位正确，予以支持。

关于焦点四，即被控行为是否构成滥用市场支配地位的问题。交互数字在相关市场占有市场支配地位本身并不受到法律规制，反垄断法规制的只是垄断者滥用市场支配地位的行为。故此，需考究交互数字相关被控行为是否滥用了市场支配地位，对市场竞争产生排除、限制影响。

一是关于是否构成过高定价的问题。第一，从交互数字对华为公司就涉案必要专利许可费报价来看，均明显高于交互数字对其他公司的专利许可费。交互数字上诉认为，一审对于必要专利定价的比较方法错误，不应将交互数字对其他公司一次性收取的专利许可费直接折算成按实际销售量收取的专利许可费率，从而与华为公司进行比对。法院认为，固定许可费与按许可费率收取是两种不同标准的专利许可费收取方式，两者一般不宜直接比对。但在交互数字始终不愿在本案中提交相关专利许可使用合同、不愿披露其对其他公司按许可费率收取的情况下，一审根据交互数字年报披露的内容、其他被许可人的销售收入和其他情况，推算出专利许可费率，从而与交互数字拟对华为公司收取的专利许可费率予以比对，作为判断是否存在过高定价的参考，具有一定合理性和科学性。而且，交互数字亦始终无法否认，即使就同样方式授权许可的专利使用费用来看，交互数字拟对华为公司一次性收取的固定专利许可使用费，亦均明显不合理地高于其授权给苹果公司的一次性专利许可使用费用。

第二，交互数字对华为公司收取过高的专利许可费缺乏正当性。本案所涉商品是交互数字在 3G 无线通信领域的相关必要专利，作为一种已被专利所固定下来的技术，其投入的产生主要发生在技术研发、专利申请以及纳入标准等时期，当其成为必要专利后，其成本已经基本稳定。而且，交互数字在其2011年年报中亦自认，交互数字在2009～2011年所收取的专利使用费逐年下降，"专利许可费率与产品定价相互关联……（这些产品面临越来越多的价格下调压力），可能导致我们收到的专利发明许可费率下降"。在此情况下，交互数字仍对全球手机销售量排名、综合实力远远不及美国苹果公司、韩国三星公司等的华为公司提出收取过高许可费，显然缺乏合理性和正当性。从后果来看，交互数字对华为公司不公平地征收高价许可费的行为，将导致华为公司要么放弃相关终端市场的竞争，要么不得不接受不公平的定价条件，从而使华为公司在相关终端市场竞争中成本增加、利润减少，直接制约其竞争能力。

第三，交互数字提出附加条件，并在美国提起相关诉讼，进一步加强了过高定价的不合理性和不公平。本案中，交互数字提出的附加条件将进一步提高华为公司为获取必要专利许可而付出的对价，加剧了不公平的过高定价，违反反垄断法相关规定。与此同时，交互数字不履行其公平、合理、无歧视的授权许可义务，无视华为公司在许可谈判过程中的诚意和善意，不仅不合理调整相关报价，反而在美国提起必要专利禁令之诉，表面上是在行使合法诉讼手段，实际上却意图通过诉讼手段威胁强迫华为公司接受过高的专利许可条件，逼迫华为公司就必要专利之外因素支付相应对价，故该行为不具有正当性，应予否定。

二是关于是否构成搭售的问题。与一般财产权利相比，当搭售和捆绑涉及知识产权产品时，由于知识产品通过搭售和捆绑的销售边际成本更低，一揽子许可可以提高效率，因此一揽子许可未必是反垄断的，但若该一揽子许可是强迫性的，违反公平贸易原则且缺乏正当理由的，则应受到反垄断法的规制。

首先，根据本案案情，交互数字关于捆绑销售属于行业惯例的主张缺乏事实依据，法院不予支持。

其次，关于交互数字将标准必要专利捆绑搭售行为的评价问题。由于标准技术条件下，必要专利本身就具有唯一性和不可替代性，因此无论是2G、3G

还是 4G 标准下的必要专利均不具有可替代性，将其一起捆绑销售，不仅符合效率原则，而且不会产生如非必要专利般的将在某技术市场上的支配力不当延伸、限制相关市场竞争的问题。而且，在法院所受理的（2013）粤高法民三终字第 305 号案中，华为公司的诉讼请求为，要求法院按照公平、合理、无歧视原则判定交互数字技术公司等就其全部中国标准（包括 2G、3G、4G 标准在内）必要专利许可华为公司的许可费率或费率范围，此亦证明了捆绑许可，并未违背华为公司的意愿，不具有强迫性。交互数字公司已经提供证据证明，全球许可是市场上常见的且广泛采用的交易模式，而本案的证据也显示，交互数字公司对苹果公司、三星公司等其他跨国公司的授权许可均是全球范围许可；而且，从无线通信领域来看，由于必要专利在各个地域均形成不同的权利，打包许可符合效率原则，特别对跨国公司而言有利于降低成本进而有利于提高消费者福利，在华为公司没有提出反驳证据的情况下，不宜认定该行为是限制竞争、违反反垄断法的。故此，一审认定交互数字对必要专利捆绑搭售行为不构成滥用市场支配地位，并无不当，予以维持。

关于焦点五，即一审判赔数额是否合理的问题。

本案中，交互数字就涉案必要专利许可设定过高定价和搭售行为等垄断行为，对华为公司产生排除或者限制竞争的影响，损害华为公司利益，依法应予制止并承担赔偿责任。由于华为公司和交互数字均未提供证据证明华为公司因交互数字侵权所受到的实际损失，亦未提供证据证明交互数字因侵权行为的实际获利，一审综合本案相关情况，考虑交互数字侵权行为性质、主观过错程度、侵权持续时间和损害影响，并考虑华为公司因调查、制止垄断行为所支付的合理开支，酌定交互数字赔偿华为公司人民币 2000 万元，符合相关法律规定，该数额亦基本适度，法院予以确认。交互数字上诉认为该数额缺乏事实依据和法律依据，该主张不能成立，予以驳回。

据此，广东省高级人民法院依照《中华人民共和国民事诉讼法》第 170 条第 1 款第（1）项之规定，判决：驳回上诉，维持原判。

本判决为终审判决。

第二节 华为技术有限公司诉交互数字技术公司等标准必要专利使用费案

一、裁判摘要

该案是我国首例标准必要专利使用费纠纷，在知识产权法律适用上具有重要意义。本案使用了新的案由，为今后民事案由的修改与完善提供了实证。本案也对该类纠纷究竟如何适用法律，提供了鲜活的样本。更为重要的是，本案就如何确定标准必要专利使用费问题，首次适用 FRAND 原则作为裁判论述的依据，并提出计算的具体参照因素。这些都将对今后类似案件的处理和专利法的修改提供有力支撑。该案的审理展示了广东省高级人民法院解决重大疑难案件的能力，树立了我国知识产权审判良好的国际形象，取得了良好的法律效果和社会效果。按照公平、合理、无歧视（FRAND）条件并参考 IDC 公司与苹果公司和三星公司之间的专利许可费数额和华为公司许可情况之间的实际差别，避免专利使用费的过高堆积，在 IDC 公司许可苹果公司的许可费率基础上，确定适当的许可使用费率。

二、案情简介

上诉人（原审被告）：交互数字通信有限公司（InterDigital Communications，INC）。

上诉人（原审被告）：交互数字技术公司（InterDigital Technology Corporation）。

上诉人（原审被告）：交互数字专利控股公司（InterDigital Patent Holdings Inc）。

上诉人（原审被告）：IPR 许可公司（IPR Licensing Inc.）。

被上诉人（原审原告）：华为技术有限公司。

华为技术有限公司因与交互数字通信有限公司、交互数字技术公司、交互数字专利控股公司、IPR 许可公司（以下统称其为"IDC 公司"）发生标准必要专利使用费纠纷，向深圳市中级人民法院提起诉讼。

一审法院经审理查明：

1. 华为公司和 IDC 公司的基本情况

华为公司、交互数字通信有限公司均为欧洲电信标准化协会（ETSI）会员。交互数字通信有限公司作为交互数字集团代表加入了"ETSI"、"TIA"（美国电信工业协会）等多个电信标准组织，参与了各类无线通信国际标准的制定，负责对外统一进行专利许可谈判事宜。交互数字公司通过全资子公司持有无线通信基本技术相关的专利。

2. 现行通信领域技术标准的基本情况

现行主要通信标准包括 2G、3G、4G。2G 标准包括 GSM 和 CDMA 标准。中国联通、中国电信、中国移动分别使用 WCDMA、CDMA2000、TD-SCDMA 标准。

华为公司明确其生产相关通信产品必须符合包括中国联通、中国电信、中国移动分别使用的 WCDMA、CDMA2000、TD-SCDMA 标准在内的无线通信技术标准。

IDC 公司认可，其在 WCDMA、CDMA2000、TD-SCDMA 标准等中国现行的无线通信技术标准中拥有必要专利。

3. ETSI、TIA 的知识产权政策以及 IDC 公司加入相关标准组织及承诺

ETSI 知识产权政策第 6.1 条规定：当与某特定标准或技术规范有关的基本知识产权引起 ETSI 的注意时，ETSI 总干事应当立即要求知识产权所有者在 3 个月内以书面形式给予不可撤回的承诺，该承诺须说明知识产权所有者将准备根据该知识产权中所规定的公平、合理和无歧视条件来授予不可撤销的许可。根据该政策第 15.1 条和第 15.9 条的解释，ETSI 会员包括会员的关联方。

TIA 鼓励权利人尽早披露纳入标准的专利，并要求权利人按照合理和无歧视的原则（RAND）许可其专利。

交互数字专利控股公司、IPR 许可公司也均在 ETSI 网站中对其在各类标准中拥有的标准必要专利和专利申请作了声明，并承诺遵守 FRAND（Fair, Reasonable and Non-discriminatory，公平、合理、无歧视）义务。

TIA 官方网站显示，交互数字技术公司给 TIA 的邮件中声称，针对其标准必要专利，其将以无任何不公平歧视的合理条款与条件提供许可。

4. IDC 公司声称的标准必要专利在中国电信领域的使用情况

IDC 公司在 ETSI 声称的标准必要专利，对应中国电信领域的移动终端和基础设施之技术标准，亦是中国的标准必要专利。

5. 华为公司与 IDC 公司专利许可谈判的基本情况

2008 年 9 月至 2012 年 8 月，华为公司与交互数字通信有限公司就涉案专利许可在中国广东省深圳市等地进行了多次谈判。

6. IDC 公司与苹果公司、三星公司等达成专利交易情况

2007 年第三季度财务指南、路透社、新浪网报道共同佐证了苹果公司向 IDC 公司支付许可费 7 年共计 5600 万美元的许可条件。苹果公司 2011 年的销售额、利润在所有厂商中均排名第一。苹果公司产品主要在中国制造，并销售于世界各地。

IDC 公司 2010 年年报记载，2009 年，该公司与三星及其子公司（包括三星美国公司）签订了一份专利许可协议（《2009 年三星 PLA》）。按照《2009 年三星 PLA》，三星已分期支付 IDC 公司 4 亿美元，超过 18 个月内分四期等额支付。三星在 2009 年已支付前两期付款各 1 亿美元。IDC 公司已分别在 2010 年 1 月和 2010 年 7 月收到了第三期和第四期付款各 1 亿美元。2010 年，公司确认《2009 年三星 PLA》相关收入计 1.027 亿美元。

IDC 公司在《2011 年年报》中声称，三星公司在 18 个月内分四次向 IDC 公司支付了 4 亿美元（每次数额相等）。三星公司于 2009 年支付了四笔 1 亿美元中的前两笔。IDC 公司于 2010 年 1 月和 2010 年 7 月收到了第三笔和第四笔美元付款。2011 年，IDC 公司确认与 2009 年三星协议有关的 1.027 亿美元收入。

Strategy Analytics 研究机构对全球手机市场进行了分析。根据其公司发布的终端产品销售额、利润统计数据，苹果公司 2007～2011 年销售额分别为 14.31 亿美元、75.52 亿美元、148.46 亿美元、290.73 亿美元、583.48 亿美元，2007～2011 年销售总额为 1112.50 亿美元。根据 Strategy Analytics 公司发布的全球手机出货量分季度预测（2012 年），2012 年苹果公司预测净销售额为 804.42 亿美元，增长预计为 38%。三星公司 2007～2011 年的销售额分别为

242.13 亿美元、262.22 亿美元、274.78 亿美元、330.34 亿美元、451.94 亿美元，Strategy Analytics 公司并预计三星公司 2012 年销售额为 536.10 亿美元。

7. IDC 公司专利数量、质量以及许可收入情况

2011~2012 年，中国专利复审委员会对 IDC 公司第 03244389.7 号、第 03810259.5 号和第 02281994.0 号专利宣告无效。

第 03244389.7 号、第 03810259.5 号专利系 IDC 公司在谈判过程中向华为公司提交，系 IDC 公司认为的其最有价值的十余项专利之一。

三、裁判观点

一审法院经审理认为，本案为标准必要专利使用费纠纷。华为公司提起诉讼的请求权基础为，华为公司认为 IDC 公司作为标准必要专利持有人负有以符合 FRAND（公平、合理、无歧视）条件对华为公司进行中国标准必要专利授权的义务，IDC 公司向华为公司所提出的四次专利许可报价及条件均违反了 FRAND 义务，请求人民法院就 IDC 公司的全部中国标准必要专利，按照公平、合理、无歧视（FRAND）条件，判决确定许可华为公司费率或费率范围。本案双方争议的焦点问题为：IDC 公司就其中国标准必要专利是否负有以 FRAND 条件对华为公司授权的义务；IDC 公司向华为公司所提出的专利许可报价及条件是否有违 FRAND 义务；IDC 公司全部中国标准必要专利许可华为公司，怎样的许可费率或费率范围符合 FRAND 条件。

1. 关于本案的法律适用

本案所要解决的不是基于华为公司、IDC 公司均系 ETSI 会员、ETSI 的知识产权政策下的 IDC 公司的欧洲标准必要专利的许可问题，而是华为公司因实施中国通信标准而要求按照公平、合理、无歧视条件获得 IDC 公司在中国法域下的中国通信标准之下标准必要专利的授权许可，双方争议标的、华为公司住所地、主要经营场所、涉案专利实施地、谈判协商地均在中国，按照密切联系原则，本案应适用中国法律。

2. 华为公司诉讼请求是否具体、明确，法院就标准必要专利许可费率做出裁决是否合适

尽管 IDC 公司所拥有的标准必要专利系由其单方面声明，没有机构对其所

谓标准必要专利——验证，但标准是确定的，IDC 公司标准必要专利也是确定的。在双方谈判过程中，IDC 公司也始终是准备将包括其所声明的中国标准必要专利在内的全球所有专利打包一揽子许可给华为公司。在本案中，华为公司要求 IDC 公司许可其所有（包括 2G、3G、4G 通信标准）的中国标准必要专利，而符合 FRAND 的具体费率或费率范围，正是华为公司要求法院根据本案证据与事实作出判决。因此，华为公司的请求是明确的。

关于许可费率应否由司法裁决，一审法院认为，作为标准必要专利的权利人负有 FRAND 许可义务。由于被许可对象情况千差万别、许可条款各异，FRAND 并不意味着费率及许可条件的完全一致。通常情况下，双方达成专利许可协议，就无须司法机关的介入。而本案并非如此，双方从 2008 年年底开始谈判，2009 年 5 月 IDC 公司提出第一份要约，到华为公司于 2011 年年底提起诉讼，谈判旷日持久。IDC 公司于 2011 年 7 月在美国法院以及美国国际贸易委员会分别提出诉讼，要求对华为公司实施禁令。尽管其后双方的谈判仍在进行，但即便是 2012 年 6 月的要约，IDC 公司仍然强调，IDC 公司每项要约均含有华为无法挑选和选择的整体要件，拒绝或不接受一项要约的任何要件构成对该要约的整体及该要约全部要件的完全拒绝。由此可见，IDC 公司意欲将其所提许可条件强制华为公司接受。实际上，就华为公司、IDC 公司之间专利许可费率、条件问题，如果不寻求司法救济，除被迫接受 IDC 公司单方面所提出的条件，华为公司没有任何谈判余地。IDC 公司一方面通过诉讼（包括禁令申请），迫使华为公司接受其单方许可报价，另一方面以双方在谈判中对于专利实施许可合同的商业条款的分歧，不宜由司法机关介入并作出裁判，应留待双方通过商业谈判予以解决为由，阻止华为公司获取司法救济，明显属于双重标准。IDC 公司该项辩解不能成立，不予采信。由于标准必要专利的特殊性，只要专利许可的范围确定，费率确定，许可合同是可以成立的，不存在还要确定许可种类等问题。

3. 关于 IDC 公司是否负有以符合 FRAND 条件对华为公司进行标准必要专利授权的义务

本案查明的事实显示，IDC 公司是 ETSI、TIA 的会员，参与了至少这两大标准组织标准的制定。IDC 公司声称在 ETSI 中拥有大量标准必要专利，IDC

公司同时向 ETSI、TIA 承诺，其将按照 FRAND、RAND 许可其专利。由于通信产品的互联互通要求，其标准必须相对统一，中国的相关通信产品的标准技术实质地采用了相关国际标准。IDC 公司也多次声称，其在中国相关通信标准中均拥有必要专利。IDC 公司在 ETSI 声称的标准必要专利，对应中国电信领域的移动终端和基础设施之技术标准，亦是中国标准必要专利。华为公司生产、销售通信产品必须保证其符合中国相关通信标准，通信标准对于诸如华为公司这类通信设备制造、服务提供商来说，无法替代、不可选择，华为公司不可避免地要实施 IDC 公司中国标准必要专利。IDC 公司主动参与相关国际标准组织标准的制定，IDC 公司对中国标准采用其专利是有所预期的。并且，从华为公司与 IDC 公司专利许可谈判往来的邮件看，双方对上述事实是知悉的。华为公司、IDC 公司谈判过程中，IDC 公司也声称其对华为公司将按 FRAND 原则许可其标准必要专利。根据我国的法律，IDC 公司亦应将其标准必要专利以公平、合理、无歧视的原则授权给华为公司使用。因此，尽管 IDC 公司没有直接参与中国通信标准的制定，但是 IDC 公司同样负有以符合 FRAND（公平、合理、无歧视）条件对华为公司进行标准必要专利授权的义务，IDC 公司负担的该义务贯穿于标准必要专利授权许可谈判、签订、履行的整个过程。

4. IDC 公司向华为公司所提出的专利许可报价及条件是否有违 FRAND 义务

本案中，IDC 公司分别于 2009 年 5 月 15 日、2011 年 3 月 16 日、2012 年 3 月 28 日、2012 年 6 月 28 日向华为公司提出专利许可要约。上述四次报价均不符合 FRAND 原则。

5. 关于华为公司所诉请 IDC 公司中国标准必要专利 FRAND 许可费率的确定

根据中国法律，双方在本案中提交的证据，综合考虑 IDC 公司标准必要专利数量、质量、价值、业内相关许可情况以及被告中国标准必要专利在被告全部标准必要专利中所占份额等因素，一审法院认为，IDC 公司中国标准必要专利对华为技术有限公司许可费率以相关产品实际销售价格计算，以不超过 0.019% 为宜。

一审法院根据《中华人民共和国民法通则》第 4 条，《中华人民共和国合同法》第 5 条、第 6 条，《中华人民共和国民事诉讼法》第 64 条第 1 款的规定判决：交互数字通信有限公司、交互数字技术公司、交互数字专利控股公司、IPR 许可公司就中国标准必要专利及标准必要专利申请给予原告华为技术有限公司许可，许可费率以相关产品实际销售价格计算，不超过 0.019%。

IDC 公司不服一审判决，向广东省高级人民法院提起上诉认为：一审判决上诉人就中国标准必要专利给予华为公司许可，许可费率以相关产品实际销售价格计算不超过 0.019%，缺乏事实和法律依据。故请求二审法院：（1）撤销一审判决，驳回华为公司的全部诉讼请求。（2）由华为公司承担本案一审、二审全部诉讼费用。

华为公司答辩认为：一审判决认定事实清楚，适用法律正确，请求维持原判。

广东高院经审理查明，一审判决认定事实属实，广东高院予以确认。

另查明：根据 Strategy Analytics 研究机构对全球手机市场的分析，苹果股份有限公司 2007~2012 年手机销售总额为 1916.92 亿美元。IDC 公司对其向苹果公司收取的专利费没有异议，对苹果公司 2007~2012 年的销售总额也没有提出相反意见。由于苹果公司仍在生产销售，该公司 2013 年和 2014 年仍有销售收入，根据苹果公司历史销售业绩数据并参考华为公司的估算，2007~2014 年苹果公司的销售收入至少应达到 3000 亿美元左右，以此计算，IDC 公司许可给苹果公司的专利许可费率仅为 0.0187% 左右。

广东高院认为，本案系标准必要专利使用费纠纷。本案当事人在上诉中争议的主要焦点为：一审判决确定的按照相关产品实际销售价格 0.019% 的专利使用费率是否缺乏事实和法律依据。

广东高院认为，第一，关于标准必要专利使用费或者使用费率的确定问题，在当事人不能达成协议的情况下，可以请求人民法院确定。尽管我国法律没有直接规定标准必要专利使用费问题，但《中华人民共和国专利法》对专利强制许可使用费问题进行了规定。而对于标准必要专利而言，实施人并不需要向行政机关提出实施许可请求，而是直接根据专利权人所加入的相关标准协会所作出的承诺向专利权人提出，专利权人不得径行拒绝。但在确定使用费或者费率上，两者有相似之处，双方均可以自行协商，协商不成，则可以请求相关机构裁决。本案中，华为公司和 IDC 公司均是欧洲电信标准化协会的成员。根据欧洲电信标准化协会知识产权政策规定，IDC 公司负有许可华为公司实施其标准必要专利的义务。关于使用费或者使用费率的问题，双方应当按照公平、合理和无歧视条款，即 FRAND 条款进行协商，协商不能时，可以请求人民法院裁决。

第二，标准必要专利使用费数额的确定，应当符合 FRAND 条款"公平、合理和无歧视"的条件。根据标准必要专利的特点，一审法院认为，在确定合理的使用费时，至少应考量以下因素：（1）许可使用费数额的高低应当考虑实施该专利或类似专利所获利润，以及该利润在被许可人相关产品销售利润或销售收入中所占比例。技术、资本、被许可人的经营劳动等因素共同创造了一项产品的最后利润，专利许可使用费只能是产品利润中的一部分而不应是全部，且单一专利权人并未提供产品全部技术，故该专利权人仅有权收取与其专利比例相对应的利润部分。（2）专利权人所作出的贡献是其创新的技术，专利权人仅能够就其专利权而不能因标准而获得额外利益。（3）许可使用费的数额高低应当考虑专利权人在技术标准中有效专利的多少，要求标准实施者就非标准必要专利支付许可使用费是不合理的。（4）专利许可使用费不应超过产品利润一定比例范围，应考虑专利许可使用费在专利权人之间的合理分配。对此，广东高院予以认可。关于"无歧视"条件的问题，尽管标准必要专利许可使用费的收费模式各有不同，有收取固定许可使用费模式，也有按照销售额比例收取使用费模式，而且不同的交易基础也可能有不同的许可费率；但是，在交易条件基本相同的情况下，应当收取基本相同的许可费或者采用基本相同的许可使用费率。在判断是否符合无歧视的条件时，往往需要通过比较的方法才能确定。在基本相同的交易条件下，如果标准必要专利权人给予某一被许可人比较低的许可费，而给予另一被许可人较高的许可费，通过对比，后者则有理由认为其受到了歧视待遇。标准必要专利权人就违反了无歧视许可的承诺。

第三，IDC 公司在与华为公司就标准必要专利使用费协商过程中，IDC 公司四次报价均不符合 FRAND 条件。IDC 公司四次报价均有以下共同特点：

（1）IDC 公司在提出专利许可报价时，将其全球范围内的所有标准必要专利与非标准必要专利打包一揽子授权许可。华为公司多次明确提出，仅仅希望获得 IDC 公司在中国的标准必要专利授权，不包括 IDC 公司的非标准必要专利。由于只有纳入技术标准中的专利才属于标准必要专利，标准必要专利的许可才涉及 FRAND 原则。IDC 公司要求华为公司接受其本不需要的非标准必要专利的许可，不具有正当性。（2）一方面，IDC 公司要求华为公司将华为公司专利免费许可给 IDC 公司。在协商过程中，IDC 公司要求华为公司及其联属公司将其专利在全球范围内、非排他性的、免许可费给 IDC 公司，以制造、促成制造、使用、销售和分销许可产品，包括其组件。另一方面，IDC 公司则要求华为公司在使用该公司的专利时要支付该公司提出的使用费。显然，双方的许可条件不对等。（3）IDC 公司在协商条款中提出，该公司提出的每项要约均含有华为公司无法挑选和选择的整体要件，拒绝或不接受一项要约的任何要件构成对该要约的整体及该要约全部要件的完全拒绝。显然该要求违反自愿平等的基本原则。而且，在双方就相关专利许可正在谈判过程中，IDC 公司却于 2011 年 7 月针对华为公司提起侵权之诉，要求美国相关法院及美国国际贸易委员会对华为公司作出禁令。IDC 公司提出的条件和进行的诉讼行为，明显不符合 FRAND 的要求，导致双方谈判难以继续，始终不能就标准必要专利使用费达成一致意见。

第四，一审法院确定的标准专利许可使用费率是恰当的。

IDC 公司许可给华为公司的专利许可使用费率是其许可苹果公司的百倍左右，是 IDC 公司许可给三星公司专利许可使用费率 10 倍左右。

一审法院考虑到，在 IDC 公司与苹果公司和三星公司之间的专利许可中，许可使用的专利及其范围是全球范围内，而本案华为公司要求 IDC 公司许可的专利仅仅是指 IDC 公司在中国的标准必要专利，故根据以上情况，综合考虑他们之间专利许可实际情况的差别，以及华为公司如果使用 IDC 公司在中国之外的标准必要专利还要另行支付使用费的情况，避免专利使用费的过高堆积，在 IDC 公司许可苹果公司的许可费率即 0.0187% 的基础上，将专利许可使用费率确定为 0.019%，是适当的。IDC 公司上诉认为前述许可使用费率不当，理由不充分，广东高院予以驳回。

综上所述，IDC 公司的上诉理由均不成立。一审判决认定事实清楚，适用法律正确。据此，广东高院依照《中华人民共和国民事诉讼法》第 170 条第 1 款第（1）项规定，于 2013 年 10 月 16 日判决如下：

驳回上诉，维持原判。

本判决为终审判决。

第三节　西安西电捷通无线网络通信股份有限公司诉索尼移动通信产品（中国）有限公司侵害发明专利权纠纷案

一、裁判摘要

专利权用尽仅适用于专利产品或者依照专利方法直接获得的产品，而单纯的"使用方法专利"由于不涉及产品，故一般不存在权利用尽问题。仅基于涉案公平、合理、无歧视许可声明不能认定双方已达成专利许可合同。未经许可实施标准必要专利，同样存在专利侵权问题。无论在产品设计研发、产品定型后的生产制造以及出厂测试的哪个阶段使用了涉案专利，均构成专利法意义上的实施涉案专利的行为。

二、案情简介

原告：西安西电捷通无线网络通信股份有限公司。住所地：陕西省西安市高新区科技二路 68 号西安软件园秦风阁 A201。

被告：索尼移动通信产品（中国）有限公司。住所地：北京市朝阳区广顺南大街 16 号院 1 号楼 19-27 层。

原告西安西电捷通无线网络通信股份有限公司（以下简称西电捷通公司）因与被告索尼移动通信产品（中国）有限公司（以下简称索尼中国公司）侵害发明专利权纠纷，向北京知识产权法院提起诉讼。

原告西电捷通公司诉称：原告于 2002 年 11 月 6 日申请名称为"一种无线局域网移动设备安全接入及数据保密通信的方法"的发明专利，于 2005 年 3

月 2 日授权，专利号为 ZL02139508. X。原告的技术从 2003 年起即成为我国无线局域网产业广泛采纳的标准。被告作为移动通信设备手机制造商，通过其生产并销售的 L39h 等 35 款手机（以下简称被控侵权产品）实施了涉案专利权利要求 1、2、5、6 的技术方案，并在其生产研发活动中普遍使用。主要体现为：（1）单独实施直接侵权行为，即被告在被控侵权产品的设计研发、生产制造、出厂检测等过程中必然要单独实施涉案专利。（2）实施的共同侵权行为，包括：①在被告生产的涉案手机接入 WAPI 网络过程中，作为终端（MT）单独一方，未经许可与接入点（AP）、鉴别服务器（AS）共同实施了涉案专利；②被告生产的涉案手机作为一种必不可少的工具，为他人实施涉案专利提供了帮助。被告拒绝就使用原告涉案专利问题进行实质性磋商，拒付相关费用，其行为严重损害了原告的专利权，应承担停止侵权、赔偿损失的相关法律责任。据此，原告向法院起诉请求判令：（1）索尼中国公司立即停止使用西电捷通公司涉案专利，立即停止生产、销售使用涉案专利的手机产品；（2）索尼中国公司赔偿西电捷通公司经济损失 32 887 179 元，合理支出 474 194 元，合计 33 361 373 元。

被告索尼中国公司辩称：不同意原告的诉讼请求。（1）被告不构成直接侵权。被控侵权产品中实现 WAPI 功能的部分来自芯片供应商，被告将芯片供应商提供的 WAPI 芯片组装到手机中，无须在生产的任何环节使用涉案专利。被告使用的专用设备由原告合法销售，涉案专利已权利用尽。（2）被告不构成共同侵权。（3）原告的专利权已经绝对用尽。（4）涉案专利已经纳入国家强制标准，原告也进行了专利许可的承诺，故被告的行为不构成侵权。（5）原告提出的停止侵权和高额赔偿数额的请求不应该得到支持。综上，请求法院判决驳回原告的全部诉讼请求。

北京知识产权法院一审查明：

（一）与涉案专利有关的事实

涉案专利名称为"一种无线局域网移动设备安全接入及数据保密通信的方法"、专利号为 ZL02139508. X 的发明专利，于 2002 年 11 月 6 日提出申请，2005 年 3 月 2 日授权公告，目前仍为合法有效专利。专利权人为西电捷通公司。

涉案专利共有 14 项权利要求，西电捷通公司在本案中主张权利要求 1、2、5、6，其中权利要求 1 为：一种无线局域网移动设备安全接入及数据保密通信的方法，其特征在于，接入认证过程包括如下步骤：

步骤一，移动终端 MT 将移动终端 MT 的证书发往无线接入点 AP 提出接入认证请求；

步骤二，无线接入点 AP 将移动终端 MT 证书与无线接入点 AP 证书发往认证服务器 AS 提出证书认证请求；

步骤三，认证服务器 AS 对无线接入点 AP 以及移动终端 MT 的证书进行认证；

步骤四，认证服务器 AS 将对无线接入点 AP 的认证结果以及将对移动终端 MT 的认证结果通过证书认证响应发给无线接入点 AP，执行步骤五；若移动终端 MT 认证未通过，无线接入点 AP 拒绝移动终端 MT 接入；

步骤五，无线接入点 AP 将无线接入点 AP 证书认证结果以及移动终端 MT 证书认证结果通过接入认证响应返回给移动终端 MT；

步骤六，移动终端 MT 对接收到的无线接入点 AP 证书认证结果进行判断；若无线接入点 AP 认证通过，执行步骤七；否则，移动终端 MT 拒绝登录至无线接入点 AP；

步骤七，移动终端 MT 与无线接入点 AP 之间的接入认证过程完成，双方开始进行通信。

2003 年 5 月 12 日，国家质量监督检验检疫总局（以下简称国家质检总局）发布 GB15629.11-2003《信息技术系统间远程通信和信息交换 局域网和城域网 特定要求 第 11 部分：无线局域网媒体访问控制和物理层规范》（以下简称 GB15629.11-2003 标准）。2006 年 1 月 7 日，国家质检总局和国家标准化管理委员会（以下简称国家标准委）联合发布 GB15629.11-2003/XG1-2006 标准（上述两标准统称为涉案标准），对前述国家标准中涉及无线局域网安全的部分进行了修改。

经西电捷通公司申请，一审法院依法向全国信息技术标准化技术委员会（以下简称全国信标委）调取了《关于两项国家标准可能涉及相关专利权的声明》。该声明由西安西电捷通无线网络通信有限公司（即变更企业名称前的西电捷通公司）于 2003 年 1 月 7 日向全国信标委出具，其上记载：西电捷通公司作为标准起草组成员之一，参与制定了国家标准《无线局域网媒体访问控制和物理层规范》和《无线局域网媒体访问控制和物理规范：2.4GHz 频段较高速物理层扩展规范》的起草工作。在上述标准中，实现的技术方案有可能涉及西电捷通公司的技术专利权。如涉及，西电捷通公司声明如下：在全国信标委的监督管理下，在西电捷通公司的权利范围内，西电捷通公司或其委托授权的第三方愿意与任何将使用该标准专利权的申请者，在合理的无歧视的期限和条件下协商专利授权许可。

双方确认涉案专利为 GB15629.11-2003/XG1-2006 标准的标准必要专利。

2004 年 4 月 29 日，国家质检总局、国家认证认可监督管理委员会（以下简称国家认监委）和国家标准委发布 2004 年第 44 号《公告》，对强制性国家标准 GB15629.11-2003 标准和 GB15629.1102-2003《信息技术 系统间远程通信和信息交换 局域网和城域网 特定要求 第 11 部分：2.4GHz 频段较高速物理层扩展规范》及相关产品强制性认证的实施再次公告如下：（1）2004 年 6 月 1 日将延期强制实施上述标准。（2）国家质检总局和国家认监委 2003 年第 113 号公告中涉及的无线局域网产品强制性认证的强制实施时间延后。

索尼中国公司确认自 2009 年左右开始，智能手机只有通过 WAPI 检测才能获得工信部批准的电信设备型号和入网许可，故涉案标准已经事实上强制实施。

（二）与被诉侵权行为有关的事实

1. 关于被诉侵权产品的购买与检测

2015 年 4 月 23 日，西电捷通公司在"苏宁易购网"公证购买了 13 部 SONY 品牌的手机，型号分别为：L50t（4 部）、XM50t（3 部）、S55t（3 部）、L39H（3 部）。

2015 年 5 月 7 日，西电捷通公司将上述公证购买的 L50t、XM50t、S55t、L39H 型号的手机各一部送交国家无线电监测中心检测中心，检验该四款手机是否具备 WAPI 功能。国家无线电监测中心检测中心出具了检验报告和原始数据。

根据检验报告的记载，L50t、XM50t、S55t、L39H 型号的手机均进行了

WAPI 功能检测，且均具备 WAPI 功能。

索尼中国公司确认其制造、销售的 L39h 等 35 款手机具有 WAPI 功能，且其实现 WAPI 功能的技术就是涉案标准。对于国家无线电监测中心检测中心的检验报告，索尼中国公司确认通过其 L50t、XM50t、S55t、L39H 型号的手机 WAPI 功能选项接入无线局域网的方法步骤与涉案专利权利要求 1、2、5、6 的技术方案相同，但认为检验报告没有提供实现检测的 AP 和 AS 等关键设备，而这些设备很有可能是西电捷通公司生产的，故对报告的真实性持有异议。

2. 关于被诉侵权产品的型号与数量

本案中，西电捷通公司主张 35 款被诉侵权产品，具体型号包括：L50u、S55u、L39u、S51h、S56i、L55t、S55t、M50w、S50h、L50t、L50w、XM50t、L39t、M35t、L39h、XL39h、M35ts、S39h、M35c、XM50h、M51w、M36h、S36h、M35h、L36h、L35h、LT30p、LT25c、ST26i、LT29i、LT26ii、LT26W、LT28h、ST27i、MT25i。

双方经质证，确认上述 35 款手机均具有 WAPI 功能。

3. 关于被控直接侵权行为

2008 年 12 月 30 日，国家质检总局和国家标准委联合发布 GB/T19001－2008/ISO9001：2008《质量管理体系要求》，其中记载如下内容："本标准规定的所有要求是通用的，旨在适用于各种类型、不同规模和提供不同产品的组织。由于组织及其产品的性质导致本标准的任何要求不适用时，可以考虑对其进行删减。""为确保设计和开发输出满足输入的要求，应依据所策划的安排对设计和开发进行验证。验证结果及任何必要措施的记录应予保持。""为确保产品能够满足规定的使用要求或已知的预期用途的要求，应依据所策划的安排对设计和开发进行确认。只要可行，确认应在产品交付或实施之前完成。确认结果及任何必要措施的记录应予保持。""组织应对产品的特性进行监视和测量，以验证产品要求已得到满足。"

相关证据证明索尼中国公司为了进行 WAPI 测试，指示北京英思沃工业科技有限公司购买西电捷通公司的无线接入点等测试设备，故涉案专利的权利已经用尽。索尼中国公司只对部分型号的产品进行了 WAPI 测试，且测试的方法与涉案专利不同。在涉案 35 款产品中，至少有 2 款产品没有在研发阶段进行过 WAPI 测试。索尼中国公司在生产阶段没有进行过 WAPI 测试，也没有使用过涉案专利。

西电捷通公司确认索尼中国公司用于检测的 IWNA2410 设备由其销售。

（三）与民事责任承担有关的事实

（1）关于西电捷通公司、索尼中国公司就涉案专利许可进行协商的情况：自 2009 年 3 月至 2015 年 3 月，双方通过电子邮件就涉案专利许可的问题进行了协商。

（2）关于涉案专利的许可实施、媒体报道及获奖情况。西电捷通公司与案外人签订的 4 份合同均约定专利入门费为 8 万元，专利提成费为 1 元/件。西电捷通公司提交了合同实际履行的发票。

（3）关于诉讼合理开支。

①被诉侵权产品购买费 22 054 元；②公证费共计 31 840 元；③被诉侵权产品检测费 20 000 元；④翻译费 300 元；⑤律师费 40 万元。

三、裁判观点

北京知识产权法院一审认为，西电捷通公司提交的证据 4，即 WAPI 功能检验报告具备真实性，可以证明 L50t、XM50t、S55t、L39H 型号的手机具备 WAPI 功能。在要求索尼中国公司提交其为实现 WAPI 功能所使用的测试规范，但索尼中国公司拒不提交的情况下，除认定索尼中国公司自认的在研发阶段对部分型号的被诉侵权产品进行了 WAPI 功能测试外，还合理推定索尼中国公司在涉案手机的生产制造、出厂检测等过程中遵循了《质量管理体系要求》标准，亦进行了 WAPI 功能测试。索尼中国公司并未提交其实际执行的测试规范，无法证明其确系仅对部分型号的手机进行测试，故合理推定其对全部型号的涉案手机均进行了 WAPI 测试。索尼中国公司是否仅对部分型号进行 WAPI 功能测试并不影响其对被诉侵权产品进行了 WAPI 功能测试的定性。

在索尼中国公司未举证证明 L50t、XM50t、S55t、L39H 型号之外的其余型号的手机 WAPI 功能选项接入无线局域网的方法步骤有何特殊性的情形下，合理推定涉案被诉侵权的 35 款手机 WAPI 功能选项接入无线局域网的方法步骤与涉案专利权利要求 1、2、5、6 的技术方案相同，即落入涉案专利权利要求 1、2、5、6 的保护范围。已经认定索尼中国公司在涉案手机的设计研发、生产制造、出厂检测等过程中进行了 WAPI 功能测试，故其测试行为使用了涉案专利方法。此外，索尼中国公司制造、销售的被诉侵权产品作为 MT 一方能够与 AP、AS 共同实施涉案专利。

"使用方法专利"不存在权利用尽的问题或者没有规定权利用尽的必要，故"使用方法专利"不属于《中华人民共和国专利法》（以下简称我国专利法）规定的权利用尽的范畴。本案中，涉案专利为使用方法专利，而非制造方法专利，据此，索尼中国公司主张的 IWN A2410 设备为实现涉案专利的专用设备、由西电捷通公司合法销售进而专利权用尽等理由均缺乏适用的法律基础，故西电捷通公司销售检测设备的行为并不会导致其权利用尽。根据高通公司针对《协助调查取证通知书》作出的书面回函，高通公司及其子公司未获得涉案专利的许可，双方当事人对此也不持异议，故索尼中国公司关于专利权用尽的抗辩主张亦缺乏事实依据。

我国专利法相关法律条款和司法解释判断规则中并未区分相关专利是普通专利还是标准必要专利，即专利侵权的构成要件并不会因为涉案专利是否为标准必要专利而改变。也就是说，即使未经许可实施的是标准必要专利，也同样存在专利侵权的问题。西电捷通公司确曾作出过"愿意与任何将使用该标准专利权的申请者在合理的无歧视的期限和条件下协商专利授权许可"的声明，但是，公平、合理、无歧视许可声明仅系专利权人作出的承诺，系单方民事法律行为，该承诺不代表其已经作出了许可，即仅基于涉案公平、合理、无歧视许可声明不能认定双方已达成了专利许可合同。

根据我国《专利法》第 11 条的规定，索尼中国公司未经许可在被诉侵权产品的设计研发、生产制造、出厂检测等过程中进行了 WAPI 功能测试，使用了涉案专利方法，侵犯了西电捷通公司的专利权。涉案专利需要通过终端 MT、接入点 AP 和认证服务器 AS 三个物理实体方能实施，很显然被诉侵权产品作为 MT 一方，与 AP、AS 各方的行为均未独立构成侵害涉案专利权。在此基础上，西电捷通公司主张索尼中国公司构成《中华人民共和国侵权责任法》（以下简称我国侵权责任法）第 12 条意义上的共同侵权行为不能成立。被诉侵权产品通过安装 WAPI 相关证书能够连接 WAPI 网络。索尼中国公司也确认其制造、销售的 L39h 等 35 款手机具有 WAPI 功能。对于硬件和软件结合的 WAPI 功能模块组合而言，其在实施涉案专利之外，并无其他实质性用途，故应该被认定为专门用于实施涉案专利的设备。索尼中国公司明知被诉侵权产品中内置有 WAPI 功能模块组合，且该组合系专门用于实施涉案专利的设备，未经西电捷通公司许可，为生产经营目的将该产品提供给他人实施涉案专利的行为，已经构成帮助侵权行为。

双方当事人迟迟未能进入正式的专利许可谈判程序，过错在专利实施方。在此基础上，西电捷通公司请求判令索尼中国公司停止侵权具有事实和法律依据。西电捷通公司提交的 4 份与案外人签订的专利实施许可合同中约定的 1 元/件的专利提成费可以作为本案中确定涉案专利许可费的标准。考虑到涉案专利为无线局域网安全领域的基础发明、获得过相关科技奖项、被纳入国家标准以及被告在双方协商过程中的过错等因素，支持原告"以许可费的 3 倍确定赔偿数额"的主张，确定经济损失赔偿数额为 8 629 173 元（2 876 391×3）。对于原告因提起本案诉讼而产生的维权合理支出共计 474 194 元，予以全额支持。综上所述，北京知识产权法院依照《中华人民共和国侵权责任法》第 9 条第 1 款、第 12 条、第 15 条，《中华人民共和国专利法》第 11 条、第 65 条第 1 款、第 69 条第 1 款第（1）项，《最高人民法院关于审理侵犯专利权纠纷案件应用法律若干问题的解释》第 7 条之规定，于 2017 年 3 月 22 日作出判决：

（1）被告索尼中国公司立即停止实施侵犯原告西电捷通公司第 ZL02139508.X 号"一种无线局域网移动设备安全接入及数据保密通信的方法"发明专利权的涉案行为；

（2）被告索尼中国公司于判决生效之日起十日内赔偿原告西电捷通公司经济损失 8 629 173 元；

（3）被告索尼中国公司于判决生效之日起十日内赔偿原告西电捷通公司合理支出 474 194 元；

（4）驳回原告西电捷通公司的其他诉讼请求。

索尼中国公司不服一审判决，向北京市高级人民法院提起上诉称：

（1）被诉侵权行为没有落入涉案专利保护范围。（2）被诉侵权行为不具备专利侵权行为的构成要件。①被诉侵权行为不满足"全面覆盖原则"，缺少认定直接侵权的必要构成条件；②被诉侵权行为不满足间接侵权的构成要件。（3）索尼中国公司有充分的不侵权抗辩事由，一审法院认定错误。①即使索尼中国公司在研发阶段使用了涉案专利，也是通过使用西电捷通公司销售的专用设备完成，应适用"权利用尽原则"；②即使本案涉及任何使用涉案专利的行为，也应当是由芯片供应商制造销售后被安装于被诉侵权产品中的具有WAPI功能的芯片所实现，"权利用尽原则"应适用于该实施WAPI功能的芯片；③西电捷通公司的公平、合理、无歧视许可声明应当具有法律效力，索尼中国公司有权将其作为不侵权抗辩事由。（4）关于民事责任的承担。由于西电捷通公司作出了公平、合理、无歧视许可声明，并未明确拒绝许可，无权要求禁令救济，而且强制性标准必要专利不适用禁令，索尼中国公司在协商过程中没有任何过错，因此，本案不应施加禁令。索尼中国公司不应赔偿或即使赔偿，一审法院判决金额也过高。故上诉请求：（1）依法撤销一审判决；（2）依法改判驳回西电捷通公司的全部诉讼请求或将本案发回重审；（3）判决本案一审、二审诉讼费用全部由西电捷通公司负担。

被上诉人西电捷通公司未提交书面答辩意见。

北京市高级人民法院经二审，确认一审查明的事实。另查明：2010年7月8日，西电捷通公司与苹果公司签订专利许可协议，内容涵盖西电捷通公司包括涉案专利在内的35项专利和16项专利申请，其中许可费采用初始费用加每年按照具体产品类别支付一揽子费用的方式支付。

（一）涉案标准是否全面覆盖了涉案专利权利要求

本案属于标准必要专利侵权纠纷。判断涉案专利是否属于标准必要专利需要对涉案标准中的技术方案是否全面覆盖涉案专利权利要求1进行认定。GB15629.11-2003/XG1-2006标准系对GB15629.11-2003标准中涉及无线局域网安全的部分进行了修改。该标准虽形式上属于国家强制标准，但是，根据2004年第44号《公告》，该标准被延期实施。因此，从效力来看，上述技术标准应当被视为推荐性国家标准。鉴于双方当事人均认可索尼中国公司制造、销售的涉案35款手机具有WAPI功能，且其实现WAPI功能的技术就是涉案标准，因此，仅需认定涉案专利上述争议的技术特征与标准中技术方案中的相应技术特征是否相同或等同。

关于步骤一，根据 GB15629.11‐2003/XG1‐2006 标准第 28 页 "8.1.4.2.1 鉴别激活分组" 及 "8.1.4.2.2 接入鉴别请求分组" 所记载的内容，无线接入点 AE 向移动终端 ASUE 发动鉴别激活，数据字段包括无线接入点 AP 证书。移动终端 ASUE 向无线接入点 AE 发动接入鉴别请求数据字段，数据字段包括移动终端 ASUE 的证书、随机字符串。因此，权利要求 1 步骤一对应的是 "8.1.4.2.2 接入鉴别请求分组" 部分内容。"8.1.4.2.1 鉴别激活分组" 系 "8.1.4.2.2 接入鉴别请求分组" 的前一步骤。在上述标准内容中均未明确说明移动终端 MT 将移动终端 MT 的证书发往无线接入点 AP 提出接入认证请求系主动还是被动。而且在涉案专利说明书并未明确记载移动终端 MT 主动将其证书发往无线接入点 AP 提出接入认证请求的前提下，无论主动或被动，均与步骤一相同。索尼中国公司关于涉案专利步骤一与标准相应技术特征的理解有误。

关于步骤六、步骤七，步骤四中针对的是移动终端 MT 认证未通过，无线接入点 AP 拒绝移动终端 MT 接入；而步骤六针对的是无线接入点 AP 认证未通过，移动终端 MT 拒绝登录至无线接入点 AP。换言之，只要移动终端 MT 或无线接入点 AP 有一个认证未通过，则不会执行步骤七。而且如果移动终端 MT 认证未通过，则不会进行后续步骤，无线接入点 AP 直接拒绝移动终端 MT 接入。根据上述分析，索尼中国公司对步骤三中 AS 对 MT 的认证不通过而导致的后续步骤理解有误。根据 GB15629.11‐2003/XG1‐2006 标准第 31 页 "8.1.4.2.4 证书鉴别响应分组" 部分记载，如果移动终端 ASUE 的证书认证未通过，无线接入点解除与移动终端的链路验证，即拒绝移动终端接入。该步骤记载内容与权利要求 1 步骤四 "若移动终端 MT 认证未通过，无线接入点 AP 拒绝移动终端 MT 接入" 相同。

综上，索尼中国公司对涉案专利技术方案理解有误，涉案专利权利要求 1 与 GB15629.11‐2003/XG1‐2006 标准中的技术方案相同。索尼中国公司关于涉案标准与专利技术方案存在区别的上诉主张不能成立。

（二）索尼中国公司的行为是否侵犯了西电捷通公司的涉案专利权

1. 索尼中国公司的行为是否构成我国《专利法》第11条规定的直接侵权行为

索尼中国公司上诉主张其制造、销售被诉侵权产品未"全面覆盖"涉案专利技术方案。对此，应根据设计研发、生产制造、出厂检测等阶段分别作出认定。

2. 索尼中国公司在设计研发过程中是否未经许可使用涉案专利

根据案件查明的事实，由于WAPI测试属于型号核准的检测项目，手机设备研发测试中均需要进行WAPI测试。一审法院推定索尼中国公司对全部型号的涉案手机均进行了WAPI测试并无不当，对此予以支持。

首先，索尼中国公司认可被诉侵权产品能够实施涉案专利，且认可被诉侵权产品符合GB15629.11-2003/XG1-2006标准，如上所述，涉案标准中的相关技术方案已经全面覆盖涉案专利权利要求1，由此可以直接认定索尼中国公司制造、销售的被诉侵权产品在与AP、AS一起工作时侵犯了西电捷通公司的涉案专利权。其次，根据移动通信设备制造厂商的通行惯例，WAPI功能测试属于型号核准的测试项目，一般在型号核准、认证前检测阶段进行，而且是抽取一定样机进行测试。索尼中国公司认可自2009年左右开始，智能手机只有通过WAPI检测才能获得工信部批准的电信设备型号和入网许可，而且认可其在研发阶段对部分型号的被诉侵权产品进行了WAPI功能测试。由此可见，至少在设计研发或样品检测阶段，索尼中国公司未经许可完整地实施了涉案专利技术方案。由此也可以认定索尼中国公司在制造被诉侵权产品的过程中未经许可实施了涉案专利，侵犯了西电捷通公司的涉案专利权。鉴于索尼中国公司认可涉案等35款手机均具有WAPI功能，合理推定索尼中国公司在涉案35款手机测试过程中使用了涉案专利方法。

3. 索尼中国公司在被诉侵权产品的生产制造、出厂检测等过程中是否未经许可使用涉案专利

本领域技术人员均知晓，WAPI功能是为了解决无线局域网现有技术中有线等价保密协议WEP（Wired Equivalent Privacy）保密机制对数据进行加密传

输存在的安全性缺陷所设计出来的三元对等安全架构。涉案专利技术方案所产生的 WAPI 技术效果在于使现有技术中无线局域网安全性大大加强。但是，由于 WAPI 技术方案的实施需要在移动终端 MT 上提前下载证书，并进行较为复杂的安装操作，这些操作步骤需要一定时间。在移动终端出厂检测阶段，对每台移动终端均进行 WAPI 功能测试不符合工业化生产流水线作业效率的要求。

WAPI 功能测试一般在型号核准、认证前检测阶段进行，而且是抽取一定样机进行测试，并非在出厂检测等阶段进行测试。此外，《质量管理体系要求》是一种推荐性标准，索尼中国公司明确主张其并不必然采用，即使采用也可以根据实际情况对该标准进行删减。一审法院推定索尼中国公司在涉案手机的生产制造、出厂检测等过程中遵循了《质量管理体系要求》标准，亦进行了 WAPI 功能测试的认定不妥。

虽然现有证据不能证明索尼中国公司在生产制造、出厂检测阶段使用了涉案专利，但是，就手机制造行业而言，无论在产品设计研发、产品定型后的生产制造以及出厂测试的哪个阶段使用了涉案专利，均构成专利法意义上的实施涉案专利的行为。据此，索尼中国公司在其被诉侵权产品的生产制造过程中实施了涉案专利，侵犯了西电捷通公司的涉案专利。索尼中国公司关于其不构成直接侵权的上诉主张不能成立，法院不予支持。

4. 关于索尼中国公司的行为是否构成我国《侵权责任法》第 9 条第 1 款规定的帮助侵权

涉案专利系典型的"多主体实施"的方法专利，该技术方案在实施过程中需要多个主体参与，多个主体共同或交互作用方可完整实施专利技术方案。本案中，由于索尼中国公司仅提供内置 WAPI 功能模块的移动终端，并未提供 AP 和 AS 两个设备，而移动终端 MT 与无线接入点 AP 及认证服务器 AS 系三元对等安全架构，移动终端 MT 与无线接入点 AP 及认证服务器 AS 交互使用才可以实施涉案专利。因此，本案中，包括个人用户在内的任何实施人均不能独自完整实施涉案专利。同时，也不存在单一行为人指导或控制其他行为人的实施行为，或多个行为人共同协调实施涉案专利的情形。在没有直接实施人的前提下，仅认定其中一个部件的提供者构成帮助侵权，不符合上述帮助侵权的构成要件，而且也过分扩大对权利人的保护，不当损害了社会公众的利益。据此，根据《专利应用法律司法解释（二）》第 21 条第 1 款的规定，索尼中国公司的行为不构成帮助侵权。一审判决关于索尼中国公司的行为构成帮助侵权行为的认定有误，予以纠正。

（三）关于索尼中国公司侵权民事责任的承担

1. 关于停止侵权的责任

索尼中国公司与西电捷通公司在长达 6 年的时间内反复进行协商，西电捷通公司提供了专利清单及合同文本，但索尼中国公司以权利要求对照表和保密协议问题作为拖延手段，从而导致双方没有实质上进入技术谈判和商务谈判。即使在诉讼阶段，索尼中国公司也没有提出明确的许可条件，也未及时向人民法院提交其所主张的许可费或提供不低于该金额的担保，并没有表示出对许可谈判的诚意。因此，索尼中国公司在谈判过程中具有明显过错。

权利要求对照表往往包含着权利人对其专利权利要求、技术标准的解释和说明，涉及权利人核心机密，其内容较为敏感。根据实务中的通常做法，一般谈判过程中权利人都会在双方签订保密协议的前提下提供权利要求对照表。在此情形下，专利权人要求双方签署保密协议的主张具有合理性。据此，西电捷通公司在同意提供权利要求对比表的基础上要求签署保密协议是合理的。因此，西电捷通公司在谈判过程中没有过错。

据此，双方当事人迟迟未能进入正式的专利许可谈判程序，过错在索尼中国公司。在此基础上，原审判决认定索尼中国公司停止侵权行为具有事实和法律依据，予以支持。

2. 关于赔偿数额的确定

由于索尼中国公司的行为构成侵犯涉案专利权，应当承担停止侵权及赔偿损失的民事责任。对于原告的损失或者被告获得的利益，双方当事人均未提交相关证据予以证明，因此，西电捷通公司主张以涉案专利许可使用费的 3 倍确定赔偿数额，一审法院考虑涉案专利的类型、侵权行为的性质和情节、专利许可的性质、范围、时间等因素，参照涉案专利许可使用费的倍数合理确定索尼中国公司侵犯涉案专利权的赔偿数额具有事实和法律依据，予以支持。

综上所述，索尼中国公司部分上诉理由成立，但不影响本案的判决结果，对其上诉主张，不予支持。北京市高级人民法院依照《中华人民共和国民事诉讼法》第 170 条第 1 款第 1 项之规定，于 2018 年 3 月 28 日作出判决：

驳回上诉，维持原判。

本判决为终审判决。

第四节　华为技术有限公司诉三星（中国）投资有限公司、惠州三星电子有限公司等侵害发明专利权纠纷案

一、裁判摘要

当事人在标准必要专利谈判中是否符合 FRAND 原则，可以从谈判程序方面和谈判实体方面进行分析判断，即当事人是否存在明显过错，以及是否根据己方所拥有的标准必要专利实力提出报价。标准必要专利侵权判断可通过间接比对的方式进行，即先将涉案专利与相应标准进行比对，判断涉案专利是否为标准必要专利，再判断被诉侵权产品是否使用了相应技术标准。若涉案专利与标准的相应技术方案对应相同或等同，且被诉侵权产品使用了该技术标准，则侵权成立。

二、案情简介

原告：华为技术有限公司。

被告：三星（中国）投资有限公司。

被告：惠州三星电子有限公司。

被告：天津三星通信技术有限公司。

被告：深圳市南方韵和科技有限公司。

原告华为技术有限公司（以下简称华为公司）因与被告三星（中国）投资有限公司（以下简称三星中国公司）、惠州三星电子有限公司（以下简称三星惠州公司）、天津三星通信技术有限公司（以下简称三星天津公司）、深圳市南方韵和科技有限公司（以下简称南方韵和公司）侵害发明专利权纠纷，向广东省深圳市中级人民法院提起诉讼。

原告华为公司诉称：华为公司是全球领先的信息与通信技术解决方案供应商、主流通信标准制定工作的重要参与者，拥有大量纳入无线通信标准的标准必要专利。华为公司拥有 201110269715.3 号发明专利权，该专利为 3GPP LTE 通信标准必要专利，其在本案中主张保护权利要求 1、2、9、10。四被告未经华为公司许可实施涉案专利，大量制造、销售、许诺销售、进口遵循 3GPP LTE 通信标准的终端产品，前述产品包含的技术方案落入了涉案专利权的保护范围。华为公司在标准必要专利谈判过程中始终遵循公平、合理和无歧视的许可承诺，而韩国三星公司在六年的许可谈判中一直拒绝善意进行许可谈判，采用拖延策略，违背诚信原则，导致无法达成专利实施许可协议，且其继续实施涉案专利而拒不支付许可费。故向法院请求判令：四被告立即停止侵害华为公司第 201110269715.3 号发明专利权的行为，包括但不限于制造、销售、许诺销售以及进口被控侵权产品的行为。

被告三星中国公司、三星惠州公司、三星天津公司辩称：其没有实施华为公司指控的专利侵权行为，华为公司在标准必要专利的许可谈判中没有尽到公平、合理、无歧视的义务，而韩国三星公司在许可谈判中无明显过错，因此，应驳回华为公司的诉讼请求。

南方韵和公司同意其他三被告的答辩意见，其另补充答辩称：根据华为公司提交的证据，南方韵和公司仅仅销售了华为公司在起诉状中列明的两种型号的手机，即 Galaxy S6、Galaxy J5 三星手机。

广东省深圳市中级人民法院一审查明：

2007 年 4 月 27 日，华为公司向国家知识产权局申请名称为"发送控制信令的方法和装置"的发明专利，2012 年 3 月 21 日，该专利申请被早期公开。2015 年 7 月 29 日，国家知识产权局对华为公司的该专利申请进行公告授权，专利号为 201110269715.3，目前该专利处于合法有效状态。华为公司在本案中主张涉案专利覆盖了 3GPP 国际标准"3GPP TS 36.212""3GPP TS 36.213""3GPP TS 36.321"文件中的 Release 8、Release 9、Release 10 版本，构成无线通信标准必要专利，并主张以专利权利要求 1、2、9、10 作为其专利的保护范围。

三星中国公司、三星惠州公司、三星天津公司的控股股东均为韩国三星公司。在四被告制造、销售、许诺销售的 97 款进网许可证的发证日期为 2014 年以后的 TD-LTE 数字移动终端产品中，三星惠州公司制造、销售 61 款，三星天津公司制造、销售 36 款，南方韵和公司销售、许诺销售 15 款，三星中国公司销售、许诺销售 4 款，在其官网许诺销售 58 款。

华为公司主张上述 97 款移动终端产品侵害其涉案专利权。四被告主张被诉侵权产品的 CPU 或基带芯片是直接从高通公司和韩国三星公司合法购得，并据此提出合法来源抗辩和权利用尽抗辩。四被告还依据两篇文献相结合进行现有技术抗辩，第一篇文献为关山、张新程、田韬、李坤江等人编著的、机械工业出版社于 2007 年 1 月出版的《网络技术》一书，其主张第 147 页描述的一段技术内容为公知常识；第二篇文献为 TSG-RAN 1 工作组 2002 年 1 月 8 日在芬兰埃斯波召开的会议上讨论 "SCCH-HS 上的有效信令以及对 SCCH-HS 的信道编码" 问题时提出的技术方案。

华为公司和韩国三星公司代表自己和各自的关联公司就其各方拥有的标准必要专利进行长达 6 年的交叉许可谈判，其间华为公司先后进行了 6 次报价。面对华为公司的多次报价，韩国三星公司既不接受，亦不反驳，直到华为公司第五次报价时，才进行了反报价。从后续谈判过程看，韩国三星公司报价后，双方的矛盾集中在专利实力和计算方法上，多次论证无果后，华为公司提议仲裁，但被韩国三星公司拒绝，只要求继续谈判。

为证明华为公司与韩国三星公司的标准必要专利实力、双方至 2015 年 1 月在全球不同国家和地区申请的 3G 和 4G 声明标准必要专利族数以及 3G 和 4G 手机的销售额百分比、3G 和 4G 标准必要专利许可使用费累积费率的情况、韩国三星公司 3G 和 4G 手机的销售价格及对华为公司要约内容是否符合 FRAND 原则等问题，本案当事人向法院提交了多份研究报告。华为公司向法院提交了 ABIresearch 研究机构分别于 2011 年、2013 年 7 月 3 日、2016 年 8 月 25 日出具的研究报告，Cyber Creative Institute 研究机构的研究报告，FRI 研究机构的研究报告，丁峙教授专家报告，Rudi Bekkers 的研究报告，《通信行业 4G 标准必要专利的许可费率及许可策略》，以及王晓茹博士和 Rudi Bekkers 关于前向引用问题的专家报告；三星中国公司、三星惠州公司、三星天津公司提交我国台湾地区经济部智慧财产局 2014 年度的《专利趋势分析结案报告》、汤森路透数据、邓飞博士的专家报告，以及 Strategy Analytics 公司关于 2014 年第 3 季度、2015 年第 3 季度、2016 年第 3 季度出货的每台手机全球营业利润的数据报告。此外，法院还根据华为公司的申请从工业和信息化部电信研究院调取涉及华为公司、韩国三星公司 4G 标准必要专利实力的《LTE 标准必要专利评估报告》。

三、裁判观点

广东省深圳市中级人民法院一审认为：

根据华为公司的诉请及四被告的抗辩，本案涉及两大问题：一是 FRAND 问题，二是技术事实的查明与认定问题。关于 FRAND 问题，涉及双方在进行标准必要专利交叉许可谈判时，对于许可协议无法达成，华为公司和韩国三星公司谁存在过错的问题。关于技术事实的查明与认定问题，涉及华为公司在本案中要求保护的专利是否为 4G 标准必要专利，四被告是否实施了侵害华为公司专利权的行为，以及四被告的抗辩主张能否成立等问题。

（一）从标准必要专利交叉许可谈判的程序方面分析双方是否存在明显过错，是否遵循 FRAND 原则

根据法院查明的事实，从双方标准必要专利交叉许可谈判的程序方面来看，韩国三星公司存在明显过错，违反了 FRAND 原则，而华为公司没有明显过错，没有违反 FRAND 原则，理由如下。

1. 韩国三星公司在与华为公司进行标准必要专利交叉许可谈判的程序方面，存在明显过错，明显违反 FRAND 原则

（1）韩国三星公司在标准必要专利交叉许可谈判的范围、前提条件方面，坚持将标准必要专利、非标准必要专利打包捆绑谈判，拒绝仅就标准必要专利进行交叉许可谈判，从而导致双方之间的标准必要专利交叉许可谈判被严重拖延。

从双方谈判的过程来看，韩国三星公司提出与华为公司交叉许可谈判的专利许可范围，包括标准必要专利与非标准必要专利。而华为公司坚持双方交叉许可谈判的范围应仅限于双方的标准必要专利。根据标准必要专利公平、合理、无歧视的授权许可机制，以及标准必要专利交叉许可谈判的国际惯例，在

谈判双方进行交叉许可谈判时，如果双方经过协商同意就标准必要专利和非标准必要专利进行交叉许可，这是双方自愿意思表示一致的结果，双方可以在此基础上进行交叉许可谈判。但如果一方只愿意进行标准必要专利的交叉许可，而不愿意将非标准必要专利打包捆绑进行交叉许可，那么另一方就不应再坚持将标准必要专利、非标准必要专利打包捆绑进行许可。也就是说，在这种情况下，双方仅应就各自所拥有的标准必要专利进行交叉许可谈判。但韩国三星公司在谈判过程中，坚持将标准必要专利和非标准必要专利打包捆绑进行许可，这违反了标准必要专利交叉许可谈判的 FRAND 规则，从而使双方在谈判范围、条件方面始终存在争议，无法进入下一步实质性谈判，导致双方之间的交叉许可谈判被严重拖延，存在明显过错。

（2）韩国三星公司在与华为公司进行标准必要专利交叉许可谈判时的技术谈判方面，始终未对华为公司提交的标准必要专利权利要求对照表（CC）进行积极回应，从而导致双方之间的标准必要专利交叉许可谈判被严重拖延。

根据标准必要专利交叉许可谈判的国际惯例，一项交叉许可协议的达成，通常要经过技术谈判阶段、商务谈判阶段和协议达成三个阶段。在技术谈判阶段，双方互相向对方展示各自从其专利包中挑选出的专利。在通常情况下，双方通过若干次技术谈判会议评价挑选出来的专利，以判断双方专利包的实力大小，进而有利于双方提出相对比较合理的报价，因此，技术谈判通常是交叉许可协议最终签订的一个重要阶段。

从法院查明的事实来看，2012 年 3 月 5 日，华为公司建议双方进行技术谈判，但韩国三星公司拒绝。2013 年 5 月 19 日，韩国三星公司向华为公司提出技术谈判的意思表示，但直至 2014 年 2 月推迟召开的上海会议，韩国三星公司都未对技术问题发表意见，明显拖延技术谈判。韩国三星公司在技术谈判过程中存在重大过错，严重拖延谈判，明显违反其承诺应当遵守的 FRAND 原则，这直接导致双方长达 6 年多的谈判未取得任何进展。

（3）韩国三星公司在报价方面消极懈怠，既不积极单方向华为公司报价，也不积极针对华为公司的报价进行反报价，这说明韩国三星公司存在恶意拖延谈判的主观过错。

根据标准必要专利交叉许可谈判的实践，标准必要专利权人对自己所拥有的标准必要专利实力比较了解，为了促成协议的达成，作为善意的谈判人，标准必要专利权人通常会根据自己标准必要专利的实力向对方进行积极报价，而相对方如果是善意的谈判人，其通常会在收到标准必要专利权人的报价后，积极进行反报价。

从法院查明的事实来看，韩国三星公司既没有根据自己的专利实力积极向华为公司提出报价；同时，针对华为公司的前四次标准必要专利许可报价，其一直没有做出回应；直到 2015 年 7 月 20 日与华为公司的第五次报价一起，韩国三星公司才向华为公司提出唯一一次报价。韩国三星公司在法院组织的第二次调解会议后的报价也与谈判中的该次报价没有实质性差别。上述事实证明，韩国三星公司在报价方面消极懈怠，既不积极单方向华为公司报价，也不积极针对华为公司的报价进行反报价，进而导致双方谈判久拖不决，韩国三星公司存在恶意拖延谈判的主观过错，该行为违反了 FRAND 原则。

（4）从双方谈判过程来看，华为公司按照谈判惯例，试图通过中立第三方仲裁的方法来促成双方达成标准必要专利交叉许可，韩国三星公司无正当理由拒绝，这说明韩国三星公司存在恶意拖延谈判的主观过错。

在标准必要专利交叉许可谈判的实务中，如双方经过长时间的谈判仍无法取得进展，在这种情况下，一方提议将双方之间的争议提交给中立的仲裁机构或者法院进行裁决，这是标准必要专利交叉许可谈判争议解决的有效途径。因此，双方对通过仲裁解决争议的讨论是评判双方是否进行善意谈判的重要依据。

从法院查明的事实来看，在双方已长达六年的谈判仍不能达成交叉许可协议的情况下，为了促成双方达成协议，2016 年 8 月 8 日，华为公司向韩国三星公司明确表达了希望仲裁的意思表示，同时附上完整的仲裁协议条款，试图将双方标准必要专利交叉许可所涉及的争议提交给中立的仲裁机构（国际争议解决中心）进行仲裁解决，并表示如果韩国三星公司与华为公司达成仲裁解决争议的约定，华为公司将撤回对韩国三星公司的禁令之诉。但韩国三星公司拒绝了华为公司的该仲裁提议。上述事实证明，韩国三星公司没有解决双方许可谈判争议的意愿，存在恶意拖延谈判的主观过错，明显违反了 FRAND 原则。

（5）从法院组织双方进行标准必要专利交叉许可谈判的过程来看，三星公司没有提出实质性调解方案，明显恶意拖延谈判，在主观上有过错。

从华为公司和韩国三星公司接触谈判到本案一审庭审，双方之间的标准必要专利交叉许可谈判已持续 6 年，消耗了双方大量精力，为促成双方达成协议，法院组织双方以调解的方式进行谈判。

根据华为公司与三星公司各自的报价及相互回复意见可以看出，双方争议的焦点仍然是标准必要专利的许可费率问题。这进一步印证了只要双方本着 FRAND 原则进行标准必要专利交叉许可谈判，或者在谈判无法取得进展时，将双方之间的争议交给中立的第三方进行仲裁或法院裁决，双方之间的标准必要专利交叉许可协议是可以达成的。在法院规定的时间内，华为公司进行了标准必要专利的许可报价，而三星公司未给出标准必要专利的许可报价。在法院明确释明双方在调解过程中的行为将成为判断其是否遵循 FRAND 原则的情况下，三星公司才对华为公司的报价作出了没有实质性内容的回应。从三星公司在法院组织的调解会议上的行为表现来看，其主观上明显缺乏诚意，在客观上存在严重拖延谈判的行为，有明显过错。

2. 华为公司在与韩国三星公司进行标准必要专利交叉许可谈判的程序方面，没有明显过错，没有违反 FRAND 原则

韩国三星公司首先向华为公司提出谈判的意思表示后，华为公司积极予以回应。在标准必要专利交叉许可谈判的范围方面，华为公司向韩国三星公司明确提出双方交叉许可谈判的范围仅限于双方的标准必要专利，这符合业界惯例。在法院组织华为公司与韩国三星公司进行调解期间，华为公司在法院规定的 40 日内，及时给出了其标准必要专利的许可报价。同时，在韩国三星公司对其标准必要专利报价给出非实质性回应后，对韩国三星公司的报价及时给予回复，没有任何拖延。

华为公司在与韩国三星公司谈判的过程中，将从夏普收购的专利亦包含在对韩国三星公司许可的范围之内，华为公司收购了夏普多少族专利，其在向韩国三星公司表述的过程中，存在模糊之处，这给双方的谈判在一定范围内带来了不利影响，这表明华为公司存在一定过错。但华为公司事后向韩国三星公司澄清了从夏普收购专利族数的事实，因此，华为公司的该过错并没有给双方谈

判的整体进程带来重大影响，该行为不属于标准必要专利交叉许可谈判中的明显过错，华为公司没有违反 FRAND 原则。

（二）从标准必要专利交叉许可谈判的实体方面分析双方是否存在明显过错，是否遵循 FRAND 原则

除了从上述双方谈判的程序方面来分析以外，还可以从双方谈判报价的实体方面来分析，双方的行为是否遵循 FRAND 原则。换句话说，双方向对方所提出的标准必要专利许可费报价是否符合 FRAND 原则。根据法院查明的事实，从双方标准必要专利交叉许可谈判的报价方面来看，韩国三星公司存在明显违反 FRAND 原则的行为，而华为公司没有明显违反 FRAND 原则，理由如下。

1. 华为公司和韩国三星公司所拥有的 3G 和 4G 标准必要专利的实力

要判断双方向对方所提出的报价是否符合 FRAND 原则，应根据双方所提交的证据来判断双方所拥有的标准必要专利的实力，然后在此基础上来判断双方根据自己所拥有的标准必要专利的实力，向对方给出的报价是否符合 FRAND 原则。

法院从以下几个方面来评判华为公司、韩国三星公司所拥有的 LTE 标准必要专利的实力：（1）双方在 3GPP 国际标准组织中被采纳的获批提案数；（2）双方在 ETSI 所声明的标准必要专利的数量和评估为标准必要专利的数量；（3）双方在法院互诉标准必要专利侵权案件的过程中，涉案专利被宣告无效的情况。法院还认为，三星中国公司、三星惠州公司、三星天津公司提交的汤森路透数据、双方专利在美国专利中被引用的情况，不能作为全面客观评价双方在全球的标准必要专利实力的依据。此外，从华为公司、韩国三星公司与 IDC（交互数字公司）在经营模式和实力对比方面来看，IDC 不能作为华为公司与韩国三星公司标准必要专利交叉许可的合理参照。

2. 华为公司根据自己所拥有的标准必要专利的实力，向韩国三星公司给出的报价符合 FRAND 原则，而韩国三星公司根据双方所拥有的标准必要专利的实力，向华为公司给出的报价不符合 FRAND 原则

（1）华为公司向韩国三星公司给出的报价符合 FRAND 原则。

第一，华为公司向韩国三星公司给出的以 4G 标准必要专利许可为主，并

包含 3G 标准必要专利许可的报价符合业界惯例。华为公司向韩国三星公司报价的标准必要专利的范围为：第一次报价是 2012 年 3 月 5 日，许可报价的专利是国际标准机构采纳为标准的必要专利。第二次报价的时间是 2013 年 4 月 7 日，许可报价的专利是 4G（LTE）标准必要专利。第三次报价的时间是 2014 年 8 月 25 日，许可报价的专利是 4G（LTE）标准必要专利。第四次报价的时间是 2015 年 5 月 22 日，许可报价的专利是以 4G（LTE）标准必要专利为主并包含 3G（UMTS）标准必要专利许可的报价。第五次报价的时间是 2015 年 7 月 20 日，许可报价的专利是以 4G（LTE）标准必要专利为主并包括 3G 标准必要专利许可的报价。第六次报价的时间是 2015 年 12 月 31 日，许可报价的专利是以 4G（LTE）标准必要专利为主并包含 3G 标准必要专利的许可报价。华为公司在法院组织调解期间向韩国三星公司给出报价的时间是 2017 年 7 月 25 日，许可报价的专利为 4G（LTE）标准必要专利。

根据三星中国公司、三星惠州公司、三星天津公司提交的邓飞博士的专家报告和华为公司提交的王晓茹博士专家报告显示，三星方在生产 3G 和 4G 的手机，由于手机代际的关系，3G 手机的生产会越来越少，而 4G 手机的生产会越来越多，鉴于此，华为公司在给韩国三星公司报价时，围绕市场主流移动通信标准，以其实力最强的 4G 标准必要专利或者以 4G 标准必要专利许可为主并包含 3G 标准必要专利许可的报价，符合业界惯例。

第二，华为公司给韩国三星公司的报价符合 FRAND 原则。华为公司在法院起诉韩国三星公司前向韩国三星公司提出 6 次报价。法院认为，要判断华为公司给韩国三星公司的报价是否符合 FRAND 原则，除了要考虑华为公司所拥有的 3G、4G 标准必要专利的实力，同时还要考虑作为被许可方三星公司所生产、销售 3G、4G 手机的市场价格，以及 3G、4G 标准必要专利累计许可费率，以避免许可费率过高导致超出该行业的正常利润水平。

华为公司作为标准必要专利权人给予韩国三星公司的报价，包括许可费率和每部手机的许可费，是符合 FRAND 原则的。华为公司作为标准必要专利权人给出的报价在法律性质上属于要约，华为公司的报价是根据其全球范围内标准必要专利的实力和 3G、4G 领域标准必要专利累积的许可费率，以及韩国三星公司手机的市场销售信息等考量因素给出的报价（要约），该报价是根据华为公司所拥有的标准必要专利的实力在合理范围内给出的报价，并不明显背离华为公司所拥有的标准必要专利的实力，作为被要约人的韩国三星公司仍有部分讨价还价的余地和空间，华为公司的报价符合 FRAND 原则。

第三，韩国三星公司反驳华为公司的报价违反 FRAND 原则不成立。评判标准必要专利许可使用费是否符合 FRAND 原则，确实需要考虑行业合理利润因素，法院此前所分析的行业累积许可费率以及根据专利权人专利实力占比确定合适的许可费率，都是在考虑能够保持产业获得合理利润。三星中国公司、三星惠州公司、三星天津公司提交的邓飞博士的专家报告、Strategy Analytics 公司关于每台手机全球营业利润的数据报告所选取的营业利润期间有限，这既不能全面反映韩国三星公司手机的全球营业利润情况，也不能反映专利许可使用费在手机销售收入中的占比以及许可使用费对于手机利润的影响。另外，三星中国公司、三星惠州公司、三星天津公司提交的上述证据，不能证明华为公司向韩国三星公司提出的报价将可能使韩国三星公司不能获得合理的营业利润。

（2）韩国三星公司向华为公司给出的报价不符合 FRAND 原则。

华为公司和韩国三星公司在全球范围内的标准必要专利实力相当（没有明显差别）。而从韩国三星公司给予华为公司的报价来看，其向华为公司收取的许可费率是华为公司向其收取许可费率的 3 倍。同时，韩国三星公司在全球范围内拥有的 3G/UMTS 标准必要专利的实力弱于其拥有的 4G/ LTE 标准必要专利的实力，但韩国三星公司于 2011 年 7 月 25 日向苹果公司提出单方 UMTS 标准必要专利许可费率为 2.4%，将该许可费率与韩国三星公司向华为公司给出的上述 3G、4G 标准必要专利许可费率进行对比，高出近×××倍。标准必要专利报价的费率与最终达成协议的费率可以有一定范围的差别，报价费率可以随谈判进程进行相应调整，从而给许可谈判讨价还价留下空间，但报价费率不应严重背离标准必要专利的价值及双方标准必要专利的实力对比，韩国三星公司的报价明显背离华为公司和韩国三星公司所拥有的标准必要专利的实力，韩国三星公司的报价明显不符合 FRAND 原则，韩国三星公司在主观上存在恶意。韩国三星公司所提出的标准必要专利许可费率比照华为公司诉 IDC 案所得出的费率，从授权主体的特点、授权的标准必要专利的范围、地域范围等方面来看，韩国三星公司参照华为公司诉 IDC 案的判决进行报价，明显不合理。同时，华为公司已向韩国三星公司表明愿意在仲裁保密程序的条件下拿出华为公司与 IDC 全球协议供韩国三星公司参考。上述事实证明，韩国三星公司主观上存在明显过错，其向华为公司提出的报价不符合 FRAND 原则。

综上，从双方标准必要专利交叉许可谈判的程序和实体两个方面来分析，华为公司的行为符合 FRAND 原则，而韩国三星公司的行为不符合 FRAND 原则。

（三）争议的技术事实的问题

1. 关于华为公司要求保护的专利权的技术特征与相应 4G 无线通信技术标准是否对应，以及三星中国公司、三星惠州公司、三星天津公司是否构成专利侵权的问题

华为公司在本案中请求保护的是涉案专利权权利要求 1、2、9、10。华为公司从 3GPP 官网公证下载了与其上述要求保护的专利技术相对应的无线通信技术标准，其中，涉及 3GPP Release8 技术标准的版本包括 3GPP TS 36.212 V8.5.0、3GPP TS 36.213 V8.5.0、3GPP TS 36.321 V8.4.0；涉及 3GPP Release9 技术标准的版本包括 3GPP TS 36.212 V9.2.0、3GPP TS 36.213 V9.2.0、3GPP TS 36.321 V9.3.0；涉及 3GPP Release10 技术标准的版本包括 3GPP TS 36.212 V10.8.0、3GPP TS 36.213 V10.11.0、3GPP TS 36.321 V10.9.0。根据我国工业和信息化部以及中国电信、中国联通、中国移动等电信运营商的规范性文件，以及根据我国无线通信企业生产、销售 3G、4G 终端产品的商业实践，基于实现互联互通的通信需求，在华为公司涉案专利申请日之后、专利授权日之前，上述与华为公司专利技术相对应的 3GPP 技术标准，已事实上成为我国无线通信产业的行业标准和企业标准。通过对比，华为公司在本案中要求保护的涉案专利技术，与上述 3GPP 的 R8、R9、R10 相对应的技术标准之技术特征形成一一对应关系，落入了华为公司涉案专利权的保护范围。三星中国公司、三星惠州公司、三星天津公司在我国生产、销售 4G 终端产品时，一定会使用华为公司的涉案专利技术，其未经许可在我国实施华为公司的涉案专利技术，侵犯了华为公司的专利权。

2. 关于四被告主张的合法来源抗辩的问题

三星惠州公司、三星天津公司、三星中国公司未提供证据证明，华为公司

的涉案 4G 标准必要专利技术已授权给高通公司和韩国三星公司实施；同时，三星惠州公司、三星天津公司、三星中国公司共同实施了涉案被控侵权产品的制造、销售、许诺销售行为，作为制造商，三星中国公司、三星惠州公司、三星天津公司无权主张合法来源抗辩。南方韵和公司作为被控侵权产品手机的销售商，其未提交证据证明其销售的含有华为公司涉案 4G 标准必要专利技术的手机的进货来源。故四被告主张的合法来源抗辩均不能成立。此外，华为公司在本案中并未向四被告提出专利侵权损害赔偿的诉讼请求，因此，即使本案四被告提出的合法来源抗辩的主张成立，其对本案的裁判也无意义。

3. 关于三星中国公司、三星惠州公司、三星天津公司主张的专利权用尽抗辩的问题

根据华为公司提交的华为公司方与高通公司之间签订的《（终端）用户产品许可协议》第 4.4.5 条约定，明确排除了华为公司给予高通公司的 Pass-Through 权利，华为公司授权给高通公司的标准必要专利不包括 4G/LTE 标准必要专利，不存在华为公司的 4G/LTE 标准必要专利在本案中权利用尽的问题。因此，三星中国公司、三星惠州公司、三星天津公司关于被诉侵权产品使用的是购自高通公司的 CPU 或者基带芯片，华为公司专利权已用尽的抗辩不成立。

4. 关于三星中国公司、三星惠州公司、三星天津公司提出的现有技术抗辩的问题

三星中国公司、三星惠州公司、三星天津公司主张现有技术抗辩，并据此提交了两篇技术文献，认为该两篇技术文献的结合组成现有技术。第一篇技术文献为关山、张新程、田韬、李坤江等人编著的《网络技术》，第二篇技术文献为 TSG-RAN 1 工作组 2002 年 1 月 8 日在芬兰埃斯波召开的会议上讨论"SCCH-HS 上的有效信令以及对 SCCH-HS 的信道编码"问题时提出的相应技术方案。上述《网络技术》一书由机械工业出版社出版，出版日期为 2007 年 1 月，从该书前言部分描述的内容来看，这本书是专业人员所写的涉及无线通信技术领域的专著，并不属于公知常识。三星中国公司、三星惠州公司、三星天津公司的现有技术抗辩不成立。

从 2011 年 7 月华为公司和韩国三星公司开始谈判至今已 6 年多，华为公

司在谈判过程中无明显过错，符合 FRAND 原则；而韩国三星公司在和华为公司进行标准必要专利交叉许可谈判时，在程序和实体方面均存在明显过错，不符合 FRAND 原则。华为公司要求四被告停止侵害其专利权，即停止实施其涉案 4G 标准必要专利技术，应予以支持。

三星中国公司、三星天津公司、三星惠州公司与韩国三星公司属于经济利益共同体。三星中国公司、三星惠州公司、三星天津公司共同以制造、销售、许诺销售的方式侵害华为公司涉案发明专利权，应承担停止侵权的法律责任。华为公司指控三星中国公司、三星惠州公司、三星天津公司承担进口的侵权行为，因未提供证据证明，法院不予支持。

南方韵和公司属于以销售和许诺销售方式侵害华为公司的涉案专利权，其与其他三被告不存在共同侵权关系，独立承担停止侵权的民事责任。

据此，广东省深圳市中级人民法院依照《中华人民共和国民法总则》第 7 条，《中华人民共和国侵权责任法》第 6 条第 1 款、第 15 条第 1 款第（1）项，《中华人民共和国专利法》第 11 条第 1 款，《中华人民共和国民事诉讼法》第 64 条第 1 款的规定，于 2018 年 1 月 4 日判决如下：

（1）被告三星（中国）投资有限公司、天津三星通信技术有限公司、惠州三星电子有限公司立即停止以制造、销售、许诺销售的方式侵害原告华为技术有限公司专利号为 201110269715.3 专利权的行为；

（2）被告深圳市南方韵和科技有限公司立即停止以销售、许诺销售的方式侵害原告华为技术有限公司专利号为 201110269715.3 专利权的行为；

（3）驳回原告华为技术有限公司的其他诉讼请求。

（本案二审调解结案。）

附　　录
广东省高级人民法院关于印发《广东省高级人民法院关于审理标准必要专利纠纷案件的工作指引（试行）》及说明

　　为妥善审理通信领域标准必要专利纠纷案件，根据我国法律、行政法规、司法解释相关内容并参考商业惯例，结合审判实践，制定本指引。

一、关于审理标准必要专利纠纷案件的基本问题

　　1.【标准必要专利的含义】本指引所称标准必要专利，是指为实施某一技术标准而必须使用的专利。

　　【说明】本条规定了标准必要专利的含义。现行法律及司法解释未规定标准必要专利的含义，本条起草时参考了国际标准化组织及相关司法实践中关于标准必要专利的解释。

　　2.【诚实信用原则】审理标准必要专利纠纷案件，要注意审查标准必要专利权人和实施者从事与标准必要专利有关的活动时，是否遵循诚实信用原则。

　　【说明】本条是关于诚实信用原则的规定。鉴于诚实信用原则对于标准必要专利纠纷的审理具有重要作用，予以专条规定。

　　3.【公平、合理和无歧视原则】标准必要专利权人作出的公平、合理和无歧视声明，可以作为审理标准必要专利纠纷案件的依据。

【说明】本条规定了"公平、合理和无歧视原则"（FRAND 原则）。FRAND 原则是标准必要专利许可实践的重要原则，被标准化组织广泛采用，在司法实践中亦被普遍认可。本条明确了 FRAND 原则可作为审理标准必要专利纠纷的依据。

4.【FRAND 声明对专利权的承继人、受让人及关联企业的约束力】因承继、转让等原因发生专利权权属变更的，原专利权人作出的公平、合理、无歧视声明，对标准必要专利的承继人、受让人具有同等效力。该声明对其关联企业也具有约束力。

【说明】本条规定了 FRAND 声明对不同主体的约束力。第一，原专利权人已作出 FRAND 声明的，其专利权的承继人、受让人也应受到 FRAND 声明的约束。第二，FRAND 声明的法律效力及于关联企业。对于关联企业的范畴，可参照标准化组织在其政策文件中作出的相关规定。例如，ETSI 在其章程中将关联企业界定为"下列任何其他法律实体：直接或间接拥有或控制第一个法律实体的，或对第一个法律实体有相同的直接或间接的所有权或控制权，或由第一个法律实体直接或间接所有或控制，直至所有权或控制权持续期间。所有权或控制权应通过直接或间接的形式存在：拥有已发行权益股本面值 50% 以上或拥有超过 50% 以上的股权持有者有权投票选举董事或执行类似职能的人员，或有权通过任何其他方式选举或任命董事，或可以集中行使此类职能的人员。一个国家，一个国家部门或其他依照公法运行公共实体与第一个法律实体发生联系的，应视为超出关联公司的定义"。IEEE 的章程中对关联企业的界定则为"'关联公司'意为这样一个实体，其直接或间接通过一个或多个中介控制提交人或申请人，或被提交人或申请人控制，或被提交人、申请人共同控制。对于盈利实体，'控制'及其相关术语意为，直接或间接持有表决权企业 50% 以上的合法、实际、公平的股权（或其他财产权益，若该实体不是公司）。对于非盈利实体，'控制'及其相关术语意为，任命或指派 50% 董事的权利"。

5.【利益平衡原则】审理标准必要专利纠纷案件，既要充分考虑标准必要专利权人对创新的贡献，依法保护专利权人的权利，也要平衡专利权人、实施者与社会公众的利益。

【说明】本条规定了利益平衡原则。鉴于标准必要专利除具有私权属性外，还具有公共属性，标准的纳入可能对行业、公众产生特定影响，故强调该原则。

6.【商业惯例的参照作用】审理标准必要专利纠纷案件，应考虑行业特点，结合商业惯例进行审查判断。

【说明】考虑到在标准必要专利纠纷的审理中商业惯例具有重要作用，本条明确了商业惯例在审理标准必要专利纠纷的参照作用。

7.【标准化组织知识产权政策的约束力】标准化组织所实施的知识产权政策对其成员从事标准化活动具有约束力，可以作为审理标准必要专利纠纷案件的依据。

【说明】本条是关于标准化组织的知识产权政策对其成员的约束力的规定。标准化组织的知识产权政策是标准化组织对其成员的管理规范，得到全体成员的共同认可，成员均应遵照执行。司法实践应认可其约束力，并以其作为审理标准必要专利纠纷的依据。

8.【准据法适用】在审理标准必要专利纠纷案件中，关于公平、合理、无歧视原则的解释、确定相关标准必要专利的权利范围及行使、对相关行为性质进行定性等问题，一般需考虑适用被请求保护地法或法院地法。

【说明】对于相关涉外法律关系是否及如何适用准据法，我国相关法律法规已有所规定。故本条并非树立标准必要专利纠纷准据法适用的一般规则，而仅针对标准必要专利纠纷中当事人常用的准据法主张进行回应，并提示应当更多关注被请求保护地法、法院地法与相关行为的密切联系。《ETSI 知识产权政策》第12条规定："该政策应受法国法律的约束。"在国内外司法实践中，不少当事人援引该条作为适用法国法的理由（如我国法院审理的华为诉 IDC 许可费率案、韩国法院审理的三星诉苹果纠纷案、德国法院审理的 IPCom 公司诉诺基亚公司等案件）。但从各国相关案例来看，各国司法并未因为该规定而简单适用法国法，而更多按照属地原则来确定适用的法律。主要理由是：（1）FRAND原则不仅要符合标准化组织知识产权政策的要求，还必须符合相关国家的法律规定，不能简单因为相关知识产权政策规定了准据法就认定必然排斥适用其他国家法律；（2）根据知识产权地域性特征，对一个专利权是否以及在多大程度上获得保护以及在多大程度上能通过许可授权而被使用这一问题应当按照属地原则来解决；（3）对于相关行为的定性及准据法的确定，一般考虑最密切联系原则，被请求保护地、法院地属于其中应予考虑的联系因素。此外，标准必要专利往往涉及一国重要利益，也不排除相关纠纷所属法律关系属于该国排斥适用准据法的强制情形。

二、关于停止实施标准必要专利民事责任的问题

9.【侵权判定】标准必要专利纠纷的侵权判断可遵循以下路径：

（1）确定标准的具体内容并判断涉案专利是否为标准必要专利；

（2）有证据证明被诉侵权产品符合标准必要专利所对应的标准的，可推定被诉侵权产品落入标准必要专利权利保护范围；

（3）被诉侵权人否认被诉侵权产品落入标准必要专利权利保护范围的，须就未实施标准必要专利进行举证。

【说明】本条内容是标准必要专利侵权判断方法。因涉标准必要专利的产品通常需经过相关机构检验、认证或颁发许可证后才可进入市场，因此在被诉侵权产品是否落入专利权保护范围的认定上，可以考虑有别于一般专利侵权判断的方法，即优先采用"初步证据"＋"推定"＋"反驳并举证"的方法。该方法既符合SEP和相关产品的特点，也可以提高司法审判效率，同时提供被诉侵权人反驳的机会以确保实质公正。

10.【禁令颁发原则】标准必要专利权人提出停止实施标准必要专利请求的，依照公平、合理、无歧视原则和相关商业惯例，对标准必要专利权人和实施者的主观过错作出判断，以此决定是否支持停止实施标准必要专利的请求。

【说明】本条是关于SEP禁令的原则性规定。鉴于SEP因技术纳入标准而具有一定的公共属性，有别于普通专利，因此其禁令救济规则也有所区别。

SEP 侵权成立时，禁令并非当然后果。本条强调要以公平、合理、无歧视原则和商业惯例为标准，具体判断行为人的主观状态和过错程度，根据个案情况决定禁令颁发与否。

11.【审查范围】按照商业惯例评判各方当事人主观过错时，审查内容包括：（1）当事人之间谈判的整体过程；（2）各方当事人谈判的时间、方式和内容；（3）谈判中断或陷入僵局的原因；（4）其他情节。

【说明】本条规定了将商业惯例作为审查标准时应审查的范围。审查范围围绕商业谈判和技术谈判进行：既包括对谈判的整体评价，也包括对具体环节的分析；既包括谈判具体内容的正当合理性评价，也包括谈判效率的合理性分析。此外，考虑到许可谈判尤其是交叉许可谈判往往经历较长时间，在此期间行业、市场、利益相关者可能发生变化，因此，需要考虑各因素作动态调整，故本条列出一项兜底规定，以增加条文的适应性和灵活性。

12.【禁令颁发的规则】综合考虑标准必要专利权人是否符合公平、合理、无歧视声明的要求，实施者是否有过错，按照以下情形分别决定是否支持停止实施标准必要专利的请求：

（1）标准必要专利权人的行为不符合公平、合理、无歧视声明的要求，而实施者无明显过错的，不支持停止实施标准必要专利的请求；

（2）标准必要专利权人的行为符合公平、合理、无歧视声明的要求，实施者存在明显过错的，可以支持停止实施标准必要专利的请求；

（3）标准必要专利权人的行为符合公平、合理、无歧视声明的要求，实施者也无明显过错的，如果实施者及时提交合理担保，可以不支持停止实施标准必要专利的请求；

（4）标准必要专利权人与实施者在谈判中均有过错的，综合考虑各方过错程度、有无采取补救措施、过错对谈判进程的影响、过错与谈判破裂的关系等因素，决定是否支持停止实施标准必要专利的请求。

【说明】本条内容是禁令颁发的具体规则。《最高人民法院关于审理侵犯专利权纠纷案件应用法律若干问题的解释（二）》第24条第2款规定，专利权人故意违反其作出的公平、合理、无歧视承诺，而实施者无明显过错的，一般不予支持专利权人关于停止实施标准必要专利的请求。司法解释仅规定了一种情形下禁令的颁发条件，本条遵循司法解释的思路，按照标准必要专利权人、实施者各自的过错程度，分四种情形作出规定，以期进一步拓展和细化禁令颁发规则。

关于本条第（3）项中的担保规定，有观点主张是否提交合理担保可以纳入实施者过错程度的判断范畴，而不作为是否颁发禁令的考量因素。鉴于对权利人和实施者过错的判断，基本上是对其许可谈判过程中各方行为的评价，谈判过程应当与诉讼阶段有明确区分，若在后提交担保可以抵减在先谈判中的过错，不但造成过错审查内容模糊，而且可能演变成为实施人怠于诚信谈判，事后再采取补救措施的逃逸手段。因此，我们按照现有第（3）项的规定，在满足"标准必要专利权人的行为符合公平、合理、无歧视声明的要求，实施者也无明显过错"前提时，才具备担保规则适用条件和空间。另外，担保制度本身有其积极意义，权利人符合 FRAND 原则的，其合法权益应予保护，但由于 SEP 禁令的后果影响很大，当实施者无明显过错时，担保可以作为协调平衡 SEP 权利人和实施人之间的权益的有效措施。如果实施者及时提交合理担保，法院根据具体情况决定不颁发禁令的，权利人和实施人仍需进行许可谈判。

13.【专利权人过错判定】下列行为可以认定标准必要专利权人违反公平、合理、无歧视义务，存在明显过错：

（1）未向实施者发出谈判通知，或虽发出谈判通知，但未按照商业惯例和交易习惯列明所涉专利权的范围；

（2）在实施者明确表达接受专利许可谈判的意愿后，未按商业惯例和交易习惯向实施者提供示例性专利清单、权利要求对照表等专利信息；

（3）未向实施者提出具体许可条件及主张的许可费计算方式，或提出的许可条件明显不合理，导致无法达成专利实施许可合同；

（4）未在合理期限内作出答复；

（5）无正当理由阻碍或中断谈判；

（6）其他明显过错行为。

【说明】通过梳理总结实践中大量 SEP 谈判案例和在 SEP 谈判中形成的商业惯例，本条归纳了标准必要专利权人违反公平、合理、无歧视声明的具体表现，以推断标准必要专利权人存在明显过错。

14.【实施者过错判定】下列行为可以认定实施者存在明显过错：

（1）拒绝接收标准必要专利权人的谈判通知，或收到谈判通知后未在合理时间内作出明确答复；

（2）无正当理由拒绝签订保密协议，导致无法继续谈判；

（3）未在合理期限内对标准必要专利权人提供的示例性专利清单、权利要求对照表等专利信息作出实质性答复；

（4）收到标准必要专利权人许可条件后，未在合理期限内作出实质性答复；

（5）提出的实施条件明显不合理，导致无法达成专利实施许可合同；

（6）无正当理由拖延或拒绝进行许可谈判；

（7）其他明显过错行为。

【说明】通过梳理总结实践中大量 SEP 谈判案例和在 SEP 谈判中形成的商业惯例，本条归纳了实施者存在明显过错的具体表现。

三、关于确定标准必要专利许可使用费的问题

15.【案由及立案条件】标准必要专利权人与实施者在标准必要专利许可谈判中就许可使用费的确定发生的争议，属于标准必要专利许可使用费纠纷。

标准必要专利权人与实施者已经充分协商，但仍无法就许可使用费达成一致的，可以依法提起诉讼。

【说明】本条系对标准必要专利许可使用费纠纷案件的定义以及立案条件的规定。关于何种情形下可请求法院确定标准必要专利的许可使用费，《最高人民法院关于审理侵犯专利权纠纷案件应用法律若干问题的解释（二）》第 24 条第 3 款规定"专利权人、被诉侵权人经充分协商，仍无法达成一致的，可以请求人民法院确定"。是否已经充分协商的证明标准不宜设置过高，双方

谈判的时间超出合理限度，或双方均不反对将该纠纷诉诸司法等情形都可以作为认定双方已经充分协商的依据。

16.【裁定范围】标准必要专利权人或实施者一方请求裁判的有关标准必要专利的许可地域范围超出裁决地法域范围，另一方在诉讼程序中未明确提出异议或其提出的异议经审查不合理的，可就该许可地域范围内的许可使用费作出裁判。

【说明】本条系对标准必要专利许可使用费率的裁定范围的规定。基于尊重司法主权和国际司法礼让，人民法院审理标准必要专利许可使用费纠纷确定的许可范围原则上限于裁决地法域范围内。但是，如果权利人和实施者均同意人民法院就域外或全球范围内的许可确定使用费的，可以作出裁决。另外，如果一方的异议经法院审查认为不合理的，人民法院也可依另一方当事人的请求对该地域范围内的许可使用费作出裁决。

17.【中止诉讼】在标准必要专利许可使用费纠纷案件的审理过程中，标准必要专利权人与实施者均同意给予一定时间继续谈判协商的，可以中止诉讼。

标准必要专利权人或实施者任何一方认为继续谈判协商已无必要的，应及时恢复诉讼。

【说明】本条系对标准必要专利使用费纠纷中止及恢复诉讼的程序设置的规定。最大限度的尊重当事人的意思自治应当贯穿标准必要专利使用费纠纷案件审理的始终，人民法院应当尽可能促成双方当事人通过谈判达成协议。因此，只要双方均有进一步谈判协商的意愿，人民法院可以中止诉讼的方式给予谈判的时间。但是，只要任何一方明确表示没有进一步谈判的意愿，人民法院就应当及时恢复诉讼，以避免造成不必要的延宕。

18.【确定许可使用费的方法】确定标准必要专利许可使用费可参照以下方法：

（1）参照具有可比性的许可协议；

（2）分析涉案标准必要专利的市场价值；

（3）参照具有可比性专利池中的许可信息；

（4）其他方法。

【说明】本条系对确定标准必要专利许可使用费的路径的规定。通过对已知确定标准必要专利许可使用费案例的研究，当前确定许可使用费的方法主要是该条文所列的前两项方法，即第一项所列举的"参照具有可比性的许可协议"（理论上一般称为"可比较许可协议法"）与第二项所列举的"分析涉案标准必要专利的市场价值"（理论上一般称为"Top down approach"，即"由上至下法"）。至于本条第三项所列举的方法"参照具有可比性专利池中的许可信息"（理论上一般称为"可比较专利池法"），虽然有学者以难以找到具有可比性的专利池为由，指出该方法在实务中的效果存在争议。但是，我们认为其仍然不失为确定使用费的路径之一。2017年11月29日，欧盟委员会发布的《标准必要专利的欧盟方案》中，提出在竞争法的框架内建立行业许可平台与专利池。从国际视野考量，专利池的发展趋势向好，将来找到可比性专利池的概率应该会有所提升。此外，在"可比较许可协议法""由上至下法""可比较专利池法"均无法适用的时候，也可以根据案件的具体情况寻求其他方法确定标准必要专利的许可使用费。在个案中，若标准必要专利权人或实施者提交的证据同时满足一项以上方法的适用条件，可用不同的方法相互检验、印证，从而对许可使用费的数额作出修正，使其更加合理。

19.【许可信息的举证妨碍规制】在审理标准必要专利许可使用费纠纷案件中，若当事人有证据证明对方持有确定标准必要专利许可使用费的关键性证据的，可以请求法院责令对方提供。如对方无正当理由拒不提供，可以参考其主张的许可使用费和提供的证据进行裁判。

【说明】本条系对标准必要专利许可使用费纠纷案件中举证责任分配的规定。"可比较许可协议法"与"可比较专利池法"的实现有赖于专利权人或实施者向法院披露其掌握的相关许可信息。实践中，专利权人出于各种动机，时常不愿意提交该方面信息，甚至还通过和其他被许可人签订保密协议的方式，阻碍实施者获知该信息。从理论上而言，当许可协议对实施者不利时，实施者也可能拒绝向法院提供其掌握的许可信息。为解决当事人不提供相关许可证据的问题，指引通过对举证妨碍后果予以明示的方式引导其积极举证。同时，因许可协议可能涉及谈判双方大量的商业秘密，为尽量缩减证据披露的负面影响，有必要将法院责令当事人提交的证据限制在对确定许可使用费有关键性影响的证据范畴内。对于举证妨碍的具体规则设置，本条参考了 2013 年 8 月 30 日修正的《中华人民共和国商标法》第 63 条第 2 款以及《最高人民法院关于审理侵犯专利权纠纷案件应用法律若干问题的解释（二）》第 27 条的相关规定。

20.【可比协议的筛选】许可协议是否具有可比性，可综合考虑许可交易的主体、许可标的之间的关联性、许可费包含的交易对象及许可谈判双方真实意思表示等因素。

【说明】采用"可比较许可协议法"确定许可使用费，首先需要筛选出具有"可比性"的许可协议。对于当事人任何一方提交的许可协议，法院均需对其"可比性"进行审查。本条是根据我国及其他国家的审判经验总结出来的在进行"可比性"审查时应予以考虑的几项较为常见的因素。FRAND 原则中的"无歧视"并非对所有的实施者均收取相同的许可使用费，而是对条件相当的实施者收取基本相同的使用费。因此，应尽量寻找与本案实施者经营范围与经济实力最接近的实施者的历史许可协议。其次，许可标的之间的关联性程度，亦是确定协议是否具有"可比性"的重要考虑因素。许可标的与本案毫无关联的许可协议不适合作为参照对象。再次，当事人提交的许可协议若包含其他交易对象，且许可使用费无法分离的，通常不宜作为本案的"可比性"协议。在合同领域，缔约自由、意思自治尤为关键，故经自由签订并且反映了双方真实意思的协议更具有参考价值。最后需指出，个案中还可能存在条文所列举的上述四项因素之外的导致许可协议不具有可比性的其他情形。

21.【可比专利池的筛选】专利池的许可信息是否具有可比性，应考虑该专利池的参与主体、许可标的组成、对产业的控制力和影响力及许可政策等因素。

【说明】适用可比较专利池法的关键在于找到合适的专利池作为比较的基础。参与主体广泛且对行业的影响力较大、许可标的与本案关联程度较高、本身对产业有较高控制力与影响力、与涉案 SEP 许可政策类似的专利池通常更具有"可比性"。

22.【差异比较与费率调整】以具有可比性的许可协议或专利池中的许可信息确定标准必要专利许可使用费的，应以该许可使用费为基础，并考虑本案许可与该许可的差异程度，对其予以合理调整。

比较相关许可与本案许可的差异程度，可以考虑两者在许可交易背景、许可交易内容及许可交易条件等方面的差异。

【说明】本条系对采用"可比较许可协议法"与"可比较专利池法"确定标准必要专利许可使用费的方法的规定。首先，许可交易背景一般包括谈判的情况、技术更新与市场竞争状况等方面。较早的历史许可协议签订之时，技术的更新换代以及相关行业的市场竞争状况与本案许可谈判进行时的状况可能不同，导致相关产品的平均利润率可能存在较大差异，继续维持历史许可协议中的使用费水平可能造成实质上的不合理，与 FRAND 原则中的"合理"要求相违背。因此，在适用时对该因素应可予以考虑。其次，许可交易内容一般包括许可标的、许可范围、许可方式、许可期限、计价基础等方面。许可时所涉的交易条件，包括付款方式、付款条件或其他交易条件，对于费率的高低亦可能产生影响。相关许可与本案许可在许可交易内容与许可交易条件方面所存在的差异，在确定标准必要专利许可使用费率时应予以考虑。

23.【"由上至下法"的基本分析路径】分析涉案标准必要专利的市场价值，需确定涉案标准必要专利占全部相关标准必要专利的比值及全部相关标准必要专利的许可使用费。

为确定涉案标准必要专利占全部相关标准必要专利的比值，标准必要专利权人或实施者可以就涉案标准必要专利在全部相关标准必要专利的数量占比及贡献程度情况进行举证。

全部相关标准必要专利的许可使用费的确定，可以参考相关产业参与者声明的累积许可费情况。

【说明】本条是对如何适用"由上至下法"的细化规定。该方法的核心在于获得两组数据，即全部标准必要专利的总的许可使用费数额与涉案标准必要专利在全部相关标准必要专利中所占的比值。涉案标准必要专利占全部相关标准必要专利的比值，不应等同于简单的数量比值，还应涵盖因专利的重要程度不同而形成的"权重"比值。标准必要专利权人或实施者可以围绕数量占比与"权重"占比进行举证。从许可实践看，以产业联合声明或单方声明的累积许可费率确定全部相关标准必要专利许可使用费的方式被广泛采用。

24.【"由上至下法"的考量因素】通过分析涉案标准必要专利的市场价值来确定许可使用费，可考虑以下因素：

（1）涉案标准必要专利对产品销售与利润的贡献，该贡献不包括专利被纳入标准所产生的影响；

（2）涉案标准必要专利对标准的贡献；

（3）在标准制定之前，该专利技术较之于其他替代技术的优势；

（4）使用涉案标准必要专利的产品所交纳的全部标准必要专利许可使用费情况；

（5）其他相关因素。

【说明】本条列举了确定标准必要专利许可使用费需要考虑的因素。确定标准必要专利许可使用费不应考虑与所涉知识产权无关的因素产生的利润，也不应考虑因专利纳入标准而产生的额外利润。在被纳入标准之前，该专利是否存在可替代的技术方案，以及该专利与其他可替代技术方案相比的效用与技术优势何在，对于分析涉案标准必要专利的市场价值亦有助益。通信领域标准所涉的必要专利繁多，技术更迭频繁，防止许可费堆积具有较强的现实意义。费率堆积可能对实施者及整个行业的发展不利。故本条第四项强调，使用涉案标准必要专利的产品所交纳的全部许可使用费应当控制在一个合理限度内。

四、关于审理标准必要专利垄断纠纷案件的问题

25.【基本方法】审理标准必要专利垄断纠纷案件，应当遵循以下基本

方法：

（1）遵循《中华人民共和国反垄断法》的基本分析框架；

（2）充分考虑标准必要专利特点；

（3）根据个案具体情况分析界定相关市场及判断相关行为主体是否具备市场支配地位；

（4）根据个案情况考虑相关行为对市场竞争的影响，关注行为对创新和效率、消费者福利的影响。

【说明】本条涉及审理标准必要专利垄断纠纷的基本方法。本条第一项意在澄清《反垄断法》第55条与其他条款的关系，排除仅以享有知识产权为由主张不受反垄断法规制的误识。其强调标准必要专利纠纷仍属于反垄断法规制范围，遵循反垄断法的分析框架。第二项强调关注标准必要专利特性。标准必要专利与一般的知识产权、其他财产权利相比，其对技术创新与社会进步的促进、对产业发展和社会公众福利的影响更为突出。故本条强调在进行相关行为审查时应当考虑标准必要专利特点。第三项是个案分析判定原则，强调在个案中根据具体情况来分析界定相关市场，以及相关行为主体是否具备市场支配地位。第四项是强调进行侵权判断时需考虑相关行为的社会效果及影响。反垄断法与知识产权制度在促进创新和技术进步上有共同的目标与宗旨。既要坚持反垄断法始终关注的相关行为对市场竞争是否起到排除、限制后果这一落脚点；又要兼顾知识产权制度应有的作用，考虑相关行为的合理性及对创新和效率、消费者福利的影响，防止专利权被滥用而破坏公平竞争。

26.【相关市场的界定】对相关市场的界定，可依据《国务院反垄断委员会关于相关市场界定的指南》在个案中确定。在划分市场问题上，应重点考虑相关许可对象的可替代程度。关于可替代程度的判断，可考察标准必要专利的基本属性、市场竞争状况、下游产品市场对上游技术市场所涉相关标准必要专利的依赖性等因素。

界定许可行为所涉相关市场，一般需界定相关地域市场并考虑知识产权的地域性。当相关交易涉及多个国家和地区的标准必要专利时，还需要考虑交易条件、各国采用的标准及限制等因素对相关地域市场界定的影响。

【说明】本条涉及对相关市场的界定。相关市场的界定通常是对竞争行为进行分析的起点。涉及标准必要专利许可的垄断案件在界定相关市场的基本思路与方法上与普通反垄断案件相比，并无特殊之处，故此条明确可遵循《国务院反垄断委员会关于相关市场界定的指南》来界定。依据指南，相关市场范围的大小主要取决于商品的可替代程度，并强调无论采取何种方法界定相关市场，都要始终把握商品满足消费者需求的基本属性。因此，本条强调应主要从标准必要专利特性及其在行业本身应用和竞争情况来关注可替代程度。考虑到涉及标准必要专利的垄断纠纷通常涉及两个市场：标准必要专利许可市场（上游技术市场）和实施标准必要专利的产品市场（下游产品市场），上游技术市场的需求通常来源于下游产品市场上消费者对具有相关功能的产品的需求，两个市场之间具有一定依赖性。故在进行可替代程度分析时，可以考虑标准必要专利本身特质（包括因标准化带来的封锁效应、专利制度赋予的法定排他权利）、相关行业应用情况（包括相关标准必要专利是否被实际应用、标准之间竞争替代关系等）、两个市场之间的依赖性（下游产品市场对相关标准必要专利的需求及其依赖程度）等情况，进行个案界定。

本条第二款涉及地域市场划分的考虑因素。地域市场的划分也以可替代程度为标准，是否细分地域市场可根据个案需要而定。但在不需要以国别所获的专利权来细分地域市场时，还应当考虑一些可能对可替代性产生影响的因素，各国对于相应技术标准所作的限制或特别规定，有可能影响相关地域市场划分。

27.【认定市场支配地位的考虑因素】市场份额并非判断标准必要专利权人在相关市场上是否具备市场支配地位的唯一因素。根据个案情况，可考虑相关市场的竞争状况，公平、合理、无歧视承诺的约束力，涉案专利在交易条件中所受限制，交易相对人对标准必要专利经营者的依赖程度和制衡能力等其他因素。

【说明】本条涉及认定市场支配地位的考虑因素。市场支配地位一般被认为是经营者在特定市场上具有的控制价格或排除竞争的能力，或阻碍其他经营者进入相关市场的能力。根据我国《反垄断法》第18条、第19条，特别是第

19 条的规定，一个经营者的市场份额超过 1/2 的，可推定具有市场支配地位。但是，也应看到，市场份额只是其中一个考虑因素，而并非全部因素，《反垄断法》第 18 条也列举了其他考虑因素。结合标准必要专利的情况，即使是将每个国家每个标准必要专利认定为一个市场从而认定具有 100% 市场份额，也必须考虑到，FRAND 承诺有可能对经营者制定市场价格有所影响；相关标准必要专利与其他专利技术组合进行一揽子许可时，其许可使用费可能也会受到总费率的影响；如果标准必要专利权人本身也是制造产业参与者，需要交叉许可的，显然其定价能力也会受到制衡，等等。因此，本条罗列了其他可能影响的因素。当事人可以通过提交经济分析报告和评估报告等方式，对前述因素及其影响进行举证。

28.【FRAND 承诺与滥用市场支配地位行为的关系】标准必要专利权人违背公平、合理、无歧视承诺，并不必然构成滥用市场支配地位。相关行为是否属于反垄断法的规制对象，需要根据反垄断法相关规定，结合案件具体情况进行审查，以判断该行为是否会对市场竞争产生排除、限制的后果。

【说明】本条属于滥用市场支配地位行为的一般审查规则，同时也涉及 FRAND 承诺与反垄断审查的关系。基于实践中常有当事人以标准必要专利权人违反 FRAND 承诺为由主张构成滥用市场支配地位，故专作此条予以明晰。基于 FRAND 承诺与反垄断审查两者的审查标准、门槛不一样，损害对象及结果不尽相同，故本条明确不能仅以违反 FRAND 为由直接推定滥用市场支配地位。对涉标准必要专利的垄断纠纷仍然需适用反垄断法的一般分析框架，故在个案中需根据反垄断法的规定，具体审查相关主体在相关市场是否具备市场支配地位，相关行为及其影响是什么，如是否设置或提高相关市场进入壁垒，对于产量、区域、消费者方面产生限制的范围和程度，对行业发展的阻碍，对潜在竞争的影响等，进而综合判断相关行为是否造成排除、限制竞争的损害后果。基于标准必要专利的行使与创新有较密切的关联，从合理性审查规则角度而言，也需要考察行为对市场效率的影响。

29.【禁令与滥用市场支配地位的关系】标准必要专利权人请求停止实施

标准必要专利的行为本身并不必然构成滥用市场支配地位。其是否构成滥用市场支配地位，应审查其是否没有正当理由对善意的实施者寻求停止实施标准必要专利，是否迫使实施者接受其提出的不公平的过高许可费或其他不合理的许可条件，相关行为是否导致排除、限制竞争的后果。

【说明】本条涉及禁令与垄断的关系。从当前各国实践来看，即使专利权人滥用诉权，违背 FRAND 承诺提起禁令，但仅凭该滥用权利的行为，一般不会被认定为滥用市场支配地位。主要理由是，提起禁令诉讼请求形式上是标准必要专利权人行使其法定权利的表现，该行为本身将受到相关诉讼程序的审查评判，从而获得支持或驳回。故提起诉讼行为本身凭借的是法定权利或法律制度设计而不是市场支配地位或事实垄断优势，所造成的结果也不一定与市场竞争相关。所以，该条规定不能仅以提起禁令行为来认定构成垄断行为。但不当禁令的提起在现实中造成的影响还是比较大的，它可以使本应可以通过平等协商谈判的环境变成具有一定胁迫性的紧急环境，而且各国对于禁令的审查标准不一样，即使是诉讼经验丰富的实施者也不一定能合理预期到诉讼结果。因此，本条认为可以结合具体案情审查是否还存在其他不合理的行为，相关行为组合是否导致排除、限制竞争后果，从而作出综合判断。

30.【不公平的过高定价】判断标准必要专利权人是否滥用市场支配地位以不公平的高价进行许可，应审查标准必要专利权人是否无合理理由明显不公平地索要过高的许可使用费，从而造成排除、限制竞争的后果。在个案中，可综合考虑标准必要专利权人历史许可协议的签订情况、许可费偏离正常市场价格情况、相关谈判过程及相关产品所承担的整体许可费情况等，以判断相关行为对市场竞争的影响。

【说明】本条涉及《反垄断法》第 17 条第 1 项规定的"不公平的过高定价"问题。在标准必要专利许可实践中，因标准必要专利权人均负有 FRAND 许可义务，故本问题与 FRAND 有一定关联，但审查标准与重点不同。其相关之处是均要求相关定价公平、合理、无歧视，不同之处是，反垄断法重点关注行为本身的后果是否导致了"排除、限制竞争"的后果，故其认定门槛和标准应比违反"FRAND"更高。在个案中，是否存在不公平的过高定价，需要通过各方面证据资料审查具有市场支配地位的专利权人是否存在相对严重的过高偏离正常市场价格的行为，是否利用不公平的手段或强势地位胁迫相关交易主体接受该过高定价等，进而评估相关行为对市场竞争是否造成排除、限制后果，从而作出是否滥用市场支配地位的法律判断。

31.【搭售】判断标准必要专利权人基于专利包或专利组合的一揽子许可交易模式是否属于滥用市场支配地位的"搭售"行为，应审查相关一揽子许可交易模式是否具有胁迫性，是否具有合理性与必要性，相关行为是否造成排除、限制竞争后果。

【说明】本条涉及"搭售"的滥用行为审查。我国《反垄断法》第17条禁止不合理的搭售。与一般有形财产相比，当搭售和捆绑涉及知识产权产品时，由于该产品通过搭售和捆绑的销售边际成本更低，特别是对于纯粹的标准必要专利的捆绑销售来说，因为这些标准必要专利一般为实施人所需，该交易模式常见且符合效率原则，因此一揽子许可未必是违反反垄断法的。但若该一揽子许可是强迫性的，违反公平贸易原则且缺乏正当理由的，造成排除、限制竞争后果时，则应受到反垄断法的规制。如果当事人仅提供了一揽子许可方式，无论其是否单纯标准必要专利的捆绑，还是标准必要专利与非必要专利的捆绑，只要交易方同意接受，不具有强迫性，那应当尊重这种市场谈判行为。但如果被许可人不同意接受，且标准必要专利权人未提供其他不捆绑机会的，则应审查这种捆绑销售的合理性和正当性，进而判断相关行为对市场竞争的影响。

五、关于本指引的适用范围

32. 本指引适用于通信领域标准必要专利纠纷案件的审理，其他领域标准必要专利纠纷案件可根据行业特点参照适用。

参考文献

1.中文著作类

［1］Vincent F. Chiappetta.产业标准的专利化［M］.李子雍，译.北京：知识产权出版社，2013.

［2］丁道勤.专利标准化的法律规制研究［M］.北京：中国法制出版社，2017.

［3］顾萍，杨晨.域外技术标准化中的标准必要专利权人承诺研究［M］.北京：知识产权出版社，2016.

［4］国家知识产权局专利管理司，中国技术交易所.专利价值分析指标体系操作手册［M］.北京：知识产权出版社，2012.

［5］林欧.技术标准的反垄断法规制［M］.上海：上海社会科学院出版社，2015.

［6］马一德.FRAND案例精选（第一卷）［M］.北京：科学出版社，2018.

［7］尚明.主要国家（地区）反垄断法律汇编［M］.北京：法律出版社，2004.

［8］王利民.《中华人民共和国民法总则》条文释义［M］.北京：人民法院出版社，2017.

［9］王利明.合同法研究（第一卷）［M］.北京：中国人民大学出版社，2015.

［10］王先林.知识产权与反垄断法：知识产权滥用的反垄断问题研究［M］.北京：法律出版社，2001.

［11］王晓晔.中华人民共和国反垄断法详解［M］.北京：知识产权出版社，2008.

［12］吴广海.专利权行使的反垄断法规制［M］.北京：知识产权出版社，2012.

［13］张茂.美国国际民事诉讼法［M］.北京：中国政法大学出版社，1999.

［14］张平.冲突与共赢：技术标准中的私权保护［M］.北京：北京大学出版社，2010.

［15］张平，马骁.标准化与知识产权战略［M］.2版.北京：知识产权出版社，2005.

2.中文论文类

［16］陈捷.一直在美国市场活跃的NPE，近来为何频将触角伸向中国市场［N］.中国知识

产权报，2017-11-02.

[17] 程文婷.专利资产的价值评估［J］.电子知识产权，2011（8）.

[18] 丁亚琦.论我国标准必要专利禁令救济反垄断的法律规制［J］.政治与法律，2017（2）.

[19] 邓志红.涉及中国企业的标准必要专利许可谈判及诉讼：最新进展与风险分析［J］.电子知识产权，2019（1）.

[20] 郭禾，吕凌锐.确定标准必要专利许可费率的 TOP-down 方法研究——以 TCL 案为例［J］.知识产权，2019（2）.

[21] 胡洪.司法视野下的 FRAND 原则——兼评华为诉 IDC 案［J］.科技与法律，2014（5）.

[22] 胡伟华.FRAND 原则下许可使用费的司法确定［J］.人民司法，2015（15）.

[23] 贾振君.我国规制 ICT 产业标准必要专利挟持的强度选择［J］.科学学研究，2018（6）.

[24] 江涌.标准化：争夺话语权的利器［J］.中国质量万里行，2010（2）.

[25] 李剑.标准必要专利许可费确认与事后之明的偏见［J］.中外法学，2017（1）.

[26] 李剑.论反垄断法对标准必要专利垄断的规制［J］.法商研究，2018（1）.

[27] 李明德.标准必要专利许可使用费的认定——华为公司与 IDC 公司标准必要专利许可使用费纠纷上诉案［J］.中国发明与专利，2018（6）.

[28] 李扬.FRAND 承诺的法律性质及其法律效果［J］.知识产权，2018（11）.

[29] 李扬，刘影.FRAND 标准必要专利许可使用费的计算——以中美相关案件比较为视角［J］.科技与法律，2014（5）.

[30] 林秀芹，刘禹.标准必要专利的反垄断法规制——兼与欧美实践经验对话［J］.知识产权，2015（12）.

[31] 林平.标准必要专利 FRAND 许可的经济分析与反垄断启示［J］.财经问题研究，2015（6）.

[32] 刘影.日本标准必要专利损害赔偿额的计算——以"Apple Japan vs. Sansung"案为视角［J］.知识产权，2017（3）.

[33] 罗娇.论标准必要专利诉讼的"公平、合理、无歧视"许可——内涵、费率与适用［J］.法学家，2015（3）.

[34] 马海生.专利许可的原则——公平、合理、无歧视许可研究［D］.重庆：西南政法大学，2009.

[35] 马海生.标准必要专利许可费司法定价之惑［J］.知识产权，2016（12）.

［36］梅夏英，任力.关于反垄断法上不公平高价制度的法律适用问题［J］.河北法学，2017（4）.

［37］潘海波，金雪军.技术标准与技术创新系统发展关系研究［J］.中国软科学，2003（10）.

［38］秦天雄.标准必要专利许可费率问题研究［J］.电子知识产权，2015（3）.

［39］邵伟，迟少杰.从"华为诉 IDG 技术公司等案"看标准必要专利许可［J］.中国专利与商标，2014（1）.

［40］史少华.标准必要专利诉讼引发的思考［J］.电子知识产权，2014（1）.

［41］苏华.标准必要专利纠纷管辖权、许可范围与反垄断——以无线星球诉华为案为视角［J］.中国价格监管与反垄断，2018（3）.

［42］谭袁.标准必要专利价值增值的审视及制度建构［J］.竞争政策研究，2016（3）.

［43］王春晖.应高度重视信息通信领域"标准必要专利"话语权［J］.通信世界，2016（22）.

［44］王利明.统一合同法制定中的若干疑难问题探讨［J］.政法论坛，1996（4）.

［45］王先林，潘志成.反垄断法适用于知识产权领域的基本政策主张——日本《知识产权利用的反垄断法指南》介评［J］.电子知识产权，2008（1）.

［46］王晓晔，丁亚琦.标准必要专利卷入反垄断案件的原因［J］.法学杂志，2017（6）.

［47］吴汉洪，董笃笃.美国知识产权领域反托拉斯政策发展评析及其启示［J］.竞争政策研究，2017（2）.

［48］巫晓倩.对标准专利信息披露制度的思考［J］.先行，2015（17）.

［49］武杰.标准必要专利的计费模式研究——以最小可销售单元并非必要计费路径为视角［J］.电子知识产权，2018（9）.

［50］夏子涵.FRAND 承诺的性质之争［J］.知识经济，2018（23）.

［51］肖延高，邹亚，唐苗.标准必要专利许可费困境及其形成机制研究［J］.中国科学院院刊，2018（3）.

［52］许华斌，成全.专利价值评估研究现状及趋势分析［J］.现代情报，2014（9）.

［53］许琦.专利池组建与管理研究述评［J］.情报探索，2018（1）.

［54］徐家力.标准必要专利许可费之争——以"高通诉魅族"案为切入点［J］.江苏社会科学，2018（1）.

［55］徐颖颖.标准必要专利权人 FRAND 许可声明的法律关系研究——以欧洲通信标准协会的规定为例［J］.电子知识产权，2017（11）.

［56］ 杨思思，戴磊.专利价值评估方法研究概述［J］.电子知识产权，2016（9）.

［57］ 杨正宇.美国国家标准学会专利许可政策演进考察［J］.知识产权，2018（3）.

［58］ 姚洪军.论标准与专利的关系［J］.法治论丛，2010（2）.

［59］ 叶若思，祝建军，陈文全.标准必要专利使用费纠纷中FRAND规则的司法适用——评华为公司诉美国IDC公司标准必要专利使用费纠纷案［J］.电子知识产权，2013（4）.

［60］ 易继明.专利法的转型：从二元结构到三元结构——评《专利法修订草案（送审稿）》第8章及修改条文建议［J］.法学杂志，2017（7）.

［61］ 张广良.标准必要专利FRAND规则在我国的适用研究［J］.中国人民大学学报，2019（1）.

［62］ 张吉豫.标准必要专利"合理无歧视"许可费计算的原则与方法——美国"Microsoft Corp. v. Motorola Inc."案的启示［J］.知识产权，2013（8）.

［63］ 张俊艳，余敏.基于有序逻辑回归的标准必要专利价值影响因素研究［J］.电子科技大学学报（社科版），2018（2）.

［64］ 张平.论涉及技术标准专利侵权的救济限制［J］.知识产权研究，2013（5）.

［65］ 张胜，黄欢，李方.产品架构视角下专利池治理机制——GSM与航空专利池案例研究［J］.科技进步与对策，2018（3）.

［66］ 张永忠，王绎潾.标准必要专利诉讼的国际比较：诉讼类型与裁判经验［J］.国际知识产权，2015（3）.

［67］ 赵启杉.竞争法与专利法的交错：德国涉及标准必要专利侵权案件禁令救济规则演变研究［J］.竞争政策研究，2015（9）.

［68］ 赵启杉.论标准必要专利侵权案件停止侵权抗辩规则的构建［J］.中国专利与商标，2017（2）.

［69］ 朱理.标准必要专利的额法律问题：专利法、合同法、竞争法的交错［J］.竞争政策研究，2016（3）.

［70］ 祝建军，陈文全.标准必要专利使用费率纠纷具有可诉性［J］.人民司法·案例，2014（4）.

3.英文论文类

［71］ Bekkers Rudi, Bongard René, Nuvolari Alessandro. An Empirical Study on the Determinants of Essential Patent Claims in Compatibility Standards［J］. Research Policy, 2011, 40（7）.

［72］ Jonathan Radciffe, Gillian Sproul. F/RAND and the smartphone wars ［J］. Intellectual Property magazine, 2011 （12） /2012 （1）.

［73］ Knut Blind. Explanatory factors for participation in formal standardisation processes: Empirical evidence at firm level ［J］. Economics of Innovation and New Technology, 2006 （15）.

［74］ Knut Blind Interrelation, Nikolaus Thumm. Interrelation between patenting and standardization strategies: empirical evidence and policy implications ［J］. Research Policy, 2004 （33）.

［75］ Mario Mariniello. Fair, Reasonable and Non-Discriminatory （FRAND） Terms: A Challenge for Competition Authorities ［J］. J. Competition Law & Economics, 2011 （7）.

［76］ Mark A. Lemley. Intellectual Property Rights and Standard-Setting Organizations ［J］. California Law Review, 2002, 90 （6）.

［77］ Mark A.Lemley, Carl Shapiro. Patent Holdup and Royalty Stacking ［J］. Texas L. Rev., 2007 （85）.

4.英文报告类

［78］ BSI., 2015. The relationship between Standards, Standards Development and Intellectual Property ［R/OL］. ［2019-12-09］. https: //www.bsigroup.com/LocalFiles/en-GB/standards/BSI-Standards-and-IP-2015-UK-EN.pdf.

［79］ ITU. 2014. Understanding patents, competition & standardization in an interconnected world ［R/OL］. ［2019 - 12 - 09］. https: //www. itu. int/en/ITU - T/Documents/Manual_ Patents_ Final_ E.pdf.

［80］ Swann G.M.P., 2000. The Economics of Standardization: Final Report for Standards and Technical Regulations Directorate Department of Trade and Industry. Manchester Business School: Manchester ［R/OL］. ［2019-12-09］.https: //assets.publishing.service.gov.uk/government/uploads/system/uploads/attachment_ data/file/461417/The_ Economics_ of_ Standardization_ -_ in_ English.pdf.